MOLDEN
TASCHENBUCH
VERLAG

Österreich
1804–1975

Österreichische Geschichte von der Gründung des
Kaiserstaates bis zur Gegenwart in vier Bänden

von Hellmut Andics

Dritter Band

DER STAAT, DEN KEINER WOLLTE

Hellmut Andics

DER STAAT,
DEN KEINER WOLLTE

Österreich von der Gründung der Republik
bis zur Moskauer Deklaration

mit 32 Schwarzweiß-Bildseiten

MTV · MOLDEN-TASCHENBUCH-VERLAG
WIEN–MÜNCHEN

Schutzumschlagfoto: Pressefoto Hilscher, Wien

1. Auflage

MTV · Molden-Taschenbuch-Verlag
EROICA Verlagsgesellschaft m.b.H., Wien–München
Lizenzausgabe mit freundlicher Genehmigung des
Verlages Fritz Molden, Wien–München–Zürich
Copyright © 1968 by Verlag Fritz Molden, Wien–München–Zürich
Bearbeitete und erweiterte Ausgabe
Nachdruck auch auszugsweise verboten
Umschlagentwurf: Hans Schaumberger
Satz: Filmsatzzentrum Deutsch-Wagram auf Linotron 505 C
Gesamtherstellung: Ebner, Ulm
MTV-Band 23, Dezember 1976
ISBN 3-217-05023-1

BILDNACHWEIS

Inhalt

Kapitel 1

DER REST IST ÖSTERREICH

„Zum ersten Male begrüße ich unser Volk mit dem Ruf: Heil Deutsch-Österreich!"

Beifall schien am Platze zu sein, doch der Jubel klang gedämpft. In den düsteren Oktobertagen 1918 kam keine überschäumende politische Begeisterung auf.

Der Mann mit dem „Heil"-Ruf war der deutschnationale Reichsratsabgeordnete Professor Dr. Viktor Waldner, Vorsitzender einer Versammlung aller übrigen deutschsprachigen Abgeordneten des cisleithanischen Parlaments. Dem kaiserlichen Manifest vom 16. Oktober folgend, das die Völker der österreichischen Hälfte der Donaumonarchie zur Bildung von Nationalräten aufforderte, hatten sie sich am Nachmittag des 21. Oktober zusammengefunden. Nicht im Parlament auf dem Wiener Franzensring, wo immer noch der Reichsrat des Kaiserstaates sein Schattendasein führte, sondern im Niederösterreichischen Landhaus in der Herrengasse. Sie konstituierten sich dort als Provisorische Nationalversammlung für Deutsch-Österreich. Drei große Fraktionen: die 102 Mandatare der im Deutschen Nationalverband zusammengeschlossenen deutschnationalen, liberalen und großbürgerlichen Parteien, 72 Christlichsoziale und 42 Sozialdemokraten. Der Beschluß lautete:

„Das deutsche Volk in Österreich ist entschlossen, seine künftige staatliche Ordnung selbst zu bestimmen, einen selbständigen Staat Deutsch-Österreich zu bilden und seine Beziehungen zu den anderen Nationen durch freie Vereinbarungen mit ihnen zu regeln."

Daß die Männer im Niederösterreichischen Landhaus an diesem 21. Oktober selbst nicht mehr ganz an die einvernehmliche Regelung im Rahmen eines Bundesstaates glauben konnten, zeigte jedoch schon der nächste Satz:

„Der deutsch-österreichische Staat beansprucht die Gebietsgewalt über das ganze deutsche Siedlungsgebiet, insbesondere auch in den Sudetenländern. Jeder Annexion von Gebieten, die von deutschen Bauern, Arbeitern und Bürgern bewohnt werden, durch andere Nationen wird sich der deutsch-österreichische Staat widersetzen . . ."

Über das Recht dieser Provisorischen Nationalversammlung, das Zukunftsschicksal des deutschsprachigen Teils der ehemaligen Donaumonarchie zu bestimmen, ist seither viel diskutiert worden. Die Abgeordneten, die am 21. Oktober im Niederösterreichischen Landhaus zusammentraten, waren aus den Reichsratswahlen von 1911 hervorgegangen, und zweifellos war die Legislaturperiode dieses Reichsrates längst abgelaufen. Die kaiserliche Regierung des Grafen Stürgkh hatte während des Krieges Neuwahlen verhindert, und Kaiser Karl hatte den ausgelaufenen Reichsrat nach seinem Regierungsantritt Ende 1916 wieder einberufen. Der Kaiser war es also, der diesem Parlament die Legalität zu handeln gab, und der Kaiser hatte diese Abgeordneten schließlich in seinem Manifest selbst dazu aufgerufen, Nationalräte zu bilden.

Als die 1911 in den kaiserlichen Reichsrat gewählten deutschsprachigen Abgeordneten aus dem Parlament in das Niederösterreichische Landhaus übersiedelten, stellten sie die einzige demokratische Körperschaft dar, die überhaupt vorhanden war. Außer diesen Abgeordneten gab es niemanden, der in den Tagen des Zusammenbruchs hätte handeln können, wollte man die Bestimmung der Zukunft nicht den revolutionären Massen überlassen. Wurde die Legalität im Oktober 1918 zunächst auch von niemandem bestritten, so läßt sich doch nicht leugnen, daß dieses Übergangsparlament das Staatsvolk nur sehr unzureichend repräsentierte. Das zeigten schon die Wahlzahlen. Von den 28 Millionen Einwohnern der Österreichischen Reichshälfte waren 1911 nur 5,8 Millionen wahlberechtigt gewesen. Die 20 deutschen Parteien, die fast 10 Millionen deutschsprachiger Bürger vertreten sollten, hatten lediglich 1,7 Millionen Stimmen auf sich vereinigt. Theoretisch gab es zwar ein allgemeines Wahlrecht, die Wahlpraxis allerdings gestand, wie schon diese Zahlen zeigen, noch keineswegs allen Staatsbürgern auch das gleiche Stimmrecht zu. Das Wahlresultat von 1911 entsprach auch keineswegs mehr der politischen Schichtung von 1918. In der Provisorischen Nationalversammlung saßen noch von den Wahlen des Jahres 1911 her 102 Abgeordnete des Deutschen Nationalverbandes, 72 Christlichsoziale und 42 Sozialdemokraten. Knapp vier Monate später erbrachte die erste Stim-

menauszählung der Wahlen in die Konstituierende Nationalversammlung 72 Sozialdemokraten, 69 Christlichsoziale und 29
Nationale und Splittergruppen.

In den Zusammenbruchtagen des Oktober und November 1918
hielt das Übergangsparlament also noch wesentlich weiter rechts als
die Bevölkerung. Die Massen, vor allem in der Hauptstadt Wien,
standen hinter den Sozialdemokraten. Deutschnationale und
Christlichsoziale waren sich dessen auch bewußt. Sie überließen
der Linken die Führung; sie hatten den Dr. Karl Renner zum
Staatskanzler gewählt.

Am 21. Oktober jedenfalls, als Professor Waldner „Heil
Deutsch-Österreich!" rief, war noch keineswegs klar, wer aller
diesen Heilruf auf sich beziehen durfte. Das geschlossene deutsche
Siedlungsgebiet auf dem Boden der österreichischen Reichshälfte
reichte vom Bodensee bis zur Leitha, von der Salurner Klause und
von Cilli bis hinauf nach Schlesien. Zusätzlich machte man sich
schon damals Hoffnungen auf das deutschsprachige Westungarn,
das heutige Burgenland, und besondere Optimisten träumten sogar
von der Einbeziehung der deutschen Stadt Preßburg. Alles in allem
rund 10 Millionen Menschen.

In der Folge jedoch zeigte sich, daß nur ein Teil dieses Gebietes
und nur etwas über 6 Millionen Menschen dazu bestimmt sein
sollten, einen eigenen Staat zu bilden. Für die Grenzziehung auf der
Friedenskonferenz von Saint-Germain galt der Satz, der seither
dem französischen Ministerpräsidenten Georges Clemenceau zuge-
schrieben wird: „L'Autriche, c'est que reste!"

„Österreich ist, was übrigbleibt." Was nichts anderes bedeutete,
als daß für dieses Österreich lediglich verbleiben sollte, worauf
niemand mehr auch nur den geringsten, noch so fadenscheinigen
Anspruch erheben konnte.

Was wiederum nicht heißen sollte, daß es nicht doch geschah. In
den zwanzig Lebensjahren der Ersten Republik beschäftigten die
Nachbarn sich immer wieder mit Aufteilungsplänen für das, was
Clemenceau und seine Landkartenzeichner übriggelassen hatten.

„Der Rest ist Österreich": So blieb der Ausspruch in der
historischen Erinnerung haften. Seit dem Ende der Monarchie gibt
es die Frage, ob dieser „Rest" eine Nation darstellt.

Anläßlich der Volkszählung von 1910 wurde auch im Schloß von
Schönbrunn ein Formular abgegeben. Der Kaiser Franz Joseph,

mit der ihm eigenen bürokratischen Gewissenhaftigkeit, füllte es höchstpersönlich aus. Er charakterisierte sich dabei als „Wohnungsinhaber", und in die Rubrik „Umgangssprache" setzte er die Antwort „Deutsch".[1] Ein paar Jahre zuvor, als der britische König Eduard VII. ihn zu einem Bündnis gegen das Wilhelminische Kaiserreich bewegen wollte, hatte er dieses Ansinnen mit der Antwort zurückgewiesen: „Sire, ich bin ein deutscher Fürst."

Das alles darf keineswegs zu der Annahme verführen, der deutsche Bevölkerungsteil – nicht ganz 10 Millionen in der österreichischen, etwas über 2 Millionen in der ungarischen Reichshälfte – habe in der Habsburgermonarchie die staatstragende Nation dargestellt. Das deutschliberale, später deutschnationale Bürgertum, vor allem in Böhmen, hätte es nur gerne so gehabt und versuchte deshalb eine Politik, wie sie die Ungarn in ihrer Reichshälfte den Minderheiten gegenüber praktizierten. Erfolglos, wie der Zusammenbruch von 1918 dann diesseits und jenseits der Leitha zeigen sollte. In der österreichischen Hälfte der Monarchie gab es jedenfalls keine organisierte Germanisierung. Im Jahrzehnt vor der letzten Volkszählung betrug der deutschsprachige Bevölkerungszuwachs 8,5 Prozent, was unter dem Gesamtdurchschnitt der Monarchie lag. Der polnische Bevölkerungsteil beispielsweise hatte sich um 19 Prozent vermehrt.

Die bei den Volkszählungen gestellte Frage nach der Umgangssprache, die der Kaiser mit „Deutsch" beantwortete, stellte die einzige Möglichkeit dar, Nationalitäten zu bestimmen. Wenn der deutsche Zuwachs unter dem Durchschnitt lag, so zeigte dies jedenfalls, daß man sich im allgemeinen vom Bekenntnis zur deutschen Nationalität keine besonderen Vorteile erhoffen konnte.

Die Monarchie in ihrer Gesamtheit wurde von keiner Nation beherrscht. Regiert wurde sie von einer aristokratischen Oberschicht, die nur zum geringeren Teil deutscher Herkunft war. Die Verwaltung aber besorgte ein Heer von Beamten aller Nationalitäten; und dieser Verwaltungsapparat stellte die eigentliche österreichisch-ungarische Nation dar – eine Beamtennation als Überbau über den einzelnen Nationen.

Offiziere, Richter, Verwaltungsbeamte – sie waren überall daheim, wo die kaiserliche Flagge wehte. Sie hatten das natürliche menschliche Streben nach oben, und der berufliche Aufstieg war gleichbedeutend mit einem schrittweisen Heranrücken an die Zentrale; der Höhepunkt der Karriere war der Dienst in der unmittelbaren Nachbarschaft des Kaisers in Wien.

Gegen Wien aber, gegen die Kommandostelle des zentralistisch gelenkten Verwaltungsapparates, richtete sich der Widerstand der nationalen Führerschaft in den einzelnen Kronländern. Wien sprach Deutsch, der kaiserliche Hof sprach Deutsch, also richtete sich der nationale Widerstand gegen die vermeintliche deutsche Tyrannis in dem angeblichen „Völkerkerker". So gerieten die Angehörigen der österreichisch-ungarischen Beamtennation nicht selten in inneren – oder auch äußeren Konflikt mit der Sprachnation, aus der sie hervorgegangen waren, und dies wiederum führte zu einer besonders engen, persönlichen Bindung an den Monarchen. Der Kaiser: Ranghöchster Offizier und Oberster Beamter – Schutz und Schirm vor der tagtäglichen Unbill des Nationalitätenstreits!

Kein Wunder, daß viele dieser Offiziere und Beamten nach 1918 sich in ihrer engeren Heimat keineswegs daheim fühlten, sondern dem abgetretenen System nachtrauerten. Diese soziale Oberschicht wurde durch den Zusammenbruch der Monarchie deklassiert, um ihren gesellschaftlichen Status gebracht, nicht selten auch in ihrer wirtschaftlichen Existenz bedroht. Da sie zugleich auch die kulturelle Oberschicht darstellte, schlug ihr Schicksal sich sichtbar nieder. Ihr Abstieg trat augenscheinlich hervor, nicht nur im persönlichen gesellschaftlichen Verkehr untereinander, sondern auch im Aushängeschild der Zeit: in der Literatur. Im Theater waren sie die Autoren und das Publikum – sie saßen im Zuschauerraum und sahen die Bühnenfiguren ihre Schicksale erleben. In den Buchhandlungen waren sie die Käufer von Romanen, in denen ihre Leidensgenossen ihre Tragödie nachempfanden. Da sie solcherart das äußere Bild beherrschten, über die Zwischenkriegszeit hinaus vereinzelt bis in die Gegenwart, wurden sie nur allzu leicht mit dem „Volk" verwechselt. So konnte der Eindruck entstehen, die 1918 auseinandergegangenen Nationen trauerten der gemeinsamen Vergangenheit nach – die Monarchie sei gegen den Willen ihrer Völker durch ein paar Nationalisten im Dienste auswärtiger Feinde gesprengt worden.

Die Auffassung trügt – zumindest für das Jahr 1918. Was kommen würde, nachdem der allgemeine nationale Aufbruch die Monarchie zerstört hatte, war nicht abzusehen. Weder die Wirtschaftskrise der Zwischenkriegszeit noch die stalinistische Kolonialisierung nach 1945.

Was allerdings kam, schon sehr bald nachher, verlieh der Vergangenheit ihren Glorienschein. Nach dem Ende des Krieges wollten die Völkerschaften des Donauraumes die Freiheit kassieren, die ihnen die Sieger versprochen hatten. Da aber erwies es sich, daß die Friedensmacher in Paris Europas neue Landkarte nicht nach dem Selbstbestimmungsrecht der Völker, sondern nach machtpolitischen Sicherheitskonzepten zu zeichnen entschlossen waren. Um einen Wiederaufstieg Deutschlands einerseits und ein Übergreifen des Kommunismus anderseits zu verhindern, konstruierten sie die Kleine Entente und den Cordon Sanitaire der Nachfolgestaaten. Diesem Endresultat gegenüber sollte sich der „Völkerkerker" von Anno dazumal als ein wahres Nationalitätensanatorium erweisen. Die einzelnen Nationen hatten die Gemeinschaftszelle der Donaumonarchie lediglich gegen die Einzelhaft in den neuen Ländern eingetauscht.[2] Und am Ende wurde weder der deutsche Wiederaufstieg noch das Übergreifen des Kommunismus verhindert.

In dieses Spannungsfeld hinein wurde der Staat Österreich als Rumpfgebilde geboren. In diesem Spannungsfeld ging die Erste Republik 20 Jahre später unter. Die Sieger von 1918 hatten dieses Land zu einem Leben als „Rest" verdammt – ganz konnten sie es nicht sterben lassen, weil sie es als Bastion zu gebrauchen gedachten. Und sie ließen die ausgehungerte Bastion schließlich fallen, als es ihnen darum ging, ihren eigenen faulen Frieden zu retten.

Als der Professor Waldner am Nachmittag des 21. Oktober 1918 im Niederösterreichischen Landhaus seinen Heilruf ausbrachte, fühlte sich das solcherart begrüßte Volk von Deutsch-Österreich keineswegs als geschlossene österreichische Nation. Mochte man für kurze Zeit auch noch an irgendwelche Formen einer Föderation mit den anderen Donauvölkern glauben, so wurde diese Hoffnung sehr schnell enttäuscht.[3] Man hatte die relative Sicherheit in einem Großraum verloren und suchte Unterschlupf, wo er sich erhoffen ließ. Außer dem Deutschen Reich kam nichts in Frage.

Als sich der sozialdemokratische Parteitag am 31. Oktober 1918 für die Errichtung einer demokratischen Republik aussprach, ergänzte er diesen Beschluß mit folgenden Sätzen:

„Deutsch-Österreich ist, auf sich selbst gestellt, kein wirtschaftlich lebensfähiges Gebilde. Wollen sich die anderen Nationen von Deutsch-Österreich vollständig trennen oder wollen sie einen Staatenbund mit uns nur unter Bedingungen begründen, die Deutsch-Österreich zur wirtschaftlichen Verkümmerung verurtei-

len und deutsch-österreichische Gebiete slawischer Fremdherrschaft unterwerfen würden, dann muß die deutsch-öststerreichi-
sche Republik als ein selbständiger Bundesstaat dem Deutschen
Reich beitreten."

Das alles war keine großdeutsch-nationalistische Demonstration
in dem Sinne, den die Betonung des Deutschtums in Österreich erst
im Verlaufe späterer Ereignisse bekommen und bis heute behalten
sollte. Zunächst wurden mit dem Wort „deutsch" lediglich die
Grenzen des neuen Staatswesens gezogen. Innerhalb dieser Grenzen aber, auch wenn sie das gesamte deutsche Siedlungsgebiet des
früheren Staatsgebildes umspannen sollten, schien es der in der
Donaumonarchie aufgewachsenen Generation unvorstellbar, allein
zu existieren. Ein Landstrich ohne abgerundete Volkswirtschaft;
eine Bevölkerung in einem Gebirgsland, die ihren Weizen und ihre
Milch vorwiegend aus Ungarn, die Schweine aus Kroatien bezogen
hatte; Industriestädte, deren Kohle aus Mähren und Schlesien und
deren Überseegüter via Triest kamen. Vom Bier aus Böhmen gar
nicht zu reden!

Ein Staat noch dazu, der ein gutes Drittel seiner Bevölkerung
überhaupt nur in größerem Verband halten konnte. Ein Blick auf
die Landkarte genügt, um die geopolitische Zwangslage zu erfassen, in der sich Deutsch-Österreich befand, wenn es auf die
Sudetenländer Anspruch erhob. Wie eine schmale Sichel zog sich
das deutschsprachige Siedlungsgebiet halbkreisförmig um den
böhmischen Kern nach Schlesien. Kam man zu keinem Arrange-
ment mit dem neuen tschechoslowakischen Staat – und das war
Ende 1918 schon betrüblich sicher –, dann ließen sich diese Gebiete
von Wien aus wirtschaftlich und verkehrstechnisch kaum, militärisch aber überhaupt nicht behaupten. Nur dann, wenn das ganze
deutschsprachige Gebiet der österreichischen Reichshälfte als
südöstlicher Block an das Deutsche Reich angegliedert wurde,
schien der Zusammenhalt zwischen Alpenländern, Donauländern
und Sudetenländern gesichert.

Diese Gedankengänge beherrschten auch die Abgeordneten der
Provisorischen Nationalversammlung. Am wenigsten konnten sich
die Christlichsozialen abfinden – sie hofften am längsten auf die
Erhaltung der Habsburgermonarchie in irgendeiner Form. Die
Deutschnationalen sahen sich der Verwirklichung alter Träume
nahe. Im übernationalen Staat der Habsburger hatten sie sich der
slawischen Majorität gegenüber immer schon benachteiligt
gewähnt und zugleich vom politischen Staatskatholizismus als

15

Liberale bedrückt gefühlt – die protestantischen Hohenzollern schienen ihnen die besseren Garanten ihres Deutschtums und ihrer Freisinnigkeit.

Die Sozialdemokraten vermochte der Anschluß an dieses kaiserliche Deutschland nicht zu schrecken. Für sie war der Zusammenbruch der Monarchie auch in Berlin nur eine Frage weniger Tage oder Wochen. Der Anschluß verhieß die Teilnahme an der gesamtdeutschen Revolution – das industriell stärker entwickelte Deutschland hatte auch eine stärkere Sozialdemokratie, während man sich in Österreich einer bäuerlich-kleinbürgerlichen Majorität gegenübersah. So präsentierte sich zumindest Ende Oktober 1918 das politische Bild.

Das Volk befand sich daher in einer einzigartigen Situation, als es daranging, aus den Trümmern eines zerfallenen Reiches einen neuen Staat zu gründen, mit der Absicht, ihn so schnell wie möglich wieder einem anderen Reich einzuverleiben.

„Hoch die Republik! Wir brauchen keinen Kaiser!" donnerte es von den Abgeordnetenbänken der Nationalen und der Sozialdemokraten durch den Landhaussaal. Die Christlichsozialen schwiegen, aber sie waren eine hoffnungslose Minderheit. Nicht nur im Niederösterreichischen Landhaussaal, sondern vor allem draußen, auf der Straße.

30. Oktober 1918. Die zweite Sitzung der Provisorischen Nationalversammlung gab den Anlaß zu leidenschaftlichen Demonstrationen in der Wiener Innenstadt. Die Herrengasse mit der dichtgedrängt, Kopf an Kopf stehenden Menschenmenge erinnerte an die Märztage des Jahres 1848, als an derselben Stelle die bürgerliche Revolution begann.

An diesem 30. Oktober 1918 schien es ganz so, als sollte in Wien die proletarische Revolution nach russischem Vorbild ihren Anfang nehmen.

Drinnen im Landhaussaal waren die Rufe nach der Republik vorderhand nur Stimmungsmusik. An einen ernsthaften Antrag war im Augenblick noch nicht zu denken. Die Provisorische Nationalversammlung begnügte sich damit, einen Staatsrat als Regierung des erst im Entstehen begriffenen neuen Staates Deutsch-Österreich zu wählen. Als Präsidenten dieses Staatsrates sollten die Präsidenten der Nationalversammlung, der Nationale Dr. Dinghofer, der Sozialdemokrat Karl Seitz und der christlichsoziale Prälat Hauser, fungieren. Der Staatsrat besetzte außerdem 13 Verwaltungsressorts mit 5 Nationalen, 3 Christlichsozialen, 3 parteilosen Fachleuten und 2 Sozialdemokraten. Leiter der Staatskanzlei, also Regierungschef, war Karl Renner. Für ihre Teilnahme an dieser Regierung hatten die Sozialdemokraten eine Reihe von Bedingungen gestellt. Der für den Moment entscheidende Punkt lautete: „Die Beschlüsse der Nationalversammlung werden als Gesetze kundgemacht, ohne daß eine kaiserliche Sanktion eingeholt wird ... Die endgültige Entscheidung darüber, ob Deutsch-Österreich Monarchie oder Republik wird, bleibt der Konstituante überlassen."

Nationale und Christlichsoziale nahmen diese Bedingungen an. Die Rufe „Wir brauchen keinen Kaiser!" waren lediglich Emotion. Die tatsächliche Entscheidung blieb aufgeschoben. Um Wochen, wahrscheinlich um Monate. So sah es zumindest im Augenblick aus. Die Christlichsozialen waren zufrieden.

Draußen auf der Straße wollten die Massen eine spektakuläre Tat, und zwar sofort. Arbeiter aus den Industriebezirken, linksradikale Studenten, Soldaten – das war die Masse. Die Majorität der Abgeordneten drinnen im Saal repräsentierte für diese Masse die Überbleibsel einer verhaßten Vergangenheit, die mit Stumpf und Stiel ausgerottet werden sollte.

Die Straße wurde von dem bevölkert, was man Proletariat nannte. Im Revolutionsjahr 1848 hatte man von den Leuten aus den „bloßfüßigen Gründ" gesprochen. Im Oktober und November 1918 trugen die Demonstranten zwar Schuhe, aber die Sohlen waren aus Papier. Ersatzware nach vier Jahren Krieg. Die ehemaligen „bloßfüßigen Gründ" – das war nunmehr die Welt der Bassenawohnungen, die außerhalb der Ringstraße 85 Prozent des Wiener Wohnhausbestandes darstellten. Zimmer-Küche-Wohnungen, von sechs, acht, mitunter sogar von zehn Familienmitgliedern bewohnt. Wasserleitung und Klosett auf dem Gang. Die Kindersterblichkeit in dieser Welt betrug 20 Prozent.

Kartoffeln wurden auf Abschnitt F der Lebensmittelkarte aufgerufen; ein Kilogramm pro Woche – nur gab es in diesen Tagen keine Vorräte mehr, die man hätte ausgeben können. Die Kohlenlieferungen aus der Tschechoslowakei kamen nicht mehr, seit diese Tschechoslowakei als eigener Staat existierte. Wer Glück hatte, ergatterte den ihm wöchentlich zustehenden halben Liter Petroleum. Ungarn lieferte keine Milch mehr für die Wiener Kinder. Die Massen, die nach der Republik riefen, konnten sich vernünftigerweise auch von der neuen Staatsform kein plötzliches Ende des Elends erhoffen. Darum jedoch ging es gar nicht. Es ging um den Umsturz der gesamten Gesellschaftsordnung. Das russische Beispiel geisterte durch die Gehirne. Man wollte nicht irgendeine Republik, sondern die soziale Republik. Die soziale Republik schuf man nicht mit Parlamentsbeschlüssen. Auf der Straße ging der Ruf der Stunde nach der Revolution.

Die linksradikale Führerschaft kam aus den Fabriken. Haßerfüllt noch von den Januarstreiks 1918, als die Forderung nach höheren Lebensmittelrationen radikal niedergekämpft worden war. Fabrikarbeiter, Frauen aus den Munitionsfabriken; graue Gesichter, ausgemergelt vom Hunger. In der Menge an diesem 30. Oktober befanden sich auch viele Soldaten; Angehörige der Wiener Garnison, Verwundete aus den Lazaretten; Urlaubsüberschreiter, die knapp vor Ladenschluß keine Helden mehr sein wollten. Sie rissen sich die schwarz-goldenen Kokarden mit dem kaiserlichen Namenszug von den Kappen, und sie rissen ihrerseits den Offizieren Kokarden und Sterne von den Uniformen. Unter ihnen waren zahlreiche heimgekehrte Kriegsgefangene aus Rußland, die dort die Revolution erlebt hatten. Und mancher war durch die kommunistischen Schulungslager gegangen, die Karl Radek organisiert hatte. In der Menge warben sie jetzt für eine bewaffnete Revolutionsarmee. Ihre Führer an diesem Tag waren der Korporal Haller und der Reserveoberleutnant Egon Erwin Kisch, im Zivilberuf Journalist.[4] Eine Soldatengruppe von etwa 100 Mann zog schließlich vor das Parlament am Franzensring und hißte dort eine rote Fahne. Für den nächsten Tag wurde die Gründung einer „Roten Garde" beschlossen.

Am nächsten Tag, dem 31. Oktober 1918, trat zunächst einmal der sozialdemokratische Parteitag zusammen. Er forderte die demokratische Republik. Dann nahm er einen Antrag des Artillerieoffiziers Dr. Julius Deutsch an, der eben zum Unterstaatssekretär für Heerwesen ernannt worden war:

„Der Parteitag der deutschen Sozialdemokratie Österreichs entbietet den Proletariern im Soldatenkleid seine brüderlichen Grüße . . . Dem freien Staate ziemt die freie Wehr! Deshalb verlangen wir die sofortige Umgestaltung des Heeres in eine Volksmiliz, in der keinerlei Vorrechte der besitzenden Klassen geduldet werden."

Der Deutsch-Antrag kam nicht von ungefähr. Die Provisorische Nationalversammlung hatte zwar am 21. Oktober einen Staat gegründet und am 30. Oktober einen Staatsrat als Regierung gebildet, doch diese Regierung amtierte im luftleeren Raum. Es gab noch immer einen Kaiser in Schönbrunn, und die kaiserlichen Minister saßen nach wie vor in ihren Ministerien. Sie regierten zwar ein Reich, das es in der Praxis nicht mehr gab, aber die Beamtenschaft verwaltete dieses Reich routinemäßig weiter, und der Staatsrat des Staates, den es in der Praxis noch nicht gab, konnte Beschlüsse fassen, so viele er wollte – er besaß keinen Apparat, um sie durchzuführen, und kein Druckmittel, um die Durchführung zu erzwingen. Die ganze Machtlosigkeit der neuen Institutionen sprach aus einem kleinen Detail am Rande: Die Abgeordneten mußten pro Mann 50 Kronen aus den Parteikassen sammeln, um wenigstens einen provisorischen Kanzleidienst aus eigener Tasche bezahlen zu können.

Was aber noch immer existierte, war die kaiserliche Armee. Ein Millionenheer an der Front, das in den Tagen, in denen der Staat auseinanderfiel, den gemeinsamen Krieg noch weiterführte. Der Waffenstillstand war jedoch nur noch eine Frage allerkürzester Zeit. Dann würde die Armee auseinanderlaufen. Ziel: die Heimat jedes einzelnen Mannes irgendwo in den Weiten der ehemaligen Donaumonarchie. Für Polen, Tschechen, Ruthenen war Deutsch-Österreich das gegebene Durchzugsgebiet für die Heimkehrertransporte. Niemand war da, um Ausschreitungen und Plünderungen zu verhindern.[5]

Das war jedoch nicht der einzige Grund, der zur Mobilisierung einer Schutztruppe drängte. Der innere Aufruhr drohte. Die kochende Unzufriedenheit in den Industriebezirken war deutlich spürbar. Die ersten Soldatenzusammenrottungen zur Gründung einer Roten Garde durften als Warnsignal gelten.

Dr. Julius Deutsch hatte diese Entwicklung vorausgesehen und mit dem Aufbau einer sozialdemokratischen Organisation innerhalb der kaiserlichen Armee begonnen. Jetzt mußte die neue Volkswehr mit allergrößter Beschleunigung aufgestellt werden. Die Revolutionsgefahr war kein Schreckgespenst, sondern Realität. Die Vorgänge am 31. Oktober 1918 bewiesen es allen, die noch daran gezweifelt haben sollten.

An diesem 31. Oktober versammelte sich im Festsaal der Wiener Universität eine Gruppe linksradikaler Studenten. Ihr Führer und Sprecher: Franz Koritschoner – der Mann, der schon während der

Januarstreiks die Verbindung zwischen den Streikkomitees und der Studentenschaft gehalten hatte. Die stürmische Studentenversammlung gipfelte in dem Aufruf: „Arbeiter! Soldaten! Eine neue Zeit bricht an. Die Revolution, die in Rußland begonnen, setzt sich jetzt bei uns fort . . . Es lebe der internationale Bund freier kommunistischer Republiken!"

Der Appell an das Proletariat wurde nach der Studentenversammlung eilends vervielfältigt: „Soldaten! Erklärt, daß ihr keine Offiziere mehr kennt! Leistet keinen neuen Schwur! Wählet euch selber aus euren Kameraden Führer aus! Gehet mit euren Waffen nach Hause! Lasset nicht euren Unterdrückern Waffen und Munition zurück! Tretet in die Rote Garde ein zum Schutz des Proletariats! Dann habt ihr bald die ganze Macht in den Händen, ihr Arbeiter und Soldaten"![6]

Die Stunde der Roten Garde schlug noch am selben Abend. Für 18 Uhr hatten die Sozialdemokraten eine Soldatenversammlung in die Drehersäle auf der Landstraße einberufen, um einen Soldatenrat für die Wiener Garnison zu bilden. Dort hielt der Korporal Haller mit seiner tags zuvor vor dem Landhaus und vor dem Parlament gesammelten Anhängerschaft Einzug.

Die etwa 2000 Mann starke Versammlung begrüßte jedoch seinen Aufruf zur Bildung der Roten Garde mit einem Pfeifkonzert. Die Soldatenvertreter waren größtenteils wohlorganisierte sozialdemokratische Vertrauensleute, die keine Lust auf eine Revolution nach russisch-bolschewistischem Beispiel verspürten. Haller wurde zwar von seiner kleinen Anhängerschaft auf den Schultern aus dem Saal getragen, doch die Gründung der Roten Garde mußte erneut verschoben werden.

24 Stunden später. 1. November 1918: Ein regnerisch kalter Nachmittag, der Platz rund um das Deutschmeisterdenkmal am Ring voll von Soldaten. Egon Erwin Kisch war wieder dabei – bei dieser Gelegenheit hielt er, der Chronist der Roten Garde, seine einzige politische Versammlungsrede. Dann zogen etwa 200 Mann erneut zum Parlament, hißten wieder eine rote Fahne und verlangten von Karl Seitz nicht nur Waffen, sondern auch Sitz und Stimme im Staatsrat.

Der sozialdemokratische Parteiführer antwortete ausweichend. Gegen die Bildung eines Vereines „Rote Garde" sei nichts einzuwenden. Die Revolutionsarmee – als Verein registriert! Dem Korporal Haller und seinen Leuten schien diese operettenhafte Groteske gar nicht zu Bewußtsein zu kommen.

Nochmals 24 Stunden später, und nun waren es schon viel mehr als nur 200 Mann. Am 2. November sammelten sie sich vor dem Kriegsministerium. Deutsch, der vom Balkon aus zu der Menge sprach – ein kleiner, schmächtiger Mann, aber ein hinreißender Redner –, konnte sie noch einmal besänftigen. Inzwischen hatte nämlich der Plan zur Aufstellung der Volkswehr reale Gestalt angenommen. Am 4. November sollten in allen Wiener Kasernen Werbebüros für den freiwilligen Eintritt in die Volkswehr ihre Tätigkeit aufnehmen.

Das teilte Deutsch am 3. November einem Trupp Rotgardisten mit, die unter Führung von Leo Rothziegel sein Büro im Kriegsministerium stürmten. „Die Rote Garde braucht Waffen! Die Rote Garde wird sich alles, was sie braucht, mit Gewalt holen", schrie Rothziegel den Unterstaatssekretär an.[7]

Deutsch beruhigte Rothziegel mit der Aufforderung, sich und seine Leute für die Volkswehr anwerben zu lassen. Die Rotgardisten wollten natürlich als geschlossene Einheit operieren und beschlossen, das Werbelokal in der Wiener Stiftskaserne zu ihrer Zentrale zu machen. Deutsch war damit zufrieden. Die Konzentrierung erleichterte seinen Plan, die Rote Garde, deren Bildung sich nicht verhindern ließ, durch verläßliche sozialdemokratische Vertrauensleute zu unterwandern.

Die tatsächliche Aufstellung eines bewaffneten Verbandes ließ sich ohnehin keinen Tag länger hinauszögern. An diesem 3. November 1918 kapitulierte die kaiserliche Armee an der Front.

Und an diesem selben 3. November 1918 wurde in Wien die Kommunistische Partei Deutsch-Österreichs gegründet. Daß sie über die Bedeutungslosigkeit einer Splittergruppe nie hinauskam, lag an der Haltung eines Mannes: Dr. Friedrich Adler, Idol des linken Flügels der Sozialdemokratie, lehnte die ihm angebotene Führung der neuen Partei ab. Als Ausdruck seines persönlichen Protests gegen die Kriegspolitik des kaiserlichen Regimes und gegen die Tatenlosigkeit der eigenen Parteifreunde hatte er 1916 den Ministerpräsidenten Stürgkh erschossen, in seiner Gesinnung aber blieb er unerschütterlicher Demokrat.[8]

Lenins „revolutionär-demokratische Diktatur des Proletariats" schloß alle nichtproletarischen Klassen von vornherein von jeder politischen Willensbildung aus – mit Gewalt, wie die Ausschaltung der Konstituante, des einzigen in Rußland jemals frei gewählten Parlaments, im Januar 1918 bewies.

Der Austromarxismus, wie er genannt wurde, akzeptierte die

bürgerlichen Parteien als politische Gegner, die er an der Wahlurne und im Parlament zu überwinden versuchen wollte.[9]

Das österreichische Bürgertum hat den grundlegenden Unterschied nie begriffen. Schon deshalb nicht, weil es das Parteichinesisch der ideologischen Auseinandersetzung zwischen Kommunismus und demokratischem Sozialismus nicht verstehen konnte. Die bürgerliche Ideologie war jedem Kinde gegenwärtig. Als christlichen Religionsunterricht bekamen sie schon die Volksschüler vorgesetzt, und das Bewußtsein akzeptierte diese Ideologie als eine Selbstverständlichkeit, über deren Grundlagen der durchschnittliche Bürger erst gar nicht nachdachte. Die marxistische Ideologie des Materialismus blieb eine Geheimlehre für Mitglieder – schon die Beschäftigung mit ihr galt als suspekt.

So beherrschte schließlich nur noch der äußere Anschein die bürgerliche Gedankenwelt, und dieser äußere Anschein schien keine Unterscheidung zwischen Kommunismus und Sozialismus zuzulassen: Es waren die gleichen roten Fahnen, demonstrierenden Massen, klassenkämpferischen Parolen. Schon die Novembertage 1918 demonstrierten das Mißverständnis: Die Volkswehr in ihrer Gesamtheit wurde von einem erschreckten und verängstigten Bürgertum als Rote Garde betrachtet. Und dieses Mißverständnis zog sich durch die ganze Geschichte der Ersten Republik, führte zu den Tragödien von 1927 und 1934 und feierte gelegentlich sogar in der Zweiten Republik unfröhliche Urständ.

Friedrich Adlers „Nein" an die kommunistischen Parteigründer in Österreich war ein Hauptgrund dafür, weshalb diese Partei über den engen Rahmen einer politischen Sektierergruppe nie hinausgewachsen ist. In ihren Reihen gab es niemand anderen, dem die Massen gefolgt wären. Lenin und Trotzki waren vor der Oktoberrevolution 15 Jahre lang die leitenden Köpfe der russischen Sozialdemokratie gewesen. In Deutschland spielten diese Rollen Karl Liebknecht und Rosa Luxemburg. Die Arbeiterschaft zog mit, als sie selbst ihre Wendung zum Kommunismus vollzogen. Ganz anders in Österreich: Die Rotgardisten Haller und Rothziegel, der Journalist Kisch, der Studentensprecher Koritschoner, der aus Hamburg zugewanderte Parteisekretär Karl Steinhardt, sie alle waren bestenfalls dritte Garnitur; mehr oder weniger unbekannt im Proletariat.

Das Proletariat war auch keineswegs durchsetzt von gutgeschulten, zu allem entschlossenen kommunistischen Berufsrevolutionären, die an den Schaltstellen künftiger Aktionen handeln konnten.

Für Rußland hatte Lenin diese Untergrundarmee von 1903 an systematisch aufgebaut; er hatte deren Existenz als unabdingbare Voraussetzung für die Machtergreifung erkannt. Seine österreichischen Genossen hatten ihren Lenin offensichtlich nie richtig gelesen. So kam es, daß sie in entscheidenden Momenten der Frage „Was tun?" hilflos gegenüberstanden. Bis sie zur Selbsterkenntnis dieses Mangels kommen sollten, hatten sie bereits abgewirtschaftet.[10]

Im November 1918 war diese Zukunftsentwicklung noch nicht klar abzusehen. Das Bürgertum, betäubt vom Zusammenbruch seiner Welt, sah riesengroß das Schreckgespenst einer blutigen Revolution am Horizont. Es überließ den Sozialdemokraten das Gesetz des Handelns. Und die Sozialdemokraten, selbst alles andere denn revolutionslüstern, zogen aus dieser Furcht die Vorteile für ihre Politik.

In der ersten Novemberwoche nahm die Massenstimmung für die Republik mehr und mehr zu, emotionell – als symbolhafte Garantie dafür, daß es nie wieder eine dynastische Politik geben würde, die zum Krieg führen konnte, nie wieder Polizeiaktionen gegen streikende Arbeiter. Große Teile der Bauernschaft gingen mit dem großstädtischen Proletariat konform: Nie wieder Requirierungskommandos in den Dörfern, kein dreijähriger Militärdienst mehr, der den Bauerngehöften die Arbeitskräfte entzog. Dazu kam die Hoffnung auf eine Aufteilung des Großgrundbesitzes, vor allem des Herrenwaldes und der Herrenjagden. Darüber hinaus gab es zwei klare Überlegungen, die auch konservativen Kreisen die Republik erstrebenswert machten: Irgendwie mußte man früher oder später zu einem tragbaren Verhältnis mit den Nachfolgestaaten kommen, und das würde ohne die Belastung eines Kaisers zweifellos viel leichter sein. Irgendeinmal mußten auch Friedensgespräche mit den Siegern beginnen, und auch dabei konnte der Monarch als Feind von gestern nur als moralische Hypothek wirken. Der neue Staat wollte sich von allem demonstrativ trennen, was ihn als Rechtsnachfolger der Monarchie verantwortlich machen konnte.[11]

Kapitel 2

DIE REPUBLIK OHNE REPUBLIKANER

In den Mittagsstunden des 12. November 1918 bewegten sich endlos scheinende Kolonnen von Marschierenden dem Stadtzentrum zu. Die Arbeiterschaft, von den Sozialdemokraten aufgeboten, sollte die Republik begrüßen. Auf dem Marsch befanden sich allerdings auch Einheiten der Volkswehr; Rote Garde aus der Stiftskaserne, unter Führung der Oberleutnants Egon Erwin Kisch und Peter Waller sowie des Leutnants Kalischer; ferner eine Kompanie aus Ottakring, eine Heimkehrerkompanie sowie das Deutschmeister-Volkswehrbataillon.

Die Rote Garde hatte sich in den wenigen Tagen seit ihrer Gründung zu einer bestens bewaffneten Truppe entwickelt. Gegen den allgemeinen Befehl für die Volkswehr nahmen Rotgardisten Waffen und Munition auf ihren Marsch zum Parlament mit. Dort angekommen, bezog die Rote Garde entlang der Rampe Aufstellung. Die Ringstraße war voll Zehntausender Menschen. Floridsdorfer Arbeiter hißten ein mehrere Meter langes Transparent mit der Aufschrift: „Hoch die sozialistische Republik."

Drinnen begann um 15 Uhr die Sitzung der Provisorischen Nationalversammlung. Das Gesetz über die Errichtung der Republik und deren Anschluß an das Deutsche Reich wurde einstimmig angenommen. Wilhelm Miklas, der tags zuvor im Staatsrat noch dagegen gestimmt hatte, erklärte jetzt als Sprecher seiner Partei, die Christlichsozialen hätten zwar die Entscheidung durch eine Volksabstimmung vorgezogen, wollten aber „die Einigkeit in diesem geschichtlichen Augenblick nicht stören".[1]

Um 15.55 Uhr wurde die Sitzung unterbrochen. Die Abgeordneten zogen durch die Säulenhalle und durch die weit geöffneten Flügeltüren hinaus auf die Rampe, um die Massen zu begrüßen. Mit weithin hallender Stimme gab Präsident Dr. Dinghofer den Gesetzesbeschluß bekannt. Parlamentsdiener liefen zu den Fahnenmasten, um die rotweißroten Flaggen zu hissen.

In diesem Augenblick stürzten Rotgardisten vor. Sie rissen den Parlamentsdienern die Tücher aus den Händen, fetzten die weißen Mittelstücke heraus, knüpften die roten Überreste aneinander und zogen sie an den Masten hoch. Seitz und Renner versuchten zu sprechen, doch ihre Worte gingen in dem ohrenbetäubenden Geschrei unter. In der Menge begriff niemand so richtig, was eigentlich vor sich ging. Nur die roten Fahnen wurden jubelnd begrüßt.

Daß soeben ein kommunistischer Putschversuch begonnen hatte, merkten die sozialdemokratischen Arbeitermassen gar nicht. Rote Fahnen waren für sie eben rot – genauso wie für das Bürgertum.

War es ein Putschversuch? Zielte das Unternehmen tatsächlich darauf hin, die eben erste gegründete parlamentarisch-demokratische Republik in einen Sowjetstaat nach russischem Muster umzuwandeln? Putschgerüchte hatten schon am 11. November in Wien die Runde gemacht. Der kommunistische Parteisekretär Steinhardt klapperte die Volkswehrkasernen ab, um die Stimmung zu erkunden.[2]

Jetzt, am Nachmittag des 12. November, stand Steinhardt vor dem Parlament und verlas im allgemeinen Trubel einen Aufruf zur Errichtung einer Arbeiter- und Bauernregierung nach sowjetrussischem Muster.

Lieder wurden gesungen; zu diesem Zeitpunkt begannen einzelne Demonstrantengruppen schon wieder mit dem Abzug. Um 16.35 Uhr ging drinnen im Saal die Parlamentssitzung weiter. Der Lärm von draußen erzwang allerdings schon nach fünf Minuten eine neuerliche Unterbrechung.

Bewaffnete Soldaten umlagerten die Flügeltüren. Dr. Deutsch, sein Mitarbeiter Julius Braunthal und einige Sozialdemokraten stellten sich ihnen entgegen. Braunthal bekam einen Kolbenschlag ab; für den Augenblick gelang es Deutsch jedoch, die Soldaten zu beruhigen – diesen Augenblick nützten die Abgeordneten, um sich in die Säulenhalle zurückzuziehen. Dann wurden die Flügeltüren schnell zugeworfen und abgesperrt.

Unten drängte sich Steinhardt, von Franz Koritschoner begleitet, zur Rampe vor – wie er selbst später sagte, um der Regierung die kommunistischen Forderungen bekanntzugeben. Oben schlugen Rotgardisten schon mit den Gewehrkolben gegen die großen Türen. Glasscheiben splitterten. Dann fiel der erste Schuß.

Niemand konnte später sagen, wer ihn abgefeuert hatte. Er gab jedenfalls das Signal für eine wilde, planlose Schießerei. In dem allgemeinen Durcheinander wußte kaum jemand so recht, was vor sich ging. Der Sturm auf die Parlamentstore dürfte von den Rotgardisten des Leutnants Kalischer ausgegangen sein. Steinhardt, hieß es, habe befohlen, Regierung und Abgeordnete zu verhaften.

Im Parlament wurden jetzt schnell die Rollbalken der Fenster heruntergelassen. Das klang wie das Rattern eines Maschinengewehrs. Zu allem Unglück baute in diesem Augenblick ein mutiger Kameramann sein Stativ auf dem Dach des Parlaments auf und richtete die Optik auf die Menge, um die Vorgänge zu filmen. Nun glaubten sich die kopflosen Rotgardisten auch noch von einer Kanone bedroht. So prasselten immer neue Gewehrsalven auf das Parlamentsgebäude. Ringsum herrschte das Chaos. Die Menge, Kopf an Kopf aneinandergedrängt, geriet in Bewegung. Wer konnte, suchte sein Heil in der Flucht. Von Todesangst getrieben, rasten die Menschen auf der anderen Seite der Ringstraße das Volksgartengitter entlang, das ihnen den Rückzug absperrte. Manche versuchten, in Häusern Schutz zu finden, aber die verstörten Hausbewohner hatten die Tore abgeschlossen. Wer nicht schnell genug laufen konnte, wurde niedergestoßen. Über die Körper der Verletzten rannten Hunderte, Tausende Menschen um ihr Leben. Das Resultat: 2 Todesopfer im Gedränge, 45 Verwundete. Auch Koritschoner trug eine Schußverletzung davon.

Dann brach das Gewehrfeuer unvermittelt ab. Kisch hatte schon bei den ersten Schüssen seine Einheit gesammelt und zog im Laufschritt Richtung Stiftskaserne ab. Peter Waller behauptete später, er habe mit seinen Leuten die schießwütigen Rotgardisten zurückgedrängt.

Wenige Minuten vorher noch hätte die Rote Garde das Parlament stürmen, die Nationalversammlung auseinanderjagen können. Es war jedoch niemand da, der folgerichtige Befehle gab. Und niemand war da, der die eben erst geforderte Diktatur des Proletariats auch ausgerufen hätte.

Oberleutnant Waller und der Korporal Rothziegel kamen schließlich ins Parlamentsgebäude, um mit Seitz, Deutsch und dem Stabschef der Volkswehr, Major Henning, zu verhandeln. Das Parlament sollte besetzt und nach Maschinengewehren durchsucht werden, doch die Rotgardisten gaben sich mit der ehrenwörtlichen Erklärung von Karl Seitz zufrieden, daß keine Waffen in dem Gebäude seien.[3]

Während vor dem Parlament noch geschossen wurde, startete bereits die zweite kommunistische Aktion dieses Nachmittags. Um 17.15 Uhr besetzten Rotgardisten und Deutschmeister, etwas über 100 Mann stark, das Redaktionsgebäude der „Neuen Freien Presse" in der Fichtegasse. In aller Eile wurde ein Flugblatt in Druck gegeben:

„Vor dem Parlamentsgebäude wurde heute nachmittag die soziale Republik ausgerufen . . . In Ausführung dieses Beschlusses der Kommunistischen Partei wurde heute nachmittag das Redaktionsgebäude der ‚Neuen Freien Presse' durch Volkswehr und Rote Garde besetzt . . ."

Die Soldaten in der Fichtegasse hatten offenbar keine Ahnung, daß das Unternehmen vor dem Parlament inzwischen schon in sich zusammengebrochen war. Der Text des Flugblattes verriet nämlich, was später so eifrig bestritten werden sollte: daß die Kommunistische Partei tatsächlich die Aufrichtung der Diktatur des Proletariats für diesen Tag geplant hatte. Es war eben doch ein echter Putschversuch.

Gegen Abend wurde den Anführern in der Fichtegasse die eigene Situation klar. Gegen 19.30 Uhr brachten sie ein zweites Flugblatt heraus. Sein Inhalt stellte den Versuch dar, den Putschversuch in eine Demonstration umzudeuten und die wahren Absichten zu bagatellisieren. Nun hieß es: „Wir haben Euch gezeigt, daß es nur an Euch liegt, die ganze politische und wirtschaftliche Macht sofort in Eure Hände zu nehmen."

Es war der Abgesang einer jämmerlich gescheiterten, deshalb aber nicht weniger blutigen Revolution. Friedrich Adler sprach später von einer „schlechten Operette".

Die demokratische Republik Deutsch-Österreich hatte ihre Geburtsstunde am 12. November 1918 überlebt. Eines ihrer nächsten Ziele war es, Wahlen für eine Konstituierende Nationalversammlung durchzuführen. Als Wahltermin wurde der 16. Februar 1919 bestimmt. Die Durststrecke bis dahin warf allerdings lange Schatten voraus. Die Republik stand vor Katastrophenmonaten, die die vergangenen Kriegswinter in den Schatten stellten.

Die Lebensmitteltransporte aus den Nachbarstaaten hatten so gut wie aufgehört, seit diese Nachbarstaaten selbständig geworden waren. Die Wiener Brot- und Mehlration betrug zusammen eineinhalb Kilogramm pro Woche, doch die Zahlen blieben Theorie. Um jedem Wiener dieses Quantum zu liefern, wären täglich 45 Waggonladungen nötig gewesen. Aber erst am 31. Dezember traf der erste Schweizer Lebensmitteltransport ein – insgesamt 140 Waggons, die unter anderem 150 Tonnen Mehl brachten.

Damit die Bevölkerung nicht fror, hätte Wien pro Tag 200 Waggon Kohle gebraucht. Nach mühevollen Verhandlungen hatte die Tschechoslowakei die Lieferung zugesagt – tatsächlich wurden aber schließlich nur 20 Waggons täglich nach Wien abgefertigt. Die wöchentliche Fleischration betrug ein Achtel Kilogramm, und sie kam meistens vom Pferdefleischhauer.

Hunger und Kälte. Und dazu stillgelegte Fabriken. Auch die Industrie konnte ohne Kohle nicht arbeiten. Anfang November hatte es in Wien knappe 20.000 Arbeitslose gegeben. Ende Dezember: Über 100.000 abgerüstete Soldaten und heimgekehrte Kriegsgefangene vermehrten Tag für Tag das Heer der Arbeitslosen und damit zugleich das Heer der Unzufriedenen, die sich jederzeit zu einer neuen Revolutionsarmee formieren konnten.

Waffen nämlich gab es in Hülle und Fülle. Waffen waren das einzige, was der Krieg ausreichend, überreich sogar zurückgelassen hatte. Und jeder, der wollte, konnte sich diese Waffen im allgemeinen Durcheinander beschaffen.[4]

Eine Kette von Gewalttaten prägte das Bild dieser Wintermonate.

14. November: Maschinengewehrduell auf dem Wiener Ostbahnhof. Mehrere Tote und Verletzte aus den Reihen ungarischer Heimgekehrter und der Volkswehr.

30. November: Waldviertler Kleinbauern drangen bewaffnet in die Stadt Groß-Gerungs ein und plünderten die Kaufhäuser. Die gegen die Plünderer eingesetzte Volkswehr machte mit den hungernden Bauern gemeinsame Sache.

31. Januar 1919: Arbeitslosendemonstration und Zusammenstöße vor dem Wiener Parlament. 18 Polizisten wurden verletzt, bei 38 verhafteten Demonstranten fanden sich Schußwaffen.

4. Februar: Massendemonstrationen wegen Fleischmangels in Linz. Geschäfte wurden geplündert. 1200 Mann Gendarmerie aus Wien und Amstetten mußten nach der oberösterreichischen Landeshauptstadt verlegt werden, um dort am 6. Februar endlich wieder Ruhe zu schaffen.

Am selben 4. Februar formierten sich Bauern aus der Gegend von Steyr zu einem organisierten Raubzug in die Jagdreviere. Bei einem Feuergefecht mit der Gendarmerie gab es vier Tote.[5]

Dazu lief der Wahlkampf auf Hochtouren. Das Bürgertum hatte sich vom Schock der Novembertage einigermaßen erholt. In den Zusammenbruchtagen hatte es das Primat der Sozialdemokraten hingenommen. Die Sozialdemokraten schienen die einzigen, die die Massen im Zaume halten konnten. Jetzt meldete sich der politisierende Klerus als erster zu Wort. Am 23. Januar veröffentlichten die österreichischen Bischöfe einen Hirtenbrief mit der frappanten Schlußfolgerung: „Wenn Demokratie sich vom Christentum loslöst, dann gibt es nicht mehr ein Volk, das sich selbst regiert, sondern die Tyrannei einer Partei, die die Macht an sich gerissen hat . . ."

Die Sozialdemokraten drohten daraufhin mit „Versammlungssprengung" in den Kirchen, falls die Kanzeln als politische Rednertribünen benützt würden. Am 19. Januar 1919 kam es zu Zusammenstößen in der Wiener Mariahilfer Kirche. Am 9. Februar wurden in der Jubiläumskirche bei der Abendandacht Stinkbomben geworfen, während der päpstliche Nuntius Graf Valfré den Gottesdienst zelebrierte.

Der katholische Arbeiterführer Anton Orel agitierte offen für die Wiedererrichtung der Monarchie und wetterte gegen „Judenregierung" und „Judenrepublik".

In dieser zum Zerreißen gespannten Situation, in der die allgemeine Unruhe sich jeden Augenblick zu neuer Revolutionsbewegung ausweiten konnte, verlangte der Chef der Alliierten Waffenstillstandskommission, General Segré, vom österreichischen Staatsamt für Heerwesen einen Abbau der Volkswehr.

Die Volkswehr war bis Mitte Januar auf über 15.000 Mann angewachsen. Doktor Deutsch schien sie über die sozialdemokratischen Soldatenräte fest in der Hand zu haben. Das Wagnis, die kommunistischen Soldaten in die Volkswehr einzugliedern, um sie unschädlich zu machen, war vorderhand von Erfolg begleitet. Die politisch ungeschulten, führerlosen Radikalen hatten den schlauen Schachzug nicht durchschaut. Erst einmal aufgesogen, waren die Rotgardisten dann in einem eigenen Bataillon (Volkswehrbataillon 41) isoliert worden.

General Segrés Forderung nach Abbau der Volkswehr um mindestens ein Viertel ihres Bestandes torpedierte alle Bemühungen. Die Volkswehrmänner sahen sich, angesichts der weiterhin steigenden Arbeitslosigkeit, dem Nichts gegenüber, sobald sie die Uniform ausziehen mußten. Der Ruck nach links, zur Roten Garde und zu einer neuen revolutionären Bewegung hin, schien unvermeidlich. Dazu kam die außenpolitische Situation der jungen Republik.

In Kärnten waren slowenische Einheiten der ehemaligen k. u. k. Armee bis an die Drau vorgedrungen. Kärntner Freiwilligenverbände unter dem Kommando des Oberstleutnants Ludwig Hülgerth konnten sie zwar am Überschreiten des Flusses hindern; in Paris jedoch erhoben die Vertreter des neuen jugoslawischen Staates Anspruch auf ganz Kärnten.[6]

Tirol war durch zwei italienische Armeen besetzt. Während des ganzen Krieges hatte kein italienischer Soldat Tiroler Boden auch nur zu sehen bekommen. Erst nach dem Zusammenbruch konnten die Italiener darangehen, das zu „erobern", was ihnen die Alliierten versprochen hatten.[7]

General Segré war Italiener. Als Italiener mochte er zwar nichts dagegen einzuwenden haben, daß der jugoslawische Vormarsch in Kärnten gestoppt wurde – auch unter Teilnahme der Volkswehr an den Abwehrkämpfen! –, anderseits aber mußte er ähnliche Ereignisse in Tirol befürchten. Sobald die Pariser Friedenskonferenz nämlich den Italienern ganz Südtirol bis zum Brenner zusprach!

Diese Pariser Friedenskonferenz wurde am 18. Januar 1919, einem Samstag, um 15.15 Uhr vom französischen Staatspräsidenten Raymond Poincaré im Sitzungssaal des Außenministeriums auf dem Quai d'Orsay offiziell eröffnet. Wenn sich die deutsch-österreichische Regierung eine Einladung erhofft hatte, so sah sie sich bitter enttäuscht. Die Sieger dachten gar nicht daran, die Besiegten zu Wort kommen zu lassen.

Ein Land, das nicht wußte, was über sein künftiges Schicksal beschlossen wurde, ein Land, das nicht einmal seine eigenen Grenzen kannte – so ging dieser Staat Deutsch-Österreich am 16. Februar 1919 zur Wahl. Am Abend dieses Sonntags ergab dann die erste Stimmenauszählung folgende Mandatsverteilung: 72 Sozialdemokraten, 69 Christlichsoziale, 23 Bürgerlich-Freiheitliche und Nationale, 3 steirische Bauernbündler, 1 Jüdischnationaler, 1 Tschechischnationaler, 1 Bürgerlich-Demokratischer.[8]

Das Resultat war nur vorläufig. Eine Reihe von Abgeordneten mußte ohne Wahl einberufen werden, denn im Sudetenland hatten die Tschechen, in Südkärnten und in der Südsteiermark die Jugoslawen, in Südtirol die Italiener den Urnengang verhindert. Noch aber betrachtete sich das Parlament in Wien als Volksvertretung für die gesamte deutschsprachige Bevölkerung auf dem Gebiet der ehemaligen Monarchie. Noch hoffte es auf Gerechtigkeit.[9]

In der Nacht zum 23. März 1919 rollte auf dem kleinen Bahnhof Kopfstetten im Marchfeld ein kurzer Zug ein. Es war eine der Garnituren, die vor dem November 1918 der Kaiserfamilie als Hofzüge gedient hatten. Das Bahnpersonal war auch diesmal österreichisch. Die militärische Bewachungsmannschaft jedoch trug britische Uniformen. Sie gehörte zu dem bescheidenen Truppenkontingent, das die Alliierten nach dem Waffenstillstand mehr symbolhaft denn als wirklichen Machtfaktor in Wien stationiert hatten.

Die britische Einheit unterstand dem Kommando des Oberstleutnants Strutt. Diesen Offizier hatte der englische König dem letzten Habsburgerkaiser Mitte Februar als „Ehrenkavalier" zugeteilt.

Im ersten Augenblick bereitete die Ernennung dem österreichischen Staatsrat einige Sorge. Dr. Otto Bauer, Staatssekretär des Äußeren, soll ausgerufen haben: „Was machen wir, wenn Kaiser Karl Minister ernennt und sie uns durch seinen britischen Offizier präsentieren läßt?"

Die Sorge war unbegründet. Die britische Regierung hegte keinerlei politische Sympathien für das Haus Österreich. Nur die persönliche Tragödie des russischen Zaren, der mit seinen Angehörigen von Bolschewiken getötet worden war, sollte sich auf österreichischem Boden nicht wiederholen. Die Bezeichnung „Ehrenkavalier" war eine höfliche Umschreibung der Tatsache, daß London die persönliche Sicherheit der Kaiserfamilie nicht den österreichischen Behörden allein überantwortet wissen wollte. In unmittelbarer Nähe von Schloß Eckartsau im Marchfeld, wo Karl seit November 1918 wohnte, stifteten Wildererbanden Unruhe. Das taten sie zwar anderswo auch, aber in der Umgebung des Kaisers bezog man diese Aktivität auf die Person des Monarchen.

Im übrigen bemühte sich die britische Regierung selbst, Karl aus Österreich wegzubringen. Am 18. März hatte eine alliierte Anfrage in der Schweiz positive Antwort gefunden. Dort war man bereit, Karl Asyl zu gewähren. Und so stand am 23. März der ehemalige Hofzug mit britischer Bewachungsmannschaft auf dem Gleis.

Um 7 Uhr früh kam der Kaiser mit seiner Familie und seinen wenigen Begleitern von Schloß Eckartsau nach Kopfstetten und bestieg mit den Worten „Auf Wiedersehen in der Heimat" den Zug. Fast 42 Stunden lang rollte die Garnitur ohne Zwischenfall durch Österreich. Am 24. März, in Feldkirch, knapp vor Überschreiten der Grenze nach Liechtenstein, wurde dann jenes Manifest ausgefertigt, in dem Kaiser Karl alle Zusagen und Erklärungen seit dem 16. Oktober 1918 zurücknahm, der Republik die Legalität absprach und sogar die Rechtmäßigkeit der Wahlen vom 16. Februar 1919 bestritt.

Am 16. Oktober hatte er die Reichsratsabgeordneten zur Bildung von Nationalräten aufgerufen. Am 11. November hatte er auf jeden Anteil an den Staatsgeschäften verzichtet und erklärt:

„Im voraus erkenne Ich die Entscheidung an, die Deutsch-Österreich über seine künftige Staatsform trifft. Das Volk hat durch seine Vertreter die Regierung übernommen."

Eine noch deutlichere Sprache konnte es nicht geben. Der Kaiser mochte gehofft haben, daß diese Entscheidung nicht sofort, sondern erst später fallen würde, und dann durch eine Volksabstimmung; und er mochte gehofft haben, daß diese Volksabstimmung die Monarchie retten würde. Daß diese Hoffnung enttäuscht wurde, konnte jedoch nichts mehr am Wortlaut des Manifests vom 11. November ändern. Nichts ließ sich auch daran deuten, daß der letzte Monarch selbst die Provisorische Nationalversammlung bestellt und sie zum Handeln ermächtigt hatte. Und erst ein halbes Jahr später, als er Österreich verließ – ohne jemals offiziell abgedankt zu haben, in der Praxis aber ein Kaiser ohne Thron und ohne Reich –, erst ein halbes Jahr später nahm Karl seine eigenen Erklärungen wieder zurück. Nun waren die von ihm selbst berufenen Mitglieder der Provisorischen Nationalversammlung plötzlich Leute, die sich „das Mandat selbst erteilt" hatten; nun erinnerte sich Karl mit einemmal daran, daß die Abgeordneten „aus dem alten österreichischen Reichsrat hervorgegangen waren, dessen über die verfassungsmäßige Funktionsdauer hinausgehende Wirksamkeit nicht die Zustimmung der Wähler" gefunden habe. War noch im Manifest vom 11. November ausdrücklich die Rede davon gewesen, „das Volk habe durch seine Vertreter die Regierung übernommen", so fand nun Karl am 24. März 1919 plötzlich, dem Manifest gemäß hätte „nur das gesamte deutsch-österreichische Volk" die Entscheidung über die Staatsform treffen dürfen – eine Auffassung, die auch im Wortlaut der Erklärung vom 11. November 1918 durch keinen Passus gestützt wird.

Der zwar nicht abgedankte, aber abgetretene Kaiser ging noch weiter. Die am 16. Februar gewählte Konstituante hatte das Republikgesetz vom 12. November 1918 bestätigt. Nun sprach Karl auch dieser Volksvertretung das Entscheidungsrecht ab:

„Die Öffentlichkeit auch außerhalb Deutsch-Österreichs weiß, daß die Wahlen für die Konstituante im Zeichen des Terrors standen, daß die Wähler, die am 16. Februar 1919 zur Urne schritten, keineswegs unbeeinflußt ihre Stimmen abgaben, sondern vielfach im Banne einer planmäßigen Verhetzung und unter dem Drucke einer sich Volkswehr nennenden Parteigarde standen . . ."

Nachfolgende Ereignisse zeigten die Unrichtigkeit dieser Behauptung, mochte auch der Kaiser selbst im März 1919 daran geglaubt haben. Die Wahlresultate vom 16. Februar verankerten zum ersten Male die Zweiteilung der österreichischen Bevölkerung in die beiden großen politischen Lager. Von da an standen einander Christlichsoziale und Sozialdemokraten in kaum sich verändernder Stärke gegenüber. Lautete das Mandatsverhältnis 1919 noch 64 : 70, so hieß es 1927 beispielsweise 73 Christlichsoziale gegen 71 Sozialdemokraten und 1930 dann 72 Sozialdemokraten gegen 66 Christlichsoziale. Die Zweiteilung überlebte den Dollfuß-Staat, den Nationalsozialismus und den Zweiten Weltkrieg.

1945 zogen 85 Mandatare der Volkspartei und 76 Sozialisten in den Nationalrat ein. 1953 lautete das Verhältnis 74 : 73, 1959 machte es 79 : 78 aus, 1966 schließlich 85 : 74. 1975, nach Erweiterung des Nationalrats auf 183 Mandate, war das Verhältnis SPÖ : ÖVP 93 : 80.

So zeigten sich die beiden großen Blöcke von Anfang an fest gefügt; was man anderswo Erdrutsch nannte, machte in Österreich bestenfalls 5 Prozent der Stimmen aus. Immer waren es abgesplitterte Außenseiter aus den eigenen Reihen, die das Auf und Ab im bürgerlichen oder im sozialistischen Lager herbeiführten. 1930 beispielsweise kostete die separat kandidierende Heimwehr die Christlichsozialen 8 Mandate, 1966 verbuchte die Olah-Partei sozialistische Wähler, die für 3 bis 4 Mandate gereicht hätten.

Zwischen den beiden großen Lagern aber konnte keine dritte Kraft, wie immer sie sich nennen mochte – national, liberal, freiheitlich oder unabhängig , jemals mehr als 15 Prozent der Abgeordnetensitze für sich erobern. Waren es 1919 die 23 Bürgerlich-Freiheitlichen, die die Rechte darstellten, so zogen 1930 die 19 Abgeordnetensitze des Schober-Blocks und 1949 die 16 Mandatare des Verbandes der Unabhängigen in das Parlament ein. 1975 bekam die FPÖ 10 Mandate.

1919 war die Zweiteilung noch neu. Für die Sozialdemokraten stellte das Wahlresultat eine gewisse Enttäuschung dar. Sie hatten zwar gesiegt, und die Mehrheit blieb beim Bürgertum. Der Schock der Zusammenbruchtage ließ allmählich nach. Die bürgerliche Welt erkannte, wieviel sie durch den Abgang der Donaumonarchie verloren hatte. Zwar bestätigte die Konstituante das Republikgesetz vom 12. November 1918 ebenso wie den Anschlußparagraphen, doch das hieß noch lange nicht, daß alle Österreicher nunmehr auch schon Republikaner waren.

Da war die aus der Kaiserzeit stammende hohe Beamtenschaft, die jetzt den republikanischen Staat verwalten sollte. Da waren die führenden Männer der Industrie und der Großbanken, die in wirtschaftlichen Großräumen zu denken und zu handeln gelernt hatten. Da war das Kleinbürgertum, das jener festgefügten Ordnung nachtrauerte, die von vornherein ausgeschlossen hatte, daß Demonstranten Auslagen zertrümmerten und Hungernde Geschäfte plünderten. Da war die Kirche, deren Schutzherrn traditionellerweise der frommgläubige Monarch dargestellt hatte. Die Republik war tatsächlich eine Republik ohne Republikaner. Dieses Schlagwort hatte die „Arbeiter-Zeitung" am 24. November 1918 in einem Leitartikel geprägt, in dem es unter anderem hieß: „War nicht jeder dieser Bürgerlichen stolz darauf, zu dem Hofe in irgendeine Beziehung zu gelangen? War es nicht ihr allerhöchster Ehrgeiz, einem Erzherzog oder gar dem Kaiser ‚vorgestellt' zu werden? Wohl haben sie die absolute Nichtigkeit dieser ‚Vorstellung' immer faßlich gesehen, aber es ist ihnen doch immer ein Schauer über den Rücken gelaufen, vor der Majestät oder irgendeinem ihrer Vertreter zu stehen, und für jeden war es die beseligendste Erinnerung, von dem Kaiser ‚angesprochen' worden zu sein. Sie sind ihr Leben lang gekrochen, und nun sollen sie, weil die Majestät in Trümmern, aufrechte Menschen sein?" – „Republik ohne Republikaner": Das Schlagwort wurde später immer wieder angewendet. Der Tag konnte kommen, an dem das Bürgertum aus der höchst unerfreulichen republikanischen Gegenwart wieder zum Thron eines Habsburgers pilgerte.

Was anderseits die Linke radikalisieren mußte! Das Wahlresultat zwang die Sozialdemokraten zu Kompromissen; sie mußten ihre politischen Ziele zurückstecken. Damit erbitterten sie ohnehin große Teile des Proletariats, die sich vom November 1918 den Ausbruch perfekter sozialer Gerechtigkeit erwartet hatten. So konnte auch der Tag kommen, an dem die radikalisierten Massen der Kontrolle durch den sozialdemokratischen Parteivorstand entgleiten würden – ein Vorgang, der dann 1927 tatsächlich eintrat.

So sahen sich die Sozialdemokraten 1919 in einen Zweifrontenkrieg verstrickt. Die eigene Linke schien ihnen dabei die größere

Gefahr zu sein als die noch keineswegs formierte bürgerliche Rechte. Die Linke bedeutete Unruhen, Zusammenstöße, Blutvergießen, Kommunismus – sie reklamierte den Nachholbedarf an versäumter echter Revolution. Der sozialdemokratische Parteivorstand, zunächst unerschütterlich auf dem Boden der parlamentarischen Demokratie stehend, wollte eine soche Entwicklung unter allen Umständen verhindern.

Nicht alle Politiker der bürgerlichen Rechten zeigten sich später damit zufrieden. Da war beispielsweise Ernst Streer von Streeruwitz, ehemals dem Generalstab zugeteilter Offizier, dann Repräsentant der Großindustrie, 1929 sogar kurzfristig österreichischer Bundeskanzler. 1937 schrieb er:

„Vielleicht wurde in den ersten Jahren durch Bindung der Linksradikalen mancher Exzeß vermieden. Es ist aber außer Frage, daß dies für Österreich auf längere Zeit wenig nützlich gewesen ist. Die Anbeter der Ruhe um jeden Preis vergessen, daß Angriff und Rückschlag auch im politischen Leben in einer bestimmten Reihenfolge verlaufen und daß schwer tiefinnere Gegensätze nicht durch Rede und Gegenrede, sondern nur durch Kampf ausgeglichen werden können . . .“

Dieses unverhüllte Bekenntnis zum Bürgerkrieg durch einen Bundeskanzler, der die Verantwortung für einen ganzen Staat zu tragen hatte, mag heute erschüttern – historisch betrachtet zeigt es, welche Gedankengänge die Erste Republik in den Abgrund steuerten.

1919 jedenfalls war die bürgerliche Mehrheit mit den Sozialdemokraten durchaus einer Meinung, daß Blutvergießen um jeden Preis vermieden werden mußte. Einer der Preise, den die Sozialdemokraten forderten, war die endgültige Lösung der Habsburgerfrage.

Denn: Auch die Wahl vom 16. Februar, die Bestätigung der Republikgesetze durch die Konstituante, hatte nichts daran geändert, daß es noch immer einen Kaiser gab. Er saß in Eckartsau, eine knappe Fahrstunde von Wien entfernt; er hatte nicht abgedankt, und er war auch nicht abgesetzt worden. So stellte er eine Quelle ständiger Verlegenheit dar – nicht nur für die Sozialdemokraten, die ihre Linke im Zaum halten mußten, sondern auch für manche bürgerlichen Politiker, die lieber den Kaiser opfern als eine Radikalisierung der Massen in Kauf nehmen wollten. So bemühte sich beispielsweise der christlichsoziale Parteiführer Prälat Hauser über den Prälaten Seipel, den Kaiser in Eckartsau doch noch zu einer freiwilligen, formellen Abdankung zu bewegen. Seipel lehnte die Vermittlung ab, und Karl war auch keineswegs zum Thronverzicht bereit. Staatskanzler Dr. Renner kam Anfang Januar selbst einmal nach Eckartsau, um mit Karl direkten Kontakt aufzunehmen; er wurde jedoch mit dem Hinweis auf eine Krankheit des Kaisers nicht vorgelassen.

Sofort nach den Wahlen flammten neue Unruhen auf. Die Arbeitslosigkeit stieg sprunghaft weiter an und näherte sich der 150.000-Mann-Marke. Die Alliierte Waffenstillstandskommission drängte erneut auf Abbau der Volkswehr.

Welche Zustände in Österreich herrschten, zeigten die Vorfälle in Graz am 22. Februar. Während Kommunisten in der Göstinger Au eine Versammlung abhielten, besetzte ein nationales Studentenkorps die Grazer Innenstadt. Daraufhin marschierte auch ein sozialdemokratisches Arbeiterhilfskorps auf und versuchte, die beiden feindlichen Gruppen auseinanderzuhalten. Vergeblich. Als die Kommunisten in die Stadt zurückkehrten, eröffneten die Studenten das Feuer. Es gab fünf Tote. Die Studenten mußten schließlich weichen, verschanzten sich im Rathaus, feuerten erneut auf die Menge, die das Gebäude umlagerte, und töteten noch einen Kommunisten. Erst Stunden später konnten die Nationalen von der Gendarmerie mit Unterstützung des Arbeiterhilfskorps entwaffnet werden.

In einer solchen zum Zerreißen gespannten Situation, in der jederzeit der Bürgerkrieg zwischen Linker und Rechter ausbrechen konnte, trat am 1. März 1919 in Wien die erste Reichskonferenz der Arbeiterräte zusammen. Die Linksradikalen tobten gegen die Koalitionsregierung, die die Sozialdemokraten nach den Wahlen erneut mit Christlichsozialen und Nationalen gebildet hatten. Die kommunistische Presse rief nach Revolution. „Proletarier, du hast nichts von der Nationalversammlung zu erwarten, und du hast durch deine Haltung Protest gegen dieselbe einzulegen." Oder: „Die Nationalversammlung, die eine bürgerliche Mehrheit hat, kann kein Organ zur Verwirklichung des Sozialismus sein." Niemand konnte daran zweifeln, daß ein Rätesystem nach sowjetrussischem Vorbild das Ziel der Linksradikalen war.[10]

Friedrich Adler hielt die Reichskonferenz zwar mit Hilfe einer verläßlichen sozialdemokratischen Mehrheit unter Kontrolle, doch die Sozialdemokraten ihrerseits benützten die radikalen Töne als Druckmittel gegen ihre bürgerlichen Koalitionspartner. Die Abdankung des Kaisers sollte der Arbeiterschaft als Beweis dafür serviert werden, wie stark der Parteivorstand dem Bürgertum gegenüber blieb.

Dr. Renner bereitete eine Abdankungsurkunde vor. Wollte der Kaiser sie nicht unterzeichnen, sollte er des Landes verwiesen werden. Karl wollte nicht abdanken, unter gar keinen Umständen. Und bevor er sich ausweisen ließ, ging er lieber freiwillig.

Jetzt schalteten sich die Briten ein und fragten in der Schweiz an, ob die Kaiserfamilie dort Exil finden könne. Und dann kam der 21. März. In Ungarn stürzte das bürgerliche Regime des Grafen Károlyi. Eine Linksregierung aus Sozialdemokraten und Kommunisten kam an die Macht. Das Burgenland war damals noch ungarisch; so spielte sich dieser Linksruck keine 30 Kilometer von Eckartsau ab. Das trug nicht dazu bei, dem Kaiser den weiteren Aufenthalt erstrebenswert zu machen. So entschloß man sich zur Ausreise.

Staatskanzler Dr. Renner versuchte noch im letzten Moment, während der Aushandlung der Reiseformalitäten mit dem Briten Strutt, eine offizielle Abdankung zu erreichen. Strutt faßte Renners Versuch als Drohung auf, die Abfahrt zu verhindern. Er drohte nun seinerseits mit der Absendung eines Telegramms an seine Regierung: „Österreichische Regierung verweigert Ausreise des Kaisers, wenn er nicht abdankt. Erlassen Sie daher Befehl wegen Blockade und stellen Sie alle Lebensmitteltransporte für Österreich ein."

„Großer Gott – er kann fahren", soll Renner geantwortet haben.[11]

In Feldkirch, vor dem Verlassen österreichischen Bodens, unterzeichnete Karl dann sein Manifest. Die Erklärung wurde damals nicht veröffentlicht, sondern lediglich einigen europäischen Monarchen zugestellt. Publizität bekam das Dokument durch die Memoiren des kaiserlichen Sekretärs Karl Werkmann, „Der Tote auf Madeira", die 1922 erschienen.

Diese letzte Erklärung, die der letzte Habsburg-Lothringer auf österreichischem Staatsgebiet abgab, war zugleich der erste offizielle Versuch, der jungen Republik die Legalität abzusprechen; aus der evolutionären Entwicklung das Produkt einer Revolution zu machen. Dieser Versuch sollte nicht der letzte sein.

In den ganzen 20 Lebens- und Leidensjahren der Ersten Republik blieb das Feldkircher Manifest die Rückendeckung für alle jene, die sich mit dem Untergang der Monarchie nicht abfinden konnten. Durch den betäubenden Schock der Ereignisse blieb die

Zahl derer, die sich zu Wort meldeten, zunächst nur klein. Bei den Wahlen vom 16. Februar 1919 beispielsweise bekam die „Deutsch-österreichische Volkspartei" des katholischen Sozialpolitikers Dr. Anton Orel – die einzige Partei damals, die offen für die Wiederherstellung der Monarchie eintrat – in ganz Österreich nur 1600 Stimmen. Das Bild jedoch änderte sich mit jedem Schritt, den der neue Staat auf seinem Weg durch die Geschichte weiter bergab ging. Hätte die Republik allen ihren Bewohnern ein einigermaßen erträgliches Dasein sichern können, so wäre die Frage der Legalität oder Illegalität ihrer Gründung wohl nur als theoretisches Thema für Verfassungsjuristen und Historiker interessant geblieben. So aber steigerte die materielle Notlage die politischen Konflikte zur permanenten Bürgerkriegsstimmung. Was nach 1918 in Österreich geschah, war zwar nicht Schuld der Republik, sondern nur Spiegelung der internationalen Entwicklung. Diese allgemeine Krise des Kontinents aber hatte ihre Wurzeln zweifellos in der Liquidation der alten Ordnung bei Kriegsende. Die Republik war die Folge des Kriegsendes; so lag es nahe, sie für alles Elend verantwortlich zu machen. Das Bürgertum hatte mehr zu verlieren als das Proletariat, das der Republik immerhin beachtliche soziale Fortschritte verdankte – folgerichtig fanden sich große Teile dieses Bürgertums in der Republik nicht zurecht. Das Unbehagen in einer wahrlich nicht schönen Gegenwart ließ die Vergangenheit in verklärtem Licht erscheinen. Die Mechanik des politischen Denkvorganges war damit gegeben: Vielleicht konnte der Weg zurück die Lage bessern – bestritt man der Republik überhaupt die Rechtmäßigkeit ihrer Existenz, sicherte man sich damit die moralische Berechtigung, sie abzuschaffen. Dieser politische Denkvorgang galt aber nicht nur für die Bestrebungen zur tatsächlichen Restaurierung der Habsburgermonarchie, er wurde ebenso für autoritäre Lösungen wie den Heimwehrfaschismus oder den Ständestaat maßgebend.

Kapitel 3

DER VERTRAG VON SAINT-GERMAIN

Wien, April 1919. Die Republik, eben erst ein halbes Jahr alt, steuerte an den Rand des Abgrundes, ohne es zunächst überhaupt zu erfassen. Schon das äußere Bild war trostlos genug. Ein Mitglied der britischen Friedensdelegation, Harold Nicolson, notierte damals in sein Tagebuch:

„Donnerstag, 3. April. Wache in Österreich auf. Das erste Mal, daß ich eins der feindlichen Länder sehe. Der Zug fährt langsam, hält an den Stationen. Die Vorortezüge sind gestopft voll mit Menschen, und fast alle Fensterscheiben sind zerbrochen. Es verkehren nur etwa vier am Tage wegen Kohlenknappheit. Alle Leute sehen sehr hager und gelb aus: keine Fettnahrung seit vier Jahren. Die andere Seite der Blockade. Gegen 10 Uhr Ankunft in Wien. Allen und ich gehen zur Botschaft, wo unsere Mission ihren Sitz hat. Die Stadt macht einen verwahrlosten Eindruck: Papier liegt herum, die Rasenplätze um die Denkmäler sind mit Abfall besät, viele Fenster sind zerbrochen und mit Brettern vernagelt. Die Leute in den Straßen sind niedergeschlagen und schlecht gekleidet; sie starren uns erstaunt an . . . Ich habe das Gefühl, daß mein rundliches Apfelgesicht eine Beleidigung ist für dieses armselige Volk . . . Eine riesige Mahlzeit bei Sacher, die 1200 Kronen kostet . . .“

Vor dem Kriege hatte ein ausreichendes Mittagessen in einem gutbürgerlichen Wiener Restaurant eine Krone gekostet. An den Devisenbörsen der neutralen Staaten notierte die österreichisch-ungarische Währung schon 1918 nur noch mit einem Drittel ihres Vorkriegswertes. Die Lebenshaltungskosten waren vom Juli 1914 bis zum Zusammenbruch auf das Sechzehnfache gestiegen.

Die Monarchie hatte ihren Krieg nach altem Rezept finanziert: Vorwiegend mit der Notenpresse, hauptsächlich durch Schulden. Immer mehr Papiergeld, um die Rüstungsproduktion zu bezahlen, immer weniger Waren für den zivilen Verbrauch. Eine todsichere

Methode, um die Preise hochzutreiben und die Vermögen zu entwerten.

Ende 1918 sank die Produktion auf ein Minimum, dafür setzte die Papiergeldflut verstärkt ein. Die Republik hatte die Banknoten der Monarchie beibehalten, schon der Südtiroler und der sudetendeutschen Bevölkerung zuliebe, deren Wohngebiete Österreich für sich beanspruchte. Prompt strömten aus den Nachfolgestaaten die dort wertlos gewordenen Kronen über die Grenzen. Anfang 1919 mußte man sich doch zu einer Abstempelung der Banknoten entschließen. Der inflationäre Prozeß wurde dadurch nicht gestoppt. „Krone bleibt Krone": Das war der Grundsatz des Staatssekretärs für Finanzen, Josef Schumpeter, eines Verfechters der Grenznutzenlehre.[1] Von einer Abwertung befürchtete Schumpeter das totale Chaos, solange kein erhöhtes Warenangebot zur Verfügung stand und ausländische Kredite eine neue Währung stützten. Daran aber war im Augenblick nicht zu denken.

In diesen Frühjahrstagen 1919 sah sich der Staat Österreich von allen Seiten her unter Beschuß genommen. Der britische Oberstleutnant Strutt hatte, mehr oder weniger in Eigenregie, den Verzicht auf die Abdankung des Kaisers erzwungen. Der nächste Schritt der Briten sollte die gesamte bisherige Politik des Staates erschüttern. Dieser Schritt wurde von Oberst Cuninghame unternommen, dem Chef der britischen Militärmission in Österreich. Zum Unterschied von Oberstleutnant Strutt, einem Konservativen, hatte Cuninghame spürbare Sympathien für Dr. Karl Renner und die österreichischen Sozialdemokraten. Cuninghames Verbindungsmann war der Generalstäbler Oberstleutnant Viktor Freiherr von Seiller, 1914 bis 1915 österreichischer Militärattaché in Rom, nunmehr vom Heeresministerium den alliierten Militärs in Wien attachiert.

Was der britische Oberst dem österreichischen Oberstleutnant am 16. April 1919 erzählte, sollte als inoffizielle freundschaftliche Mitteilung gelten. Seiller hielt die Information für bedeutsam genug, um seinem Chef, dem Staatssekretär für Heereswesen Dr. Julius Deutsch, sofort Meldung zu erstatten. Cuninghame hatte die Österreicher wissen lassen, daß die Sieger drakonische Friedensbedingungen für Deutschland vorbereiteten und daß es den Österreichern nur besser gehen würde, wenn sie auf den Anschluß verzichteten. Ebensowenig kam eine Donauföderation in Frage. Dagegen dürfe ein neutrales Österreich mit Südtirol, dem noch immer Westungarn genannten Burgenland und mit Teilen der deutschsprachigen Gebiete Böhmens und Mährens rechnen – eben unter der Voraussetzung des Verzichts auf den Anschluß. Cuninghame riet den Sozialdemokraten, ihre Politik auf diese Gegebenheiten auszurichten.

Die Mitteilung des britischen Offiziers war ein Knockoutschlag für die gesamte Politik des jungen Staates seit seiner Gründung.

Die Entwicklung allerdings wäre vorauszusehen gewesen. Die Alliierten hatten Deutschland schließlich nicht besiegt, um es in seiner Niederlage um zehn Millionen deutschsprachiger Österreicher zu stärken. Schon im Oktober 1918 hatte der deutsche Botschafter in Wien, Graf Wedel, den Deutschnationalen Dr. Dinghofer dringend gebeten, „man solle den Gedanken des Zusammenschlusses mit dem Deutschen Reiche jetzt nicht zum Ausdruck bringen, weil es beim Friedensschluß schaden könne". Viktor Adler hatte sich in seinen letzten Lebenstagen ohnehin mehr um eine Föderation im Donauraum als um den Anschluß bemüht. Als er am 11. November 1918 starb, legte sich allerdings sein Nachfolger im Staatsamt für Äußeres, Dr. Otto Bauer, ganz auf die Anschlußpolitik fest.

In der allgemeinen Katastrophenstimmung, die das ganze Land und vor allem Wien beherrschte, schien der Anschluß die einzige Zukunftschance, die dieses niedergeschmetterte Volk überhaupt noch besaß. Was geschehen sollte, wenn auch diese letzte Hoffnung wegfiel, war unausdenkbar. Cuninghames Information, die einer Warnung gleichkam, wurde streng geheimgehalten.

Der Schlag aus Paris kam noch dazu in einem Augenblick, da der Boden der Republik unter ihren Bewohnern ohnehin gefährlich schwankte. Von allen Seiten setzte in den Apriltagen ein wahres Trommelfeuer auf Österreich ein; ganz so, als hätte die Welt sich verschworen, nun auch noch den „Rest" der Donaumonarchie von der Landkarte zu streichen. Im Süden mehrten sich die Anzeichen eines neuen jugoslawischen Angriffs auf Kärnten. Oberstleutnant Hülgerth, der mit seinen Freiwilligen die Gail- und Draulinie hielt, forderte dringend Hilfe an. Und das gerade in dem Augenblick, da die Alliierte Waffenstillstandskommission wieder einmal den Abbau der Volkswehr reklamierte.

Otto Bauer, Staatssekretär für Äußeres, ersuchte den General Segré um Intervention in Paris. Der italienische Chef der Waffenstillstandskommission zeigte sich den österreichischen Vorstellungen wohlwollend geneigt.

In Paris wurden die italienischen Verbündeten wesentlich wichtiger genommen als die Vertreter des neuen jugoslawischen Staates. Clemenceau empörte sich über das „unwahrscheinliche Vorgehen" der Jugoslawen; Wilson warnte Belgrad vor weiteren militärischen Aktionen, und die Italiener mobilisierten sogar ein Armeekorps, um den Kärntnern nötigenfalls zu Hilfe zu kommen.

Es war nicht Italiens Liebe zu Österreich, die sich in dieser Aktion manifestierte. Es war der Gegensatz zu Jugoslawien, das die dalmatinische Küste der Donaumonarchie geerbt hatte und damit Italiens Herrschaft über die Adria in Frage stellte. Roms Drang nach Stützpunkten an der montenegrinischen und der albanischen Küste hatte jahrzehntelang die Dreibundpolitik vor dem Weltkrieg dirigiert; nun hatte Belgrad diesen permanenten Konfliktstoff mit der territorialen Erbschaft übernommen.

So konnte Dr. Deutsch zunächst einmal Truppen, Waffen und Munition nach Kärnten schicken. Die Volkswehreinheiten trafen gerade noch rechtzeitig ein, um Hülgerths Abwehrfront an der Gail und der Drau zu verstärken, bevor die Jugoslawen am 29. April ihren Angriff starteten.

Das war aber nur eine der Fronten, an denen Österreich im April 1919 kämpfen mußte. Der zweite Angriff kam aus dem Osten. Er wurde nicht mit Soldaten, sondern mit Agenten geführt. Béla Kun griff über die Grenze.

Die Ende März installierte ungarische Rätediktatur war das erste kommunistische Regime außerhalb Rußlands. Wenige Tage später folgte das zweite: Am 7. April wurde in Bayern eine Rätediktatur nach Moskauer Vorbild errichtet. Wien lag damit auf dem direkten Weg vom kommunistischen Budapest zum kommunistischen München. Ein geschlossener kommunistischer Block im Herzen Europas, das mußte ganz einfach das nächste Ziel des Bolschewismus sein. Am 10. April teilte der „Rote Soldat", das Organ der linksradikalen Volkswehrangehörigen, unmißverständlich mit: „Im Osten und Westen sind unsere Brüder frei, den Weg zu ihrer Vereinigung sollen sie sich nicht auf unserem Boden gegen uns erkämpfen müssen ... Wir fordern ein sofortiges Bündnis mit Ungarn, Bayern und Rußland und deshalb die Übergabe aller Macht an die Arbeiter-, Soldaten- und landarmen Bauernräte."

Der leidenschaftliche Revolutionär Leo Rothziegel erschien beim Heeresstaatssekretär Dr. Deutsch und verlangte den Einsatz der Volkswehr in Ungarn – zur Verteidigung der Räteregierung gegen die Rumänen, die am 10. April in Ungarn einmarschiert waren. Deutsch konnte Rothziegel immerhin begreiflich machen, daß eine solche Handlungsweise international undenkbar sei; die Alliierten würden sofort sämtliche Lebensmitteltransporte für die hungernde Bevölkerung einstellen. Im übrigen aber sei nichts dagegen einzuwenden, wenn Volkswehrangehörige sich als Einzelpersonen freiwillig zur ungarischen Armee meldeten. Deutsch mochte dabei gehofft haben, daß er auf diese Weise Teile der Roten Garde loswerden konnte.

Rothziegel ging mit 1200 Freiwilligen nach Ungarn ab. Östlich von Debrecen traf die Einheit auf rumänische Truppen. Die Österreicher wurden fast aufgerieben; auch Rothziegel fiel. Er war 27 Jahre alt; er hatte sein Leben für eine Revolution gegeben, an die er glaubte. Die kommunistischen Drahtzieher dagegen blieben im Hintergrund. Sie schickten das Wiener Proletariat vor. Revolutionsstimmung zu erzeugen war angesichts der allgemeinen Not nicht schwer. Wieder einmal reichten die Lebensmittelvorräte nur noch für wenige Tage. Der Wert der Krone sank im gleichen Maße, in dem die Arbeitslosenzahlen stiegen. 130.000 Arbeitslose allein in Wien – und jeder Heimkehrer aus der Kriegsgefangenschaft vergrößerte das Heer der Hungernden. Die Krone vom November 1918 war im April 1919 nur noch 16 Heller wert. Am 12. und 13. April hatte es spontane Demonstrationen von Arbeitslosen und Heimkehrern gegeben. Staatsamt für Heerwesen und Wiener Polizeidirektion wußten jedoch, daß diese Zusammenrottungen armer Teufel nur das Vorspiel weit weniger spontaner Aktionen darstellten.

Die ungarische Gesandtschaft in Wien hatte sich nämlich seit Béla Kuns Machtübernahme zum wichtigsten Außenposten des Bolschewismus entwickelt. Doktor Bolgar und Fenyö hießen die ungarischen Mittelsmänner. Als Militärbevollmächtigter amtierte ein Mann namens Paul Diener-Denes. Österreichische Verbindungsleute waren die Kommunisten Friedländer und Tomann. Eine wahre Sturzflut kommunistischer Propaganda, Flugblätter und Zeitschriften, ergoß sich über den östlichen Teil Österreichs. Das Material kam aus Ödenburg auf dem Luftweg ins Land, wie sich bei der Verhaftung von vier österreichischen Militärpiloten auf dem Wiener Neustädter Flugplatz ergab. Auch Geld strömte in Hülle und Fülle über die Grenzen. Am 18. April 1919 wurden bei einem Agenten namens Steiner Juwelen und Banknoten im Wert von zweieinhalb Millionen Kronen beschlagnahmt. Als die Wiener Polizei am 4. Mai Einsicht in die Kassenbücher der ungarischen Gesandtschaft nehmen konnte, stellte sich heraus, daß aus einem

„Außenhandelsfonds" nicht weniger als 60 Millionen Kronen nach Österreich geflossen waren.

Am 16. April verdichteten sich die Nachrichten über eine unmittelbar bevorstehende kommunistische Großaktion. Am Abend dieses Tages belagerten kommunistische Angehörige der Volkswehr und des Deutschmeisterbataillons aus der Rennwegkaserne ein Lokal in Hernals, in welchem die Christlichsozialen eine Massenversammlung abhielten. Trotz dieser Bedrohung sprach der christlichsoziale Arbeiterführer Leopold Kunschak furchtlos aus, was die bürgerliche Welt damals allgemein dachte: „Wohin man sieht, überall Terror. Wir haben uns die Republik anders vorgestellt . . ."

Auch die Rotgardisten, die vor dem Versammlungslokal Maschinengewehre in Stellung brachten, hatten sich die Republik anders vorgestellt. Als Sowjetregime nämlich. An diesem Abend zogen die Volkswehrleute noch ab, ohne daß ein Schuß gefallen wäre. Der Aufmarsch war als Demonstration gedacht – als Kostprobe der auf den nächsten Tag festgesetzten Massenaufmärsche.

Daß die Sozialdemokraten alles daransetzten, die ihnen an diesem 16. April 1919 vom Obersten Cuninghame zugegangene Warnung vor dem Anschluß geheimzuhalten, lag auf der Hand.

Die Ereignisse des 17. April 1919 begannen wie angekündigt: mit einer Massendemonstration, die höhere Unterstützungen für Arbeitslose und Heimkehrer und höhere Lebensmittelrationen forderte. Die Polizei, schon seit dem vorangegangenen Abend in Bereitschaft, bemerkte sehr bald, daß sich in der Menge große Trupps junger Leute befanden, die sichtlich nicht zur organisierten Arbeiterschaft gehörten. Bald darauf wurden auch schon die ersten Spruchbänder gehißt, die nach der sozialistischen Republik riefen.

Die Massen bewegten sich schließlich vom Rathausplatz über den Ring zum Parlament – vorbei an einigen hundert Wienern, die eben unterwegs ins Burgtheater waren. Dort stand Hans Müllers „Der Schöpfer" auf dem Programm.

Zum Parlament eilten zu dieser Zeit auch Dr. Karl Renner und der Staatssekretär für soziale Verwaltung, Ferdinand Hanusch. Unter der Rampe und in den Innenhöfen standen Polizeieinheiten in Bereitschaft – die Ereignisse des 12. November 1918 sollten sich, zumindest nach den Wünschen des Polizeipräsidenten Schober, nicht wiederholen.

Renner und Hanusch kamen gerade noch zurecht, um eine Delegation der Demonstranten zu empfangen. Die Forderungen hatten zunächst nichts mit Revolution zu tun. Die Sprecher der Demonstranten verlangten eine Erhöhung der Brotration auf ein halbes Kilogramm pro Kopf und Tag und 25 Kronen Unterstützung für jeden Arbeitslosen. Außerdem sollte jeder Heimkehrer 1000 Kronen Übergangshilfe erhalten. Und auf weitere Sicht seien endlich Arbeitsplätze in ausreichender Zahl zu schaffen!

Renner und Hanusch konnten nichts anderes tun, als die Sprecher der Demonstranten ihrer Sympathien zu versichern. Und sie auf den Augenblick zu vertrösten, da sich die Sieger in Paris zu größeren Lebensmittellieferungen entschließen würden.

Während die beiden Regierungsmitglieder im Parlament noch mit den Delegierten verhandelten, begannen draußen die eingeschleusten Aktionstrupps ihr Werk. Zunächst hagelte es Wurfgeschosse gegen das Parlament. Als die Wache den Platz räumen wollte, fielen die ersten Schüsse. Jetzt ging berittene Polizei zum Angriff über. Die Menge flüchtete, aber nicht weit. Rund um den Schmerlingplatz kam es zu neuen Zusammenrottungen.

Inzwischen hatten Agitatoren, zumeist jugendlichen Alters, Autofahrer aufgehalten, die Fahrzeuge besetzt und die Besitzer gezwungen, zu den Kasernen zu fahren, wo die Volkswehr alarmiert werden sollte. Die Hungerdemonstration hatte sich zum offenen Aufstand entwickelt.

Die meisten Volkswehreinheiten zeigten jedoch keine Lust, in die Ereignisse einzugreifen. Im Gegenteil, einige schlossen sich der Polizei an.

Vom Schmerlingplatz aus versuchten inzwischen Stoßtrupps der Demonstranten in das Parlament einzudringen. Durch die eingeschlagenen Fenster wurden petroleumgetränkte brennende Lappen in das Gebäude geworfen. Bald darauf schlugen die Flammen hoch. Draußen schrie die Masse nach der sozialistischen Republik. Die kommunistischen Aktionstrupps brauchten nur die Stichworte zu liefern. Eines der Stichworte behauptete, die Lebensmittelmagazine seien voll; die Regierung jedoch lieferte die Waren unter dem Druck der Alliierten nicht aus. Das Fußvolk der Arbeitslosen und der Heimkehrer war angesichts der drückenden Not leicht mitzureißen, auch sonst so verläßlich organisierte Sozialdemokraten.

Aus den Seitenflügeln des Parlaments drangen schon dichte Rauchwolken, als die Feuerwehr anrückte. Die Menge verstopfte jedoch die Zufahrtswege, die Löschzüge kamen nicht durch. So ging die Polizei gegen 20 Uhr erneut vor. In der Reichsratsstraße wurden die Wachmannschaften von Rotgardisten und Zivilisten beschossen. Erst einige Einheiten der Volkswehr konnten schließlich die Demonstranten abdrängen und die Ansammlungen rund um das Parlament zerstreuen. Fünf Polizisten kamen an diesem Tag ums Leben, aber kein einziger Zivilist.

Die Groteske am Rande dieses Aufruhrs spielte sich im Burgtheater ab. Obwohl der Ring schon seit sechs Uhr abends voll von Menschen war, hatte die Vorstellung pünktlich begonnen. Demonstrationen waren im Wien des Frühjahrs 1919 so alltäglich, daß sie die Theaterbesucher nicht von ihrer geplanten Abendunterhaltung abschreckten. Erst gegen 20.15 Uhr fiel der Vorhang. Von der Bühne her wurde das Publikum informiert, daß die Vorstellung abgebrochen werden müsse, weil draußen geschossen werde.

Das Publikum begann ein Pfeifkonzert. Man hatte bezahlt und wollte bis zum Ende bleiben. Draußen, rund um das Parlament, schrien die Massen nach der sozialistischen Republik; ein Putschversuch lief ab; Menschen starben auf dem Straßenpflaster. Und keine fünf Minuten davon entfernt, im Inneren des Burgtheaters, schrie die Menge: „Weiterspielen, weiterspielen . . .“

Niemand konnte daran zweifeln, daß die Ereignisse des 17. April keineswegs spontaner Natur waren, sondern daß kommunistische Hintermänner versucht hatten, die Massendemonstration für ihre Zwecke auszunützen. Das bewiesen die Meldungen der Vertrauensleute, die die Polizei gesammelt hatte. Das bewies auch die unverhüllte Teilnahme von Rotgardisten an der Schießerei. Die Verhaftungen ungarischer Agenten während der nächsten Tage untermauerten die Beweise dann noch. So verlangte Polizeipräsident Schober die Verhängung des Standrechts und die Säuberung der Volkswehr von kommunistischen Elementen. Er zweifelte nicht daran, daß dem ersten Aufstandsversuch weitere Aktionen folgen würden.

Auch die Regierung zweifelte nicht daran. Dem Bürgertum war die gesamte Volkswehr als rote Parteigarde suspekt. Die Forderung Schobers nach Säuberung der Volkswehr traf nur eben mit der Forderung der Alliierten nach Abbau der bewaffneten Macht zusammen. Und sie traf zugleich mit der Notwendigkeit zusammen, Truppen nach Kärnten zu schicken. So fiel es den Sozialdemokraten in der Regierung nicht schwer, eine Ablehnung von Schobers Anträgen durchzudrücken.

Was im Januar gegolten hatte, galt auch jetzt: Wenn man die

Volkswehr antastete, provozierte man geradezu einen allgemeinen Ruck nach links, auch bei den verläßlichen sozialdemokratischen Wehrmännern. Außerdem hatten die Alliierten für den Fall von Unruhen die Einstellung der Lebensmittelhilfe angedroht. Man tat also gut daran, die Vorfälle so weit wie möglich zu bagatellisieren.

Die Vorgänge in Kärnten überschatteten auch tatsächlich schon sehr bald die Unruhen in Wien. Am 29. April begannen die Jugoslawen ihren Angriff über Gail und Drau. Ihr Ziel war Klagenfurt.

Sie stießen jedoch überall auf erbitterten Widerstand. Innerhalb weniger Tage wurden die Eindringlinge von den Freischärlern und den Volkswehreinheiten wieder über die Demarkationslinie zurückgeworfen. Die Verteidiger verwandelten sich in Verfolger und drangen bis über die Grenzen vor.

Da griff General Segré ein. Er hatte den Österreichern freie Hand für die Verteidigung gegeben; siegen aber durften sie nicht. Wenn das Kärntner Beispiel Schule machte, so mußten die Italiener womöglich mit ähnlichen Ereignissen in Südtirol rechnen. Im Moment war der römischen Politik die Brennergrenze wichtiger als die Ostküste der Adria.

Die Österreicher waren gegenüber Segrés Machtwort hilflos, und die Kärntner konnten ohne Wiener Unterstützung nicht weiterkämpfen. Mochten die Freiwilligen die Wiener auch als Verräter betrachten, weil Dr. Deutsch die Volkswehreinheiten zurückzog – es blieb nichts anderes übrig, als in Waffenstillstandsverhandlungen mit den Jugoslawen einzutreten.

Folge dieses Entschlusses war später eine Verzerrung der historischen Erinnerung. Der Kärntner Abwehrkampf blieb als eine Sache der Herren, der Offiziere, Großgrundbesitzer und freien Bauern im Gedächtnis haften. Daß die Arbeiter mitgekämpft hatten – wie der damalige Volkswehrmann und spätere österreichische Bundespräsident Franz Jonas etwa –, geriet in Vergessenheit.

Am 10. Mai 1919 kam Deutsch zu den Besprechungen nach Klagenfurt. Die Jugoslawen benützten jedoch die Atempause, die Segré ihnen verschafft hatte, zu einem neuen Angriff. Diesmal besetzten sie den größten Teil des Landes einschließlich seiner Hauptstadt.

Österreich konnte jetzt nur noch auf die Gerechigkeit der Sieger in Paris hoffen. Und die Sieger sollten sich in diesem Einzelfall als einigermaßen gerecht erweisen. Die Pariser Friedensmacher entschieden sich am 4. Juni 1919, in den umstrittenen Kärntner

Gebieten eine Volksabstimmung in zwei Zonen durchzuführen. Die Abstimmung erfolgte dann am 10. Oktober 1920 und endete mit einem überzeugenden Votum für Österreich. Eine regionale Auswertung der Ergebnisse zeigte, daß auch zahlreiche Slowenen für den Verbleib ihrer Heimat bei Kärnten gestimmt hatten. Sie erhofften sich eine besonders großzügige österreichische Minderheitenpolitik, und so hatte man es ihnen auch versprochen. Daß diese Slowenenpolitik ein halbes Jahrhundert später, nach einem Zweiten Weltkrieg, zu einem Problem für Österreich werden sollte, nahm damals, 1920, sicherlich niemand an.

Im Augenblick jedoch, Anfang Mai 1919, schien es ganz so, als sollte der jungen Republik auch Kärnten verlorengehen. Das war gerade der Moment, in dem endlich die lang erwartete Einladung zur Friedenskonferenz nach Paris in Wien eintraf. Die österreichische Delegation sollte sich am 12. Mai zum Abschluß des Vertrages bereithalten.

Schon die Einladung besagte alles. Nur von Abschluß, nicht von Verhandlungen war die Rede. Trotzdem erklärte Staatskanzler Dr. Renner bei der Abreise auf dem Wiener Westbahnhof: „Der Anschluß ist unser ewiges Recht, das wir uns holen werden, und sei es von den Sternen."

Es war eine Phrase, nicht mehr. Seit der Warnung des Obersten Cuninghame wußten die Österreicher – zumindest die Regierungsspitze –, daß die Sieger den Anschluß nie dulden würden. Und wer diese freundschaftliche Warnung nicht ernst genug genommen haben sollte, der erhielt knapp vor der Abreise der Delegation einen zweiten Warnschuß vor den Bug. Diesmal feuerte ihn der französische Gesandte Allizé ab. Er ließ dem Chefredakteur der „Reichspost", Doktor Friedrich Funder, eine Information zugehen, in der die Person des vorgesehenen Delegationsführers, Dr. Franz Klein, als Provokation bezeichnet wurde.[2]

Dr. Klein war ein Liberaler, ehemals kaiserlicher Justizminister; ein Mann von unbestreitbarem Ansehen, aber ebensogewiß ein entschiedener Verfechter der Anschlußidee. Der Franzose Allizé wußte, warum er seine Warnung ausgerechnet an den Chefredakteur der christlichsozialen „Reichspost" weitergab. Funder war einer jener Männer, die sich mit dem Ende der Habsburgermonarchie noch nicht abgefunden hatten. Die Anschlußbegeisterung der Christlichsozialen war ohnehin nie sehr groß gewesen; ein Anschluß an das Reich bedeutete letztlich das Ende aller Hoffnungen, es könnte eines Tages doch noch zu einer Föderation im

Donauraum kommen. Der Anschluß an ein Deutschland, das mehr und mehr nach links rückte, verlor dann seinen letzten Anwert. So wie sein alter Freund Kunschak hatte auch Dr. Friedrich Funder sich die Republik anders vorgestellt. Soweit Funder damals überhaupt Demokrat war, wollte er keinesfalls eine Demokratie mit roter Schlagseite.

So konnte der französische Gesandte Allizé sichergehen, daß seine Warnung auf dem Weg über Funder größtmögliche Publizität finden würde. Die „Reichspost" begann auch tatsächlich gleich darauf eine heftige Pressekampagne gegen den sozialdemokratischen Staatssekretär Dr. Otto Bauer und seine anschlußfreundliche Außenpolitik. Sogar die bis dahin streng geheimgehaltene Warnung des Obersten Cuninghame wurde nun veröffentlicht.[3]

Da war die österreichische Delegation aber schon nach Paris abgereist. Wien hatte sich zwar dem französischen Druck gebeugt, Renner selbst hatte statt Dr. Klein die Delegationsführung übernommen; trotzdem konnte der Staatskanzler bei der Abfahrt jene Bemerkung über den Anschluß nicht unterdrücken.

Ob es klug war oder nicht, das spielte, wie sich bald herausstellen sollte, keine Rolle mehr. In Paris kam es schon längst nicht mehr darauf an, was die Österreicher wollten und worauf sie zu verzichten bereit waren. Cuninghame hatte ihnen ebenso ungerechtfertigt Hoffnungen auf Südböhmen gemacht, wie Allizé ihnen ungerechtfertigt die Rettung Südtirols in Aussicht stellte, falls sie auf den Anschluß verzichteten. Die Sieger in Paris waren sich mit den Italienern längst ebenso einig wie mit den Tschechoslowaken.

Trotzdem – als die Österreicher in Paris ankamen, war der Entwurf des Friedensvertrages noch nicht fertig. Dafür lernten Dr. Renner und seine Begleiter kennen, was es hieß, ein besiegtes Volk zu repräsentieren. Die Franzosen hielten sie in einem Quartier als bessere Kriegsgefangene zurück. Stacheldraht umgab die Unterkünfte. Sie erhielten genug zu essen, aber sie bekamen keine Informationen. Sie wußten nicht, was in den Verhandlungssälen vor sich ging, sie bekamen keine Zeile der Vertragsentwürfe zu lesen; man sagte ihnen nicht einmal, wann sie nun eigentlich das Dokument, das sie unterschreiben sollten, in die Hände bekommen würden. Paris hatte Österreich zum Warten auf ein unbestimmtes Schicksal verurteilt.

Während Dr. Renner und seine Delegierten in Paris hinter Stacheldraht saßen, lief in Wien ein Zwischenspiel ab, das die Entwicklung in der Zweiten Republik hätte vorwegnehmen können, wäre es bis zum Ende gediehen. Das Thema hieß: Verstaatlichung der Grundstoffindustrie.

Die Sozialisierung der Industrie gehörte von Anfang an zum Grundkonzept der Sozialdemokraten. Aber auch die anderen Parteien waren keineswegs grundsätzliche Gegner jedweder Verstaatlichung. Die Christlichsozialen hatten beispielsweise schon in ihrem ersten Programm, 1891, ein Mitspracherecht der Arbeiterschaft in der Großindustrie und „Vorkehrungen gegen Monopolisierungstendenzen" gefordert.

Im Aktionsprogramm der sozialdemokratischen Abgeordneten vom Februar 1919 wurde dann die „systematische Sozialisierung aller dazu heute schon reifen Zweige der Volkswirtschaft" verlangt. Und ebenfalls im Februar 1919 beschlossen auch die Christlichsozialen, „jene großen industriellen Betriebe, die allgemein nötige Bedarfsartikel erzeugen und nach der Natur der Sache leicht Monopolstellung erlangen", durch Verstaatlichung, Verländerung oder Kommunalisierung zu sozialisieren.

So beschloß denn auch die Konstituierende Nationalversammlung als eine ihrer ersten Maßnahmen nach der Wahl vom 16. Februar 1919 die Einsetzung einer Sozialisierungskommission. Das Präsidium übernahm der Sozialdemokrat Dr. Otto Bauer, Vizepräsident wurde der Christlichsoziale Dr. Ignaz Seipel.

Bevor noch an eine tatsächliche Verstaatlichung herangegangen werden konnte, brachten aber schon wilde Sozialisierungen die Absicht in Mißkredit. In Donawitz beispielsweise jagten die Arbeiter, die ursprünglich nur gegen die hohen Lebensmittelpreise in den Kantinen gestreikt hatten, die Direktion davon und wählten ein Direktorium aus zwei Ingenieuren und zwei Arbeitern. Dieser Vorgeschmack der Verstaatlichung, wie die Arbeiterschaft sie sich vorstellte, verschreckte das Bürgertum gewaltig. Namens der Christlichsozialen nannte der Vizekanzler Jodok Fink, der in Abwesenheit von Dr. Renner die Regierung leitete, zwar noch am 21. Mai 1919 die zur Verstaatlichung bestimmten Industriezweige – Großhandel, vor allem Kohlenhandel, Kohlen- und Erzgruben, Energiewirtschaft –, aber schon der erste praktische Versuch scheiterte. Als die Sozialisierungskommission die Verstaatlichung des größten österreichischen Industriebetriebes, der Alpine Montan, in Angriff nehmen sollte, machten einflußreiche Kreise der

Christlichsozialen nicht mehr mit. Aktienpakete der Alpine Montan wurden über das Wiener Bankhaus Kola an italienische Interessenten verkauft. Eine Verstaatlichung hätte jetzt die Italiener auf den Plan gerufen; das konnte sich Österreich ganz einfach nicht erlauben. Die Sozialdemokraten machten Schumpeter für die Transaktion verantwortlich. Schumpeter behauptete jedoch, er habe auf die freie Börse keinen Einfluß ausüben können; im übrigen seien die in dieser Zeit ohnehin dringend benötigten Devisen zum Ankauf von Kohle und Lebensmitteln verwendet worden.

In Wirklichkeit waren die Sozialisierungsbestrebungen damit auch schon wieder so gut wie am Ende. Tatsächlich verstaatlicht wurde letztlich nur das Arsenal in Wien, dessen Erzeugungsstätten für Kriegsmaterial allerdings auch schon während der Monarchie staatlich gelenkt worden waren. Und hier griff die Sozialisierung auch prompt am verfehlten Platz ein – die Fabriken auf dem Arsenalgelände hätten eigentlich aufgelassen werden müssen; es gab für sie nichts mehr zu tun. Sie wurden nur deshalb mit öffentlichen Geldern weitergeführt, um zu verhindern, daß über 10.000 Arbeiter beschäftigungslos und der Anhängerschaft der Kommunisten zugeführt wurden.

Als einziges greifbares Resultat der ganzen Sozialisierungsaktion blieb ein Gesetz übrig, das eigentlich nur die Grundlage für weitere Maßnahmen hätte bilden sollen, indem es den Arbeitnehmern ein gewisses Mitspracherecht einräumte: das am 15. Mai 1919 von der Konstituierenden Nationalversammlung beschlossene Betriebsrätegesetz. Es tröstete die Arbeiterschaft zunächst einmal über den Fehlschlag aller weiteren Verstaatlichungspläne hinweg. Bald darauf aber traten Ereignisse ein, die jeden einzelnen Staatsbürger so niederschmetternd trafen, daß alle sozialpolitischen Auseinandersetzungen vorübergehend in den Hintergrund rückten. Was aus Paris kam, warf die Frage auf, ob es in diesem Staate Deutsch-Österreich überhaupt noch ein Weiterleben geben konnte.

Die politische Kraft, die das Haus Habsburg in seinen Anfängen vorwärts getrieben hatte, bezeichnete der große deutsche Historiker Ottokar Lorenz als „Tendenzen zur Gründung eines großen, viele Länder umfassenden Hausbesitzes, mit den allmählich stärker sich herausbildenden Bestrebungen, ein in sich ruhendes Donaureich zu bilden".[4]

In sich ruhend, das sollte heißen: Friede in einer durch viele kleine, in vielfach gemischtsprachigen Siedlungsgebieten lebende Nationalitäten scheinbar zur Friedlosigkeit verdammten Region. Die Monarchie des 19. Jahrhunderts hatte diesen Frieden nicht mehr bewahren können. Schon sehr bald nach Kriegsende dämmerte es aber auch den Siegern, daß der Zusammenbruch Österreich-Ungarns einen ruhelosen Donauraum zurückgelassen hatte. Der britische General Bliss sprach diese Erkenntnis während der Pariser Beratungen am 23. Mai 1919 offen aus: „Eine gewissenhafte Prüfung der Lage Mittel- und Südosteuropas zeitigte berechtigte Annahme, daß in der nächsten Zukunft in jenen Ländern bemerkenswerte Unruhen, besonders infolge der Ausführung der Friedensbedingungen, ausbrechen könnten." Der Brite warnte vor einer allzu großen Beschränkung der österreichischen und der ungarischen Militärmacht: „Sollte es dann zu Unruhen kommen und ihre Truppen nicht ausreichen, wird es zur unvermeidlichen Folge haben, daß Frankreich und Italien stärkere Heere unterhalten müßten, um von Zeit zu Zeit jene Staaten zu besetzen und die Unruhen zu unterdrücken . . ."

Die zwanziger und dreißiger Jahre sollten General Bliss recht geben: „Jugoslawien hat bis 1938 bei jeder Krise in und um Österreich Kärnten als mögliche Aufmarschbasis gegen italienische militärische Maßnahmen in Rechnung gestellt; umgekehrt ist dies auch für die italienische Generalstabsplanung der Fall gewesen."[5] Der Osten Österreichs war dabei nicht weniger gefährdet als Kärnten. Schon während des Krieges hatte Thomas G. Masaryk einen Korridor von der Tschechoslowakei nach Jugoslawien propagiert; über das damalige Westungarn, das heutige Burgenland. Sich strategisch mit solchen Projekten zu befassen, darf als „historischer Zwang" gelten. Wie intensiv die historischen Ängste sind, die durch solche Zwänge ausgelöst werden können, zeigte sich 1968, während der Dubček-Krise in der Tschechoslowakei. Damals tauchten in Wien ernstgemeinte Befürchtungen auf, die Warschauer-Pakt-Staaten könnten den „Korridor"-Gedanken reaktivieren und über das Burgenland gegen das Tito-Jugoslawien aufmarschieren.

Im Mai 1919 jedenfalls ahnte die österreichische Friedensdelegation in ihrer Abgeschiedenheit wohl, daß ihr Schlimmes bevorstand. Wie schlimm die Realität dann werden sollte, ließ sich aber nicht einmal ahnen.

Um die Mittagstunde des 2. Juni 1919 wurden die bis dahin in quälender Abgeschiedenheit gehaltenen Mitglieder der österreichischen Friedensdelegation aus ihrem Quartier in Schloß Reinach abgeholt und nach Saint-Germain gebracht. An den im Schloßhof kampierenden Dragonern der Wache vorbei geleitete der Polizeikommissar Oudaille, Sicherheitsbeauftragter der Konferenz, die Österreicher über die Dienerstiege in den Raum, der nach seinen Deckenfresken „Saal des Steinzeitalters" genannt wurde.

Die Sieger waren schon versammelt. Sie saßen an einer langen, hufeisenförmigen Tafel in eisigem Schweigen da. Niemand erhob sich, um die Ankömmlinge zu begrüßen. Ein Beamter dirigierte Dr. Karl Renner zu einem kleinen Tischchen zwischen den Schenkeln des Hufeisens. Die österreichischen Delegierten hatten wie Angeklagte vor ihren Richtern Platz zu nehmen. Das Urteil wurde ihnen überreicht, bevor es überhaupt noch eine Verhandlung gegeben hatte; ein dickes Buch, über 300 Seiten stark. Der Sekretär der Friedenskonferenz nahm es vom Tisch der Sieger und legte es auf den Tisch der Besiegten. Kein einziges Mitglied der österreichischen Delegation hatte bis dahin auch nur eine einzige Zeile des Vertragswerkes zu lesen bekommen.

Dann erst, als diese Formalität erledigt war, erhob sich der weißhaarige, 78 Jahre alte französische Ministerpräsident Georges Clemenceau zu einer kurzen Eröffnungsansprache. Schon die ersten Worte waren ein Schock. Clemenceau wies darauf hin, daß der dicke Band noch immer nicht alle Bestimmungen enthalte; mehrere Punkte würden noch nachgeliefert. Den Österreichern stünden 14 Tage Zeit zur Prüfung des Textes zur Verfügung. „Wenn Sie vor Ablauf von 14 Tagen neue Bemerkungen oder Dokumente vorbringen können, werden wir sie mit Vergnügen prüfen . . ."

Ein Detail dieser Eröffnungsrede zeigte den Österreichern gleich von Anfang an, womit sie zu rechnen hatten. Bei der Übersetzung sprach der Dolmetsch von dem „Bevollmächtigten der deutschösterreichischen Republik". Clemenceau unterbrach ihn mit einer Handbewegung, und nach kurzem Flüstern berichtigte der Dolmetsch: „. . . der österreichischen Republik". Damit war die Anschlußfrage schon erledigt, bevor die Delegierten überhaupt noch Gelegenheit gehabt hatten, den dicken Band auch nur aufzuschlagen.

In seiner Antwort lehnte Renner es ab, den Reststaat Österreich als alleinigen Rechtsnachfolger des Habsburgerstaates herangezogen zu sehen. Dieses Österreich war aus der Konkursmasse der Donaumonarchie nicht anders entstanden als die anderen Nachfolgestaaten auch; und so hätten sie alle, sagte ihnen Renner unmißverständlich, auch gemeinsam die Verantwortung zu tragen – die einen wie die anderen.

Der tschechoslowakische Ministerpräsident Dr. Kramář, den diese Worte vor allem angingen, machte sich eifrigst Notizen. Clemenceau selbst ließ sich vom Konferenzsekretär Dutasta einige Sätze anstreichen, aber niemand sagte ein Wort. Schweigend, wie die Österreicher empfangen worden waren, verabschiedete man sie auch. Die ganze Zeremonie hatte nur eine knappe Stunde gedauert.[6]

Nachdem die Delegierten in ihrem Quartier die erste, flüchtige Durchsicht des Textes beendet hatten, sagte Renner noch am selben Abend zu einigen österreichischen Journalisten: „Es wird so rasch wie möglich den Führern der Entente klargemacht werden, daß sie, wenn sie Deutsch-Österreich zur Unterfertigung dieses Friedensvertrages zwingen, ihren Triumph gefährden, indem sie eine Leiche auf ihren Triumphwagen laden."

Der Inhalt des Vertragsentwurfs wurde am nächsten Tag in Wien bekannt. Es war schlimmer, als die schlimmsten Pessimisten erwartet hatten. Deutsch-Böhmen, Schlesien, das Sudetenland und Südmähren, einschließlich deutschsprachiger Randgebiete Niederösterreichs kamen an die Tschechoslowakei. Das deutschsprachige Südtirol bis zum Brenner und bis Innichen war an Italien abzutreten. Jugoslawien erhielt die deutschsprachige Südsteiermark mit Marburg und Cilli. Das Schicksal Kärntens war noch immer nicht entschieden.

Die wirtschaftlichen Klauseln des Vertragsentwurfs machten Österreich zu einem Arbeitssklaven der Sieger. Meistbegünstigungsklausel für alle Siegerstaaten im Außenhandel, Kontrolle des Außenhandels durch den Völkerbund; einseitige Zollbegünstigungen für Italien; unbeschränkte Durchfahrtsrechte für tschechoslowakische Züge bis Triest; Internationalisierung der Schiffahrt auf der Donau.

Und dazu Kriegsentschädigung. Die Höhe der österreichischen Zahlungen war noch nicht einmal festgelegt.

„Unannehmbar", schrieb die „Neue Freie Presse" am 4. Juni als einzige Titelzeile über ihren Bericht aus Paris.

Unannehmbar – aber was sonst?

Die Situation in Österreich selbst ließ keinen Widerstand zu.

Am 28. Mai 1919, als die Delegation in Paris noch auf den Vertragsentwurf wartete, versammelten sich in Wien die Soldatenräte der Volkswehr. Staatssekretär Dr. Deutsch hatte ihnen das nunmehr dezidierte Verlangen der Alliierten Waffenstillstandskommission nach Abbau der Volkswehr vorzutragen. In Paris hatte sich General Bliss vorderhand nicht durchsetzen können; die Politiker beharrten auf der österreichischen Abrüstung. Der britische General hatte eine Armee von etwa 40.000 Mann als angemessen für Österreich bezeichnet. Seine Zuhörer hielten sich an General Segré, der den Bestand der Volkswehr um ein Viertel, auf 12.000 Mann, reduziert wissen wollte. In Wien schlug Deutsch den Soldatenräten vor, lieber einen Teil der Volkswehr zu opfern, als die Volkswehr überhaupt zu gefährden. Sein Antrag wurde von den Soldatenräten mit 200 gegen 25 Stimmen angenommen. Ein kommunistischer Gegenantrag verfiel mit 174:71 Stimmen der Ablehnung.

Daß die Angelegenheit damit aber nicht erledigt war, zeigte sich schon sehr schnell. Am 1. Juni protestierten kommunistische Arbeiter bei einer Massenversammlung im Konzerthaus. Am 5. Juni demonstrierten Rotgardisten vor dem Parlament. Polizeipräsident Schober sammelte inzwischen eifrig Agentenberichte, die von einer verdächtigen Aktivität der Kommunisten zu erzählen wußten.

Aus Ungarn hatte sich inzwischen ein neuer Mann eingefunden, der dieser Aktivität die Richtung geben sollte: Dr. Ernst Bettelheim. In der Selzergasse in Rudolfsheim, wo die Rote Garde in einer leerstehenden Schule untergebracht wurde, bezog er Quartier. Ein Initiativkomitee bereitete die Machtübernahme vor – diesmal sollte es kein Versagen wie am 12. November 1918 und am 17. April 1919 geben.

Die Zeit schien nun reif. Die Bestimmungen des Friedensdiktates hatten die Hoffnung auf eine bessere Zukunft auf den Nullpunkt herabgedrückt.

Am 13. Juni tagte der Wiener Arbeiterrat in einer bis zur Siedehitze gesteigerten Revolutionsstimmung. Dr. Friedrich Adler bestieg die Tribüne. Er warnte leidenschaftlich vor einem Putsch, der zu allem übrigen Elend auch noch Blutvergießen bringen würde. Das Protestgeschrei wurde leiser und leiser. Friedrich Adler – das war der Mann, der auch vor einem politischen Mord nicht zurückgeschreckt war, um seine Überzeugung zu manifestieren. Was ein solcher Mann sagte, mußte richtig sein! Im Arbeiterrat siegte an diesem Abend noch die Vernunft der sozialdemokratischen Mehrheit.

Aber die kommunistischen Hintermänner gaben deshalb noch nicht auf. Ihr Initiativkomitee hatte schon alle Pläne für den 15. Juni ausgearbeitet. Der 15. Juni war der Tag, an dem der Abbau der Volkswehr beginnen sollte.

Am 14. Juni wurden die herumschwirrenden Putschgerüchte zur Gewißheit. Flugblätter und Plakate überschwemmten die Stadt, Aufrufe zur Teilnahme an einer Massendemonstration. Gegen den Abbau der Volkswehr, für eine österreichische Räterepublik, für den Anschluß an das kommunistische Ungarn! Sollte für diese Forderungen nur demonstriert werden, oder sollte die Demonstration der Ausgangspunkt einer Massenerhebung werden?

Am Abend des 14. Juni informierten zwei Soldatenräte den Staatssekretär Dr. Deutsch über die Absichten der Roten Garde, bewaffnet an den Demonstrationen teilzunehmen.

Die Parteiführung entschloß sich zu handeln. Matthias Eldersch, Staatssekretär für Inneres, gab dem Polizeipräsidenten Schober grünes Licht für eine Verhaftungsaktion. Deutsch stellte verläßliche Volkswehreinheiten ab, um die Rote Garde abzuriegeln.

Schober hatte durch seine Vertrauensleute gut vorgearbeitet. In der Nacht wurden 115 kommunistische Spitzenfunktionäre verhaftet.

Als sich die Massen am 15. Juni sammelten, waren keine Führer mehr da. Nur vereinzelt tauchten Redner auf. Eine etwa 5000 Mann starke Menschenmenge wälzte sich schließlich auf das Landesgericht zu, um die Verhafteten zu befreien. Doch im Landesgericht waren sie nicht, und den Zugang zum Polizeigefangenenhaus an der Elisabethpromenade sperrte die Polizei. Als die wütenden Demonstranten die berittene Wache mit Wurfgeschoßen bombardierten und einzelne Schüsse abgegeben wurden, als auch mehrere in die Luft abgefeuerte Salven nicht abschreckend genug wirkten, feuerte die Polizei in die Menge – 8 Tote, 50 Verletzte.

Die Rote Garde kam erst gar nicht dazu, einzugreifen. Volkswehreinheiten hatten die Kaserne in Rudolfsheim umstellt. Als die Rotgardisten ausbrechen wollten, stellten sich ihnen bei den Toren bewaffnete Posten in den Weg und zwangen sie zur Umkehr.

Die Republik hatte sich den Weg zur Demokratie freigekämpft. Die Lage des Sechsmillionenvolkes blieb verzweifelt genug. Am 10. September 1919 wurde das Friedensdiktat von Saint-Germain unterzeichnet.

Kapitel 4

DIE BEIDEN REICHSHÄLFTEN

Am 10. Juni 1920 wurde ein halbes Kilogramm italienischer Frühkartoffeln auf Abschnitt M der Lebensmittelkarte aufgerufen; aber nur für die Bewohner des zweiten Wiener Gemeindebezirkes. Der Rest von Österreich mußte sich mit der Ankunft von zwei Überseedampfern in Triest trösten, die an die 10.000 Tonnen Mehl und 2400 Tonnen Speck an Bord hatten.

An diesem Tag wurde bekannt, daß der Voranschlag der Gemeinde Wien ein Defizit von einer Milliarde Kronen aufweisen würde. Der Staat hatte zu dieser Zeit schon 16 Milliarden Schulden. Im Burgtheater gab es eine akute Krise, hervorgerufen durch die Demission des bisherigen Direktors, Albert Heine. Die Staatstheaterverwaltung wendete sich an Dr. Herbert Eulenberg in Düsseldorf, um ihm die Leitung des Hauses am Ring anzubieten.

Außerdem zerbrach an diesem 10. Juni 1920 die schwarz-rote Koalition, die Österreich seit den Wahlen vom 16. Februar 1919 regiert hatte. Die „Strindbergsche Ehe", wie die „Neue Freie Presse" das für damalige Vorstellungen geradezu widernatürliche Bündnis zwischen der Rechten und der Linken nannte. Der Bruch von 1920 beendete die Zusammenarbeit für die gesamte Lebensdauer der Ersten Republik. Jene Spaltung begann, die das kleine Land über den nächsten Krieg und über die 21jährige „Vernunftehe" der Koalition in der Zweiten Republik hinweg in zwei Reichshälften teilte.

Der Bruch kam, als die großdeutsche Opposition in der Konstituierenden Nationalversammlung den Erlaß des Staatssekretärs für Heerwesen über die „Mitwirkung der Vertrauensmänner an dienstlichen Handlungen" vom 25. Mai zur Sprache brachte. Der Erlaß des Staatssekretärs Dr. Deutsch hatte versucht, die Kommandogewalt der Offiziere und die Rechte der Soldatenräte abzugrenzen, in einer Art, die die „Österreichische Wehrzeitung" zu der Feststellung veranlaßte: „Dieser zermürbende tägliche Kampf, der aus

57

jeder Kleinigkeit des Dienstes ein Politikum macht und jedem sachlich gerichteten Charakter das Dienen verleiden muß, wird in der kürzesten Zeit die letzten Reste der Disziplinierten zerfressen."

Die Großdeutschen fanden, der Erlaß stelle einen Übergriff dar, da Gesetzesfragen Sache der Gesamtregierung seien. Die Sozialdemokraten wiederum stellten sich auf den Standpunkt, der Erlaß fasse lediglich bestehende Vorschriften zusammen; im übrigen beschuldigten die sozialdemokratischen Parlamentarier die Christlichsozialen, sie hätten die großdeutsche Opposition gegen den Koalitionspartner vorgeschickt.

Die Diskussion verwandelte den Sitzungssaal in einen Hexenkessel. Der aufgespeicherte Unmut von eineinhalb Jahren Zusammenarbeit kämpfte sich an die Oberfläche und mündete in dem eruptiven Ausbruch des Abgeordneten Leopold Kunschak, der der Linken zurief: „Wenn Sie wirklich und ernstlich glauben, daß wir als zweite Koalitionspartei unsere Entscheidung nach Ihrem Kommando zu treffen haben, so sprechen Sie es offen aus, dann hat mit dieser Stunde die Koalition aufgehört."

Sie hatte tatsächlich aufgehört. Noch am selben Tag traten die sozialdemokratischen Regierungsmitglieder zurück. Daß mehr geschehen war als der Abgang einer Regierung, erfaßte das Land sofort. Die „Neue Freie Presse" überschrieb am nächsten Tag ihre Meldung nicht etwa mit dem Wort „Regierungskrise" – sie wählte das niederschmetternde Wort „Staatskrise".

Im Juni 1920 war die Zeit gewissermaßen reif für das Ende der Koalition in Österreich. Die Mehrheit der Sozialdemokraten betrachtete sie als Belastung. Das Zusammengehen mit dem Bürgertum desavouierte die Parteiführung vor dem Parteivolk. Die Linke war überzeugt, daß die Republik, der gesamte soziale Fortschritt, die Demokratie überhaupt Dornen in bürgerlichen Augen waren – die Rechte würde sie entfernen, sobald sie es vermochte. Männer wie der Staatskanzler Dr. Renner waren der Ansicht, daß man gerade deshalb in der Regierung bleiben müsse, die Hände an den Schaltstellen der Macht, um der Reaktion den Weg zu verstellen. Mit dieser Politik kam Renner gegen den linken Flügel der Sozialdemokraten unter Otto Bauer auch durch, solange sich die Sozialdemokraten in der Regierung gegen die Christlichsozialen durchzusetzen vermochten.[1]

Damit aber ging es in der ersten Hälfte des Jahres 1920 dem Ende zu. Noch im November 1918 hatte die Angst vor dem Aufbruch der Massen die bürgerlichen Parteien veranlaßt, im Kielwasser der

Linken mitzuschwimmen. Schon die Wahlen vom Februar 1919 aber hatten gezeigt, daß Österreich in seiner Gesamtheit eben doch eine bürgerliche Mehrheit besaß. Seither war die Weltrevolution zusammengebrochen. Der Kommunismus hielt sich nur noch in Rußland; und dort sogar hatte er Mühe genug, sich zu behaupten.[2] Am 6. Juni 1920, vier Tage vor dem Krach im Wiener Parlament, hatten die Wahlen in Deutschland einen sensationellen Rechtsruck erbracht; Mehrheitssozialisten und Zentrum verloren ein Drittel ihrer Stimmen, die Deutschnationalen verdoppelten ihre Mandatszahlen. Das alles war nicht einmal verwunderlich. Rachsucht und Eroberungslust der Sieger, wie sie in den Friedensverträgen ihren Niederschlag fanden, mußten in den besiegten Ländern zwangsläufig Nationalismus und Konservativismus hochspielen. Die Sehnsucht nach Wiederherstellung der Welt von gestern erwachte. Die österreichischen Christlichsozialen hatten keine Lust mehr, den Sozialdemokraten einen Machtanteil zuzugestehen, der zweifellos über deren zahlenmäßigen Anhang unter der Wählerschaft hinausging.

Der Kampf um die Volkswehr erschien der Linken als Beweis dafür, daß die Rechte – oder die „Reaktion", wie die Sozialdemokraten sie nannte – zum Angriff auf die Demokratie antreten wollte. Die Volkswehr war zweifellos eine rote Bastion. Dr. Deutsch hatte sie noch dadurch zu festigen versucht, daß er erfahrene Unteroffiziere in das Offizierskorps übernahm. Sein Mißtrauen gegen die übrigen, noch aus der kaiserlichen Armee stammenden Offiziere hatte aktuellen Grund: Im Offizierskorps war gerade damals eine heftige Diskussion über die Frage im Gange, ob der dem Kaiser geleistete Eid noch Gültigkeit habe. Zum Unterschied vom deutschen Kaiser Wilhelm hatte der österreichische Monarch formell nie abgedankt. In den Zusammenbruchstagen hatte Feldmarschalleutnant Carl Freiherr von Bardolff vorgeschlagen, wenigstens die Offiziere vom Treueeid zu entbinden, um ihnen einen Gewissenskonflikt zu ersparen, wenn sie nun neuen Obrigkeiten gehorchen sollten. Karl hatte abgelehnt. Und ganz so, als wollte Karl den Sozialdemokraten mit ihrer Furcht vor den Machenschaften der Reaktion noch nachträglich recht geben, erklärte der Kaiser keine drei Wochen nach dem Ende der Koalition, daß er den Offizierseid und den Gehorsam gegenüber dem ehemaligen Obersten Kriegsherrn weiter in Anspruch nehme.

Daß die Rechte im Vormarsch war, ließ sich nicht übersehen. Sie formierte auch schon ihre ersten bewaffneten Einheiten.

Am 13. März 1920, drei Monate vor dem Parlamentskrach wegen der Soldatenräte, traf der Stellvertretende Parteivorsitzende der Christlichsozialen, der Prälat Ignaz Seipel, mit dem ungarischen Gesandten Dr. Gusztáv Gratz zusammen. Seit dem Frühjahr 1919, als in der ungarischen Gesandtschaft in Wien noch die kommunistischen Emissäre Béla Kuns residierten, hatten sich die Verhältnisse grundlegend geändert. In Ungarn herrschte ein erzkonservatives Regime unter dem Admiral von Horthy. Sein Gesandter Dr. Gratz war ehemals Sektionschef im k. u. k. Außenministerium gewesen. Er sprach sich mit Ignaz Seipel, Sozialminister in der letzten kaiserlichen Regierung, verständlicherweise gut. Was an diesem 13. März 1920 gesprochen wurde, hielt der Gesandte in einem Bericht an seine Regierung fest:

„Die Christlichsoziale Partei betrachte die Übernahme der Regierungsgewalt als eine ihrer dringenden Aufgaben, benötige dazu aber die entsprechende bewaffnete Rückendeckung. Der im Aufbau begriffene Heimatschutz (Heimwehr) würde diesem Zweck entsprechen, seine Bewaffnung sei aber mangelhaft, so daß er ein Auftreten gegen die Linke nicht riskieren könne. Zur Ausrüstung der Heimwehr ersuche Seipel die ungarische Regierung um Überweisung von fünfzig Millionen österreichische Kronen."[3]

Dieser Kontakt zwischen den österreichischen Christlichsozialen und der ungarischen Rechten war nicht der erste. Schon im Sommer 1919 hatte der ehrgeizige und machthungrige steirische Landeshauptmann Dr. Anton Rintelen in Feldbach ein Gespräch mit konservativen ungarischen Offizieren unter der Führung von General Anton von Lehár.[4] Im Dezember 1919, nach dem Ende der Räteherrschaft, tauchte Rintelens Vertrauensmann, der steirische Rechtsanwalt Dr. Jakob Ahrer, in Budapest auf. Beide Male ging es um die Zusammenarbeit der Rechten gegen die Linke. Auch Seipels Vorstoß beim Gesandten Dr. Gratz mußte so verstanden werden; die Christlichsozialen gingen daran, sich aus der Vormundschaft der Sozialdemokraten zu lösen.

Die Kontakte von 1919 und 1920 blieben damals geheim; die Öffentlichkeit erfuhr nichts davon, und auch die Sozialdemokraten konnten nur vermuten; die dokumentarischen Beweise kamen erst ein halbes Jahrhundert später an die Oberfläche. Die Auswirkung aber war schon 1920 spürbar. Am 31. Mai 1920, 10 Tage vor dem Ende seiner Koalitionsregierung, ließ Staatskanzler Dr. Renner den ungarischen Gesandten Dr. Gratz zu sich rufen und protestierte dagegen, daß sich in der Stadt Zalaegerszeg, in der Nähe der steirischen Grenze, mit offensichtlicher Billigung der ungarischen Regierung 1000 ehemalige österreichische Offiziere sammelten, „mit dem kaum geleugneten Zweck, gegebenenfalls mit bewaffneter Hand in Österreich einzubrechen". Die Ungarn antworteten zwar, in dem ehemaligen Kriegsgefangenenlager Zalaegerszeg befänden sich lediglich 80 Offiziere, die in Ungarn Posten suchten, weil sie in Österreich „keinen ihrer Bildung entsprechenden Lebensunterhalt" fänden, aber die Aushebung eines regelrechten Werbebüros in Wien und die Verhaftung mehrerer Werbeoffiziere bewies das Gegenteil.

Österreich war auf dem Weg, sich in ein Aufmarschgebiet bewaffneter Privatarmeen zu verwandeln.

Die Frage, wer zuerst marschierte, die Rechte oder die Linke, wurde seither immer wieder diskutiert. Zweifellos waren die Arbeiterwehren, die in den Umsturztagen in den Industriegebieten entstanden, zuerst da. Hinter ihnen aber stand keine Organisation, keine generelle Planung. Die Sozialdemokraten hatten auch keinen Grund, eine Organisation aufzuziehen; sie besaßen schließlich die Volkswehr, die reguläre bewaffnete Macht der Republik. Für sie wurde eine Selbstschutztruppe erst interessant, als sie aus der Regierung ausschieden und nach 1920 die Kontrolle über das neue Bundesheer verloren. Tatsächlich wurde der „Republikanische Schutzbund" offiziell auch erst im Februar 1923 gegründet, wenn die Ordnertrupps natürlich auch schon vorher bestanden. Waffen gab es genug – die Arbeiterwehren hatten sie im Oktober und November 1918 „gesichert". In Wien gab es ein großes Versteck im Arsenal, das später noch eine entscheidende Rolle spielen sollte. Es war jedenfalls charakteristisch für die Entwicklung, die die Republik bereits genommen hatte, daß sich der Schutzbund als „Verein" regelrecht beim Innenministerium anmeldete und daß das Innenministerium am 12. April 1923 die Aufstellung einer bewaffneten Einheit bedenkenlos genehmigte.

Die Heimwehren hatten sich schon wesentlich früher offiziell formiert. In der Steiermark und in Kärnten entstanden sie 1919, zunächst als Selbstschutzverbände gegen die eindringenden jugoslawischen Truppen. In Oberösterreich, Salzburg und Tirol wurden die ersten Heimwehrgruppen in Zusammenarbeit mit den benachbarten Bayern aufgestellt – die Bayern hatten ihre Rätediktatur gerade hinter sich und zeigten begreifliches Interesse daran,

Aktionen der radikalen Linken in Österreich zu verhindern. Am 21. Februar 1920 beispielsweise trafen Salzburger Heimatschutzführer sogar hochoffiziell mit dem bayerischen Ministerpräsidenten Dr. Kahr zusammen.

Eine erwähnenswerte Besonderheit stellte das Gebiet um das oberösterreichische Schloß Auhof dar. Sein Besitzer, der damals zwanzigjährige Fürst Ernst Rüdiger von Starhemberg, formierte schon im Sommer 1919 aus seinen Gutsangestellten eine Schutztruppe zur Bewachung seiner Besitzungen gegen Plünderer und Wilddiebe. Es war die erste „Privatarmee" im buchstäblichen Sinn des Wortes.

Die Wurzeln waren ursprünglich sicherlich Selbstschutzgedanken: Selbstschutz gegen Insurgenten aus den Nachbarstaaten, gegen Plünderer, dann gegen linksradikale Vorstöße aus den Industriestädten, die in den bewegten Frühjahrstagen 1919 an die Errichtung einer Rätediktatur in Österreich gehen wollten. Ein Jahr später hatte sich die Aufgabe der Heimwehren aber schon geändert. Nun galt es, ein Gegengewicht gegen die Volkswehr zu schaffen. Fürchteten nämlich die Sozialdemokraten, die Rechte würde im Fall eines Wahlsiegs die Demokratie beseitigen, so fürchtete die Rechte ihrerseits nicht weniger, daß die Linke im Fall einer Niederlage die Übernahme der Regierung durch das Bürgertum mit Gewalt zu verhindern trachten würde.

Die erste Formation übrigens, die den politischen Zweck ganz offiziell in den Vordergrund stellte, war die Frontkämpfervereinigung. Diese Organisation entstand schon im Juni 1919 als „Wirtschaftsverband der nichtaktiven Offiziere und Gleichgestellten Deutsch-Österreichs". Ihre Zeitschrift „Die neue Front" proklamierte am 28. August 1919 den Leitsatz: „Ruhe, Ordnung, Wiederaufbau"; die Vereinigung wurde zum „Bund für Ordnung und Wirtschaftsschutz".[5]

Mit der Betonung des „Ordnungsgedankens", der aus dem Munde ehemaliger k. u. k. Offiziere seinen unmißverständlichen Klang hatte, war die politische Ausrichtung der Organisation fixiert. Daß in der Vorstellungswelt dieser Bewegung die Republik in Österreich, die Aufteilung des Donauraums in Nationalstaaten nur vorübergehende Erscheinungen sein konnten, lag auf der Hand. Man hielt sich bereit für den Augenblick der Revision. Von Männern, die in den Traditionen von Jahrhunderten aufgewachsen waren, ließ sich über Nacht auch kein Abschied von einer solchen Vergangenheit erwarten.

Führer der Offiziersorganisation war der Oberst Anton von Hiltl. Mitglied war auch der spätere NS-Gauleiter Alfred Eduard Frauenfeld. Eine bedeutende Rolle in Offizierskreisen spielten die Generale Bardolff und Alfred Krauß. Bardolff, ehemaliger militärischer Kanzleichef des Thronfolgers Franz Ferdinand, und Krauß, Sieger in der Durchbruchschlacht von Flitsch, 1917, sahen die Zukunft allerdings nicht in der Wiederherstellung einer Donaumonarchie. Schon in den Novembertagen 1918 hatte Bardolff die Teilnahme an einer Verschwörung abgelehnt, die Graf Dankl und Fürst Schönburg-Hartenstein damals anzetteln wollten. Die beiden Generale planten zusammen mit einigen kaisertreuen Offizieren, unter ihnen auch Oberleutnant Bruno Brehm, später prominenter Schriftsteller, die Errichtung einer Militärdiktatur. Bardolff sagte den Verschwörern, Habsburgs Fahne habe keine sammelnde, zusammenhaltende Kraft mehr. Bardolff und Krauß sollten später zu massiven Verfechtern des Anschlusses an Hitler-Deutschland werden. Hinter ihnen stand geistig ein Mann, der anfangs der zwanziger Jahre damit begann, seine Memoiren zu veröffentlichen: Franz Conrad von Hötzendorf, Vorbereiter und einer der Einpeitscher des Krieges von 1914. Feldmarschall Conrad, bis 1917 Chef des Generalstabs der k. u. k. Armee, war der Repräsentant „einer primitiven militärischen Weltanschauung vom Kampf der starken Arten gegen die schwächeren, wandte sich in seinen letzten Lebensjahren besonders Gedankengängen zu, die neben allgemeinen pangermanistischen Zielen auch scharf antisemitische und imperalistische Überlegungen" enthielten.[6]

Überhaupt war die Zeit geschaffen für Konspiration, Geheimbündelei und Verschwörung jedweder Art. Auch die „Deutsche Gemeinschaft" aktivierte damals ihre Tätigkeit. Hier fanden sich Katholiken und Deutschnationale zu einem seltsamen Bündnis zusammen. Die Verbindungen reichten einerseits zum Wiener Erzbischof Kardinal Piffl, anderseits zu den Offizierskreisen um Bardolff. Der anti-josefinische, antiliberale Geist der Thunschen Hochschulreform des 19. Jahrhunderts feierte fröhliche Urständ; unausgegorene Vorstellungen von einer Wiedergeburt des „Römischen Reichs Deutscher Nation", in dem eine süddeutsch-katholische Gegenreformation den preußisch-deutschen Protestantismus überwinden sollte.[7] In dieser „Deutschen Gemeinschaft" fanden sich auch der junge Dollfuß und der junge Seyß-Inquart zusammen, der spätere Bundeskanzler des Austrofaschismus und der Anschluß-Bundeskanzler des März 1938. Katholiken und Nationale einte zunächst der gemeinsame Kampf gegen Bolschewismus, Judentum und Freimaurerei, was für die „Deutsche Gemeinschaft" mehr oder weniger dasselbe bedeutete. Organisatorisch versuchten die Mitglieder der Gemeinschaft die von ihnen so gehaßten Freimaurer zu kopieren: Sie vereinigten sich in Logen, nannten einander „Brüder" und praktizierten Verschwörung im Gymnasiastenstil. Bedeutsam wurde diese „Deutsche Gemeinschaft" nicht durch ihre Tätigkeit, sondern durch die Männer, die aus ihr hervorgingen, wie eben Dollfuß und Seyß-Inquart. Das katholischnationale Bündnis scheiterte schließlich an der Postenbesetzung. Mehr und mehr fühlten die Nationalen sich von den Katholiken überrundet, als es um das Eindringen in die höheren Beamtenpositionen der Ministerien ging. Da triumphierten die Katholiken mit ihren CV-Verbindungen,[8] und die Nationalen zogen sich allmählich aus der „Deutschen Gemeinschaft" zurück.[9]

Alle diese Organisationen, vor allem die militärisch aufgezogenen Selbstschutzverbände, hatten mit dem gleichen Problem zu kämpfen: Bei Mitgliedern und Sympathisanten gab es zu viele Führer und zu wenig Geführte. Frühere Offiziere, die der Zusammenbruch deklassiert und die die Republik enttäuscht hatte, fanden sich genug, aber es fanden sich weit weniger Soldaten für die Privatarmeen. Die Bauernsöhne, die in Frage kamen, hatten vom Krieg genug; sie wollten sich um ihre Höfe und nicht um die Politik kümmern. Dort, wo Geld vorhanden war, ging natürlich alles einfacher. In Oberösterreich steckte Starhemberg am Ende der zwanziger Jahre sein Privatvermögen in die Starhembergjäger; in der Steiermark mobilisierten Rintelen und der Judenburger Notar Dr. Walter Pfrimer die Gelder der Großindustrie. Vor allem bei der Alpine Montan fanden sich Interessenten für eine Privatarmee, die im Falle des Bedarfs gegen streikende Arbeiter eingesetzt werden konnte.

Seipels Vorschlag an Dr. Gratz, die Ungarn sollten die eben entstehenden Heimwehren finanziell unterstützen, beleuchtete die Schwierigkeiten.

Einer späteren Generation mochte dieser Aufmarsch bewaffneter Einheiten als Parteiarmeen unfaßlich, unvorstellbar erscheinen. Ähnliches hatte es 1945 nirgends in Europa auch nur andeutungsweise gegeben. 1945 war jedoch nicht 1918 – damals mochte der materielle Zusammenbruch geringer gewesen sein, aber die geistige Weltenwende war zweifellos unvergleichlich größer. 1918 zerbrach schließlich eine Ordnung, die jahrhundertelang existiert hatte. Daß

Die Menschenmassen, die das Parlament am Tage der Ausrufung der Republik umlagerten, wurden Zeugen des ersten kommunistischen Versuchs, die Macht in Österreich an sich zu reißen.

Oben: Im Sitzungssaal des Niederösterreichischen Landhauses traten am 21. Oktober 1918 die deutschsprachigen Abgeordneten des Reichsrates zur Gründung eines neuen Staatswesens zusammen.
Unten: Aufstellung der am 3. November 1918 gegründeten Volkswehr in der Roßauer Kaserne in Wien.

Links oben: Dr. Karl Renner, Staatskanzler 1918–1920. *Rechts oben:* Jodok Fink, Vizekanzler der Regierung Renner II und III, 1919–1920. *Links unten:* Zwei Führer der Linksradikalen, der Journalist Egon Erwin Kisch (links) und der Infanterist Leo Rothziegel. *Rechts unten:* Der ehemalige Artillerieoffizier und spätere sozialdemokratische Staatssekretär für Heerwesen, Dr. Julius Deutsch.

Oben: Da es keine Kohle gab, mußten sich die meisten Wiener ihr Brennholz aus dem Wienerwald besorgen.
Unten: Eine Vollsitzung des Kabinetts Renner nach der Februarwahl 1919. Stehend (von links): Miklas, Dr. Horicky, Dr. Schumpeter, Dr. Waihs, Paul, Ing. Zerdik, Dr. Bauer, Dr. Fenz, Dr. Löwenfeld-Ruß. Sitzend (von links): Dr. Deutsch, Dr. Bartusch, Glöckel, Dr. Renner, Hanusch, Dr. Ellenbogen.

Oben: Kommunistische Demonstration im April 1919; Heimkehrer und Arbeitslose vor der Wiener Universität.
Unten: Der vergebliche Putsch vom 15. Juni 1919, der Tote und Verletzte forderte, war der letzte kommunistische Versuch in der Ersten Republik, Wien zu erobern.

Dr. Karl Renner

Dr. Michael Mayr

Johannes Schober

Walter Breisky

Dr. Ignaz Seipel

Dr. Rudolf Ramek

Ernst Streer
von Streeruwitz

Carl Vaugoin

Dr. Otto Ender

Dr. Karl Buresch

Dr. Engelbert Dollfuß

Dr. Kurt Schuschnigg

Dr. Arthur Seyß-Inquart

Oben: Dr. Karl Renner als
Leiter der österreichischen
Friedensdelegation vor dem
Schloß von Saint-Germain bei
Paris.
Links: Am 11. September
1919 unterschrieb Renner das
Friedensdiktat, das Österreich
auf den Sechseinhalb-
Millionen-Kleinstaat
zwischen Bodensee und
Neusiedler See einengte.

die Generation, die diesen Zusammenbruch erlebte und dabei alles verlor, was ihre geistige und materielle Existenz ausgemacht hatte, ein solches Umdenken nicht verkraften konnte, daß sie das Ende nicht als endgültig hinnehmen wollte, lag auf der Hand. Auch die äußeren Voraussetzungen waren 1918 andere als 1945. Nach dem Zweiten Weltkrieg bedeutete die totale militärische Besetzung der besiegten Staaten auch die totale Verhinderung eigener politischer Entscheidungen. Nach 1918 blieben die Besiegten sich selbst überlassen. Die Besetzung durch ein paar Kompanien zum Schutz alliierter Kommissionen hatte lediglich symbolhaften Charakter. Im übrigen konnten die Sieger den Besiegten nur durch die Sperre von Lebensmittelzufuhren ihren Willen aufzwingen. In die Innenpolitik mischten sie sich nur ein, wenn ihre Interessen gefährdet waren.

So blieb auch Österreich im Sommer 1920, am Ende einer eineinhalbjährigen Koalition, sich selbst überlassen.

Der neue Regierungschef war der Christlichsoziale Dr. Michael Mayr, in der Regierung Renner bis dahin Staatssekretär für Verfassungsfragen. Bis zu den für den 17. Oktober 1920 ausgeschriebenen Neuwahlen bildete er eine Proporzregierung, die nicht viel anders aussah als die frühere Staatsregierung. Auch ihre Probleme blieben unverändert: Beseitigung der Hungersnot, Ausarbeitung der Verfassung, Gewinnung des Burgenlandes.

Daß der Hunger weiterhin regierte, hatte die Regierung Renner noch knapp vor ihrem Abgang erlebt. Am 7. Juni 1920 gab es auf den Grazer Märkten Frauendemonstrationen gegen die hohen Obst- und Gemüsepreise – Resultat: 12 Tote.

Diese Demonstration hatte ursprünglich durchaus bürgerlichen Charakter. Die Gräfin Nella Zedtwitz organisierte Grazer Hausfrauen zum Protest gegen die hohen Preise, vor allem für Kirschen. Linksradikale schalteten sich ein und rissen die Führung an sich. Die Märkte wurden geplündert. Ein aus Ungarn geflüchteter Kommunist hielt auf offener Straße wilde Reden. Der Gendarmerierittmeister Lichem verlor die Nerven und ließ schießen. Als es die ersten Toten und Verletzten gab, wuchs die Erregung plötzlich zur Revolutionsstimmung der Arbeiterschaft an. Die Gendarmerie mußte zurückgezogen werden. Die Volkswehr und das Arbeiterhilfskorps marschierten auf, um die Ruhe wiederherzustellen.

In Wien gab es am selben Tag gleichfalls Demonstrationen.

Kaffeehäuser wurden geplündert. Die Polizei mußte die Donaukanalbrücken absperren, um einen Sturm auf die Innenstadt zu verhindern.

Groteske am Rande: Im Fremdenverkehrsort Altmünster protestierten Arbeiter gegen die Urlaubsgäste, die ihnen „das Brot wegfraßen".

Kurz vor dem Ende der Koalition hatte Staatskanzler Dr. Renner bei der Reparationskommission alliierte Kredite für Lebensmittel im Werte von 8,3 Milliarden Kronen erbettelt: 200.000 Tonnen Mehl, 4000 Tonnen Speck, 3000 Tonnen Gefrierfleisch, 20.000 Kisten Kondensmilch – das Mehl mochte für vier Monate reichen, die übrigen Lebensmittel deckten den Bedarf für knappe acht Wochen. Der Leiter der Alliierten Reparationskommission, der Brite Sir William Goode, sah ein, daß Österreich die ihm auferlegte Kriegsentschädigung nur zahlen konnte, wenn die Bevölkerung nicht vorher verhungerte. Und in Wien allein waren damals, den Feststellungen des Gesundheitsamtes zufolge, 20.000 Kinder am Rande des Hungertodes. Allerdings drohten die Alliierten, als Sicherstellung für ihre Lebensmittelkredite die Steuern und die Abgaben unter Zwangsverwaltung zu nehmen, falls die zügellose Verschwendung durch die österreichische Finanzverwaltung nicht aufhöre. „Verschwendet" wurde tatsächlich: Um die Beschäftigung in der Industrie zu sichern, zahlte der Staat den Fabriken noch immer Zuschüsse. Für einen Arbeiter beispielsweise, der 300 Kronen Lohn täglich erhielt, bekam der Betrieb 100 Kronen Zuschuß. Die Arbeitsleistung, das erzeugte Produkt nämlich, war aber nur 320 Kronen wert. Kein Wunder, daß die Banknotenpresse immer schneller rotierte.

Die Arbeit an der Verfassung schien diesen würgenden Tagessorgen gegenüber einfach. Sie war es nicht; gerade damals, im Laufe des Jahres 1920, wurden die Wurzeln späterer Konflikte geboren. Es galt, einen Ausgleich zu finden zwischen Zentralismus und Föderalismus, zwischen den Sozialdemokraten, die ihre Bastion in Wien besaßen, und den Christlichsozialen, die sich auf die Kleinstadtbevölkerung und die Bauernschaft in den Bundesländern stützten.

Die Bundesländer wünschten eine Verfassungsform, in der die Volksvertretung durch die Länder beschickt wurde. Dieser Drang zum Föderalismus mag verblüffen. Trotz der in der Monarchie straff zentralistisch organisierten Verwaltung nämlich hatte der Staat die Länderrechte nicht angetastet, und die hohe Obrigkeit griff in die Tätigkeit der Bezirksbehörden kaum ein. Jetzt bekamen die Länder die nachkriegsbedingte Zwangswirtschaft zu spüren. Reglementierung und Steuerdruck kamen aus Wien. Die Schulden, die der Staat auf sich nahm, die demütigenden Verpflichtungen, die er den Alliierten gegenüber einging – alles das diente offenbar nur dazu, die Großstadtbevölkerung nicht verhungern zu lassen. Die bäuerlichen Landstriche konnten sich und die kleinen Städte zur Not gerade selbst versorgen; der „Wasserkopf" Wien aber mußte durchgefüttert werden. Und es handelte sich noch dazu um ein „rotes" Wien!

Den Bundesländern schwebte deshalb in dieser Periode eine Verfassung vor, die das Hauptgewicht der gesetzgeberischen Tätigkeit in die Landtage verlegte. Das Zentralparlament sollte nicht viel mehr als eine Art Koordinationsausschuß dieser Landtage sein.

Die Sozialdemokraten dagegen betrachteten nur ein Parlament als demokratische Volksvertretung, das aus den politischen Parteien als den Repräsentanten der Klasseninteressen zusammengesetzt war. Sie wollten nicht einmal ein Staatsoberhaupt. Der Parlamentspräsident sollte diese Funktion dem Ausland gegenüber vertreten. Die Regierung sollte nicht von einem Staatsoberhaupt ernannt, sondern vom Parlament gewählt werden.

Der Kompromiß, der schließlich zustande kam, näherte sich den Wünschen der Linken. Die Republik wurde zwar als föderalistischer Bundesstaat eingerichtet, doch der Bundesrat als zweite von den Ländern beschickte Kammer erhielt lediglich ein Einspruchsrecht, das der Nationalrat noch dazu durch Beharrungsbeschluß aufheben konnte. Die wahre Macht blieb bei diesem nach politischen Parteien zusammengesetzten Nationalrat und damit vorderhand bei den bevölkerungsreichen, weil industriell weiter entwickkelten und damit eher nach links tendierenden östlichen Bundesländern. Ein Bundespräsident sollte zwar Staatsoberhaupt sein, aber seine Funktion blieb auf Repräsentation beschränkt; die Regierung hatte der Nationalrat zu wählen.

Daß die Sozialdemokraten sich durchsetzen konnten, verdankten sie dem Prälaten Seipel. Er hielt innerhalb seiner Partei die Vertreter der Bundesländer mit ihren Wünschen nieder. Seipel, in der Autorität der kirchlichen Hierarchie aufgewachsen, war selbst Zentralist. Er war noch dazu Großösterreicher; er fürchtete den Zerfall des kleinen Nachfolgestaates, wenn man den Sonderinteressen der einzelnen Landesteile zu sehr nachgab. Er hatte aber noch einen Grund, die Stärkung der Zentralgewalt zu akzeptieren: Er war felsenfest überzeugt davon, daß die bürgerlichen Parteien im Nationalrat ohnehin früher oder später die Mehrheit gewinnen würden.

Die Wahlen vom 17. Oktober 1920 gaben ihm recht.

Der enttäuschte Föderalismus der Länder aber schlug in Partikularismus um. Die westlichen Bundesländer, Tirol und Vorarlberg vor allem, versuchten von da an immer wieder, föderalistische Rechte, die ihnen die Verfassung schuldig geblieben war, auf andere Weise durchzusetzen.

Der 17. Oktober 1920 war für die Sozialdemokraten der bitterste Sonntag seit der Gründung der Republik. An diesem Tag mußten sie eine harte Wahlniederlage hinnehmen. Ihre Parlamentsvertretung schrumpfte auf 62 Mandate zusammen; die christlichsoziale Fraktion schnellte auf 79 Abgeordnete hinauf. Das Bürgertum konnte nun darangehen, den Staat nach seinen Vorstellungen einzurichten.

Das Parlament wählte den liberalen Großgrundbesitzer Professor Michael Hainisch zum Bundespräsidenten. Dieser würdige alte Herr erwarb sich eine gewisse, freundlich belächelte Popularität durch seine Zuchtkuh Bella, die bei diversen landwirtschaftlichen Ausstellungen mit schöner Regelmäßigkeit den ersten Preis zu gewinnen pflegte.

Die Regierung bildete wieder, wie nach dem Ende der Koalition, der Tiroler Christlichsoziale Dr. Michael Mayr. Er blieb vom Wohlwollen der Großdeutschen abhängig, denn ohne sie besaß er keine parlamentarische Mehrheit.

Das Problem, dem die Regierung Mayr sich gegenübersah, hieß Burgenland.

„Vierburgenland", so hätte es eigentlich heißen sollen. Gemeint waren die vier vorwiegend deutschsprachigen westungarischen Komitate Preßburg, Ödenburg, Eisenburg und Wieselburg. Der Landesname war, in Anlehnung an Siebenbürgen, bei einem Gespräch von Landesvertretern mit Staatskanzler Dr. Renner zum ersten Male offiziell geprägt worden. Daß Preßburg, die slowakische Hauptstadt, niemals zu bekommen sein würde, trotz damals deutschsprachiger Bevölkerungsmehrheit, war schon sehr bald abzusehen. In der Entstehungsperiode des jungen Staates Österreich hatte der kurzfristige Kommandant der Volkswehr, Feldmarschalleutnant von Boog, den Plan unterbreitet, zumindest Teile des deutschsprachigen Westungarn durch Offiziersbataillone besetzen zu lassen. Die Staatsregierung in ihrer damaligen Lage schreckte jedoch vor militärischen Aktionen zurück. Die Sozialdemokraten konnten überdies ihrer ideologisch ohnehin genug strapazierten Anhängerschaft nicht auch noch einen Feldzug gegen ein linksregiertes Land wie Ungarn zumuten.

Mit dem Zusammenbruch des Räteregimes und der Machtübernahme durch den Admiral von Horthy änderte sich die Lage. Jetzt hätte die Arbeiterschaft nichts mehr gegen eine militärische Aktion einzuwenden gehabt. Auch Prag und Belgrad, die bis dahin jeden Anspruch Österreichs niedergehalten hatten, revidierten ihre Politik. Das Horthy-Regime war revisionistisch und monarchistisch – eines Tages mochten vielleicht sogar die Habsburger nach Budapest zurückkehren.

Diese Situation benützte Renner in den ersten Monaten des Jahres 1920, um die Burgenlandfrage bei den Nachbarn zur Sprache zu bringen. Für Tschechoslowaken und Italiener war eine Habsburger-Restauration ein Schreckgespenst. Prag und Rom sollten also mobilisiert werden, damit die Abtretung des Burgenlandes an Österreich in den Friedensvertrag mit Ungarn hineinkam. Im Januar verhandelte Renner mit dem tschechoslowakischen Außenminister Dr. Eduard Beneš in Prag. Resultat der Geheimverhandlungen war die tschechoslowakische Zusage, sich für die österreichischen Interessen einzusetzen. Österreich wollte dafür einen tschechoslowakischen Aufmarsch über sein Territorium dulden, falls der emigrierte Kaiser und König Karl in Ungarn einen Restaurationsversuch unternehmen sollte.

Renner agierte in Prag zwar geheim, immerhin aber als Chef der Koalitionsregierung. Seine christlichsozialen Koalitionspartner handelten ebenfalls geheim, aber gegen die Regierungslinie. Sie schickten den Parteichef, Prälat Seipel, im März 1920 in die Verhandlungen mit dem ungarischen Gesandten Dr. Gratz. Dabei ging es nicht nur um die Finanzierung der Heimwehr, es ging natürlich auch um Westungarn. Seipel sicherte dem Vertreter Horthys in Wien eine freundschaftliche Haltung in der Burgenlandfrage zu. „Freundschaftliche Haltung": Das konnte nur weitgehenden Verzicht bedeuten. So gingen die Koalitionspartner, jeder für sich höchst geheim, entgegengesetzte Wege der Außenpolitik in eine Situation, die die junge Republik zum Aufmarschgebiet für einen neuen Krieg machen konnte. Die Linke war bereit, den Durchmarsch fremder Truppen zu riskieren, um die Restauration zu verhindern und das Burgenland österreichisch zu machen. Die Christlichsozialen waren bereit, auf große Teile des Burgenlands zu verzichten, um das ungarische Horthy-Regime zu stärken. Die Burgenländer hatten damals keine Ahnung, wie um ihre Zukunft innen- und außenpolitisch gepokert wurde. In Wien dagegen kam man mehr und mehr zu der Erkenntnis, daß nicht nur das Kärntner, sondern auch das burgenländische Schicksal letztlich in Rom zur Entscheidung stehen würde. Begleiterscheinung der italienisch-jugoslawischen Auseinandersetzung.

Die Pariser Friedenskonferenz hatte den Italienern an der so heiß begehrten Ostküste der Adria nur Istrien mit Triest und den Stützpunkt Zara zugestanden. Durch einen von dem Dichter Gabriele d'Annuncio inszenierten Handstreich war außerdem noch Fiume gewonnen worden. Für die römische Adriapolitik schien alles das immer noch zu wenig, für Belgrad schon viel zu viel. Dazu kam noch, daß die Italiener auch slowenisch bevölkerte Landstriche Krains in Besitz genommen hatten. Eines Tages würden sie sicherlich über das Meer hinweg nach Albanien greifen. Die Spannung zwischen den beiden Adriastaaten wurde solcherart zum Dauerzustand. Roms Strategie im Donauraum hatte die Einkreisung Jugoslawiens zum Ziel. Mussolini verwirklichte sie später kurzfristig mit dem Dreieckbündnis Rom–Wien–Budapest.

1920, als es in Wien noch eine rot-schwarze Koalition gab, bestanden schon Kontakte Rom – Budapest. Renner kam zu Ostern 1920 in die italienische Hauptstadt, um für die österreichischen Interessen zu werben. Die Italiener jedoch machten sich zu Sprechern der ungarischen Interessen. Österreich sollte weitgehend verzichten. Die Gefahr einer Habsburger-Restauration in Ungarn schien der römischen Politik für den Augenblick weniger bedrohlich, als ihr die Jugoslawienfrage wichtig war.

Ein österreichischer Regierungschef konnte sich damals nirgends stark machen, am wenigsten in Rom, von dessen Wohlwollen Kärntens Schicksal abhing. Aber auch die Italiener konnten in diesem Moment nur mit halber Kraft operieren. Wenn Renner allzusehr enttäuscht wieder heimfuhr, riskierten seine römischen Gastgeber die Bildung einer Achse Prag–Wien–Belgrad. Das wäre das Ende der Einkreisungspolitik gewesen.

Man suchte also einen Kompromiß. Österreich und Ungarn sollten sich intern einigen, bevor die Friedenskonferenz in Paris noch entschied. Der Kompromiß wurde nicht gefunden, und Renner fuhr heim, ohne daß die Burgenlandfrage geregelt worden wäre.

Etwas anderes aber war damit eingeleitet: Die beiden politischen Lager in Österreich, die Linke und die Rechte, hatten das Ausland in ihre innenpolitische Auseinandersetzung hineingezogen, und das Ausland wiederum bediente sich des Zwiespalts innerhalb der österreichischen Bevölkerung, um Schützenhilfe für seine Machtpolitik zu gewinnen. Was damals, 1920 und 1921, in der Burgenlandfrage vor sich ging, war der Anfang einer Entwicklung, die später das Ende der Ersten Republik herbeiführen sollte.

Zunächst handelten die Siegermächte. Am 4. Juni 1920 wurde der Friedensvertrag von Trianon unterzeichnet, der das Burgenland den Österreichern zusprach. Die Tschechen hatten sich für Österreich eingesetzt, ganz im Sinne der Prager Geheimverhandlungen. Die Italiener hatten sich für Ungarn nicht allzu stark eingesetzt, ganz im Sinne ihrer Jugoslawienpolitik. Am 23. Dezember 1920 forderten die Alliierten die Budapester Regierung zur Übergabe jenes Teils des deutschsprachigen Westungarns auf, das im langwierigen Feilschen der Landkartenzeichner abgegrenzt worden war. Es umfaßte keineswegs das gesamte Territorium der vier Komitate. Von Preßburg war erst gar nicht lange die Rede gewesen, aber auch Eisenburg und Wieselburg sollten ungarisch bleiben. Lediglich Ödenburg lag noch im Abtretungsgebiet.

Jetzt besaß Österreich schon die christlichsoziale Regierung Mayr, und diese Regierung war in der Klemme. Die Parteiführung wollte Horthy keine Schwierigkeiten bereiten, anderseits konnten auch die Christlichsozialen auf das Burgenland nicht ganz verzichten. Die eigene Anhängerschaft hätte dabei nicht mitgemacht; das Volk hatte so viel verloren, daß man ihm nicht auch noch den freiwilligen Verzicht auf das zumuten durfte, worauf es nunmehr ein verbrieftes Recht besaß.

Im März 1921 bekam die Burgenlandfrage dann plötzlich eine neue Aktualität: Der letzte Kaiser, Karl, verließ heimlich – auf dem Weg über Wien – sein Exil, tauchte am 15. März in Ungarn auf und war am 26. März in Budapest. Doch Karl hatte sich getäuscht, wenn er glaubte, Ungarn würde ihn jubelnd empfangen. Die ungarische Aristokratie, die Großgrundbesitzer, deren Exponent Horthy war, hatten für die Dynastie nur geringe Sympathien, und Horthy selbst besaß darüber hinaus genug Sinn für Realität, um Ungarns Lage richtig einzuschätzen. Karls Rückkehr nach Ungarn mußte das Land zum Aufmarschgebiet seiner tschechoslowakischen, jugoslawischen und rumänischen Nachbarn machen. Die Sieger in Paris, auf deren Hilfe Ungarn genauso angewiesen war wie Österreich, würden sofort jede Lebensmittelhilfe einstellen. Bei diesem ersten Versuch konnte Horthy seinen ehemaligen König in einem dramatischen Gespräch auf der Budapester Burg noch zur freiwilligen Umkehr bewegen. Mit den Alliierten wurde die Rückreise über österreichisches Staatsgebiet abgesprochen, und Bundeskanzler Dr. Mayr schloß noch zusätzlich ein Gentlemen's Agreement mit den Sozialdemokraten, um diese Fahrt reibungslos zu gestalten.

Trotzdem gab es auf dem Bahnhof von Bruck Zwischenfälle, als sozialdemokratische Arbeiter den Sonderzug stürmen wollten. Die alliierten Begleitoffiziere konnten einen Gewaltakt schließlich nur mit der Drohung verhindern, Karl wieder nach Ungarn zurückzubringen, wenn die Weiterfahrt in die Schweiz nicht freigegeben würde. So überschritt der abgeschobene Monarch schließlich am 7. April 1921 bei Buchs wieder die Grenze.

Das Zwischenspiel war folgenschwer. Zunächst sahen sich die Sozialdemokraten in ihrer grundsätzlichen Auffassung bestärkt, daß die Reaktion nicht schlief, daß sie nur auf eine Gelegenheit zur Abschaffung der demokratischen Republik wartete. Sodann geriet der Bundeskanzler in das Sperrfeuer seiner eigenen Parteiführerschaft, die ihm das Agreement mit der Opposition nicht verzeihen konnte. Zudem vermochte Mayr bei den Siegermächten keinerlei ausreichende Kredithilfe zu erreichen.

Die verzweifelte Wirtschaftslage und die Aussichtslosigkeit, mit der Not allein fertig zu werden, hatten neue Anschlußaktivität im Gefolge. Tirol und Salzburg veranstalteten im Frühjahr 1921 inoffizielle Volksabstimmungen. In Tirol stimmten 98,8 Prozent für den Anschluß, in Salzburg 99,3 Prozent. Nun griffen wieder die Alliierten ein; als auch in der Steiermark eine Anschlußabstimmung stattfinden sollte, drohten sie wieder einmal mit Einstellung der Lebensmittelhilfen. Die Regierung Mayr gab nach. Was hätte sie auch sonst tun können? Die Großdeutschen entzogen ihr jedoch jetzt die Unterstützung. Das bedeutete das Ende der ersten Alleinregierung einer der Parteien. Am 21. Juni 1921 trat die Regierung Schober ihr Amt an.

Johannes Schober, damals 48 Jahre alt, Sohn eines Kanzleibeamten in der oberösterreichischen Kleinstadt Perg, hatte sich noch in der kaiserlichen Staatspolizei hochgedient. Soweit er überhaupt politische Sympathien hatte, stand er den liberalen Großdeutschen nahe; unter der mittleren und höheren Beamtenschaft hatten die Großdeutschen damals ihren stärksten Anhang. Für das Bürgertum war Johannes Schober der Mann der Ordnung; der furchtlose Polizist, der dem Ansturm der Kommunisten standgehalten hatte. In dieser Zeit schien es auch wirklich so, als würde Österreich einen Polizeipräsidenten dringender brauchen als einen Bundeskanzler. Schober war der Berufsbeamte im guten Sinne – er tat, was er für richtig hielt, ohne Rücksichtnahme auf parteipolitische Erwägungen. Er hatte zwei Schwächen. Eine davon war seine persönliche Eitelkeit, die andere war berufsbedingt: Auch als Bundeskanzler konnte er von der Gewohnheit des Polizeipräsidenten nicht lassen, Geheimdossiers zu sammeln und wichtige Persönlichkeiten, sogar Ministerkollegen, unter Beobachtung zu halten.[10]

Schober hätte schon nach dem Ende der Renner-Administration die Regierung bilden sollen; gewissermaßen als unpolitischer Übergangskanzler bis zu den Wahlen. Er wollte damals auch eine Beamtenregierung bilden, doch er verlangte den letzten kaiserlichen Finanzminister Professor Dr. Josef Redlich für sein Kabinett, und daran scheiterte er. Redlich war jüdischer Herkunft. Woran sich Kaiser, kaiserliche Hofhaltung und Aristokratie nicht gestoßen hatten, daran stießen sich die hochgekommenen Parteigrößen der Republik. Mit Ausnahme der Sozialdemokraten stand der Antisemitismus bei ihnen ganz offiziell in den Parteiprogrammen.[11]

So wurde nach Renners Abgang der Tiroler Christlichsoziale Mayr Regierungschef, aber nach Mayrs Sturz hätte es in der stärksten Partei der Republik nur einen Mann gegeben, der als sein Nachfolger in Frage gekommen wäre: Seipel. Doch der Prälat hielt seine Zeit noch nicht für gekommen. In der verzweifelten Situation, in der sich das Land befand, mußte sich jeder Bundeskanzler in kürzester Zeit verbrauchen. Die Burgenlandfrage lastete ebenso drückend wie die Inflation auf der künftigen Regierung. Wie sollten die Christlichsozialen mit ihrer starken inneren Bindung an das ungarische Horthy-Regime das Grenzproblem im Osten lösen? Seipel gedachte, seine Kräfte und das Renommee der Christlichsozialen Partei aufzusparen. So schob man Schober vor.

Noch aus seiner Dienstzeit als Polizeipräsident hatte der neue Bundeskanzler gute persönliche Beziehungen zu den Italienern.

Den Kontakt, den der italienische Chef der Waffenstillstandskommission, General Segré, angebahnt hatte, übernahm nun der italienische Gesandte della Torretta. Italien schien der einzige Siegerstaat, der bereit war, den Österreichern aus ihrer außenpolitischen Isolierung herauszuhelfen – also hielt sich Schober an Italien. Die Italiener aber hielten nun den Zeitpunkt für gekommen, auch für ihre ungarischen Freunde etwas zu tun. In Sachen Burgenland.

Die Ungarn hatten schon bisher alles versucht, um vom ehemaligen Reich der Stephanskrone wenigstens das westliche Grenzgebiet um Ödenburg zu retten. Sie hatten schon die Regierung Mayr unter Druck zu setzen versucht, indem sie Lebensmitteltransporte nach Österreich von einer Kompromißbereitschaft der Regierung in Wien abhängig zu machen trachteten. Sie hatten in Paris interveniert: Wollten die Sieger dieses Österreich, das sich früher oder später ja doch an Deutschland anschließen würde, noch vergrößern?

Das wollten natürlich weder die Tschechoslowaken noch die Franzosen. So änderten sich die Konstellationen ständig, die Hoffnung von gestern war tags darauf schon wieder vorbei. Renners Geheimverhandlungen mit Beneš zählten nicht mehr. Die Franzosen wiederum, als die Schutzheiligen der Friedensverträge, konnten nicht gut in einem Punkt nachgeben, wenn sie in allen anderen Punkten jeden noch so begründeten Revisionsvorschlag ablehnten. Sie ließen Wien allerdings wissen, daß ihnen eine Kompromißlösung willkommen wäre. Die Kompromißlösung, die dem ungarischen Gesandten in Wien, Dr. Gratz, vorschwebte, war eine Teilung des Landes, ein Verzicht Österreichs auf den Raum um die westungarische Hauptstadt Ödenburg.

Die Österreicher hielten dem Druck stand; zuerst Mayr, dann Schober. Die Parlamentsmehrheit, Großdeutsche und Sozialdemokraten, lehnten jeden Verzicht ab. Die christlichsoziale Parteiführerschaft mußte sich anschließen, denn ihre Wähler reagierten durchaus emotionell, nämlich national.

Die Siegermächte fixierten schließlich den 27. August 1921 als Übergabedatum. Als österreichische Gendarmerie und Zollwacheeinheiten am 28. August die Grenze überschritten, leisteten die Ungarn jedoch Widerstand. Die Führer der ungarischen Einheiten waren General Lehár und Major Osztenburg; die angeblichen Freischärler waren reguläre ungarische Truppen.

Aber nicht nur Ungarn hatte seine Kämpfer. Auch österreichische Kreise außerhalb der offiziellen Zuständigkeit betrachteten die

Entwicklung schon seit geraumer Zeit mit Besorgnis. In Wiener Neustadt hatte sich eine „Verwaltungsstelle für Deutsch-Westungarn" installiert. Dem Komitee gehörten Vertrauensleute der Parteien an; Rudolf Gruber für die Christlichsozialen, Oskar Helmer für die Sozialdemokraten, der Polizeioffizier Sigmund Rausnitz für die Großdeutschen. Militärischer Kopf der „Verwaltungsstelle" war der Sozialdemokrat Josef Püchler, der in den Umsturztagen 1918 die erste Arbeiterwehr organisiert hatte.

Aus dieser Arbeiterwehr war in Zusammenarbeit mit der Gendarmerie inzwischen eine gutbewaffnete Grenzschutzabteilung geworden, und sie hatte den ungarischen Insurgenten schon einige Gefechte geliefert. Die Bewaffnung war mit stillschweigender Duldung der Parteien erfolgt; vor allem nach dem Zusammenbruch des ungarischen Räteregimes, als man zeitweise sogar fürchtete, die in Ungarn eingedrungenen rumänischen Truppen könnten bis an die österreichische Grenze vorstoßen. Die Waffen sollten 13 Jahre später noch ihre Rolle spielen. Sie bildeten die Reserve der Schutzbundausrüstung, und die Sozialdemokraten beriefen sich in den dreißiger Jahren immer wieder darauf, daß die Arbeiterschaft diese Waffen schließlich seinerzeit mit Zustimmung der Regierung und der bürgerlichen Parteien in die Hände bekommen hatte.

In den Septembertagen 1921, als die Ungarn alles daransetzten, die burgenländische Landnahme gewaltsam zu verhindern, arbeitete Püchler für seine Einheit einen abenteuerlich klingenden Plan aus, um Ödenburg im Handstreich zu nehmen. Mit zwei improvisierten Panzerlokomotiven wollte er auf dem Schienenweg bis zur westungarischen Hauptstadt vorstoßen. 3000 bewaffnete Arbeiter, vor allem Personal der Daimler-Werke, standen bereit. Militärpiloten des Wiener Neustädter Flughafens waren mit im Bunde. Aus einem Lager in Sollenau sollten sogar Geschütze herangeschafft werden.

Die Wiener Neustädter Aktivität blieb nicht geheim. Der sozialdemokratische Parteivorstand schickte wieder einmal Dr. Friedrich Adler ins Feuer, um die Arbeiterschaft zurückzuhalten. Schober, der ebenfalls alles andere als einen regelrechten Grenzkrieg wünschte, fuhr unter italienischem Druck nach Venedig, um sich mit den Ungarn zu einigen. Der ehemalige Gesandte della Torretta, jetzt Minister, agierte als Vermittler. Gegen die kampflose Übergabe des Restburgenlandes gestand Schober in einem Protokoll vom 12. Oktober 1921 den Ungarn eine Volksabstimmung im Raum von Ödenburg zu. Dieses dann unter massivem ungarischem Druck durchgeführte Plebiszit führte dazu, daß Ödenburg bei Ungarn verblieb.

Acht Tage später startete Kaiser Karl von der Schweiz aus seinen zweiten Restaurationsversuch. Am 20. Oktober kam er, ohne Zwischenlandung in Österreich, mit dem Flugzeug nach Ödenburg. Diesmal war die Aktion militärisch vorbereitet. Das Regiment des Majors von Osztenburg spielte in der Planung die Hauptrolle. General Lehár hatte Kontakte mit dem Offizierskorps hergestellt. Während Karl auf Budapest marschieren wollte, sollte in der Hauptstadt ein Generalstreik ausbrechen.

Gelang die Aktion, dann war Karl wieder König von Ungarn. Sollte er dann mit seinen ungarischen Truppen Krieg gegen die Österreicher führen, als deren Kaiser er sich noch immer betrachtete? So wartete er die Lösung der Burgenlandfrage ab. Die Unterzeichnung der Protokolle von Venedig schien ihm den Weg frei zu machen. Die Planung des Unternehmens allerdings ging von falschen Voraussetzungen aus. Karl rechnete nicht nur mit dem Jubel in Ungarn, sondern auch mit monarchistischen Aufständen in der Slowakei und in Kroatien, sobald er erst in Budapest war. Bei ihren Besuchen in seinem Schweizer Exil hatten Emigranten ihm trügerische Hoffnungen gemacht; Vertrauensleute, wie der intrigante Adjutant Boroviczeny, kamen mit falschen Informationen von Erkundungsreisen zurück. Sie meldeten für wahr, was sie gerne für wahr gehalten hätten; Boroviczeny brachte sogar Zahlen über die angeblich vorhandene Bewaffnung angeblich vorhandener Untergrundarmeen. Karl glaubte, was er glauben wollte. Seine Rückkehr sollte als Initialzündung dienen, um das Feuer allgemeiner Begeisterung zu entfachen. Der Anteil der Kaiserin und Königin Zita an dieser Tragödie der Irrungen war beträchtlich. Warner, wie der Gesandte Dr. Gratz oder der Sekretär Baron Werkmann, fanden kein Gehör.

Der Restaurationsversuch scheiterte schon am ersten Tag an einem lächerlich anmutenden Detail: Die für den Truppentransport angeforderten Waggons fehlten, weil gerade die Zuckerrübenkampagne im Gange war. Als die Waggons endlich am 22. Oktober in Ödenburg eintrafen, hatte Horthy schon seine Gegenmaßnahmen getroffen und das Ausland Zeit gehabt, zu reagieren.

Die Tschechoslowaken mobilisierten. Die Sudetendeutschen benützten jedoch die Gelegenheit, um ihren Widerstand gegen das Prager Regime zu manifestieren. Im Erzgebirge gab es regelrechte Kämpfe zwischen der deutschsprachigen Bevölkerung und tschechischen Truppen. In der Ortschaft Graslitz wurden 12 Tote gezählt. Da griffen die österreichischen Sozialdemokraten ein. Dr. Renner beschwor in einem Telegramm an die Parteiführung in Teplitz-Schönau die deutschen Sozialdemokraten in der Tschechoslowakei, den Widerstand abzubrechen. Letztlich ging es gegen die Habsburger, den gemeinsamen Feind.

Die tschechoslowakische Armee jedoch mußte gar nicht mehr einschreiten. Horthy selbst hatte Karls schwache Streitmacht bei Buda-Ör vernichtet. Der Generalstreik in Budapest brach nicht aus. Der letzte ungarische König mußte zur Kenntnis nehmen, daß die Mehrheit der Ungarn ihn nicht wollte. Sogar die Arbeiterschaft nahm lieber das rechtsradikale, mit Hilfe des Standrechts regierende Horthy-Regime hin als eine Rückkehr der Dynastie. Die düsteren Voraussagen des ehemaligen Gesandten in Wien, Dr. Gratz, der Karl bei einem Besuch in der Schweiz gewarnt hatte, bewahrheiteten sich. Die Alliierten schließlich fanden bei Horthy offene Türen, als sie Karls Ausweisung forderten.[12]

Dieser zweite und letzte Restaurationsversuch in Ungarn führte dazu, daß der österreichische Bundeskanzler Johannes Schober seinerseits offene Türen fand, als er im Dezember 1921 nach Prag fuhr. Ein Kredit von 500 Millionen Kronen sicherte den Österreichern die so dringend benötigten Kohle- und Zuckerlieferungen. Schober garantierte dafür die Einhaltung der Friedensverträge und versprach wohlwollende Neutralität für den Fall einer Auseinandersetzung zwischen Tschechoslowaken und Ungarn. Am 16. Dezember wurde das Abkommen auf Schloß Lana bei Prag unterzeichnet.

Schober unterschrieb dabei nur, was Österreich ohnehin tun mußte. Es hatte weder die Macht, den Friedensvertrag von Saint-Germain zu revidieren, noch hätte es die Kraft besessen, einen militärischen Konflikt zwischen Prag und Budapest für seine Interessen auszunützen. Trotzdem rief Schober damit die Großdeutschen auf den Plan. Den Verzicht auf Ödenburg hätten sie ihm noch verziehen. Daß er sich aber nicht nur auf die Italiener stützte, die Südtirol besetzt hielten, sondern nun auch noch auf die Tschechen, die das Sudetenland nicht herausgaben, verkrafteten sie ganz einfach nicht mehr. Als ob irgendein Bundeskanzler damals überhaupt eine andere Außenpolitik hätte betreiben können! Während der Regierungschef im Frühjahr 1922 in Genua mit den

Siegermächten wieder einmal die leidige Kreditfrage und die Pfandrechte auf die Staatseinnahmen besprach und die Alliierten sogar zu einer entgegenkommenden Haltung bewegen konnte, wurde er in Wien gestürzt. Die Großdeutschen entzogen ihm ihre parlamentarische Unterstützung, die Christlichsozialen ließen ihn fallen.

Die Zeit war reif für den starken Mann des Bürgertums, den Prälaten Dr. Ignaz Seipel. Schober hatte die Burgenlandfrage gelöst. Er hatte aus der Tschechoslowakei Kohle und Zucker besorgt. Er hatte in Genua ein günstiges Verhandlungsklima für künftige Kreditoperationen hergestellt. Er hatte sich die Finger verbrannt, aber er hatte die sprichwörtlichen Kastanien aus dem Feuer geholt. Damit waren die Voraussetzungen für eine Sanierung des Staates geschaffen. Der Mohr, konnte man sagen, hatte seine Arbeit getan, der Mohr konnte gehen. Die Christlichsozialen hatten sich nicht mit unpopulären Maßnahmen verbraucht; das endgültige Sanierungswerk konnten sie nun selbst in die Hände nehmen.

Kapitel 5

DER ALPENDOLLAR

Am 31. Mai 1922 bildete Seipel seine erste Regierung. Die sozial-demokratische Opposition begrüßte seine Amtsübernahme mit unverhohlener Befriedigung. Nicht aus Liebe. Der Prälat war ihr schärfster Gegner. Bis dahin hatte Seipel im Hintergrund gewirkt. Nun mußte er persönlich die Verantwortung übernehmen. Die Linke wollte ihn scheitern sehen, um endlich die Macht zu übernehmen. Daß er scheitern würde, davon waren die Sozial-demokraten überzeugt. Der Zweikampf zwischen Ignaz Seipel und Otto Bauer konnte beginnen.

Schon ihrer Herkunft nach konnte der Unterschied zwischen diesen beiden Männern nicht größer sein.

Otto Bauer war Jude, Sohn einer großbürgerlichen Wiener Kaufmannsfamilie. Seipel, der katholische Priester, kam von der untersten Grenze des Kleinbürgertums; sein Vater war Fiaker und eine Zeitlang Theaterportier gewesen. Der fleißige Gymnasiast Seipel aus der Wiener Vorstadt hatte es zum Professor der Moraltheologie in Salzburg und zum Minister in der letzten kaiserlichen Regierung gebracht. Bauer hatte als Reserveoffizier den Krieg in Rußland und als Kriegsgefangener die russische Revolution mitgemacht. Zum Unterschied von so vielen Kriegsge-fangenen der k. u. k. Armee – Josip Brož-Tito beispielsweise – war er nicht den Weg in die Komintern gegangen, sondern als überzeugter Gegner des Bolschewismus nach Österreich zurückge-kehrt. Er lehnte nicht den Marxismus, wohl aber dessen auf Gewalt aufbauende leninistische Spielart ab – ein wesentlicher Unterschied, den seine Widersacher im bürgerlichen Lager jedoch nie erkannt haben. Bauer war ein Klassenkämpfer, der die Zukunft des Proletariats nur durch eine proletarische Alleinregierung gesichert glaubte – eine Alleinregierung allerdings, die getreu den Grundsät-zen der Sozialdemokratie nur auf dem Weg über eine parlamentari-sche Mehrheit gebildet werden konnte.

Auch Seipel war auf seine Art ein Klassenkämpfer. Wollte Bauer den Kapitalismus vernichten, so wollte Seipel das Proletariat beseitigen, indem er aus den Arbeitern Kleinbürger machte. Der eigentumslose Proletarier sollte Besitz erwerben; am besten Grundbesitz, und wenn es nur ein Schrebergarten war. Besitz, den man verlieren konnte, machte den Besitzer zu einem Anhänger der Ordnung, der konstant ruhigen Entwicklung, der Unverletzbarkeit des Eigentums. In der Zweiten Republik wurde diese Seipel-Vorstellung realisiert, allerdings durch die Sozialisten selbst. In der Periode des Wirtschaftsaufschwungs der sechziger und vor allem der ersten siebziger Jahre verschafften starke Gewerkschaften und dann eine sozialistische Alleinregierung dem ehemaligen Proletariat bürgerlichen Wohlstand; mit vielen jener politischen Begleiterscheinungen, auf die es Seipel einst angekommen war und die die Sozialdemokratie damals bekämpft hatte. Eben Verbürgerlichung, Zufriedenheit im kapitalistischen Klassenstaat anstelle revolutionärer Gesellschaftsveränderung.

In der Republik des Sommers 1922 allerdings waren die Voraussetzungen für eine solche Entwicklung so ungünstig wie nur möglich. Die Banknotenpresse rotierte schneller, als die Gewerkschaften ihre Lohnforderungen stellen konnten. Schon Ende 1919 hatten die Metallarbeiter einen Kollektivvertrag durchgesetzt, der den Lohn an den Index der Lebensmittelpreise band. Alle zwei Monate sollten die Löhne den Preisen angeglichen werden. Im Juli 1919 beispielsweise hatte eine Wiener Arbeiterfamilie für ihren wöchentlichen Lebensmittelbedarf 2540 Kronen und 99 Heller zu bezahlen. Ein Jahr später waren die Kosten auf fast das Doppelte gestiegen, im Juli 1921 schon auf mehr als das Dreifache. Dann setzte die Inflation erst richtig ein. Im Januar 1922 mußte der durchschnittliche Wiener Arbeiter für den Lebensmittelbedarf seiner Familie schon 75.196 Kronen ausgeben, ein halbes Jahr später 296.734 Kronen.

Konnten sich die Arbeiter durch ihre Kollektivverträge noch einigermaßen anpassen, kamen die Angestellten, vor allem die Staatsbeamten, mit ihren Monatsgehältern meistens zu spät. 1922 war ihre Kaufkraft gegenüber 1914 um 86 Prozent gefallen. Der sogenannte Mittelstand verarmte. Die Kriegsanleihe, die man gezeichnet hatte, war wertloses Papier geworden; die Bankbücher, oft mit den Ersparnissen eines Lebens, reichten gerade noch, um sich das sprichwörtliche Butterbrot kaufen zu können. Die einzigen, die für den Augenblick profitierten, waren die Grundbesitzer und Hauseigentümer, die ihre Hypothekarschuld sozusagen aus der Portokasse bezahlen konnten. Schon sehr bald aber sollte sich zeigen, daß der Mieterschutz auch ihr Vermögen entwertet hatte. Die kurzfristige Scheinblüte der Inflation war zu Ende.

Die Inlandspreise der österreichischen Produkte lagen in den ersten Nachkriegsjahren weit unter den Weltmarktpreisen. Wer Waren ins Ausland verschob, konnte also große Gewinne erzielen, und kurzfristig wurde dieser Export sogar gerne gesehen: Man hielt ihn für einen Devisenbringer. Die Exporteure jedoch ließen große Teile ihrer Gewinne im Ausland, statt dringend benötigte Waren zu importieren, die Substanzverluste wuchsen, die inflationären Scheingewinne konnten die Kosten der Nachschaffung nicht mehr decken: Ausverkauf Österreichs. Die Preise galoppierten, die Banknotenpressen rotierten. Man operierte mit wertlosen Millionen, und bettelarme „Millionäre" bevölkerten das Land.[1]

Die Krone besaß, als Seipel die Regierung übernahm, nur noch ein Fünfzehntausendstel ihres ursprünglichen Wertes. Mit seinem Finanzminister, dem Wiener Rechtsanwalt Dr. Viktor Kienböck, und seinem inoffiziellen Finanzberater, dem Wiener Bankier Dr. Gottfried Kunwald, war sich der Prälat einig, daß jeder Sanierungsversuch mit einem Stopp der Banknotenproduktion beginnen mußte. Die Gründung einer vom Staat unabhängigen Notenbank stellte die Voraussetzung dafür dar. Diese Notenbank sollte durch Einlagen der österreichischen Banken finanziert werden.

Schon dieser erste Versuch scheiterte. Zwei Großbanken weigerten sich, gedeckt durch ihre ausländische Aktienmehrheit: die britische Anglobank und die französisch kontrollierte Länderbank. Ausländische Geldgeber waren für Anleiheoperationen überhaupt nicht mehr aufzutreiben. Es lag ganz einfach daran, daß niemand Geld für einen Staat aufbringen konnte, an dessen Existenz niemand mehr glaubte. Am 7. August 1922 überreichte der österreichische Botschafter in London dem britischen Premier Lloyd George eine Note, in der die britische Regierung geradezu flehentlich um die Übernahme der Haftung für einen 15-Millionen-Pfund-Kredit gebeten wurde.

Die Note enthielt zugleich aber auch eine unmißverständliche Drohung. Ohne diese ausländische Kredithilfe würde sich das österreichische Parlament zu einer feierlichen Erklärung vor aller Welt veranlaßt sehen, daß keine Regierung mehr imstande sei, den Staat weiter zu führen.

Diese Drohung war mehr als ein Schreckschuß. Sie stellte eine Tatsache fest. Der junge Staat war nicht etwa am Ende. Er hatte aus dem Zusammenbruch von 1918 noch gar nicht zu einem wirklichen Anfang gefunden. Die Republik hatte zwar den Krieg hinter sich, aber den Frieden noch nicht gewonnen. Der weitaus größte Teil der Bevölkerung glaubte nicht an sie; weder an ihre Existenzberechtigung noch an ihre Lebensfähigkeit. Der Sozialdemokrat Ludo Hartmann, Historiker und erster Gesandter der Republik in Berlin, nannte Österreich einen Staat, der nicht sein sollte, weil er nicht vernunftmäßig sei. Die Uneinigkeit der Großparteien ging über den Rahmen der Tagespolitik weit hinaus, sie reichte bis zur Grundsatzfrage, ob der Staat überhaupt am Leben erhalten werden sollte. Die Abstimmungen in Salzburg und Tirol sprachen dagegen. Sie bewiesen gleichzeitig auch die Unsicherheit in den Reihen der Regierungspartei: Während die christlichsoziale Führerschaft vom Anschluß nichts mehr wissen wollte, stimmte das Parteivolk mit der Opposition für die Einheit mit Deutschland.

Die sozialdemokratische Opposition lehnte nicht nur den Staat, sondern auch seine Gesellschaftsordnung ab. Die Parteiführung hatte sich zwar dem demokratischen Weg verpflichtet, aber es ging ihr mit der Anhängerschaft nicht besser als den Christlichsozialen: Auch nach dem Ende der kommunistischen Aktivität hielten die Hungerjahre in den Massen den Drang nach gewaltsamen Lösungen wach, ob es dem Parteivorstand paßte oder nicht. Das Bürgertum wiederum rüstete, weil es angesichts der Massenstimmung den Führern der Opposition die demokratischen Beteuerungen nicht glaubte. Die Privatarmeen marschierten bereits; vorderhand allerdings erst in einem gewissen Respektabstand voneinander. Das war die Situation, die die Regierung vorfand. Das äußere Bild entsprach der inneren Weltuntergangsstimmung, die ein Volk ergriffen hatte, das in einem Staat leben mußte, den es nicht wollte.

In die österreichischen Geschichtsbücher ging der 4. Oktober 1922 als jener Tag ein, an dem die Siegermächte der Republik, die sie 1919 zum Überleben verdammt hatten, auch die erste reelle Überlebenschance gaben. An diesem 4. Oktober 1922 unterzeichnete Prälat Seipel in Genf die drei Protokolle, die die Voraussetzung für die Sanierung der österreichischen Währung und damit für den Aufbau einer funktionierenden Wirtschaft bildeten.

Demgegenüber schien der 1. April 1924 späterhin den Historikern immer nur aus einem Grund interessant. Es war nämlich der Tag, an dem Adolf Hitler wegen Hochverrats im Zusammenhang mit dem Münchner Bierkellerputsch vom 9. November 1923 fünf Jahre Festungshaft bekam. Hitler war damals in Österreich weitgehend unbekannt. Seine Partei hatte hierzulande lediglich einige tausend Mitglieder. Bei den Wahlen rangierte die Anhängerschaft unter „ferner liefen" auf der Gemeinschaftsliste der großdeutsch-nationalen Parteien.

Den Zeitgenossen jedenfalls kam dieser 1. April 1924 politisch so ereignislos vor, daß sogar die hochseriöse „Neue Freie Presse" einen Kriminalfall zum Leitartikelthema erhob. Unter dem Titel „Die Garçonne in Wien", befaßte sich der Verfasser mit der Gestalt von Leonie Geßmann, einer unter dem Verdacht des Giftmord-versuches an ihrem Mann verhafteten Dame der Wiener Gesellschaft.

Der Fall Geßmann erregte damals ungeheures Aufsehen in Österreich. Sogar der Bundeskanzler mußte sich im Parlament mit der Affäre befassen. Das Opfer des Arsenattentats war nämlich ein Sohn von Dr. Albert Geßmann, Mitbegründer der Christlichsozia-len Partei, Freund Luegers, Arbeitsminister in der kaiserlichen Regierung von 1908. Seipel mußte sich im Nationalrat einer Anfrage der sozialdemokratischen Opposition stellen, die den Verdacht geäußert hatte, die auffällige Zurückhaltung der Polizei bei der Auskunfterteilung an die Zeitungen sei auf Geßmanns Beziehungen zur Partei seines Vaters zurückzuführen. Seipel wies diesen Vorwurf zurück. Gleichsam zum Beweis für das Desinter-esse der Christlichsozialen Partei an der Person des Albert Geß-mann junior wies er darauf hin, daß dieser bereits einmal geschie-dene Herr mit seiner nunmehr zweiten Frau Leonie in einer von der Kirche ebenso wie von der Christlichsozialen Partei schärfstens abgelehnten Dispensehe lebte.[2] Seipels erklärende Stellungnahme im Parlament konnte auch als Anklage gegen die entartete Zeit aufgefaßt werden. In einer solchen Ehe, ließ sich heraushören, durfte man sich sozusagen über nichts mehr wundern.

Auch den Leitartikel der „Neuen Freien Presse" interessierten vor allem die soziologischen und moralischen Seiten des Falles Geßmann. Der Mordversuch hatte ein Sittendrama enthüllt, das an einen französischen Roman erinnerte. Leonie Geßmann war ob ihrer widernatürlichen Veranlagung von ihren Freundinnen erpreßt worden. Die „Neue Freie Presse" wetterte gegen den „Beige-schmack tobender Sinnlichkeit, der diese Frau Geßmann umwittert und der jetzt schon von den Unverschämten, von den Lümpchen des Geistes als Weltanschauung gepriesen wird". Dem Leitartikler schien die Affäre ein Symbol der aus den Fugen geratenen Zeit: „Die fleischgewordene Garçonne, das ist diese Frau Geßmann, die sie jetzt im Kerker halten, und es ist die Materialisation des literarischen Irrsinns, der jetzt ans Licht kommt und die Öffentlichkeit in Schrecken versetzt... Wien muß sich aus diesem Taumel loslösen."

1924 war die verrückte Nachkriegszeit in Wien schon so gut wie vorbei. Der Fall Geßmann war ein Abgesang. Die Aufforderung, Wien möge sich loslösen aus dem Taumel des Verfalls, für den die Affäre Geßmann symbolhaft schien, wurde schon am Abend desselben 1. April 1924 erfüllt, an dem in der „Neuen Freien Presse" dieser ungewöhnliche Leitartikel erschien. Der Umschwung vollzog sich ebenfalls symbolhaft, durch eine Theateraufführung. An diesem Abend hob sich zum ersten Mal der funkelnagelneue Vorhang des umgebauten Theaters in der Josefstadt nach der Übernahme der Direktion durch Max Reinhardt. Die Sensation war zunächst keineswegs Reinhardts Goldoni-Inszenierung „Diener zweier Herren" mit Hermann Thimig in der Hauptrolle, sondern der große Luster, den der Architekt Carl Witzmann so sinnreich installiert hatte, daß er sich aus der Mitte des Zuschauerraumes zur Decke hochziehen ließ. Der neue Lebensstil, der auf der Bühne seinen Einzug gehalten hatte, sollte sich erst einige Wochen später, bei der Premiere des Hofmannsthal-Lustspieles „Der Schwierige", manifestieren.

Ignaz Seipel, Prälat und Bundeskanzler, hatte die entwertete Krone zum Schilling, zu dem späteren Alpendollar, stabilisiert. Die innere Stabilisierung der bürgerlichen Welt, die der Fall Geßmann noch in ihrer tiefsten Abwertung entlarvt hatte, fand in dem neuen Josefstadt-Stil ihren Ausdruck. Das machte die Bedeutung dieses 1. April 1924 auch für die historische Betrachtung der Zeit aus.

Max Reinhardt, 1873 in der Kurstadt Baden geboren, Schauspieler, Regisseur und schließlich Theaterdirektor in Berlin, kam aus der deutschen Reichshauptstadt gerade in dem Augenblick an die Donau zurück, da die sprichwörtlich verrückten zwanziger Jahre an der Spree am verrücktesten schienen. Mochten nationalistische Radaubrüder und Antisemiten gelegentlich auch mit Stinkbomben gegen die Aufführung von Schnitzlers „Reigen" protestieren, so war dem Berlin des Kurfürstendamms im allgemeinen doch keine Nacktrevue nackt genug.[3] Was der Zusammenbruch des Wilhelminischen Deutschland noch an Trümmern übriggelassen hatte, wurde jetzt von den Dadaisten weiter systematisch in seine Bestandteile zerlegt, um die Fragwürdigkeit aller Traditionen und Konventionen zu entlarven. Der intellektuelle Versuch von Literaten, Malern und Musikern, einen neuen Rahmen für eine veränderte Welt zurechtzuzimmern, endete in Berlin erst 1933 mit der Machtergreifung des Nationalsozialismus.

In Wien starb der Geist der verrückten zwanziger Jahre schon an seiner Kinderkrankheit, der entfesselten Vergnügungssucht. Der Dichter Franz Werfel, der 1918 noch den Rotgardisten revolutionäre Gesänge vorgetragen hatte, wandelte sich innerhalb weniger Jahre zu einem Gottsucher voll tiefinnerlicher Religiosität. Der Journalist Dr. Hugo Bettauer, der in „Bettauers Wochenschrift" die freie Liebe und die enthemmten Gefühle propagiert hatte, wurde von dem deutsch-nationalen Burschenschaftler Rothstock an seinem Redaktionsschreibtisch erschossen.[4] Zum Unterschied von Berlin legte sich über Wien schon nach einem kurzen Aufflackern hektischer Lebenslust eine tiefe Melancholie.

Wien – das bedeutete damals nun einmal das geistige Österreich. Rundum war im Augenblick noch Provinz. Mit Ausnahme von Salzburg, das bis 1803 selbständiges Erzbistum war, hatten die österreichischen Landeshauptstädte seit Jahrhunderten keine habsburgische Hofhaltung mit der dadurch ausgelösten kulturellen Tiefenwirkung mehr erlebt. Im Gegensatz zu den zahlreichen fürstlichen und landgräflichen deutschen Städten, in denen der einheimische Serenissimus sich als kleiner Ludwig XIV. sein eigenes Versailles erbaute, hatte der Zentralismus der Verwaltung die Kronländer degradiert. Nach 1918 stärkte zwar der politische Gegensatz zum „roten" Wien das Selbstbewußtsein der Landeshauptstädte, doch die materielle Notlage der zwanziger und dreißiger Jahre hemmte die Entwicklung. Erst der Wirtschaftsaufschwung in der Zweiten Republik, verbunden mit der Absperrung der Russenzone, gab dem Föderalismus echte produktive Kraft.

So blieb Wien am Ende des Ersten Weltkrieges zunächst das alleinige geistige Zentrum der Republik. In dem Sechseinhalbmillionenstaat nahm sich die ehemalige k. k. Haupt- und Residenzstadt wie der Salon einer verarmten Adelsfamilie aus, die nur einmal pro Woche die wackelig gewordenen Rokokostühlchen abstaubt und sich im übrigen vor die Entscheidung gestellt sieht, ob es nicht doch besser wäre, das Schloß der Ahnen zu verkaufen und in eine billige Mietwohnung zu ziehen.

Bis 1924 hatte Österreich trotz des technischen Fortschritts nur 88,5 Prozent des Bruttonationalprodukts der Vorkriegszeit erreicht. Die Preise dagegen waren seit 1913 um fast 50 Prozent gestiegen. Der private Konsum erreichte 1924 zwar fast schon wieder Vorkriegsniveau, doch er ging auf Kosten der Spartätigkeit: Die industriellen Investitionen machten nur noch 42,6 Prozent von 1913 aus. Die Exporte waren gegenüber dem letzten Friedensjahr um 25 Prozent gesunken, die Importe dagegen um fast 18 Prozent gestiegen.[5]

1918 hatte die Stadt das Reich und die Dynastie verloren. Sie büßte die Macht politischer Weltgeltung und den Glanz aristokratischer Hofhaltung gleichzeitig ein. Von 1918 an hatte Wien seine europäische Funktion verspielt. Die Stadt und die Ambition ihrer Bürger schienen für das Land zu groß und zu kostspielig. Das böse Wort vom „Wasserkopf" wurde geboren. Die Metropole war auf den Großraum des Donaustaates eingerichtet. Die Handelsunternehmen und der Verkehr hatten sich auf die Nord-Süd-Linie von der Bukowina über Wien zum Seehafen Triest konzentriert. Banken und Versicherungsgesellschaften waren unabhängig vom nationalen Kleinkrieg in der Habsburgermonarchie auf eine 50-Millionen-Bevölkerung eingerichtet. Die Zentralen lagen jetzt noch immer in Wien, die Generaldirektoren saßen nach wie vor in den protzigen Ringstraßenpalästen – hinter diesen Generaldirektionen aber lagen Filialen, die nunmehr durch Staatsgrenzen hoffnungslos abgeschnitten waren. Der Zusammenbruch der Creditanstalt im Jahre 1931, der Bankrott der Phönix-Versicherung einige Jahre später, das alles war letztlich nur Endresultat einer Entwicklung, die man 1918 nicht hatte zur Kenntnis nehmen wollen.

Wien war klein geworden, aber es lebte so weiter, als wäre es der Nabel der Welt. Die traditionsreichen Wiener Zeitungen der Vorkriegsjahre gaben sich weltbewegend wie einst in der Monarchie; nun aber vermochte ein Leitartikel in der „Neuen Freien Presse" oder im „Tagblatt" schon längst keine Regierungskrisen in Belgrad, Sofia oder Bukarest mehr auszulösen. Die großen Banken warfen sich mit Feuereifer auf das Kreditgeschäft in den Nachfolgestaaten – überall brauchte man Geld, um die aufgesplitterte Wirtschaft anzukurbeln, und bei aller politischen Abneigung gegen Wien nahm man die Kredite der Wiener Banken begierig entgegen.

Die Finanzstrategen in den österreichischen Großbanken mochten glauben, über die neuen Grenzen hinweg das alte Geldimperium aufrechtzuerhalten. In Wahrheit aber stand hinter dem Kreditgeschäft nicht mehr die Sicherheit eines wirtschaftlichen Großraumes, sondern nur noch die anfechtbare Garantie durch eine manchmal recht wackelige Regierung. Die Situation dieser zwanziger Jahre, aus Banken- und Industrieperspektive gesehen, war ähnlich der Lage in den fünfziger und sechziger Jahren nach dem Zweiten Weltkrieg, da man Milliardenkredite unter dem Decknamen „Entwicklungshilfe" in neue asiatische und afrikanische Staaten pumpt – ohne große Hoffnung, das Geld jemals wiederzusehen. Nur daß sich das kleine Österreich der Ersten Republik eine solche „Entwicklungshilfe" für die Nachfolgestaaten eben nicht leisten konnte.

Das Wiener Klima der zwanziger Jahre bekam dadurch den wehmütigen Schimmer der Unwirklichkeit. Die Melodie des Hofrates Sieczynski, „Wien, Wien, nur du allein . . .", wurde permanent zur eigenen Aufmunterung gespielt. In Wien lebte letztlich dieselbe Generation, die noch den Glanz der alten Kaiserstadt vor 1914 gesehen hatte. Arthur Schnitzler hatte dieser Welt in seinen Theaterstücken zwar schon um die Jahrhundertwende den Tod vorausgesagt, doch man hatte seine schockierenden Wahrheiten nicht geglaubt.[6] 1918 fand der angekündigte Weltuntergang wohl statt, man sah ihn sogar mit eigenen Augen, aber man wollte die neue Lage noch immer nicht für endgültig hinnehmen.

In dem arm gewordenen Land klammerte sich die für die kulturelle Repräsentation einer Großmacht ausgestattete Metropole an ihre Paläste und an ihre Hochschulen, an ihre Staatstheater und an ihre Museen, an ihre Sängerknaben und an ihre Lipizzaner wie ein exilierter Monarch an seinen Krönungsschmuck. Die Stadt hungerte, doch sie konservierte den Glanz ihrer Vergangenheit. Sie bot ihre ehemalige Größe als Fremdenverkehrsattraktion auf, und sie finanzierte aus den Eintrittsgeldern in die Pracht von Anno dazumal die Erhaltungskosten, um allzeit bereit für den Moment zu sein, da ihre einstige Weltgeltung wiederkehren würde. In der trübseligen Gegenwart der zwanziger Jahre hielt sie wahrscheinlich überhaupt nur die Hartnäckigkeit dieser Hoffnung am Leben. Im Rahmen seines Ringstraßenprunks stand Wien da wie die übriggebliebenen Kulissen einer Burgtheaterinszenierung, zwischen denen nun die Mitglieder einer Laienspielgruppe das Große Welttheater als Zweipersonenstück aufführten.

Schon politisch betrachtet waren die beiden Hauptdarsteller,

Ignaz Seipel und Otto Bauer, zu groß für Österreich.[7] Abseits von der Politik feierte in dieser Dekoration zunächst einmal die Wiener Operette ihre letzte Blüte. Das Theater an der Wien registrierte Aufführungszahlen wie kaum jemals zuvor. Lehárs „Blaue Mazur" hatte 1920 Premiere und brachte es auf 333 Vorstellungen. Die Sensationspremiere von 1921 war der „Letzte Walzer" von Oscar Straus mit 225 Aufführungen. 1922 folgte wieder Lehár mit „Frasquita" und 195 Vorstellungen. Lehárs „Gelbe Jacke", das spätere „Land des Lächelns", wurde allein im Premierenjahr 1923 achtundneunzigmal gegeben. 1924 lieferte Emmerich Kálmáns „Gräfin Mariza" den Kassenschlager mit 396 Aufführungen. Den Höhepunkt der Erfolgsserie steuerte Bruno Granichstaedten 1925 mit dem „Orlow" bei – mit 428 Vorstellungen blieb er bis 1930 auf dem Spielplan. Die Operettenkonjunktur hielt der wirtschaftlichen Notzeit zum Trotz bis in die dreißiger Jahre an.

Die Operette hatte ihren Erfolg immer schon aus dem Geschick bezogen, das soziale Probleme, das der Zeit unter den Nägeln brannte, mit sentimentalem Kitsch zu lösen. Bis 1918 gab man sich demokratisch, wenn man sich des armen Wäschermädels annahm, das den reichen Grafen bekommen wollte, oder des mittellosen Leutnants, der die Prinzessin liebte. Nach 1918 lieferte das blaue Blut, das nunmehr nicht länger für den Kaiser fließen durfte, die herzergreifende Komponente. Der „Orlow", der den abgehalfterten Großfürsten als Mechaniker auf die Bühne brachte, war beinahe so etwas wie ein Zeitstück. Der Waffenrock hatte nie zuvor solche Triumphe gefeiert wie jetzt, da man um ihn weinte.

Das Theater machte die wehleidige Sehnsucht nach dem Gestern zu seinem literarisch verarbeiteten Thema. Mit Hofmannsthals „Schwierigem", den Max Reinhardt auf die Bühne brachte, konnte sich die ganze bürgerliche Welt, soweit sie sich in der Republik nicht zurechtfand, identifizieren. Der Protest manifestierte sich wohltemperiert. Schon der unverkennbare Josefstädter Tonfall zeigte die Vornehmheit an, mit der man sich aus der häßlichen Gegenwart in die innere Emigration der Vergangenheit zurückzog. Reinhardts Josefstadt-Aufführungen meisterten symbolhaft das allgemeine österreichische Problem: auf der beengten Bühne das kleine Stück durch die große Besetzung und die Intensität der Darstellung zu perfektionieren.

Hinter Max Reinhardt und seinem Theater stand von Anfang an das Geld des Inflationsmillionärs Camillo Castiglioni, und auch das war symptomatisch. Die Neureichen im Wien der zwanziger Jahre wollten keine Avantgardisten sein, sondern barocker als die Barockpotentaten leben.

Wien war von Anfang an immer nur Residenzstadt gewesen, niemals auf längere Strecken seiner Geschichte freie Reichsstadt. So hatte es auch kein selbstbewußtes und selbstsicheres Patriziertum hervorbringen können, immer nur Untertanen. Von Zeit zu Zeit hatten diese Untertanen rebelliert, blutig gegen grausame Unterdrückung, wie 1848, politisch gegen die Entrechtung, wie um die Jahrhundertwende, als Christlichsoziale und Sozialdemokraten für das allgemeine Wahlrecht kämpften. Letztlich waren sie Untertanen geblieben; kleinbürgerlich bescheiden oder proletarisch arm.

Der Glanz ging vom kaiserlichen Hof und von der aristokratischen Hofgesellschaft aus. Auch die Großbürger der Gründerzeit, die geadelten Seidenfabrikanten und Bierbrauer, empfingen ihren neuen Status von oben. Die kaiserliche Gnadensonne mußte ihren Reichtum vergolden, damit die Umwelt ihn akzeptierte. Wenn es nach 1918 schon keinen Kaiser mehr gab, so flüchteten die Neureichen wenigstens in die kaiserliche Dekoration. Max Reinhardt bezog das Salzburger Schloß Leopoldskron und ließ livrierte Lakaien die Kerzenleuchter halten, wenn sein Gönner Castiglioni zu Gast kam. Imre Bekessy, der journalistische Protagonist dieser Neureichen, bemerkte sarkastisch anläßlich eines solchen Festes: „Der Abend wurde durch einen Kurzschluß beeinträchtigt – anders könnte ich es mir nicht erklären, daß die elektrische Beleuchtung durch Kerzen ersetzt wurde." Und um unmißverständlich darzutun, wie es gemeint war, schrieb Bekessy dem erzürnten Castiglioni noch einen persönlichen Brief: „Ich habe, lieber Herr Castiglioni, das Wort ‚Neureiche‘ nicht unbeabsichtigt kreiert. Bis zur Schaffung der ‚Stunde‘ hatte dieses Wort einen abfälligen Klang. Ich habe ihm den Klang eines Ehrentitels gegeben. Ich bin für die Parvenüs – ich bin nur dagegen, daß sie so tun, als ob sie es nicht wären . . ."

Imre Bekessy, Herausgeber und Chefredakteur der „Stunde", und Camillo Castiglioni, der Inflationsmillionär, waren die Prototypen einer neuen Welt, die sich in dem Mobiliar der alten Kaiserstadt häuslich einzurichten gedachten. Und Camillo Castiglioni war dabei der Prototyp des Inflationsparvenüs, der so tat, als ob er es nicht wäre. Castiglioni, Sohn eines Triestiner Rabbiners, verdiente sein erstes Geld mit Gummiautoreifen. Dann stieg er auf Flugzeuge um, steuerte selbst eine Maschine im Tiefflug über Wien, schaffte es damit sogar, 1908 von Kaiser Franz Joseph in Audienz empfangen zu werden, scheiterte allerdings mit seinen Bemühungen, die würdigen alten Herren im k. u. k. Kriegsministerium zum Aufbau einer Luftwaffe zu bewegen.

Bekessy war Journalist in Budapest, verlor seinen ersten Redaktionsposten, weil er erfundene Interviews veröffentlicht hatte, avancierte dann zum kurzlebigen Leibjournalisten des kurzlebigen ungarischen Rätediktators Béla Kun und kam Ende 1919 nach Österreich, um hier sein Glück zu suchen.

Zu dieser Zeit war Castiglioni schon in das große Geschäft mit den Überresten des Krieges eingestiegen. Die Hinterlassenschaft der kaiserlichen Armee, die Ausrüstung eines Millionenheeres, wurde an den Nächstbietenden verschleudert. An dieser „Sachdemobilisierung" konnte man damals Millionen verdienen, und Castiglioni war einer dieser Verdiener. Allerdings zerrann ihm das Geld nicht wie den meisten Spekulanten zwischen den Fingern. Er war kein Ladenschwengel, der sich an der Portokasse vergriff, um seine ersten Börsengeschäfte zu finanzieren. Die Wiener Depositenbank, ein mittelgroßes Unternehmen, diente Castiglioni als Operationsbasis. Dann, 1921, gründete er sein eigenes Geldinstitut, das Bankhaus Castiglioni. Die verdienten Millionen aus der Sachdemobilisierung, die Spekulationsgewinne, legte er in Aktienpaketen an. Als die Inflation zu Ende ging, hatte Castiglioni seine Hände in einer ganzen Reihe europäischer Konzerne.

Eines dieser Unternehmen, hinter dem der Inflationskönig stand, war die „Stunde", die von Imre Bekessy geleitete erste Wiener Tageszeitung im Boulevardstil. Gegen den pathetischen, in selbstherrlicher Würde einherstelzenden Stil der „Neuen Freien Presse" mobilisierte Bekessy den primitiven Trieb seiner Leserschaft zur Schlüssellochguckerei. Fühlte sich die „Neue Freie Presse" noch immer für Sitte und Anstand auf der ganzen Welt verantwortlich, wie ihr Leitartikel zum Fall Geßmann demonstrierte, so schreckte die „Stunde" vor nichts zurück. Sie nahm sich den Chefredakteur der „Arbeiter-Zeitung", Friedrich Austerlitz, vor, den sie als Kinderschänder verleumdete, indem sie eine fingierte polizeiliche Suchmeldung mit der unverkennbaren Personsbeschreibung von Friedrich Austerlitz abdruckte. Den Wiener Erzbischof Kardinal Friedrich Piffl ließ die „Stunde" auf Grund böswilliger Redereien als „Tante Frieda" in ihren Spalten aufscheinen. Karl Kraus, bis zum Anfang der zwanziger Jahre mit seinem Kampf gegen Moriz Benedikt und die „Neue Freie Presse" beschäftigt, erhob nun seine Stimme mit der gleichen Vehemenz gegen Bekessy. Die rotgebundenen Hefte der „Fackel", die in unregelmäßigen Abständen erschienen – sobald Kraus wieder eine Nummer fertiggeschrieben hatte –, wurden jetzt zum Schlachtfeld der Auseinandersetzung mit dem journalistischen Ungeist dieser Zeit.

Als Castiglioni das Geld für die Übernahme des Theaters in der Josefstadt durch Max Reinhardt gab, als Imre Bekessys „Stunde" ihrem Erfolgszenit zusteuerte, da war die Zeit für beide eigentlich schon vorbei. Der Prälat Seipel hatte die Inflation bereits gestoppt.

Nach dem Fehlschlag des ersten Versuches, die Währung durch eine im Inland finanzierte Notenbank zu sanieren, startete der Bundeskanzler das Unternehmen, das seine sozialdemokratischen Gegner ein „Ausbieten Österreichs" nannte. Er bot den Tschechoslowaken den Beitritt Österreichs zur Kleinen Entente an, der von Frankreich protegierten tschechoslowakisch-rumänisch-jugoslawischen Koalition. Damit wäre jene Achse Prag–Wien–Belgrad zustande gekommen, die Italien so sehr fürchtete. Folgerichtig offerierte Seipel den Italienern eine Zoll- und Währungsunion.

In den Herbstwochen des Jahres 1922, da alles spekulierte, spekulierte auch er – auf die Zerrissenheit im Lager der Sieger, auf den weltweiten Neid, auf die Furcht der einen, andere könnten ein zu großes Stück von der Beute einheimsen. Der katholische Prälat Seipel, österreichischer Bundeskanzler, spekulierte mit größerem Erfolg als die größten Börsenspekulanten.

Am 4. Oktober unterzeichneten britische, französische, italienische und tschechoslowakische Vertreter zusammen mit Seipel in Genf drei Protokolle. Eines davon sah einen Kredit in der Höhe von 650 Millionen Goldkronen zur Sanierung der österreichischen Währung vor. Das zweite Protokoll verpflichtete Österreich zur Ausarbeitung eines Sparprogramms, zur Verpfändung der Zölle und des Tabakmonopols als Sicherstellung für den Kredit und zur Aufrechterhaltung der inneren Ruhe und Ordnung als Garantie für eine reibungslose Abwicklung der Sanierung.

Protokoll Nummer 3 enthielt Österreichs Zusage, auf 20 Jahre seine staatliche Unabhängigkeit zu bewahren – was nichts anderes als einen neuerlichen Verzicht auf den Anschluß bedeutete.

Als Seipel mit diesem Resultat heimkam, hatte er Sozialdemokraten und Großdeutsche gegen sich. Die Großdeutschen mußten sich naturgemäß am Anschlußverzicht stoßen. Seipel selbst hatte sich offiziell nie zum Anschluß bekannt, er hatte ihn aber ebensowenig jemals offiziell abgelehnt. Er redete, könnte man sagen, mit diplomatischem Geschick darum herum. Zweifellos hätte ihm ein Anschluß an das linksgerichtete Deutschland der Revolutionszeit nicht behagt; eine Neuauflage des habsburgischen Donaustaates wäre ihm sicherlich lieber als jede andere Kombination gewesen. Ebenso zweifellos aber war auch Seipel nicht frei von der missionarischen Vorstellungswelt des politischen Katholizismus in Österreich, der den gesamtdeutschen Kulturkreis feierte – mit der unterschwelligen Hoffnung auf eine neue Gegenreformation im protestantischen Norden des Reiches. Man könnte fast von der Hoffnung auf eine Wiedergeburt des Heiligen Römischen Reiches süddeutscher Nation sprechen – eine Vorstellung, die das politische Instrument des Katholizismus, den CV, lange Zeit beherrschte.[8] In diesem CV, dem Cartellverband katholischer Studentenverbindungen, gab es deshalb in den zwanziger Jahren massive Richtungskämpfe; gegen die national-konservativ ausgerichtete Mehrheit jedoch vermochte sich eine proösterreichische, beinahe schon im heutigen Sinne linkskatholische Minderheit, deren interessantester Kopf Ernst Karl Winter war, nicht durchzusetzen.

Seipel hatte mit seinen Genfer Protokollen aber auch die Sozialdemokraten gegen sich, und sie konnten sein ganzes Sanierungswerk im Parlament zu Fall bringen. Für die Realisierung der von Österreich übernommenen Verpflichtungen waren nämlich einzelne Verfassungsänderungen nötig, und diese wiederum verlangten eine Zweidrittelmehrheit. Die Sozialdemokraten sahen die Fußangel in der Bestimmung, für Ruhe und Ordnung zu sorgen, und da schien der Regierung die Möglichkeit gegeben, zu antidemokratischen, autoritären Maßnahmen gegen die Opposition, gegen die Gewerkschaften, gegen die Arbeitermassen zu greifen. Zudem fürchteten die Sozialdemokraten den Einfluß des internationalen Kapitals, der sich auf dem Weg über die Völkerbundkontrolle der österreichischen Finanzwirtschaft auswirken konnte. Unter Umständen konnten die von Ferdinand Hanusch erarbeiteten Sozialgesetze, die großen Errungenschaften der ersten Nachkriegsjahre, in Gefahr geraten.

Hanusch war Freimaurer, Mitglied der Wiener Loge „Lessing", in der auch der Präsident der Industriellenvereinigung, Trebitsch, arbeitete. Die ersten Gedanken über seine Sozialreform hatte Hanusch vor seinen Logenbrüdern entwickelt. In der Loge hatten Hanusch und Trebitsch so manchen sozialen Konflikt ausgebügelt. Was zwischen den beiden Freimaurern vor sich ging, war so etwas wie das Vorspiel zur Sozialpartnerschaft der Zweiten Republik.

Im Grunde aber waren sowohl Großdeutsche wie Sozialdemokraten nicht im Zweifel, daß Österreich ohne die Sanierung seinem Untergang entgegenging. Die realen Machtverhältnisse in Europa gaben dem Anschluß ohnehin keine Chance, also stimmten die Großdeutschen diesmal zu. Die Sozialdemokraten hielten sich trotz Otto Bauers rhetorischen Attacken auf die Regierung an den Ausspruch des Wiener Bürgermeisters Jakob Reumann: „Wir sind gegen den Verrat an der demokratischen Republik, wollen uns aber nicht mit dem Vorwurf belasten, die sogenannte Rettung der Republik verhindert zu haben."

So wurde die Republik mit einem Verfassungstrick gerettet. Das Parlament übertrug die verfassungsrechtlichen Maßnahmen einem Sonderausschuß, in dem die einfache Mehrheit zur Beschlußfassung genügte. Die Sozialdemokraten konnten also ihr Gesicht wahren, indem sie dagegen stimmten, ohne die Sanierung dadurch zu verhindern.

Diese Sanierung bestand zunächst im Geldumtausch: 10.000 Inflationskronen gegen einen neuen Schilling. Die Sanierung bestand zudem in einem Sparprogramm der Regierung, das sich naturgemäß zuallererst in der Verwaltung auswirken mußte. Ersparungskommissar wurde der Präsident des Militärliquidierungsamtes, Dr. Fritz Hornik. Er liquidierte zunächst 40.000 Beamte der ehemals kaiserlichen Militärbürokratie, sodann wurden weitere 65.000 Staatsbeamte mit Zustimmung der Personalvertretungen abgebaut. Als Detail am Rande konnte der Ersparungskommissar am Ende seiner Tätigkeit auch darauf hinweisen, daß er 7 Millionen Kilogramm überflüssige Akten als Altpapier verkauft habe. Als neue Einnahmsquelle für die Verwaltung wurde zur gleichen Zeit die Umsatzsteuer eingeführt.

Die Umsatzsteuer traf die kleinen Leute, die unmittelbare Wählerschaft der Christlichsozialen. Der Beamtenabbau traf vor allem das liberale, vornehmlich bei den Großdeutschen beheimatete Bürgertum. Bei den Wahlen von 1923, die mitten in die Sanierungsperiode hineinfielen, bekamen Christlichsoziale und Großdeutsche die Mißstimmung zu spüren. Zwar behielten die Christlichsozialen ihre 82 Mandate, doch die Sozialdemokraten gewannen 2 Mandate dazu, hatten nunmehr 68 Abgeordnete im Parlament, und die Großdeutschen erhielten einen vernichtenden Schlag. Von den 26 Mandaten des 1920 gewählten Nationalrates behielten sie nur 10; die neue, nationalliberale Bauernpartei des Landbundes zog mit 5 Abgeordneten ins Parlament ein.[9]

Einzug in Wien hielt außerdem der holländische Finanzexperte Dr. Alfred Zimmerman als der vom Völkerbund bestimmte Überwachungskommissar für die Erfüllung der Genfer Verpflichtungen Österreichs.

Die neue Währung, der Schilling, bekam schon bald den international guten Ruf eines „Alpendollars". Die Erinnerung an die Vorkriegszeit verband sich mit der Krone, für die man ein ganzes Mittagessen bekam. Nur gab es damals zehntausende Arbeiterfamilien, die von einer Krone Kostgeld einen ganzen Tag leben mußten. In die Erinnerung der Zweiten Republik ist der Schilling als jene Silbermünze eingegangen, für die man ein Wiener Schnitzel bekam. Mit Salat, und es hing über den Tellerrand. Nur: Wer hatte ihn damals schon, den Schilling? In den Notzeiten der dreißiger Jahre betrug die Unterstützung für einen „Ausgesteuerten" sieben Schilling pro Woche. Heutzutage fragen Kinder: „Was ist das, ein Ausgesteuerter?"[10] Damals mochten Kinder gefragt haben: „Was ist das, ein Schnitzel?"

Die mit dem Namen des Finanzministers Dr. Kienböck verbundene Währungspolitik nach der Sanierung, die Alpendollar-Politik, hielt sich an die Wertvorstellung von der Erhaltung erworbenen Eigentums. Was man besaß, sollte seinen Wert nicht verändern. Diesem Prinzip gegenüber mußten Begriffe wie Vollbeschäftigung, Bekämpfung der Arbeitslosigkeit, Investitionsbelebung durch Staatsverschuldung und kontrollierte Erweiterung des Banknotenumlaufs zurückstehen. Wie eisern man an der Kienböck-Politik festhielt, zeigte sich Anfang der dreißiger Jahre. Als Österreich damals die Lausanner Anleihe bekam, wurde das Geld nur zum geringen Teil für Arbeitsbeschaffung verwendet, obwohl es bald eine halbe Million Arbeitslose und Ausgesteuerte gab. Hauptsächlich stützte die Regierung Dollfuß den damals angeschlagenen Schilling, um ihn auf den internationalen Devisenmärkten als „Alpendollar" zu halten.

Diese Finanzpolitik hatte zweifellos auch psychologische Beweggründe: „Angesichts der wirtschaftlichen Kalamitäten war die Stabilität des Schillings für das österreichische Bewußtsein weit mehr als eine währungspolitische Erscheinung. Der harte Schilling wurde zum Fels in der Brandung der wirtschaftlichen und politischen Mißlichkeiten, zu einem Zufluchtsort in einer Zeit, in der man zu nichts anderem Zuflucht nehmen konnte."[11]

Das Ende der Inflation kam offiziell am 20. Dezember 1924, nachdem die Banknotenpresse schon am 18. November 1922 stillgelegt worden war. Am 20. Dezember 1924 begann der Umtausch der Krone gegen den Schilling. Symbolhaft für die neue Situation aber war schon der 28. September 1924 gewesen. An diesem Tage berichteten die Wiener Zeitungen von Zahlungsschwierigkeiten der Depositenbank, Castiglionis erster Wiener Station. Etwa 100 Milliarden Kronen fehlten, hörte man – und es hieß, zu Castiglionis Zeiten hätte die Depositenbank mit den Spareinlagen der Kunden streng verbotene Börsenspekulationen betrieben. Am 29. September 1924 erhängte sich der Direktor der Depositenbank, Hilbert Pick. Zwei andere Direktoren mußten steckbrieflich gesucht werden. Die Polizei kam auch zu Castiglioni. Sie kam in das Palais in der Prinz-Eugen-Straße, das Castiglioni einige Jahre zuvor gekauft und mit Kunstschätzen angefüllt hatte. Castiglioni jedoch hielt sich im Ausland auf. Der Zusammenbruch der Depositenbank enthüllte nun auch sein Schicksal: Er hatte sich verspekuliert. Er hatte sich allerdings nicht in Kronen, sondern in französischen Franc verspekuliert. Er hatte gigantische Kredite aufgenommen, um Aktien zu erwerben, und er hatte dabei auf die laufende Entwertung des französischen Franc gehofft, die es ihm ermöglichen würde, diese Kredite eines Tages billigst zurückzuzahlen. Als der französische Franc über Nacht durch ein Konsortium unter der Führung des New-Yorker Bankiers John P. Morgan saniert wurde, besaß Castiglioni zwar Aktien, aber noch mehr Schulden.

Zwei Jahre später war auch die Zeit seines journalistischen Protagonisten Imre Bekessy vorbei. Das von Karl Kraus gesammelte und nunmehr veröffentlichte Material reichte zur Verhaftung seines Verlagsdirektors Forda und drei seiner Inseratenakquisiteure unter dem Verdacht der Erpressung. Bekessy selbst, damals auf Urlaub in Chamonix, verübte einen Selbstmordversuch. Er überlebte zwar, wie auch Castiglioni den Zusammenbruch seines Geldimperiums überlebte, aber beide verschwanden aus dem Wien der zwanziger Jahre.

Nur Max Reinhardt und sein Theater in der Josefstadt gingen unberührt aus dem Zusammenbruch des Inflationsgeistes hervor. Denn während Bekessy in seiner „Stunde" die Parvenüs feierte, feierte Reinhardt auf der Bühne der Josefstadt von Anfang an jene österreichische Haltung, die sich der Zeit der nacktesten Nacktrevuen gegenüber zugeknöpft bis zum Halse erwiesen hatte.

Kapitel 6

ROTE STADT UND SCHWARZES LAND

Der Babenberger Heinrich Jasomirgott, der sich das „privilegium minus" erwarb, Ausgangspunkt für die österreichische Sonderstellung im Römischen Reich der Deutschen, dieser Babenbergerherzog verlegte 1155 seine Residenz an der Donau von der Burg auf dem Leopoldsberg hinunter nach Wien. Am 29. Dezember 1921 nahmen der Niederösterreichische Landtag, im Landhaus in der Herrengasse, und der Wiener Gemeinderat, im neugotischen Rathaus, übereinstimmende Gesetze an, die mit der fast neunhundertjährigen Gemeinsamkeit Schluß machten. Die Stadt wurde von dem Land getrennt, dessen Hauptstadt sie solange gewesen war. Die Verfassung installierte Wien als eigenes Bundesland. Seither ist der Bürgermeister zugleich Landeshauptmann, der Gemeinderat zugleich Landtag. Eine solche Regelung sahen schon die Väter der Bundesverfassung von 1920 vor. Niederösterreich mit seiner damaligen Hauptstadt Wien konzentrierte nach 1918 die Hälfte des Bundesvolks im Nordosten der Republik. Eine Patentlösung schien nötig, um ein Gleichgewicht der Bundesländer in einem föderalistischen Staat herzustellen. Die Trennung bot sich als eine solche Lösung an; schon dem niederösterreichischen Bauernland zuliebe. Es sollte nicht vom großstädtisch-industriellen und daher naturgemäß roten Wien in einem gemeinsamen Landtag majorisiert werden. Daß die niederösterreichische Agrarbevölkerung statt eines kaiserlich-königlichen Statthalters den Sozialdemokraten Albert Sever, den Landeshauptmann nach 1918, als neuen Landesvater lieben sollten, hätte ihr junges Republikgefühl sicherlich über Gebühr belastet.

Der Trennungseinfall der Republikgründer mag politisch geschickt gewesen sein. Ob er zukunftsträchtig klug war, ist bis heute umstritten. Wien ist seither jedenfalls eine Hauptstadt ohne Land, Niederösterreich ein Land ohne Hauptstadt. Standortuntersuchungen wurden immer wieder in Auftrag gegeben, wenn

herannahende Regionalwahlen den Appell an das Niederösterreich-
gefühl opportun erscheinen ließen. Ambitionierte Bürgermeister
hielten sich stets sprungbereit, in St. Pölten ebenso wie in Krems.
Das Resultat aller Raumanalysen blieb bis in die siebziger Jahre
hinein unverändert: Anstelle der alten Vorkriegshauptstadt Wien
kam als neue Hauptstadt nur Wien in Frage. Dazu ergab die
Rechnung, daß eine Verlegung der Zentralbehörden weit über eine
Milliarde Schilling für Neubauten verschlingen würde. Soviel Geld
aber ist die eigene Hauptstadt auch heute noch keinem Landes-
patrioten wert.

So besitzt Niederösterreich seit dem 21. Dezember 1921 eigentlich keine, uneigentlich aber doch eine heimliche, mitunter den
Landeskindern sogar unheimliche Hauptstadt. Mitten in Wien.
Diese heimliche Hauptstadt innerhalb der Bundeshauptstadt ist
eine enge Einbahnstraße im ersten Wiener Gemeindebezirk, Herrengasse genannt, nach den einstigen niederösterreichischen Stan-
desherren im Landhaus, und an den beiden Häuserzeilen zwischen
Freyung und Michaelerplatz ist alles aufgefädelt, was ein Land
braucht: vom Büro des Landeshauptmanns bis zur Niederösterreichischen Brandschaden-Versicherung, vom Landesmuseum bis zur
Landeshypothekenanstalt. Sogar die Trachtenstube des Niederösterreichischen Heimatwerks hat sich dort eingemietet. Insofern
hat es der Niederösterreicher leicht, wenn er sich papierkriegfüh-
rend seiner Obrigkeit nähert: Ist das „feindliche Ausland" zwischen Stadtgrenze und Herrengasse erst durchquert, findet sich
alles, was er braucht, im Umkreis von ein paar hundert Schritten.

Die Situation von heute ist mit der Lage der zwanziger Jahre
nicht vergleichbar. Damals hatte die k. u. k. Reichshaupt- und
Residenzstadt den Boden unter den Füßen verloren. Deklassiert
war der Mittelstand, wie man jene nach der Gründerzeit der
Ringstraßenepoche in bescheidenem Wohlstand lebende Gesell-
schaftsklasse nannte: die Bürger vom Grund, die Gewerbetreibenden. Der brave Steuerzahler, dem noch der Dr. Lueger die Hand
gedrückt hatte, stand vor dem Ruin.[1] Das war jenes Wien, über das
sich die große Traurigkeit legte, die wehmütig verträumte Sehnsucht nach der Welt von gestern.

Ein anderes Wien wuchs gleichzeitig zu einer Blüte auf, die sich
inmitten der allgemeinen Weltuntergangsstimmung unwirklich und
unheimlich ausnahm. Das war das Wien der Vorstädte, der
Arbeiterbezirke, der grauen Massen bis dahin besitzloser Proletarier.

Dieses Wien wurde nach 1918 zu einem von der ganzen Welt bestaunten Exerzierfeld neuer kommunaler Sozialpolitik.

Nach außen hin datierte das neue Wien vom 21. September 1923. An diesem Tag wurde mit der sozialdemokratischen Stimmenmehrheit des Wiener Gemeinderates eine Vorlage des Stadtsenates verabschiedet, die den Bau von 25.000 Volkswohnungen in fünf Jahren vorsah. Das Wiener Wohnungsproblem beschäftigte seither die österreichische Innenpolitik – über Wien hinaus und über die Erste Republik hinaus bis in die Zeiten der Hochkonjunktur der Zweiten Republik hinein.

Dieses Problem wurde nicht erst im Kriegsjahr 1917 geboren, als die damals kaiserliche Regierung das Mieterschutzgesetz erließ, das die Angehörigen der Frontsoldaten vor dem Wohnungswucher, vor Mietenerhöhungen und ungerechtfertigten Kündigungen bewahren sollte.

Das Problem gab es seit der Mitte des 19. Jahrhunderts, seit die alten Basteien dem Ringstraßenprunk weichen mußten und die industrielle Gründerzeit die k. u. k. Haupt- und Residenzstadt innerhalb weniger Jahrzehnte in eine Millionenmetropole verwandelte. 1856 hatte Wien noch nicht einmal eine halbe Million Einwohner. 1900 waren es schon 1,6 Millionen; bis 1910, nach der Eingemeindung von Floridsdorf, stieg die Zahl der Wiener auf mehr als 2 Millionen an.

1856 zählte man in Wien 8943 Wohnhäuser; das bedeutete rund 55 Bewohner pro Haus. Das war die dichteste Besiedlung aller europäischen Großstädte überhaupt; in London beispielsweise kamen damals nur 10 Bewohner auf ein Gebäude. Diese Ausgangsposition für die Entwicklung zur modernen Großstadt bereitete schon zu dieser Zeit manchen Fachleuten Kopfzerbrechen. Der Ringstraßenarchitekt Heinrich Ferstel etwa, Erbauer der Wiener Votivkirche und der Universität, wagte 1860 in einer Streitschrift folgende düstere Zukunftsprognose: „Wir fürchten, die Stadt werde genötigt sein, bei der mit der Spekulations- und Zinshausarchitektur immer zunehmenden Wohnungsverteuerung nicht bloß öffentliche Wohnquartiere für die kleinen Beamten, sondern auch Hospize für die verarmten kleinen Bürger und Handwerker zu bauen."[2]

Zunächst baute die Stadt nicht; sie überließ die Errichtung von Zinskasernen für die aus der ganzen Monarchie nach Wien strebende Industriearbeiterschaft dem privaten Kapital. Tatsächlich wurde in Windeseile und in gigantischem Umfang gebaut, um den

Wohnungsbedarf einer der Zweimillionengrenze zusteuernden Bevölkerung zu decken. Hatte es 1856 nur 8493 Wohnhäuser in Wien gegeben, so waren es 1900 schon 33.130 Gebäude mit 322.635 Wohnungen. 1910 gab es bereits 454.981 Wohnungen in Wien. Ein Drittel aller dieser Wohnungen allerdings beherbergte mehr als 5 Bewohner, und die Hälfte aller Wohnungen hatte nur 2 Räume.

Da man viel und schnell bauen mußte, baute man so billig wie möglich. Die Stadtviertel der Bassenahäuser entstanden; so genannt nach der einzigen Wasserleitung auf dem Korridor, die ebenso wie die einzige Toilette für die Bewohner eines ganzen Stockwerks reichen mußte. Das oftmals einzige Zimmer dieser Behausungen war stets nur durch die Küche zu betreten; die Küche wiederum schloß direkt an den Korridor an. Meist besaß sie kein Tageslicht, sondern nur ein Fenster hinaus auf den Korridor. So verströmten diese Küchen den Armeleutegeruch nach billigen Speisenresten und verbrauchter Luft, der aus diesen menschenunwürdigen Massenquartieren niemals ganz verschwand. Am Ende des Ersten Weltkrieges bestanden 83 Prozent aller Wiener Wohnungen aus derartigen Zimmer-Küche- oder Zimmer-Küche-Kabinett-Unterkünften. Zusammengepfercht wie das Stallvieh wohnten oft bis zu zehn Personen in einer solchen „Wohnung".

Der kaiserliche Mieterschutz als Kriegsmaßnahme des Jahres 1917 überlebte den Kaiser und den Krieg. Einem ausgepowerten Volk konnte man, noch dazu für solche Wohnungen, nicht auch noch Mietzinserhöhungen zumuten. Die Sozialdemokraten gingen mit dem Schlachtruf „Hände weg vom Mieterschutz" in die Wahlkämpfe der zwanziger Jahre. In diesem Punkt wußten sie nicht nur die Arbeitermassen hinter sich. Trotz aller theoretischen Erwägungen konnte auch der Prälat Seipel daran nichts ändern, obwohl die Christlichsoziale Partei gerade in Wien die Partei der kleinen Gewerbetreibenden und damit der Hausbesitzer war.[3]

Der Hausbesitz war damit entwertet. 1913 flossen noch 17,1 Prozent des privaten Konsums in Österreich der Wohnungsnutzung und damit zum größten Teil den Hausbesitzern zu. 1924 waren es nur noch 1,6 Prozent des privaten Konsums. Was für die Hausbesitzer eine Verringerung ihrer Einnahmen auf ein Zehntel der Vorkriegszeit bedeutete, war jedoch für die Mieter keineswegs ein Gewinn. Da die Mieten dem Betrag nach unverändert blieben, die Verdienste aber zurückgingen, mußte der österreichische Durchschnittsbürger, der 1913 noch 6,6 Prozent seiner Ausgaben für die Wohnung verwendet hatte, nunmehr 1924 sogar 7,1 Prozent dafür aufwenden. Die Hausherrenrente, als Altersversorgung gedacht, war damit ebenso verloren wie das auf ein Sparbuch eingelegte Geld – wenn die Hausbesitzer ihrerseits die Inflation wenigstens zur Liquidation ihrer Hypothekarschulden hatten ausnützen können.[4]

1923 entschloß sich die Gemeinde Wien zum kommunalen Wohnbau, der nicht auf Gewinn, nicht einmal auf Verzinsung des Baukapitals, sondern lediglich auf Erhaltung des Hausbestandes abgestellt war, wenn er die Mietzinse festlegte. Die finanziellen Voraussetzungen schuf der Finanzstadtrat der Gemeinde Wien, Hugo Breitner, ein ehemaliger Bankdirektor, mit der Wohnbausteuer. Im Grunde war diese Wohnbausteuer nichts anderes als eine Mietzinserhöhung für Altwohnungen, nach der Größe und den Mieten abgestuft. Nur daß die Erhöhung eben nicht den Hausbesitzern zufloß, die dringend danach verlangten, sondern von der Stadtverwaltung als Steuer eingehoben und für den Bau von Volkswohnungen verwendet wurde.[5] Kaum ein anderer Sozialdemokrat wurde vom Wiener Bürgertum der zwanziger und dreißiger Jahre so gehaßt wie Hugo Breitner mit seiner Wohnbau- und seinen diversen anderen Luxussteuern. Tatsächlich jedoch baute die Gemeinde Wien von 1923 bis 1933 über 60.000 Wohnungen – und, welche Sensation für die Vorstädte, es war keine Wohnung darunter, die nicht ihre eigene Wasserleitung und ihre eigene Toilette gehabt hätte!

Es fand sich auch kaum noch jemand, der mit privatem Kapital Wohnhäuser gebaut hätte. Die Rechnung ergab, daß eine Zimmer-Küche-Wohnung in einem Neubau für den Bauherrn nur dann rentabel gewesen wäre, wenn er etwa 125 Schilling Monatsmiete verlangt hätte – bei einem durchschnittlichen Facharbeiterwochenlohn von 45 bis 50 Schilling.

Die Wohnung hörte in diesen zwanziger Jahren auf, eine Ware wie jede andere zu sein, die man bezahlen mußte. Die Sozialpolitik der Wiener Sozialdemokraten postulierte das Dach überm Kopf als einen Anspruch des Mitbürgers, den die Öffentlichkeit aus Steuergeldern erfüllen mußte. Der Mieterschutz, gemeinsam mit dem kommunalen Wohnhausbau, hatte damit allerdings auch zur Folge, daß die Mietzinse aus allen Lohn- und Preiskalkulationen praktisch ausgeklammert werden konnten. Man wohnte ja so gut wie umsonst. Diese Einstellung setzte sich in der Vorstellungswelt der Stadtbevölkerung im Laufe der Jahrzehnte als eine unumstößliche Selbstverständlichkeit fest. Sie hielt sich über das Ende der Ersten

Republik hinweg bis in die Gegenwart der Zweiten Republik und machte jede volkswirtschaftlich vernünftige Regelung des Wohnungsproblems unter den völlig veränderten Verhältnissen der fünfziger und sechziger Jahre unseres Jahrhunderts so schwierig. Die sozialistischen Kommunalpolitiker im Wiener Rathaus sahen sich vor die unpopuläre Aufgabe gestellt, ihrem Fußvolk klarzumachen, daß auch die Wohnung eine Ware sei, die bezahlt werden müsse, zumindest teilweise. Der Umdenkungsprozeß mußte nicht nur aus Finanzierungsgründen eingeleitet werden. Es schien einfach nicht länger vertretbar, daß der Wohlstandsbürger mit allen seinen sozialen Absicherungen für sein Geld alle technischen Errungenschaften konsumieren wollte, vom Auto bis zum Farbfernsehgerät, daß seine Wohnung aber die Allgemeinheit bezahlen sollte.

In der Ersten Republik war das alles anders. Damals war die Wohnbaupolitik der Gemeinde Wien nicht nur eine weltweit bewunderte kommunale Sozialleistung, sie hatte auch gesellschaftspolitische Folgen. Im Gemeindebau entstand die neue Welt eines zweiten Wien, das mit dem Wien der Innenbezirke nichts gemein hatte. Der Gemeindebau wurde nicht nur zur Schlafstätte, sondern zugleich zum Heim und zur Heimat des sozialdemokratischen Wählers. Die oft riesenhaften Anlagen, wie der Karl-Marx-Hof in Heiligenstadt beispielsweise, wurden zur Stadt im kleinen, die sozialdemokratische Parteiorganisation avancierte zur Verwaltung, der Funktionär wuchs in die Position eines regionalen Chefs hinein – nicht nur zivil, sondern als örtlicher Schutzbundkommandant sogar militärisch. In den Gemeindebauten installierten sich die Parteilokale, die Volksheime, die Volksbildungsstätten.

Das von der bürgerlichen Welt noch immer geringgeschätzte Wiener Proletariat entwickelte in diesen zwanziger und dreißiger Jahren einen geradezu fanatischen Bildungshunger, der dem Bürgertum fremd blieb. Lebte man innerhalb des Gürtels noch in den Vorstellungen der Vorkriegszeit, die den verachteten Proleten als Versäufer seines Wochenlohns im Wirtshaus sah, so verbrachte in Wahrheit ein beträchtlicher Teil der Arbeiterschaft seine Abende bei den Fortbildungskursen in den Volkshochschulen. Erst nach 1945, als die beiden Welten Wiens zusammenzuschmelzen begannen, konstatierten die Vertreter des Bürgertums mit größter Verblüffung die subtile politische, ökonomische und kulturelle Bildung so manches kleinen sozialdemokratischen Funktionärs.

Die Sozialdemokratie in den Gemeindebauten schloß sich

bewußt ab. Sie formierte nicht nur ihre eigene Bildung.[6] Sie formierte ihre eigenen Sportvereine, ihre eigenen Theaterringe. Die Einigelung nahm mitunter groteske Formen an – so beschlossen die Arbeitersportler eines Tages, in Hinkunft keine Fußballspiele mehr gegen „kapitalistische" Klubs auszutragen. Deshalb konnte beispielsweise das Wiener Stadion 1931 nicht mit einem spektakulären Länderspiel eingeweiht werden.

Die Gemeindebauten der Ersten Republik waren nicht nur architektonische Vorbilder für den Wohnbau in der übrigen Welt; sie wurden zugleich Festungsbauten der sozialdemokratischen Ideologie. Ihr Ring schloß sich symbolhaft um die Innenstadt. Als 1934 der kurze Bürgerkrieg die Entscheidung zwischen links und rechts in Österreich brachte, ließ die topographische Placierung der Gemeindebauten gegenüber von Kasernen, Bahnhöfen und Brükken allerdings den Verdacht wach werden, diese Gemeindebauten seien von Anfang an auch als militärische Festungen für die künftige machtmäßige Auseinandersetzung geplant worden.

Und einer gewaltsamen Auseinandersetzung zwischen rechts und links steuerte die Republik Mitte der zwanziger Jahre auch tatsächlich zu.

Die Regierung Seipel stürzte im November 1924 anläßlich eines Eisenbahnerstreiks. In Wirklichkeit wurde der Prälat von seinen eigenen Leuten in den Bundesländern gestürzt. Sein Sanierungswerk hatte einen Punkt erreicht, an dem die Bundesverwaltung allein nicht mehr sparen konnte. Die Garantiemächte des Genfer Kreditvertrages verlangten eine Verwaltungsreform auch bei den Länderverwaltungen.

Doch die Bundesländer fühlten sich mit ihren föderalistischen Ansprüchen ohnehin schon durch die Verfassung von 1920 schlecht bedient. Eingriffe in ihre Verwaltung wollten sie nicht hinnehmen, wenn es ums Geld ging. Vermöge der überragenden Vormachtsstellung der Christlichsozialen Partei in den Bundesländern, gestützt auf die Heimwehr, wie in der Steiermark, oder auf den Bauernbund, wie in Niederösterreich, regierten einzelne Landeshauptleute ihre Region wie feudale Landesfürsten.

Seipel, schwer zuckerkrank und außerdem durch das am 1. Juni 1924 erfolgte Revolverattentat eines sozialdemokratischen Einzelgängers auf dem Wiener Südbahnhof auch noch schwer verletzt, stand die zweite Etappe seines Sanierungswerkes nicht durch. Er kapitulierte und trat zurück. Auf den einfachsten Nenner gebracht, kapitulierte er vor Anton Rintelen.

Dieser Dr. Anton Rintelen, reichsdeutscher Abkunft, Rechtsanwalt, dann Landeshauptmann der Steiermark, war ein ehrgeiziger, intriganter, von seinem christlichsozialen Parteigenossen Dr. Friedrich Funder „das Unglück Österreichs" genannter Mann. Rintelen hatte schon 1919 mit legitimistischen ungarischen Offizieren verhandelt, dann aspirierte er 1920 auf das Amt des Bundespräsidenten. Daß die Christlichsozialen dem liberalen Großgrundbesitzer Michael Hainisch den Vorzug gaben, hat er der Wiener Parteiführung wohl nie verziehen. 1922 benützte er eine wilde Aktion steirischer Sozialdemokraten, die in der Gegend von Judenburg die Häuser von Heimwehrleuten nach Waffen durchsuchten, um die sozialdemokratische Parteiführerschaft des Bundeslandes verhaften und Judenburg von Gendarmerie besetzen zu lassen. Schon damals stand das Land haarscharf am Rande eines Bürgerkriegs. Seipel jedoch hatte sich den Siegermächten gegenüber verpflichtet, für Ruhe und Ordnung zu sorgen. Aus diesem Grund bewog er Rintelen zum Nachgeben, um sein Sanierungswerk nicht zu gefährden.

Mit dieser Aktion jedoch hatte sich der steirische Landeshauptmann außerhalb Wiens den Ruf erworben, ein energischer Gegner der roten Metropole zu sein. 1924 stellten sich die Bundesländer hinter ihn.

Noch schien die Zeit nicht gekommen, Rintelen selbst als Bundeskanzler nach Wien zu lassen. Der Salzburger Christlichsoziale Dr. Rudolf Ramek bildete ein sogenanntes Länderkabinett. Rintelens steirischer Vertrauensmann Dr. Jakob Ahrer wurde Finanzminister. Dr. Heinrich Mataja, schon 1918 Mitglied des Staatsrates, übernahm das Außenministerium. So wie Rintelen stand auch Mataja am rechten Flügel seiner Partei. Zum Unterschied von Rintelen allerdings wurde Mataja von der „Reichspost" massiv unterstützt. Die Bedeutung der „Reichspost" in den zwanziger und dreißiger Jahren kann gar nicht hoch genug veranschlagt werden. Ihr Chefredakteur Dr. Friedrich Funder, einst journalistischer Vertrauensmann des Thronfolgers Franz Ferdinand, war nun Seipels publizistischer Mentor. Funder hatte sich einst selbst um ein Abgeordnetenmandat beworben, war aber bei der Wahl durchgefallen. Er riskierte es kein zweites Mal, aber das tat seiner Wichtigkeit als Drahtzieher im Hintergrund keinen Abbruch. Kennzeichnend für seine Stellung war, daß er dem

Parlamentsklub der christlichsozialen Abgeordneten angehörte, obwohl er gar nicht im Nationalrat saß.

Dem sogenannten Länderkabinett war kein Glück beschieden. Die Bankenzusammenbrüche im Gefolge der Sanierung überschatteten seine Tätigkeit. Jetzt erst kamen nämlich die Sünden der Inflation in ihrer ganzen Größe an das Tageslicht. Die Zentralbank der deutschen Sparkassen in Österreich, die die Spekulationsverluste zahlreicher kleiner Lokalsparkassen gedeckt hatte, mußte mit 62,5 Millionen Schilling aus Budgetmitteln vor dem Umfall gerettet werden. Dann krachte es sogar in der geheiligten Institution der Österreichischen Postsparkasse, die der Inflationsmillionär Sigmund Bosel – ein Gegenstück zu Camillo Castiglioni – in gewagte Frankenspekulationen hineingezogen hatte. Diesmal mußte der Staat sogar mit 125 Millionen einspringen.

Der Finanzminister Dr. Ahrer wurde jetzt verdächtigt, von Bosel Bestechungsgelder erhalten zu haben.[7] Dem Außenminister Dr. Mataja warf man vor, er sei von Seipels Finanzberater Dr. Kunwald über die bevorstehenden Sanierungsmaßnahmen so rechtzeitig informiert worden, daß er daraus private Gewinne habe ziehen können. So schieden Ahrer und Mataja schon im Januar 1926 wieder aus der Regierung aus. Im Herbst 1926 nahm Ramek selbst einen Gehaltsstreit mit den Bundesbeamten zum Anlaß, mit dem Gesamtkabinett zu demissionieren.

Zuvor allerdings hatte es noch ein bemerkenswertes Zwischenspiel gegeben. Als Außenminister startete Dr. Mataja 1925 wieder einmal einen Versuch, Österreich aus seiner hilflosen Lage als Spielball der Großmächte herauszumanövrieren. Er bemühte sich um einen engeren Anschluß an die Donaustaaten, und damit brachte er so ziemlich alles rundum gegen sich auf. Die Großdeutschen in der Regierungskoalition sahen ihre Anschlußpolitik gegenüber Deutschland brüskiert. Die Nachfolgestaaten selbst waren keineswegs begeistert – alles, was aus Wien kam, schien in Prag, Belgrad und Bukarest noch immer als Neuauflage der habsburgischen Nationalstaatsidee verdächtig. Am heftigsten jedoch reagierte Italien, das sich gerade damals wegen seiner Italienisierungspolitik in Südtirol heftig attackiert sah. Die Furcht vor der Achse Prag–Wien–Belgrad war ständig wach. Kam es womöglich zu einem Viereck Prag–Wien–Belgrad–Bukarest, dann war Roms Freund an der Donau, Budapest, hilflos isoliert. Wieder zeigte sich, daß die

„Auseinanderlegung" der Donauvölker, wie Karl Renner den Zerfall der Donaumonarchie nannte, zwar die Nationalitätenprobleme nicht gelöst, aber ein permanentes Spannungsfeld im Donauraum geschaffen hatte.

Ende 1925 war die Situation zwischen Wien und Rom so gespannt, daß man allen Ernstes mit einer militärischen Aktion der Italiener gegen Tirol rechnen mußte. In dieser Lage schloß der Heeresminister Carl Vaugoin mit dem militärischen Berater des Republikanischen Schutzbundes, dem pensionierten General Theodor Körner, ein Abkommen, das den Einsatz der sozialdemokratischen Parteiarmee gemeinsam mit Heimwehren und Bundesheer zur Verteidigung Tirols vorsah.

Vaugoin und Körner waren damals zweifellos die bemerkenswertesten Persönlichkeiten im militärischen Kräftespiel der österreichischen Innenpolitik. Vaugoin, zunächst niederösterreichischer Landesbeamter, dann christlichsozialer Wiener Gemeinderat, schließlich Trainoffizier im Ersten Weltkrieg, war Parteipolitiker ganz im Stil der Lueger-Zeit. Körner wiederum kam durch Zufall in die Politik. Ein hervorragend befähigter Generalstabsoffizier, bei Kriegsende Oberst und Generalstabschef der Isonzoarmee, bat er sich im November 1918 14 Tage Bedenkzeit aus, als Dr. Julius Deutsch ihn zum Eintritt in die Volkswehr aufforderte. Dann aber wurde er gleich Sozialdemokrat ohne irgendwelche Vorbehalte.

Als Heeresminister übernahm Vaugoin die von Deutsch geschaffene Volkswehr in der Überzeugung, daß man diese zumindest rosarote Armee entpolitisieren müsse. In Wirklichkeit verpolitisierte er sie nur in der anderen Richtung hin, indem er als Gegengewicht zum roten Militärverband, der sozialdemokratischen Soldatengewerkschaft, den christlichsozialen „Wehrbund" schuf. Und er verpolitisierte sie, indirekt zumindest, noch weiter durch sein bewußtes Anknüpfen an die altösterreichischen Traditionen aus der k. u. k. Zeit. Damit machte er zwar den ehemals kaiserlichen Offizieren den Dienst in dieser Armee, die noch aus der Volkswehrzeit die der deutschen Reichswehr nachgeschneiderten Uniformen trug, wieder erträglich, erfüllte aber die Sozialdemokraten mit wachsendem Mißtrauen gegen das Bundesheer als „Instrument der Reaktion".[8]

Körner wiederum war ein Offizier, der schon an der Isonzofront des Ersten Weltkriegs legendären Ruf besaß, obwohl er Generalstäbler war; ein Mensch also, den Truppenoffiziere üblicherweise nicht sehr schätzten. Sein Chef von 1915, der General Stöger-Steiner, vermerkte später, als es darum ging, dem Obersten Körner den Mariatheresiaorden zu verleihen: „Ich muß beifügen, daß Oberst von Körner durch ein warmes Empfinden für die Truppen, seine Fürsorge für jeden einzelnen, sein allbekanntes tapferes, entschlossenes Auftreten im feindlichen Feuer sich das Vertrauen der Truppe voll erworben hatte; es war auch natürlich, daß Offizier und Mann viel offenherziger und rückhaltloser sich ihm gegenüber aussprachen, als mir gegenüber." Er wich also wesentlich vom Klischeebild des Generalstäblers ab, dieser Oberst von Körner, der sich stets weigerte, den Adelstitel „Edler von Siegringen" zu benützen, damals schon die „Arbeiter-Zeitung" las, sich einer Berufung ins Kriegsministerium entzog und die für die Verleihung des Mariatheresienordens übliche Zeugen-Nominierung für seine Taten unterließ. Daß er sich nach dem Krieg der Volkswehr rückhaltlos zur Verfügung stellte, führte zu seiner Vereinsamung unter den alten Kameraden, umso enger schloß er sich an seine neuen Freunde in der linken Reichshälfte an. Seine hervorragenden militärischen Fähigkeiten, die ihm von Feldmarschall Conrad abwärts alle seine Chefs bescheinigt hatten, blieben unbestritten. Auch Vaugoin konnte einen General Körner nicht so einfach loswerden. Aus der Amtsleitung des Heeresministeriums, dem auch für Personalfragen zuständigen Präsidialbüro, allerdings wollte der Minister ihn weghaben. So wurde Körner zunächst zum Heeresinspektor befördert, schließlich aber, 1924, doch in den Ruhestand versetzt. Er war damals erst 51 Jahre alt. Die Sozialdemokraten schickten ihn prompt als Bundesrat ins Parlament; seine Denkschriften zur wehrpolitischen Situation Österreichs sollten dem Minister Vaugoin und den aktiv gebliebenen Kameraden noch oft genug nachdenklich stimmen.[9] Er übernahm die militärische Beratung des sozialdemokratischen Schutzbundes, nachdem er zuvor noch in einer aufsehenerregenden Denkschrift die Tätigkeit des Heeresministers Vaugoin sowohl in militärischer wie politischer Hinsicht massiv attackiert hatte. Als Schutzbundführer war Körner alles andere als ein Bürgerkriegsstratege. Der Generalstäbler wußte den militärischen Wert dieser Organisation, die auf dem Höhepunkt ihrer Entwicklung 80.000 Mitglieder hatte, richtig einzuschätzen. Mit Sonn- und Feiertagssoldaten konnte man Versammlungen vor Ruhestörern schützen, man konnte Maiaufmärsche und Arbeitslosendemonstrationen im Zaume halten, man konnte sogar mit der gleich hoch – oder gleich niedrig – zu veranschlagenden Heimwehr fertig werden, aber man konnte niemals einen aussichtsreichen Kampf mit regulären Truppen aufnehmen. Das war Körners feste Überzeugung, und er vertrat sie auch vehement gegen den zwar charmanten, allseits beliebten, militärisch aber nicht sehr befähigten ehemaligen Major und nunmehrigen Stabchef des Schutzbundes, Alexander Eifler.[10] Mit seiner pessimistischen Prognose sollte Körner zehn Jahre später, im Februar 1934, recht behalten.

Die Bereitschaft des Schutzbundes, gemeinsam mit Bundesheer und Heimwehren Tirol zu verteidigen, wurde nicht auf die Probe gestellt. Der Konflikt blieb glücklicherweise aus. Die Gespräche des Heeresministers mit dem pensionierten General blieben ein Zwischenspiel. Auf der Tagesordnung jedoch stand weiterhin die allgemeine innere Spannung. Nach der Inflation, dem Beamtenabbau, der Gehaltskürzung, in der dumpfen Atmosphäre der Arbeitslosigkeit, der Bankenzusammenbrüche, der außenpolitischen Spannungen wuchs auf beiden Seiten von Tag zu Tag die Furcht vor dem Ausbruch der Gewalt, mit der die Linke oder die Rechte versuchen würde, die unerträglich scheinende Situation mit einem Schlage zu bereinigen. Auf diese gewaltsame Auseinandersetzung steuerte Österreich zu, als der Prälat Ignaz Seipel am 16. Oktober 1926 mit folgenden Worten in das Bundeskanzleramt auf dem Wiener Ballhausplatz zurückkehrte: „Österreich geht es nicht so schlecht, daß ich das Kanzleramt übernehmen müßte, aber auch nicht so gut, daß ich es ablehnen dürfte."

Für das kommende Jahr, 1927, standen Parlamentswahlen auf dem innenpolitischen Terminkalender. Von diesen Wahlen erwartete sich die österreichische Sozialdemokratie den demokratischen Durchbruch zur Macht. Bei den letzten Wahlen, 1923, hatte sie 68 Parlamentssitze erobert, gegenüber den 97 Sitzen der bürgerlichen Parteien. Sie hatte 40 Prozent aller Wählerstimmen auf sich vereinigt; sie hatte von 1920 bis 1923 fast 250.000 Stimmen dazugewonnen. Noch einmal 300.000 Stimmen, und sie besaß die absolute Mehrheit.

Die Parteiführung blickte wie hypnotisiert auf die magische Zahl 300.000. Die Wirtschaftslage ließ eine Niederlage der bürgerlichen Parteien voraussehen. Seit 1924 waren Banken am laufenden Band zusammengebrochen, und die Arbeitslosenzahlen stiegen. Im

Oktober 1923 hatte es nur 75.810 Arbeitslose gegeben. Als der sozialdemokratische Parteitag Ende Oktober 1926 in Linz zusammentrat, hielt die Arbeitslosenzahl bei 151.183. Bis Ende Januar 1927 sollte sie sogar noch auf 235.464 hinaufschnellen.

Die allgemeine wirtschaftliche Notlage schien die Schrittmacherin des sozialdemokratischen Wahlsieges zu werden. Auf die Machtübernahme war auch das neue sozialdemokratische Parteiprogramm abgestellt. Daß es eine legale, parlamentarische Machtübernahme sein sollte, stand dabei für die sozialdemokratische Führerschaft niemals in Frage. Nur die bürgerliche Welt vermochte es nicht zu glauben.

Der sozialdemokratische Parteitag trat am 30. Oktober 1926 in Linz zusammen. Zur Beschlußfassung lag ein neues, von Dr. Otto Bauer ausgearbeitetes Parteiprogramm vor. Das alte Programm stammte noch aus den Zeiten der Monarchie – das sogenannte „Wiener Programm" von 1901. Die Welt hatte sich längst verändert. So ziemlich alles, was die österreichischen Sozialdemokraten 1901 gefordert hatten, war längst Wirklichkeit – das allgemeine Wahlrecht ebenso wie der Achtstundentag, das Verbot der Kinderarbeit gleichermaßen wie die Abschaffung der Todesstrafe.

Das neue Programm sprach trotzdem von Kampf. In diesem fast zwei Dutzend Druckseiten umfassenden Dokument kam kaum ein anderes Hauptwort so oft vor wie das Wort „Kampf". Gemeint war allerdings weniger der tagtägliche politische Kampf um kleinere oder größere Sozialleistungen. Gemeint war der Klassenkampf – die Überwindung der Bourgeoisie, die auch in der demokratischen Republik Österreich noch immer die kapitalistische Gesellschaftsordnung hochhielt. Es war der Kampf einer Ideologie gegen die andere:

„Die Geschichte der demokratischen Republik ist die Geschichte der Klassenkämpfe zwischen der Bourgeoisie und der Arbeiterklasse um die Herrschaft in der Republik.

In der demokratischen Republik beruht die politische Herrschaft der Bourgeoisie nicht mehr auf politischen Privilegien, sondern darauf, daß sie mittels ihrer wirtschaftlichen Macht, mittels der Macht der Tradition, mittels der Presse, der Schule und der Kirche die Mehrheit des Volkes unter ihrem geistigen Einfluß zu erhalten vermag. Gelingt es der Sozialdemokratischen Arbeiterpartei, diesen Einfluß zu überwinden, die manuellen und geistigen Arbeiter in Stadt und Land zu vereinigen und der Arbeiterklasse die ihr nahestehenden Schichten der Kleinbauernschaft, des Kleinbürgertums, der Intelligenz als Bundesgenossen zu gewinnen, so gewinnt die Sozialdemokratische Arbeiterpartei die Mehrheit des Volkes. Sie erobert durch die Entscheidung des allgemeinen Wahlrechtes die Staatsmacht . . ."

Das waren die entscheidenden Sätze des Linzer Programms. Wer sie aufmerksam las, hätte die österreichischen Sozialdemokraten fürderhin kaum noch der beabsichtigten Gewalttätigkeit verdächtigen können. Doch außer den Abonnenten der „Arbeiter-Zeitung" quälte sich wohl kaum jemand durch die ermüdend langen theoretischen Abhandlungen des Programms bis zu dieser Feststellung hindurch. Otto Bauer erklärte zwar auf dem Linzer Parteitag: „Wer zur Gewalt greift, ist der Gefangene der Gewalt", doch die bürgerliche Welt vermochte bei soviel Gerede vom „Kampf" den Unterschied zur Gewalt nicht mehr zu erfassen. Und dieses bürgerliche Lager hielt sich an andere Punkte des Linzer Programms, die die Furcht vor der Gewalt zu bestätigen schienen:

„Die Bourgeoisie wird nicht freiwillig ihre Machtstellung räumen. Findet sie sich mit der ihr von der Arbeiterklasse aufgezwungenen demokratischen Republik ab, solange sie die Republik zu beherrschen vermag, so wird sie versucht sein, die demokratische Republik zu stürzen, eine monarchistische oder faschistische Diktatur aufzurichten, sobald das allgemeine Wahlrecht die Staatsmacht der Arbeiterklasse zu überantworten drohen oder schon überantwortet haben wird . . . Die Sozialdemokratische Arbeiterpartei muß daher die Arbeiterklasse in ständiger, organisierter geistiger und physischer Bereitschaft zur Verteidigung der Republik erhalten . . . Wenn es aber trotz allen diesen Anstrengungen der Sozialdemokratischen Arbeiterpartei einer Gegenrevolution der Bourgeoisie gelänge, die Demokratie zu sprengen, dann könnte die Arbeiterklasse die Staatsmacht nur noch im Bürgerkrieg erobern . . ,"

Was Otto Bauer dem Parteitag vorlegte, war ein Verteidigungsprogramm. Man mußte wohl ein geschulter und vielbelesener Marxist sein, um beispielsweise den weltweiten Unterschied zwischen Lenins Programmen und Otto Bauers Entwurf zu erfassen. Es war allerdings ein Verteidigungsprogramm, das von einer ungeheuerlichen Pauschalverdächtigung der bürgerlichen Welt ausging: von der Annahme nämlich, daß das Bürgertum seinerseits zur Gewalt Zuflucht nehmen würde, sobald die Sozialdemokraten an der

Wahlurne die Mehrheit gewännen. Für diesen Fall – aber auch nur für diesen Fall! – warf Otto Bauer die Frage der Gewalt als Gegenmaßnahme gegen die Gewalt von der anderen Seite auf.

Doch was half's? Das verhängnisvolle Wort „Bürgerkrieg" hatte sich als Programmpunkt in ein österreichisches Parteiprogramm eingeschlichen. Ein Programmpunkt mit zahlreichen Wenn und Aber zwar, doch das Wort „Bürgerkrieg", vom ideologischen Führer einer Oppositionspartei ausgesprochen, ließ sich auch durch noch so viele Einschränkungen nicht abschwächen. Es dröhnte der bürgerlichen Welt von da an tagtäglich in den Ohren; es schien gellend laut jeden Streik, jede Arbeitslosendemonstration, jeden Maiaufmarsch und jede Schutzbundübung zu begleiten.

Die Arbeiterschaft hatte von 1918 an gerüstet – angsterfüllt, das Bürgertum könnte nichts anderes im Schilde führen, als die Republik zu beseitigen und damit alles, was sich das Proletariat erkämpft hatte; Gewerkschaftsfreiheit und allgemeines Wahlrecht, Krankenkasse und Achtstundentag, Arbeitslosenversicherung und Mieterschutz.

Die bürgerliche Welt rüstete auch, von der Angst erfüllt, das Proletariat könnte mit Gewalt die Macht an sich reißen, um alles abzuschaffen, was heilig war – Gott im Himmel ebenso wie das Privateigentum auf Erden. Und nun fiel das verhängnisvolle Wort „Bürgerkrieg". Lieferte es nicht den Beweis, daß man weder grundlos fürchtete noch grundlos rüstete?

Österreich glich dem sprichwörtlichen Pulverfaß. Nur noch der ebenso sprichwörtliche Funke fehlte in diesem Jahr 1927.

Kapitel 7

DER SCHATTENDORFER PROZESS

Am Nachmittag des 30. Januar 1927 saßen im Gasthaus Tscharmann in der kleinen burgenländischen Ortschaft Schattendorf einige Männer beim Kartenspiel. Sie waren Angehörige der örtlichen Frontkämpfervereinigung, und das Gasthaus war ihr Vereinslokal. Die Kartenpartie stellte jedoch nicht die einzige Tätigkeit der Gasthausbesucher an diesem Nachmittag dar. Einige Männer hatten auch Gewehre bereitgestellt.

500 Meter weiter lag das Gasthaus Moser, Stammquartier des Republikanischen Schutzbundes, an einer Gabelung der Ortsstraße; in strategisch beherrschender Position also.

Das Anwesen des Gastwirts Josef Tscharmann wiederum, ein typischer burgenländischer Bau mit der Giebelfront zur Straße und einem breiten Tor zwischen den beiden Flügeln des Gebäudes, hatte ebenfalls seine militärischen Vorteile als Quartier einer Privatarmee: Die Gaststube war nicht direkt von der Straße aus, sondern nur durch das schon beschriebene breite Tor über den Hof zu erreichen. Vom vergitterten Schlafzimmerfenster des Wirts ließ sich die Straße unter Kontrolle halten. Das hieß: unter Beschuß nehmen – was im weiteren Verlauf dieses Nachmittags auch geschehen sollte.

Die Voraussetzung für militärische Aktionen auf Dorfebene war also gegeben, und auch die Stimmung auf der Dorfstraße zwischen den Gasthäusern Moser und Tscharmann war durchaus kriegerisch. Für diesen Sonntag hatten die Schattendorfer Frontkämpfer zu einem Treffen aufgerufen; es hieß sogar, der oberste Frontkämpferführer Hiltl würde aus Wien kommen. Aus den Nachbarortschaften Loipersbach und Klingenbach sollten ebenfalls Frontkämpfer anrücken.

Daraufhin hatten die Schutzbündler für denselben Sonntag eine Versammlung angesetzt. Ihr Führer, Thomas Preschitz, war bei den Frontkämpfern besonders verhaßt. Während der Räteregierung

Béla Kuns hatte er einem Tribunal angehört, das den Schattendorfer Ortspfarrer hatte hinrichten lassen. Der Frontkämpferobmann, der Tischlermeister Josef Scheffberger, galt dafür bei den Schutzbündlern als Horthy-Anhänger.

Die Situation war also spannungsgeladen, und man hätte sich's ausrechnen können, daß Zusammenstöße bevorstanden. Trotzdem geschah höherenorts nichts, um das heraufziehende Unglück zu verhindern – vielleicht, weil die Frontkämpfer in Schattendorf nur 30 Mann stark waren und die Schutzbündler nur 60. Offenbar glaubte man, der Postenkommandant Josef Winter würde mit seinen paar Mann Gendarmerie allein die Lage meistern.

Er meisterte die Lage nicht. Die Schutzbündler zogen zunächst zum Bahnhof, schlugen die von Loipersbach heranmarschierenden Frontkämpfer in die Flucht und verprügelten dann die Delegation aus Wien – es kam übrigens nicht der Oberst Hiltl, sondern nur eine kleine Delegation mit einem Hauptmann Seiffert an der Spitze. Die Schutzbündler schlugen mit Schulterriemen drauflos, der Bahnhofvorstand, ebenfalls ein Horthy-Anhänger, schrie schon nach seiner Pistole, doch da kapitulierten die Frontkämpfer und erklärten sich zum Abmarsch bereit.

Während sie über den Bahndamm den Rückzug antraten, marschierten die Schutzbündler in den Ort zurück.

Und dann, als der Zug der Schutzbündler das Gasthaus Tscharmann beinahe schon passiert hatte, in Richtung auf das eigene Quartier beim Moser-Wirt, geschah es. Ein paar Schutzbündler drangen in die Wirtsstube des Josef Tscharmann ein und riefen ihren Gegnern die landesübliche Aufforderung zu: „Kommts außi, wenns euch trauts!"

Die Frontkämpfer trauten sich nicht. Sie waren hoffnungslos in der Minderheit, und außerdem hatte sich das Gerücht verbreitet, bei der Rauferei auf dem Bahnhof sei auch schon geschossen worden.

Sie kamen also nicht heraus, aber drei von ihnen – die beiden Söhne des Wirts und ihr Schwager – stürmten in das Schlafzimmer hinauf, griffen nach den vorsorglich bereitgestellten Gewehren und begannen, auf die Straße zu feuern.

Endergebnis: zwei Tote und fünf Verletzte.

Die Todesopfer waren der kriegsinvalide Hilfsarbeiter Matthias Csmarits und ein Kind, der achtjährige Josef Grössing.[1]

Und kein Mensch konnte ahnen, daß damit der Untergang der Ersten Republik begann.

Bis zur Mitte der zwanziger Jahre hatten die Wehrverbände das Burgenland bewußt gemieden. Es war ein stillschweigendes Übereinkommen. Man wollte den Ungarn keinen Vorwand liefern, womöglich zum „Schutz" der ungarischen Minderheit erneut in Österreichs jüngstes Bundesland einzumarschieren. Dann waren aber doch die ersten Frontkämpferorganisationen aufgestellt worden und gleich darauf natürlich die Schutzbundtrupps.

In Schattendorf hatte es schon vor diesem 30. Januar 1927 immer wieder Zwischenfälle gegeben. Man warf einander die Fensterscheiben ein, und man schoß auch gelegentlich von einem Gasthaus zum anderen. Im späteren Schattendorfer Prozeß konnte sich der Gerichtsvorsitzende Dr. Ganzwohl die sarkastische Bemerkung nicht verkneifen: „Das scheint in Schattendorf landesüblich zu sein – man benützt Gewehre statt einer elektrischen Klingel."

Es war nicht nur in Schattendorf landesüblich; leider. Es war ganz einfach die allgemeine Stimmung in der Republik dieser zwanziger Jahre. Schattendorf konnte als Symbol gelten: Ein Dorf, gespalten im Haß; seit Jahren wird gedroht, geprügelt, geschossen. Die Bauern einer kleinen Ortschaft stehen einander als Todfeinde gegenüber. Und dann löst die Schießerei in einer gottverlassenen Gegend, in einem Dorf, dessen Namen bis dahin kaum jemand außerhalb des Burgenlandes auch nur gekannt hat, die Tragödie der Ersten Republik aus. Wie lächerlich alles klingen würde, wäre das Ende nicht so entsetzlich gewesen, zeigt sich an der Bemerkung, die der Gastwirt Josef Tscharmann später als Zeuge im Schattendorfer Prozeß machte, als man ihn nach seinen Beziehungen zu den Frontkämpfern befragte: „No ja, beim Moser waren die Sozi, und da hab i mi halt wohin wenden müssen, daß i a Gschäft mach!" Und Tscharmanns Sohn Hieronymus, einer der drei Schützen im Schlafzimmer, war damals 22 Jahre alt – er war Mitglied der Frontkämpfervereinigung, obwohl er bei Kriegsende noch ein Schulbub war.

Es hatte in der nunmehr neun Jahre alten Republik blutigere Zusammenstöße gegeben als in Schattendorf. Aber das Unglück wollte es, daß der Vorfall knappe drei Monate nach dem Linzer Parteitag der Sozialdemokraten passierte und am Beginn des Jahres, in dem das Parlament neu gewählt werden sollte.

Schattendorf war der Auftakt für das österreichische Unglücksjahr 1927. Die nächste Szene in diesem Drama ging am 2. März über die innenpolitische Bühne der Republik.

Am Nachmittag dieses 2. März besetzten einige Kompanien des

Bundesheeres schlagartig das Arsenal, die alte kaiserliche Waffenfabrik im dritten Wiener Gemeindebezirk. Eine großangelegte Waffensuche in den mannshohen Kanälen unter einem der mächtigen Türme begann. Gefunden wurden Gewehre und Munition aus den Kriegsjahren.

Arsenalarbeiter hatten sie nach dem Zusammenbruch dort versteckt. Zunächst einmal, um sie vor dem Zugriff alliierter Demobilisierungskommissionen zu retten. Dann behielt man das Versteck für alle Fälle bei; als Nachschublager für den Republikanischen Schutzbund.

Die bürgerliche Seite wußte von der Existenz der Waffen. 1918 hatte sie die Initiative der Arsenalarbeiter durchaus begrüßt; Gewehre und Munition konnten schließlich auch einmal für das Bundesheer von Bedeutung sein. Es galt als stillschweigendes Übereinkommen, die Waffen liegenzulassen. Als Carl Vaugoin 1922 Heeresminister wurde, zeigte er sich zunächst bereit, dieses stillschweigende Übereinkommen zu halten. Er verlangte lediglich, die Sperre sollte gemeinsam kontrolliert werden; von den Sozialdemokraten und von einem Offizier seines Vertrauens. Die Verhandlungen führten zu keiner Einigung. Der Schutzbund fürchtete um sein Arsenal, sobald Vaugoin erst einmal das Versteck kannte.

Es kam trotz dieser Vorsicht zu einem Handstreich.

Knapp vor der Aktion fand ein mysteriöser Einbruch in das Versteck statt; einige Gewehre wurden samt Munition herausgeholt und liegengelassen. Am 2. März fanden die Suchtrupps programmgemäß diese zurückgelassene Diebsbeute, und damit war der lang gesuchte Anlaß für eine Großaktion im Arsenal gegeben. Später stellte sich heraus, daß ein sozialdemokratischer Offiziere dem Heeresminister das Versteck mitgeteilt und den „Einbruch" organisiert hatte.[2]

Für die Waffensuche hatte Vaugoin Kompanien aus jüngeren Bundesheerjahrgängen herangezogen; Leute, die nicht durch die sozialdemokratische Schule der Volkswehr gegangen waren. Trotzdem war es auch dem Heeresminister klar, daß er mit Widerstand in den eigenen Reihen rechnen mußte. Nach fünf Jahren christlichsozialer Ressortführung stand die Mehrheit der Soldaten noch immer links. Das sollte sich wenige Monate später bei den Wahlen der Soldatenvertrauensleute am 15. Oktober beweisen. Der sozialdemokratische Wehrverband erhielt 9379 Stimmen, der christlichsoziale Wehrbund nur 6409. Die Nationalen blieben mit 771 Stimmen eine bedeutungslose Minderheit.[3]

Am 2. März 1927 bekam Vaugoin den Widerstand der Linken sofort zu spüren. Die Arsenalarbeiter mobilisierten ihre Genossen. Streiks flammten auf, und das Licht im weitverzweigten Areal des Arsenals erlosch. In den Kasernen machten sich Unruhen bemerkbar. Der Favoritner Schutzbund rückte aus. Kampfbereit standen einander kurze Zeit später die Bundesheerkompanien im Arsenal und die Schutzbündler rund um den Gebäudekomplex gegenüber. Innerhalb weniger Stunden war das Land so nahe an den Bürgerkrieg herangeschlittert wie nie zuvor.

Im Druckereigebäude der „Arbeiter-Zeitung" an der Rechten Wienzeile tagte der sozialdemokratische Parteivorstand. Fieberhaft erregt stellte man sich die Frage: Was tun?

Wären die österreichischen Sozialdemokraten tatsächlich so blindwütige kampfeslustige Austrobolschewiken gewesen, wie ihre Gegner befürchteten, dann hätten sie sich diese Gelegenheit zum Aufbruch kaum entgehen lassen.

Sie waren es zum Glück nicht. Der Parteivorstand entschloß sich am Abend des 2. März 1927, bewaffnete Gegenaktionen zu unterlassen. Franz Domes, Chef der Metallarbeitergewerkschaft, begab sich zum Polizeipräsidenten Schober und drohte ihm mit einem Generalstreik der Elektrizitätsarbeiter, falls das Arsenal nicht geräumt würde. Generalstreik der Elektrizitätsarbeiter bedeutete praktisch Generalstreik überhaupt, denn ohne Strom konnte kaum ein Betrieb arbeiten. Daraufhin zog Vaugoin das Bundesheer ab.

Drei Tage später, an einem Samstag, wurden die Truppen der gesamten Wiener Garnison in den Kasernen konsigniert. Wollte Vaugoin mit ausgesuchten Einheiten erneut zum Arsenal marschieren und die Waffen doch noch holen?

Wieder marschierte sofort der Schutzbund auf. Wieder stand der sozialdemokratische Parteivorstand vor der Entscheidung: Bürgerkrieg oder nicht? Im Druckereigebäude der „Arbeiter-Zeitung" befand man sich in einer Zwangslage. Leistete man Widerstand, dann war der Bürgerkrieg da. Gab man nach, dann verlor man nicht nur die Waffen im Arsenal, auf die man zur Not noch verzichten konnte; man verlor vor allem das Gesicht. Und zwar verlor man es nicht nur vor der Bourgeoisie, sondern auch vor den eigenen Leuten. Das ganze Linzer Parteiprogramm war dann nicht mehr als das Papier wert, auf dem es gedruckt stand. Die radikale Linke in der Partei – noch immer hellwach – würde die Gemäßigten und Vernünftigen in der Parteiführung hinwegfegen.

Jetzt ging nicht mehr ein Gewerkschafter zum Polizeipräsidenten, jetzt ging der Parteivorsitzende, der Wiener Bürgermeister Karl Seitz, direkt zum Bundeskanzler Seipel persönlich. Falls die Regierung nach den Waffen griff, war ein Blutbad unvermeidlich. Wollte die Regierung ein Blutbad?

Seipel sah klar, daß die Sozialdemokraten dieses Blutbad nicht wollten, und er wollte es auch nicht. Vaugoins Aktion war eine Kraftprobe am Vorabend der Wahlen gewesen. Und Vaugoin war in der Praxis zweifellos der Sieger. Er hatte die Sozialdemokraten unsicher und das Bürgertum sicher gemacht.

Der sozialdemokratische Parteivorstand war unsicher über seine eigene Haltung geworden und unsicher dem Fußvolk der Partei gegenüber. Das Bürgertum dagegen war nun sicher in seiner Überzeugung, daß es von den Roten nur das Schlimmste zu befürchten hatte. Die Situation war für das traditionsbefangene Denken des Durchschnittsbürgers auch tatsächlich bedrückend. Da gab es also gewaltige Waffenlager im Lande, und die Staatsgewalt, die allein Waffen haben durfte, kam nicht an diese heran. Daß das Proletariat sich nur verteidigen wollte, überstieg das Denkvermögen des braven Bürgers. Man tat den guten Leuten doch nichts – zumindest solange sie eben gute Leute blieben. Wenn die Sozialdemokraten die Waffen nicht herausrücken wollten, dann doch wohl nur, weil sie eben doch Revolution machen wollten! Welcher dieser braven Bürger konnte also noch länger zweifeln, daß das Wort „Bürgerkrieg" im Linzer Parteiprogramm blutig ernst zu nehmen war?

Die Christlichsozialen hatten mit Vaugoins Aktion jedenfalls erreicht, worauf es ankam. Die Waffen selbst erschienen demgegenüber nicht mehr so wichtig. Seitz und Seipel vereinbarten, daß sie an Ort und Stelle bleiben sollten. Im übrigen wollte man weiter über einen Weg verhandeln, sie unter gemeinsame Kontrolle zu bringen.

Vor diesem Hintergrund lief der Wahlkampf im März und April 1927 ab. Ende März lag die Zahl der Arbeitslosen trotz Auslaufens der Winterarbeitslosigkeit noch immer bei fast 210.000. Die Zahl der eingetragenen sozialdemokratischen Parteimitglieder war auf mehr als 600.000 angestiegen.

Im bürgerlichen Lager schlossen sich nun Christlichsoziale und Großdeutsche zu einer Wahlgemeinschaft zusammen. Am Abend des 24. April gab es zwei Geschlagene – die Christlichsozialen und die Sozialdemokraten.

Im neuen Nationalrat verfügte nun die bürgerliche Wahlgemeinschaft über 85 Sitze, die Sozialdemokraten hatten 71 Mandate. Für die Linke bedeutete dies einen Zuwachs um 3 Sitze gegenüber 1923. Der Bürgerblock dagegen hatte 7 Mandate verloren.

Zahlenmäßig betrachtet war der Vormarsch der Sozialdemokraten noch größer. Sie hatten gegenüber 1923 um 228.000 Wählerstimmen mehr auf sich vereinigt. Aber wenn sie den Zuwachs auch als großen Sieg feierten, so blieb doch die bedrückende Erkenntnis, daß der Durchbruch zur Mehrheit wieder nicht gelungen war.

Der einzige wirkliche Sieger war der Landbund. Er hatte sich aus dem Bürgerblock herausgehalten, und seine Parlamentsfraktion war von fünf auf neun Mann angewachsen. Als Koalitionspartner stellten die Landbündler für Seipel eine beachtenswerte Machtgruppe dar. Und so hielt der steirische Landbündler Karl Hartleb als Vizekanzler und Innenminister Einzug in die neue Regierung des Prälaten.

Ein paar Wochen nach der Regierungsbildung kam der neue Vizekanzler Karl Hartleb zu Ignaz Seipel und meinte, es sei eigentlich an der Zeit, mit den säbelrasselnden Privatarmeen im Lande Schluß zu machen. Die Sache mit den Waffen im Arsenal hatte ihm offenbar zu denken gegeben.

Die Landbündler waren Nationalliberale, und ihr Anhang rekrutierte sich vorwiegend aus der wohlhabenderen Bauernschaft Kärntens und der Steiermark. Als Liberale waren sie Demokraten, und als Liberale hatten sie zugleich auch einen tief eingewurzelten Widerwillen gegen die politisierenden Dorfpfarrer – nicht zuletzt daran waren zahlreiche Versuche eines Zusammenschlusses mit dem christlichsozialen Bauernbund gescheitert.

Karl Hartleb, ihr Repräsentant in der neuen Seipel-Regierung, war vielleicht nicht der klügste Vizekanzler, den Österreich je gehabt hatte, aber er verfügte über eine gewisse Bauernschläue, und er war zunächst ein Mann guten Willens. Er war der erste Führer der steirischen Heimwehren gewesen, doch er hatte dieser Organisation den Rücken gekehrt, sobald er zu erkennen glaubte, daß die Heimwehren sich von einer Selbstschutzorganisation zu einer bewaffneten politischen Kampfgruppe entwickelten. Gegen den Fürsten Starhemberg beispielsweise empfand er eine tiefinnere Abneigung; noch Jahrzehnte später behauptete er, daß er den Heimwehrfürsten nie anders als betrunken gesehen habe.[4]

Der Plan, den Hartleb seinem Kanzler vortrug, klang gut: Hartleb traute sich zu, die Sozialdemokraten zu bewegen, ihre Waffen freiwillig abzuliefern. Dann wollte er das gleiche von den Heimwehren verlangen; sollten sie sich weigern, wollte er mit der Staatsgewalt gegen sie vorgehen.

Seipel mochte zunächst über die Naivität verblüfft gewesen sein, mit der dieser brandneue Vizekanzler an die Lösung eines Problems heranging, das seit der Arsenal-Affäre unlösbar schien. Hartleb erinnerte sich später nur, daß Seipel gelacht habe. Der Prälat bat den Landbündler jedoch, seinen Versuch zunächst noch aufzuschieben; er habe nämlich selbst einen anderen Plan. Er wollte versuchen, die Sozialdemokraten zu spalten.

Nun traf zu, daß es innerhalb des sozialdemokratischen Parteivorstandes zwei Richtungen gab – eine rechte und eine linke, wenn man sie in landläufige Kategorien einteilen wollte. Die Linke wurde repräsentiert durch Dr. Otto Bauer, durch den Chefredakteur der „Arbeiter-Zeitung" Friedrich Austerlitz und etwas gemäßigter auch durch den Schutzbundchef Dr. Julius Deutsch. Die Rechte, das war vor allem Karl Renner. Der Parteivorsitzende Karl Seitz und der Zentralsekretär Dr. Danneberg standen irgendwo in der Mitte.

Die Trennung in rechts und links, in gemäßigt und radikal, betraf vor allem die Ideologie. Auf dem Linzer Parteitag war dies im Untergrund schon deutlich spürbar gewesen. Renner hatte gegen Bauers Programmentwurf opponiert; der Mann, der nicht nur Parteipolitiker, sondern zuerst und vor allem Staatsmann war, schreckte davor zurück, aus dem Klassenkampf einen Fetisch zu machen.[5] Renner glaubte nicht an eine von der Geschichte zudiktierte tragisch-unausweichliche Schicksalhaftigkeit des Klassenkampfes; daß nämlich die Arbeiterklasse die Bourgeoisie niederhalten mußte, wenn sie selbst nicht von der Bourgeoisie niedergehalten werden wollte. Für Renner war es keineswegs selbstverständlich, daß nur die Bourgeoisie oder nur das Proletariat herrschen konnte, daß es nur ein unversöhnliches Gegeneinander, kein Nebeneinander und schon gar kein Miteinander geben sollte. Er überwertete auch die Wahlresultate nicht; mit 51 Prozent aller Stimmen für die Sozialdemokratie waren die Probleme keineswegs gelöst.

Renner war zu sehr Volkswirtschaftler, um nicht zu erkennen, daß die Zweiteilung der österreichischen Bevölkerung in eine bürgerliche und eine proletarische Hälfte ihre geographischen und wirtschaftliche Gründe hatte und damit auf weite Sicht als unabänderlich hingenommen werden mußte. Und er war ein zu erfahrener politischer Taktiker, um sich der Täuschung hinzugeben, die eine Hälfte des Volkes könnte auf die Dauer gegen die andere regieren.

Renner war Sozialist, aber er war Praktiker und kein Doktrinär: Er hielt es für sinnlos und schädlich, feindselig beiseite zu stehen und darauf zu warten, daß der Zusammenbruch des Kapitalismus der neuen sozialistischen Gesellschaftsordnung den Weg freigab. Er hielt es für wesentlich zweckmäßiger, mit der demokratischen bürgerlichen Mitte zusammenzuarbeiten, um die sozialen Errungenschaften der Arbeiterklasse zu sichern und zu erweitern.

Für rechtgläubige Marxisten war Renner ein Revisionist, ein Opportunist, ein Liquidator des Sozialismus. Als solchen hat ihn auch Lenin immer wieder geschmäht. Für seinen innerparteilichen Gegenspieler Otto Bauer war Renner der Verfechter einer kleinbürgerlichen Entartung, und nichts verabscheute Bauer – der Herkunft nach selbst Großbürger – mehr als den Proletarier, dem man für ein paar Groschen Lohnerhöhung und ein paar zusätzliche Sozialleistungen den Klassenkampf, die Entschlossenheit zur Weltverbesserung abkaufen konnte.

Das Fußvolk der Partei neigte äußerlich viel stärker zu Otto Bauer hin; radikale Forderungen hatten bei der Masse immer den größeren Anwert, und dementsprechend hatte Bauer immer den stärkeren Beifall der Galerie. Im Grunde genommen aber waren die Proletarier von einst, vor allem die städtischen Industriearbeiter, schon längst auf dem Weg zum kleinbürgerlichen Ideal – blieb ihnen nur der Arbeitsplatz und die Gemeindewohnung gesichert, dann durfte der Kapitalismus ruhig weiterblühen.

Der Konflikt konnte nicht zum Ausbruch kommen, solange der Parteivorstand nach außen hin geschlossen blieb – und der Parteivorstand hütete sich, seine ideologische Auseinandersetzung bis zu einer Spaltung zu treiben. Das mußte auch Seipel schnell feststellen, falls es ihm mit seiner Spaltungsabsicht wirklich so ernst gewesen war, wie er es Hartleb geschildert hatte. Einige Zeit nach dem Gespräch über den Entwaffnungsplan des Vizekanzlers erhielt der Landbündler jedenfalls seitens des Regierungschefs freie Bahn für seine Bemühungen.

Hartleb lud die sozialdemokratische Führerschaft zu sich ein und trug ihr seine Gedanken vor. Seinem Eindruck nach waren alle, sogar Otto Bauer, geneigt, mit sich reden zu lassen, nur Austerlitz blieb strikt ablehnend. Zu ernsthaften Verhandlungen über dieses

Vorgespräch hinaus aber kam es nicht mehr. Inzwischen brannte nämlich der Justizpalast.

Schattendorf und seine Folgen machten alle Hoffnungen zunichte, die irgendein Optimist in der Frage innere Abrüstung bis dahin noch gehegt haben konnte.

Der Prozeß um die Schüsse von Schattendorf begann am 4. Juli 1927 im Wiener Landesgericht für Strafsachen II. Die Anklage lautete auf öffentliche Gewalttätigkeit. Angeklagt waren die Gastwirtssöhne Josef und Hieronymus Tscharmann sowie deren Schwager, der Müllergehilfe Johann Pinter.

Das Schlachtfeld, auf dem die Republik von 1918 ihre ersten lebensgefährlichen Verwundungen erlitten hatte, war aus Papiermaché nachgebildet: Ein Modell der Schattendorfer Ortsstraße stand auf dem Richtertisch.

Daß die drei Männer aus dem Schlafzimmer des Wirtsehepaares geschossen hatten, daran bestand kein Zweifel. Sie hatten es auch nie bestritten. Daß auf der Straße draußen zwei Menschen um ihr Leben gekommen waren, auch daran konnte kein Zweifel bestehen. Die Frage lautete nur noch: Notwehr oder nicht?

Die Angeklagten und ihre Zeugen behaupteten, die ersten Schüsse seien von der Straße her gegen das Gasthaus Tscharmann abgegeben worden. Ein Beweis dafür wurde jedoch nicht erbracht. Einschläge im Mauerwerk waren unzweifelhaft wesentlich älteren Datums. Fest stand dagegen, daß die Frontkämpfer die Gewehre schon vorher bereitgestellt hatten; ja, daß Josef Tscharmann einem Freund schon Tage vorher ausdrücklich gesagt hatte: „Bring dein Gewehr mit." Fest stand ferner, daß eines der Todesopfer Schüsse im Hinterkopf aufwies. Nach elf Verhandlungstagen ging der Prozeß am Abend des 14. Juli zu Ende.

In diesen Tagen waren die Dorfbewohner von Schattendorf durch den Zeugenstand marschiert wie zwei feindliche Armeen. Und in diesen Tagen hatte die Berichterstattung über den Prozeß in der Tagespresse die beiden feindseligen Hälften, in die die österreichische Bevölkerung gespalten war, noch weiter voneinander getrennt. Mochte das Gericht sich auch noch so bemüht haben, die Prozeßführung auf den rein kriminalistischen Tatbestand zu beschränken, es konnte doch nicht verhindern, daß immer wieder die allein entscheidende Frage durchklang: Wer trug die Verantwortung für die latente Bürgerkriegsstimmung im ganzen Land?

Wer hatte angefangen mit dieser verhängnisvollen Marschiererei? Wie konnte ein Zug von Demonstranten, die ein Spottlied auf ihre politischen Gegner sangen, drei Männer hinter verschlossenen Türen so sehr in Panik versetzen, daß sie blindwütig aus den Fenstern feuerten?

Unter dem Eindruck der kämperischen Phrasen des Linzer Programms, unter dem Eindruck von Vaugoins Waffensuche im Arsenal wuchs die Schattendorfer Affäre über den Sachverhalt des Prozesses weit hinaus: Als die Geschworenen am Abend des 14. Juli die drei Angeklagten „nicht schuldig" sprachen, waren die Ereignisse des kommenden Tages eigentlich schon vorgezeichnet.

Dabei war es keineswegs so, daß das bürgerliche Lager die Freisprüche durchwegs begeistert aufgenommen hätte. Die christlichsoziale „Reichspost" zeigte sich natürlich befriedigt über den Spruch der Geschworenen. In der großbürgerlich-liberalen „Neuen Freien Presse" dagegen kam das ganze Unbehagen der Vernünftigen über die allgemeine Situation zum Durchbruch. In welchen Abgrund steuerte ein Staat, in dem Menschen, aus welchen Gründen immer, erschossen werden konnten, ohne daß die Täter zur Verantwortung gezogen wurden?

Noch etwas, das heute längst vergessen ist und auch damals mit den österreichischen Vorgängen nicht zusammenhing, sorgte zusätzlich für eine Aufputschung der Gefühle. Am 10. Juli hätten zwei italo-amerikanische Gewerkschafter, Nicola Sacco und Bartolomeo Vanzetti, in den USA wegen anarchistischer Verschwörertätigkeit hingerichtet werden sollen. Eine weltweite Protestbewegung hatte für die beiden offensichtlich schuldlos Verurteilten einen Aufschub der Justifizierung erreicht. Saccos und Vanzettis Leben waren damit allerdings keineswegs endgültig gerettet. Die vier Tage später im Schattendorfer Prozeß erfolgten Freisprüche ließen die empörte Anklage laut werden: „Dort müssen zwei Unschuldige sterben, und hier werden zwei Mörder freigesprochen!"[6]

Durch den Fall Sacco-Vanzetti bekam das Schattendorfer Verfahren den besonders krassen Anstrich der Klassenjustiz.

Schon knapp nach der Urteilsverkündung hatte es vor dem Landesgericht einige Unruhe gegeben. Mehrere hundert Menschen demonstrierten gegen die Freisprüche, verliefen sich dann aber wieder.

Am Abend hatte der Wiener Polizeipräsident Johannes Schober

beim Schutzbundchef Julius Deutsch angefragt, ob irgend etwas geplant sei. Deutsch antwortete guten Gewissens, daß die sozialdemokratische Parteiführung keine Demonstrationen vorhabe.

Der Parteivorstand hatte darüber ausgiebig diskutiert. Daß die Freisprüche die Arbeiterschaft empören würden, lag auf der Hand. Demonstrierte die Partei jedoch offiziell gegen ein Geschworenenurteil, stellte sie damit den gesamten Rechtsstaat in Frage. Noch dazu jene Form des Rechtsstaates, die ihrem Programm entsprach. Die Forderung auf Einführung von Geschworenengerichten war schon 1901 erhoben worden. Ihre Installierung in der Republik wurde von den Sozialdemokraten als Errungenschaft der Demokratie, als Sieg der Gerechtigkeit über die Klassenjustiz gefeiert. Durfte man jetzt, weil einem ein Urteil nicht paßte, die Institution selbst in Frage stellen? Gerade in letzter Zeit hatte eine Reihe von Fehlurteilen dazu geführt, daß die bürgerliche Presse die Zweckmäßigkeit der Geschworenengerichte diskutierte.[7] Riefen die Sozialdemokraten jetzt zum Protest auf, lieferten sie ihren Gegnern nur die Munition, die Geschworenengerichtsbarkeit womöglich überhaupt abzuschaffen.

Also keine Demonstration; zumindest nicht seitens der Partei. Sollte es da und dort zu kleineren spontanen Unmutskundgebungen kommen, so wollte man sie hinnehmen. Im Untergrund mag auch der Gedanke mitgespielt haben, es der bürgerlichen Welt einmal zu zeigen, wie heftig die Arbeiterschaft reagieren konnte, wenn der Parteivorstand sie nicht im Zaume hielt.

Der Parteivorstand beging am Abend des 14. Juli allerdings einen entscheidenden Fehler: Er versäumte es, den Republikanischen Schutzbund in Bereitschaft zu halten – für den Fall, daß solche kleine, spontane Unmutskundgebungen zu Ausschreitungen führen sollten.[8]

Bevor die Mitglieder des Parteivorstandes schlafen gingen, gaben sie dem Chefredakteur der „Arbeiter-Zeitung", Friedrich Austerlitz, allerdings freie Hand für einen Leitartikel, der besonders scharf gegen das Urteil Stellung nehmen sollte. Der Presseangriff war dabei als Ventil gedacht – als Ersatz für Straßendemonstrationen.

Einigermaßen beruhigt ging an diesem Abend auch der Polizeipräsident Schober schlafen. Deutsch hatte ihm versichert, daß nichts geplant sei, und durch Vertrauensleute hatte Schober feststellen lassen, daß auch die kleine Kommunistische Partei keine gelenkte Aktion vorbereitete.

Nur die Arbeiter der Elektrizitätswerke gingen in dieser Nacht nicht schlafen. Eine stürmische Versammlung im Hof der E-Werk-Zentrale in der Wiener Mariannengasse antwortete auf das Urteil mit einem Streikbeschluß.

Dem Streikbeschluß war ein seltsames Zwischenspiel vorangegangen. Eine Arbeiterdelegation erschien in der Nacht im Druckereigebäude der „Arbeiter-Zeitung". Die Mitglieder des Parteivorstandes waren schon gegangen, nur Friedrich Austerlitz und Dr. Otto Bauer waren noch im Hause. Bauer scheute sich offenbar, der Delegation Rede und Antwort über den Beschluß des Parteivorstandes zu stehen. Er ließ sich durch den Redaktionsdiener verleugnen und verschwand aus dem Gebäude. So wurden die Elektrizitätsarbeiter zum Chefredakteur geführt. Friedrich Austerlitz saß noch an seinem Schreibtisch, um mit seiner nahezu unleserlichen, nur für einige ausgewählte Schriftsetzer entzifferbaren Handschrift seinen Leitartikel zu schreiben. In diesem Artikel nannte er die Geschworenen des Schattendorfer Prozesses „eidbrüchige Gesellen" und beschwor wieder einmal das Gespenst des Bürgerkriegs herauf.

Austerlitz war ein Mann von messerscharfem Intellekt, von hinreißender Formulierungsgabe, aber ebenso von überschäumendem Temperament. Die ihn kannten, vermochten sich seine Ausbrüche beim Erscheinen der Arbeiterdelegation in seinem Redaktionszimmer vorzustellen. Die Arbeiter nahmen seine Worte immerhin als Zustimmung zu ihren Streikplänen, auch wenn sie vermutlich im Hinblick auf den Beschluß des Parteivorstandes nicht so gemeint waren.

Um 3 Uhr früh wurde der Wiener Bürgermeister Karl Seitz jedenfalls von den bevorstehenden Streiks informiert. Gleichzeitig weckte ein Telephonanruf auch den Schutzbundchef Deutsch aus dem Schlaf. Deutsch fuhr mit einem Taxi aus Hietzing, wo er wohnte, in die Mariannengasse; dort erfuhr er aber nur noch, daß die Gewerkschaftsfunktionäre schon weg seien, daß sie einen Streikbeschluß gefaßt hätten und daß man dagegen nichts mehr machen könne.

Als sich die Parteiführer in den frühen Morgenstunden nach und nach wieder bei der „Arbeiter-Zeitung" einfanden, begingen sie den Fehler vom vorangegangenen Abend noch einmal: Auch jetzt unterließen sie es, den Schutzbund zu mobilisieren, um die Demonstrationen, die sie nicht mehr verhindern konnten, wenigstens in disziplinierten Formen zu halten.

In der E-Werk-Zentrale gab es am Morgen eine neuerliche Protestversammlung. Der Streikbeginn wurde für 8 Uhr festgesetzt; er sollte die Gas- und Stromversorgung und die öffentlichen Verkehrsmittel stillegen. Dann setzte sich der Demonstrationszug unter Vorantragen einer großen Tafel mit der Aufschrift „Wir greifen zur Selbsthilfe" vom Haus Mariannengasse 4 aus in Bewegung.

In diesem Moment – es war 8.05 Uhr – rief Deutsch den Polizeipräsidenten an. Er teilte Schober mit, daß an eine ruhige, etwa einstündige Demonstration gedacht sei. Schober verfügte daraufhin eine Polizeikonzentration in der Innenstadt. Noch hätte wahrscheinlich das Schlimmste verhindert werden können, wäre die sozialdemokratische Führerschaft an die Spitze der Protestkundgebungen getreten. Doch sie tat es nicht, und die führerlosen Massen machten sich selbständig.

Diese Massen waren, nicht erst seit dem Linzer Parteitag, mit kämpferischen Parolen gefüttert worden. Die Parolen aber stellten nur den Ersatz für Taten dar; mehr und mehr hatte sich gezeigt, daß der Vormarsch der Rechten nicht einzudämmen war. Das Heer der Arbeitslosen wuchs ebenso an wie die grüne Privatarmee der Heimwehren, und der sozialdemokratische Parteivorstand vermochte beides nicht zu verhindern. Er drohte, aber sobald die Massen die Drohungen wahrmachen wollten, bremste er. Solange diese bremsende Hand da war, fügte sich die Masse zähneknirschend der Disziplin. An diesem 15. Juli 1927 fehlte sie erstmals. Die Dämme brachen.

Gegen 9 Uhr früh waren schon von überallher Demonstranten unterwegs. Von den Bauplätzen der Gemeindehäuser in Heiligenstadt, vom Alsergrund und von der Landstraße kam auf Lastwagenkolonnen Sukkurs für die aufmarschierenden Elektrizitätsarbeiter. Da die Parteifunktionäre fehlten, führten die wenigen kommunistischen Gewerkschaftsleute überall das große Wort.

Die Straßenbahnen standen bereits still; so wurden überall in den Außenbezirken Autos aufgehalten. Die Demonstranten zwangen die Fahrer, sie in Richtung Innenstadt mitzunehmen. In den Straßen, durch die sich die Menge bewegte, ließen die verschreckten Geschäftsleute schnellstens die Rollbalken ihrer Verkaufsläden herunter.

Bei der Universität kam es zu den ersten Zusammenstößen. Die Polizei war einigermaßen hilflos. Sie sollte die Demonstranten abdrängen, aber sie sollte alles vermeiden, was als „Provokation" ausgelegt werden konnte. Die Spitze des Demonstrationszuges brach schließlich bei der Universität durch, schwenkte zum Parlament. Und dort wartete schon berittene Polizei.

Beim Parlament gab es, wie in Wien in den Sommermonaten schon damals traditionell, die berühmte Straßenaufgrabung. Das bedeutete aber, daß damit Wurfgeschosse in Hülle und Fülle zur Verfügung standen. Außerdem befand sich an dem Haus Reichsratsstraße 1 ein Baugerüst. Und auch die Planken, Bretter und Maurerklampfen eigneten sich bestens als Waffen.

In der nächsten Stunde ging alles drunter und drüber. Einzelne sozialdemokratische Parteiführer versuchten, die Massen zu beruhigen. Der Wiener Stadtrat Otto Glöckel, der Schulreformer der Partei, stand zwischen den Leitern des Baugerüstes vor dem Hause Reichsratsstraße 1 und wollte die Demolierung verhindern. Er wäre von der Menge beinahe erdrückt worden. Auf die berittene Polizei ging inzwischen ein Hagel von Wurfgeschossen nieder. Etwa 5000 Demonstranten füllten die Stadiongasse neben dem Parlament.

Der Kommandant der Berittenen gab jetzt Befehl, mit gezogenem Säbel und im Galopp anzugreifen. Die Demonstranten flüchteten in wilder Hast in den Rathauspark.

Gegen 10.30 Uhr sammelten sich Demonstranten vor dem Wachzimmer in der Lichtenfelsgasse, um angeblich festgenommene Genossen zu befreien. Und gleichzeitig sammelte sich auch die Masse beim Parlament zum neuen Angriff auf die Berittenen. Ein neuer Steinhagel, dann ritten die Polizisten eine neue Attacke, an Glöckel, Bauer und dem Stadthauptmann vorbei durch die Stadiongasse. Glöckel, ein eher schmächtiger Mann, hängte sich jetzt an eines der Pferde, versuchte es zurückzuhalten, wurde mitgeschleift. Wieder schlugen Steine einzelne Polizisten blutig, wieder sausten die blanken Säbel auf die Arbeiter nieder. Und dann fiel der erste Schuß. Ein Kommunist namens Fiala soll ihn abgegeben haben; genau geklärt werden konnte der tatsächliche Hergang wie immer in solchen Fällen später nicht mehr. Die Polizei schoß zurück, aber allerdings zunächst nur vereinzelt. Die Wachmannschaft besaß noch keine Gewehre.

Eine Augenzeugin allerdings, die spätere Abgeordnete Rosa Jochmann, erinnerte sich an eine andere Abfolge der Ereignisse: „Der Justizpalast hat noch nicht gebrannt, sondern wir sind bei der Zweierlinie marschiert, plötzlich, und das sehe ich wie eine Fotografie vor mir, plötzlich ist eine Abteilung Wachebeamter gekommen, die ersten haben sich niedergekniet, die zweiten sind gestanden, das Kommando wurde gegeben, und es ist in uns hineingeschossen worden, ohne daß auch nur die geringste Ursache dazu gewesen wäre."⁹ Augenzeugen, subjektiv sicherlich um die Wahrheit bemüht, irren oft, was das Gesamtereignis betrifft, weil sie eben nur Zeugen dessen waren, was in ihrer unmittelbaren Umgebung geschah. Gerade solche objektiv unrichtigen Augenzeugenberichte aber sind es, die allen historischen Gegenbeweisen zum Trotz ein zähes Leben haben. Historisch unanfechtbar steht heute längst fest, daß die ersten Salven erst abgegeben wurden, als die Löscharbeiten schon begonnen hatten.

Als nicht mehr zu übersehen war, daß die Demonstration das Ausmaß einer Unmutskundgebung überschritten hatte, schlug Polizeipräsident Schober dem Wiener Bürgermeister Karl Seitz, der als Landeshauptmann sein Vorgesetzter war, den Einsatz des Bundesheeres vor. Seitz lehnte ab. Er fürchtete, daß der Anblick des Heeres die Wut der Demonstranten noch heftiger aufpeitschen würde; und er fürchtete ein Blutbad. Die Polizei allein mußte genügen.

Die Polizei hatte aber, wie gesagt, keine Gewehre. Zumindest keine, die zu gebrauchen waren. Es gab zwar einige hundert Stutzen, aber nicht die passenden Gewehrschlösser dazu. Einige in die Luft abgegebene Salven hätten vielleicht Wunder wirken können.

Dieser Meinung war zumindest der Vizekanzler und Innenminister Karl Hartleb. „Jetzt bist du an der Reihe", hatte ihm Seipel gesagt, als sich zeigte, daß die Polizei mit den Demonstranten auf dem üblichen Weg nicht fertig wurde.

Hartleb setzte sich daraufhin vom Parlament aus telephonisch mit dem Heeresminister Vaugoin in Verbindung und verlangte Waffen des Bundesheeres für die Polizei. Vaugoin antwortete, dazu sei ein Ministerratsbeschluß nötig. Hartleb glaubte zunächst, nicht recht zu hören. „Ja, weißt du denn nicht, was los ist?" rief er ins Telephon. Vaugoin blieb ruhig. Er wisse es genau, aber die gesetzlichen Bestimmungen seien nun einmal so. Worauf Hartleb mit einer keineswegs salonfähigen Aufforderung den Hörer auf die Gabel zurückknallte und dem Polizeipräsidenten Schober Auftrag gab, sich aus den Bundesheermagazinen ganz einfach zu holen, was er brauche; wenn nötig, unter gewaltsamer Öffnung der Türschlösser.

Dazu kam es jedoch nicht. Seipel gab Hartleb recht und Vaugoin unrecht, was die Gewehre betraf.

Die Lage hatte sich inzwischen nämlich weiter verschärft.

Die Demonstranten in der Lichtenfelsgasse hatten das Wachzimmer in Brand gesteckt. Und Teile der Demonstranten aus der Stadiongasse, von den Polizeiattacken abgedrängt, hatten sich dem Justizpalast auf dem Schmerlingplatz zugewendet.

Im Justizpalast befanden sich zwar nur die Zivilgerichte und das Grundbuch sowie längst erledigte Akten aus Archivbeständen, doch wurde der Teil fürs Ganze genommen; das Gebäude als Symbol für die Klassenjustiz, die die Arbeitermörder freigesprochen hatte.

Die Eskalation der Ereignisse steuerte ihrem Höhepunkt zu, dem Brand des Justizpalastes:

„Es begann mit einer regellosen und ratlosen Demonstration auf der Ringstraße, an der keine Ordner teilnahmen. Nächste Stufe: Attacken der berittenen Polizei; daraufhin improvisierte Selbstbewaffnung der Demonstranten; daraufhin wieder Verschärfung des Polizeieinsatzes, auch mit der Schußwaffe.

Besonders wichtig aber scheint mir, daß sich das Aggressionsobjekt der Demonstranten, das ursprünglich die Polizei gewesen war, durch die Polizei selbst auf Gebäude verschob. Hier soll nur erwähnt werden, daß die Wachstube in der Lichtenfelsgasse in Brand gesteckt wurde, weil dorthin verhaftete Demonstranten gebracht worden waren. Ebenso wurden die Attacken der Demonstranten gegen den Justizpalast dadurch ausgelöst, daß vor diesem Gebäude, das bis halb elf Uhr am 15. Juli 1927 noch keinen Angriffen ausgesetzt war, demonstrativ eine Postenkette der Polizei aufzog. Die Polizei wurde bald abgedrängt, das Tor besetzt. Erst nach weiteren zwei Stunden kam es dort zur Brandlegung."[10]

Diese Verzögerung, wenn man sie so nennen will, war darauf zurückzuführen, daß sich die sozialdemokratische Führerschaft nun doch noch entschlossen hatte, Teile des Schutzbundes zu mobilisieren und heranzubringen. General Körner erschien mit einigen Abteilungen, verteidigte etwa eine halbe Stunde lang das Tor. Etwa um 12.15 Uhr jedoch stürmte die Menge das Gebäude. Und knapp darauf, um 12.28 Uhr, erreichte die Feuerwehrzentrale die erste Brandmeldung aus dem Justizpalast selbst. Eine Minute später fuhren schon die ersten fünf Wagen aus. Um 13.02 Uhr meldete ein Feuerwehroffizier seiner Zentrale, er halte am Anfang der Lerchenfelderstraße, beim Palais Trautson, er sehe es auch rauchen und brennen, aber er komme nicht durch. Fünf Reihen von Barrikaden versperrten seinem Löschzug den Weg. Ein zweiter Löschzug stieß ungefähr zur selben Zeit auf Barrikaden in der Gutenberggasse.

Einige der ersten brennenden Papierfetzen, die aus den Fenstern flatterten, waren übrigens große Nacktfotos. Offenbar hatte ein alter Pornografieakt daran glauben müssen. Unter den zahllosen Akten, die damals vernichtet wurden, befand sich auch das Original der Verzichtsurkunde des Kaisers Karl vom 11. November 1918.

Die Tragödie dieses Tages steuerte ihrem Höhepunkt zu. Auch beim Schutzbund schieden sich die Geister. Während ein Teil des Aufgebotes unter Körners Kommando versuchte, Verletzte aus dem brennenden Gebäude zu retten, schlossen sich andere Schutzbündler den Demonstranten an, von der Vernichtungswut gepackt. Hinter den Barrikaden mußten die Feuerwehrleute tatenlos zusehen, wie das Feuer um sich griff. Wo ihnen nicht Holzlatten, Pflastersteine, Fässer, zertrümmerte Möbel die Durchfahrt sperrten, sahen sie sich einer lebenden Barrikade aus Tausenden Demonstranten gegenüber. Deutsch und Seitz schwangen sich auf die ersten Löschwagen, gaben Befehl zum Vorrücken, redeten auf die Menge ein, gestikulierten wie wild, wurden niedergeschrien, mit Steinen beworfen, mußten zurückweichen. Schlauchleitungen, eben erst gelegt, wurden zerschnitten. Erneut versuchten Deutsch und Seitz, den Löschwagen den Weg zu öffnen; Schutzbündler stemmten sich der Menge entgegen; schon schien es, als sollte der Durchbruch zum Brandplatz gelingen. Da kam die Meldung vom Anmarsch der mit Infanteriegewehren bewaffneten Polizei.

Im Hexenkessel des Aufruhrs trafen Deutsch und Schober zusammen. Deutsch beschwor Schober, die Polizei zurückzuziehen; man sei jetzt endlich so weit, der Feuerwehr freie Bahn zu verschaffen. Schober war einverstanden; er sandte der Polizei einen Offizier mit einem Abwartebefehl entgegen. Deutsch seinerseits schickte den ehemaligen Wiener Landeshauptmann Albert Sever, einen in Wien sehr populären Mann, den Polizisten entgegen. Im unkontrollierbaren Durcheinander der mit Menschenmassen vollgestopften Straßen erreichten jedoch beide Boten nicht ihr Ziel. Die Polizei rückte durch die Bartensteingasse an den Justizpalast heran. Und um etwa 14.30 Uhr, als eben auch der erste Löschzug durchgekommen war, donnerte die erste Gewehrsalve über den

Oben: Am 10. Oktober 1920 entschieden bei einer Volksabstimmung grüne Stimmzettel für den Verbleib Kärntens südlich der Drau bei Österreich, weiße Stimmzettel wurden für den Anschluß an Jugoslawien abgegeben. *Unten:* Befreier Kärntens, Oberst Ludwig Hülgerth. (Hülgerth wurde später Feldmarschalleutnant, Kommandant der Frontmiliz und Vizekanzler der letzten beiden Schuschnigg-Regierungen.) Rechts: Geschützstellung der Wiener Volkswehreinheiten während der Abwehrkämpfe bei Sankt Jakob im Rosental.

Oben: Ungarische Freischärler, die 1921 die Besetzung des ehemaligen Westungarn verhindern wollten.
Unten: Das Bundesheer schlägt bei Bruck an der Leitha einen Angriff ungarischer Insurgenten zurück.

Oben: Die guten Verbindungen, die Schober als Polizeipräsident 1918–1920 zum italienischen Chef der alliierten Waffenstillstandskommission, General Segré, unterhielt, waren die Grundlage der italienfreundlichen Schober-Politik. (Schober 1930 bei Mussolini in Rom.)

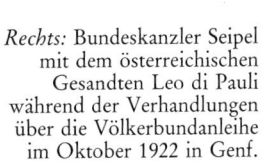

Rechts: Bundeskanzler Seipel mit dem österreichischen Gesandten Leo di Pauli während der Verhandlungen über die Völkerbundanleihe im Oktober 1922 in Genf.

Oben: Prälat Dr. Ignaz Seipel, Professor für Moraltheologie, bildete 1922 seine erste Regierung und unterzeichnete die Genfer Protokolle über die Völkerbundanleihe und den Verzicht auf den Anschluß. (Seipel zelebriert eine Feldmesse für gefallene Soldaten des Ersten Weltkrieges.)
Unten: Christlichsoziale Politikerdelegation am 22. Oktober 1925 in Rom. (Von links nach rechts: Lola Marschall, Fürstin Fanny Starhemberg, Prälat Hudal, Prälat Hauser, Prälat Seipel.)

Oben: Carl Vaugoin, Heeresminister mit einer kurzen Unterbrechung 1921–1933, kämpfte gegen den aus Volkswehrzeiten verbliebenen sozialdemokratischen Einfluß im Heer. (Dritte Reihe Mitte: Heeresinspektor Generalmajor Körner.)

Unten: Aufmarsch des sozialdemokratischen Republikanischen Schutzbundes beim Begräbnis des ehemaligen Wiener Bürgermeisters Reumann am 1. August 1925.

Oben: Steirische Heimwehr bei einem Treffen in Schladming. Der steirische Heimatschutz glitt nach 1930 ins nationalsozialistische Fahrwasser ab.
Unten: Anläßlich des nationalsozialistischen Parteitages im August 1924 trat österreichische SA zum erstenmal im Braunhemd auf.

Oben: Das Bild des brennenden Justizpalastes stand dem Bürgertum bis zum Ende der Ersten Republik als Schreckgespenst vor Augen.
Unten: Auch Säbelattacken der berittenen Polizei vermochten die Demonstranten des 15. Juli 1927 nicht auseinanderzujagen.

Wiener Neustadt, 7. Oktober 1928. Bundesheer und Gendarmerie verwandeln eine ganze Stadt in ein Feldlager, um blutige Zusammenstöße zwischen aufmarschierenden Heimwehren und demonstrierenden Schutzbündlern zu verhindern. Der Anblick, den Wiener Neustadt an diesem Tage bot, kann als Symbolbild für die bittersten Jahre der Ersten Republik gelten.

Schmerlingplatz. Zu diesem Zeitpunkt befand sich niemand mehr, dessen Leben gefährdet gewesen wäre, im brennenden Justizpalast. Dazu erklärte später der Wiener Branddirektor Anton Wagner:

„Als wir mit Hilfe der Stadträte weit genug vorgedrungen waren und mit den Löscharbeiten beginnen wollten, ertönten auf einmal von allen Seiten her Gewehrsalven ... Es entstand eine fürchterliche Panik; die Feuerwehrleute und die Geräte wurden vielfach überrannt. In unseren Geräten fanden wir dann nachträglich unzählige Einschüsse."[11]

Die Löscharbeiten konnten schließlich um 15 Uhr beginnen; um 16 Uhr jedoch, nach neuerlichen Menschenansammlungen, fegten weitere Gewehrsalven über den Schmerlingplatz. Erst gegen 17 Uhr verklangen die letzten Schüsse. Inzwischen hatte es auch schon im Redaktionsgebäude der „Reichspost" in der Strozzigasse gebrannt; vor zahlreichen Wachzimmern in den Außenbezirken kam es zu blutigen Zusammenstößen.

84 Tote, über 500 Verletzte – das war die Bilanz am Abend des 15. Juli 1927. 4 von den 84 Toten waren Polizisten.

Nach dem Blutbad vor dem Justizpalast riefen die Sozialdemokraten einen Verkehrsstreik aus; er wurde lückenlos durchgeführt. Doch er zwang die Regierung Seipel nicht zum Rücktritt, wie der sozialdemokratische Parteivorstand gehofft hatte. Am Ende ging es bei den Verhandlungen um die Beilegung des Streiks nur noch darum, die Arbeitermassen vor Repressalien der Regierung zu schützen. Das Ausland griff ein. Die Tschechoslowaken und die Ungarn mobilisierten an den Grenzen. Auch die Italiener erklärten rundheraus, sie würden in Tirol einmarschieren, falls der Verkehrsstreik die Brennerbahn stillegen sollte.[12] Nach 48 Stunden Streik, am Abend des 17. Juli, erklärte sich eine Vertrauensmännerkonferenz zu Verhandlungen mit der Regierung bereit. Und Seipel verpfändete am nächsten Morgen bei einem Gespräch mit Otto Bauer, Karl Seitz und dem Gewerkschaftsführer der Eisenbahner, Tomschik, sein Ehrenwort, daß nur Demonstranten zur Verantwortung gezogen werden sollten, die sich persönlicher Gewalttaten schuldig gemacht hatten. Gegen die Streikführer sollte ebensowenig vorgegangen werden wie gegen die parlamentarische Opposition. Das war das Wichtigste, worauf es den Sozialdemokraten ankam: Keine Ausnahmegesetzgebung! Keine Einschränkung der parlamentarischen Demokratie!

Eines nämlich war den Sozialdemokraten an diesem 15. Juli klargeworden: Den Bürgerkrieg konnten sie nicht durchstehen ...

145

Am Abend des 15. Juli 1927, als die Leichen rund um den Wiener Justizpalast abtransportiert wurden, avancierte der Wiener Polizeipräsident Johannes Schober zum bestgehaßten Mann für die Linke in Österreich. Und ein Mann, den die Intellektuellen des Landes als das politisch-moralische Gewissen dieser Stadt betrachteten, begann damit, den Katalog der polizeilichen Grausamkeiten dieses bluttriefenden Tages aufzustellen: Karl Kraus. Er hatte jahrelang gegen den Ungeist der Inflation und gegen den Protagonisten der Neureichen, gegen Imre Bekessy, gekämpft. Nun begann Karl Kraus seinen Kampf gegen den Ungeist der Polizeigewalt.

Am 17. September 1927 bot sich den Wienern ein ungewöhnliches Schauspiel. Die Arbeitskolonnen der kommunalisierten Anschlagwerbung begannen die Litfaßsäulen und Planken der Stadt mit großen Plakaten zu tapezieren, auf denen nur wenige Worte in riesenhaften Buchstaben standen:

An den Polizeipräsidenten von Wien
Johann Schober
Ich fordere Sie auf,
abzutreten
Karl Kraus
Herausgeber der Fackel

Die Plakate klebten zwei Tage lang zur Freude der Sozialdemokraten. Dann traten die Klebekolonnen neuerlich in Funktion und affichierten ebenso auffällige Plakate, auf denen ein Mann namens Winkler den Polizeipräsidenten Schober aufforderte, in seinem Amt zu bleiben.

Dieser Herr Winkler war nicht irgendwer. Er besaß ein Füllfedergeschäft auf dem Hohen Markt und nannte sich „Goldfüllfederkönig". Er war ein Wiener Original, das der Wiener Bevölkerung durch seine Eulenspiegeleien immer wieder Anlaß zum Lachen bot. Mit Vorliebe führte er Prozesse.

Für Karl Kraus war der Kampf gegen Johannes Schober eine blutig ernste Angelegenheit. Der Goldfüllfederkönig mit seinem Plakat machte diesen Kampf zur Farce und Karl Kraus zu einer lächerlichen Figur. So verpuffte die Wirkung der Dokumentationen über das Verhalten der Polizei während des Justizpalastbrandes, die Kraus im Oktober und im Dezember 1927 in seiner „Fackel" veröffentlichte. So verpuffte auch die Wirkung des Schauspiels „Die Unüberwindlichen", mit dem Kraus wortgewaltig gegen

146

Schober zu Felde zog, so wie er in den „Letzten Tagen der Menschheit" gegen den Herausgeber der „Neuen Freien Presse", Moriz Benedikt, zu Felde gezogen war. Und das Lied, das Kraus zur Melodie des Radetzkymarsches und zur Weise „Üb immer Treu und Redlichkeit" gegen Schober sang – bei seinen Vorlesungen im Konzerthaus und sogar auf Schallplatte –, wurde kein Schlager, wie Kraus es gehofft hatte.

Die Linke hatte inzwischen Bilanz gezogen, und sie war dabei zu einem deprimierenden Resultat gelangt. Die Julitage hatten der sozialdemokratischen Parteiführung gezeigt, wie locker die Disziplin in den eigenen Reihen war, wie wenig der Parteiapparat den Massen gegenüber zu bestellen hatte. Und die Julitage hatten zugleich bewiesen, daß man trotz Schutzbund für einen wirklichen Zusammenstoß mit der Staatsgewalt alles andere als gerüstet war. Viereinhalb Monate vor dem Brand des Justizpalastes, am 1. März 1927, hatten die Wiener Polizisten ihre Gewerkschaftsvertretung gewählt, und vier Fünftel aller Stimmen waren auf die sozialdemokratische Liste entfallen. Und trotzdem hatte kein Polizist auch nur einen Augenblick lang gezögert, als am 15. Juli der Befehl kam, auf die sozialdemokratischen Demonstranten zu schießen. Das war wohl die bitterste Erkenntnis für die Parteiführung.

Der Mann, der daraus die Konsequenzen zog, war der ehemalige Staatskanzler Dr. Karl Renner, nun Anführer der internen Parteiopposition der Gemäßigten. Hatte der Prälat Seipel gehofft, die Sozialdemokratie zu spalten und sich mit der gemäßigten Linken zu einigen, so hoffte Renner auf eine Spaltung des Bürgertums und auf eine Einigung mit dessen demokratischer Mehrheit.

Auf dem sozialdemokratischen Parteitag stellte Renner im Oktober 1927 dieses Programm den Klassenkampfparolen des Dr. Otto Bauer entgegen. Es kam zu keiner Abstimmung, die möglicherweise Beginn einer Spaltung der Partei geworden wäre – man einigte sich auf eine von Karl Seitz ausgearbeitete Kompromißformel, die nicht Fisch und nicht Fleisch war: Die Koalition wurde als „wünschenswert" bezeichnet, die Arbeiterschaft aber gleichzeitig aufgefordert, zur „Abwehr gerüstet" zu bleiben

Kapitel 8

DIE WELTWIRTSCHAFTSKRISE

Ende der zwanziger, Anfang der dreißiger Jahre brillierte eine
Versicherungsgesellschaft durch eine in Österreich sehr zeitbezo-
gene Werbung: Auf Zündholzschachteln war ein Toter auf dem
Straßenpflaster zu sehen. Eine verirrte Kugel kann auch dich
treffen; sorge vor für deine Familie!

Auch nach dem Brand des Justizpalastes blieb die österreichische
Luft tatsächlich bleihältig. Jedwede Art Angst begleitete den
Alltag. Angst vor Arbeitslosigkeit, vor Ausschreitungen, Schieße-
reien. Nur noch im Schutze Gleichgesinnter, im Marschblock der
Privatarmeen, schien der Bürger sich sicher zu fühlen. Die tröstli-
che Wärme des Nächsten in Uniform. Das Klischeebild auf der
Zündholzschachtel trog nicht. Das war die Zeit, von der manch
einer glauben mag, sie sei eine bessere Zeit gewesen, weil das
Wiener Schnitzel nur einen Schilling gekostet hat. Daß der
Alpendollar auf den internationalen Devisenbörsen „hart" blieb,
tröstete jene nicht, die ihn nicht besaßen. Die Gedankenwelt
österreichischer Finanzminister wurde vom unerschütterlichen
Dogma beherrscht, daß zuerst die Währung und dann die Wirtschaft käme. So stellte sich die Frage „Stabilität oder Vollbeschäfti-
gung" erst gar nicht. Der Deutsche Reichsbankpräsident Dr.
Hjalmar Schacht formulierte 1927, „daß Währungspolitik keine
Konjunkturpolitik sein kann", und daran hielt man sich auch in
Österreich.[1] Seipels Finanzminister Kienböck erklärte: „Die fal-
schen Propheten, die keinen ernsten Rat für den Kern der
Wirtschaftsfragen wissen, biegen auf das Gebiet der Finanzpolitik
aus. Sie wollen dem Volk glauben machen, daß seine Leiden durch
Kunstgriffe auf dem Gebiet der Währung oder zweckmäßige
Eingriffe in das Kreditwesen oder ungedeckte Ausgaben der
Staatsverwaltung geheilt werden können. Derlei Irreführungen
müssen die verantwortlichen Finanzpolitiker abwehren."

Kienböcks Nachfahren in den Prunkräumen des Prinzen Eugen

in der Wiener Himmelpfortgasse, wo die österreichischen Finanzminister amtieren, haben es in der Zweiten Republik anders
gehalten. Schon der berühmte Raab-Kamitz-Kurs der fünfziger
Jahre legte sich auf eine Finanz- und Wirtschaftspolitik fest, die
bereit war, bei Konjunkturabschwächungen höhere Budgetdefizite
zu akzeptieren und Kredite aufzunehmen, Steuern zu senken und
Investitionen zu begünstigen, um die Wirtschaft anzukurbeln.
Raab und Kamitz hielten sich in den kritischen fünfziger Jahren an
das gleiche Prinzip, an das sich in den noch kritischeren siebziger
Jahren der weltweiten Krise dann auch Kreisky und Androsch
hielten. Dieses Prinzip hatte auch zu Kienböcks Zeiten schon
seinen prominenten Verfechter besessen, den großen britischen
Nationalökonomen John Maynard Keynes, immerhin Direktor der
Bank von England. Er postulierte: „Das Ziel des Sparens ist, Arbeit
zur Verwendung an erzeugenden Kapitalgütern freizusetzen. Wenn
aber schon ein großer Überschuß an Beschäftigungslosen für solche
Zwecke zur Verfügung steht, dann ist der Erfolg des Sparens
lediglich, diesen Überschuß und damit die Zahl der Arbeitslosen zu
vergrößern. Durch Zurückhalten, Verweigerung von Aufträgen,
Tatenlosigkeit können Sie Menschen nicht in Arbeit setzen. Für das
Land als Ganzes wünsche ich die Planung und Durchführung
umfassender und großartiger Vorhaben."

Kienböck und die übrigen Finanzminister der Ersten Republik
hielten sich nicht an John Maynard Keynes, sondern waren stolz
auf ihre Sparsamkeit im Budget. Was die Politik betraf, nach dem
Juli 1927, so war sie auch nicht dazu angetan, den Menschen in
Österreich Hoffnung auf ein besseres Leben zu machen.

Das Bürgertum dachte nicht an Koalition. Nach dem Brand des
Justizpalastes waren die Sozialdemokraten nur noch die „roten
Mordbrenner". Sobald sie marschierten, gingen die Rollbalken
nieder. Die Angst saß vor allem den kleinbürgerlichen Geschäfts-
leuten im Genick. Sie riefen nach der Ordnung, die ihre Auslagenscheiben vor Steinwürfen schützte. Die Ordnungsmacht schien die
Heimwehr zu sein.

Bis zum Juli 1927 hatte man sie nicht weiter ernst genommen.
Jetzt stieg sie im Kurs. Während der Julitage hatten die Heimwehr-
formationen in den Bundesländern ihre Einsatzbereitschaft gezeigt.
In Vorarlberg hatten sie öffentliche Gebäude besetzt und während
des roten Verkehrsstreiks einen Notdienst eingerichtet. In Tirol
und Salzburg besetzten Heimwehrleute die Bahnhöfe. In der
Steiermark richteten die Heimwehren einen Sicherheitsdienst ein;

der Judenburger Notar Dr. Pfrimer bot innerhalb weniger Stunden 1000 Mann bewaffneter Heimatschützer auf.

Dem Beweis für die Einsatzbereitschaft folgte der organisatorische Zusammenschluß der bis dahin nur lose verbundenen Gruppen. Als Bundesführer bekam der Innsbrucker Rechtsanwalt Dr. Richard Steidle nun größere Autorität. Sein Stabchef war ein Reichsdeutscher, der aus dem Reich geflüchtete Major Waldemar Pabst, der während des Berliner Spartakusaufstandes von 1919 an dem Mord an Karl Liebknecht und Rosa Luxemburg beteiligt gewesen war und der dann auch an dem rechtsradikalen Kapp-Putsch teilgenommen hatte.

Der Prälat Seipel, der schon 1920 die damals gerade im Entstehen begriffenen Heimwehren protegiert hatte, näherte sich nun neuerlich der Organisation. Beide Teile hatten von diesem Zusammenspiel allerdings andere Vorstellungen: Seipel wollte die Heimwehren als Schutztruppe zur Sicherung der bürgerlichen Mehrheit gegen linke Machtaspirationen im vorläufig noch demokratischen Staat benützen; die Heimwehren ihrerseits sahen den Prälaten als ihr Werkzeug bei der Errichtung einer faschistischen Diktatur an.

Der Austrofaschismus, wie er später genannt wurde, hatte seinen Ideologen schon gefunden. Er hieß Othmar Spann und war Professor an der Universität Wien; Ordinarius für Gesellschaftslehre und Nationalökonomie seit 1919. Seine erste Vorlesungsreihe über den „Wahren Staat" veröffentlichte er 1921 in Buchform; bis 1938 erlebte der Band vier Auflagen. Das Buch war in seiner einfachen Schreibweise, in seiner plakativen Formulierung, in der apodiktischen Art seiner Behauptungen auf den wissenschaftlich nicht vorgebildeten Leser von suggestiver Wirkungskraft – sozusagen Soziologie für den Hausgebrauch des geistigen Mittelständlers. Die entscheidenden Sätze lauteten:

„Man soll die Stimme nicht zählen, sondern wägen, nicht die Mehrheit soll herrschen, sondern das Beste." Nicht was eine zufällige oder dauernde Mehrheit will, sondern „was als das Beste, Wahrhafte, von den Sachkundigen erkannt wird, soll herrschen. Die Demokratie aber will über die Wahrheit abstimmen".

Wie Spann sich die Herrschaft des Besten vorstellte, formulierte er folgendermaßen: „Der Volkswille als politischer Wille mußte erst gebildet werden durch die Führer, ehe er sich als Wille äußern konnte ... statt daß die Leute den Führern sagen, was sie zu machen haben, sagen die Führer den Leuten, was sie wollen sollen."

Auf Othmar Spanns Ablehnung der parlamentarischen Demokratie, auf seiner Ideologie der autoritären Staatsführung durch die „Besten", die die „Führer" sein sollten, baute dann Spanns einflußreicher Schüler, der Universitätsprofessor Dr. Walter Heinrich, zusammen mit dem Grazer Dozenten Dr. Hans Riehl die Theorie des „Ständestaates" auf – die Ablösung der traditionellen parlamentarischen Organisationen. Der geistige Einfluß kam dabei von der katholischen Soziallehre, wie sie die päpstlichen Enzykliken „Rerum novarum" und „Quadragesimo anno" formulierten,[2] der politische Gehalt wurde von Italien entlehnt, wo Mussolini den faschistischen Staat vorexerzierte.

Es wäre falsch, wollte man die geistigen Väter des späteren Austrofaschismus allesamt als finstere Reaktionäre klassifizieren, die die Volksmassen mit Gewalt in mittelalterlichen Gesellschaftsformen als wehr- und rechtlose Arbeitssklaven festhalten wollten. Sie suchten eine Lösung der sozialen Probleme des Industriezeitalters gegen die marxistisch-leninistische Ideologie von der Diktatur des Proletariats. Sie landeten dort, wo der aufgeklärte Absolutismus schon eineinhalb Jahrhunderte vorher gehalten hatte: „Alles für das Volk, aber nichts durch das Volk." Sie verlangten die Herrschaft der „Besten"; das unlösbare Problem war nur, diese „Besten" treffsicher auszuwählen. Die Ausschaltung der parlamentarischen Demokratie versperrte gleichzeitig den Weg, einmal installierte Führer zu entfernen, sobald sich herausgestellt hatte, daß sie eben doch nicht die „Besten" waren.

In Österreich mußte der sozialfaschistische Versuch, die Massen durch Diktat von oben glücklich zu machen, so ernst er in der Theorie gemeint sein mochte, von vornherein mangels „Bester" scheitern. In der Rückschau seiner Altersjahre bekannte der Fürst Starhemberg selbst über die Heimwehren, die sich als die zur Herrschaft bestimmte Elite betrachteten:

„Der Heimatschutz bestand aus Leuten, die meistens aus den Reihen der Arbeitslosen kamen und von beschäftigungslosen Exoffizieren und Unteroffizieren geführt wurden. In einem gewissen Maße war es eine Prätorianergarde, die bereit war, wem immer zu folgen, wenn man ihr nur möglichst viel dafür zahlte."[3]

Bezahlt wurde zunächst mit italienischem Geld. Fürstin Fanny Starhemberg, die Mutter des Heimwehrführers aus Oberösterreich, verhandelte mit Mussolini, ebenso der Tiroler Heimwehrführer Dr. Steidle.[4]

Der Prälat Seipel seinerseits betrachtete die Heimwehren

zunächst ebenfalls als Prätorianergarde, die er in der Hand hatte. Der niederösterreichische Heimwehrführer Julius Raab, Baumeister aus Sankt Pölten, war ein verläßlicher Christlichsozialer. Auch der Wiener Heimwehrführer, der Mariatheresienritter Major Emil Fey, galt als christlichsozial, als österreichisch-vaterländisch und monarchistisch. Jedenfalls glaubte der Prälat, mit den Heimwehren eine Privatarmee in Reserve zu halten, die in der Lage war, das Monopol auf die Straße, bis dahin eben ein rotes Monopol, im Bedarfsfall zu brechen.

Die Probe aufs Exempel wurde am 7. Oktober 1928 in Wiener Neustadt gemacht.

Für diesen Sonntag hatten Heimwehren und Schutzbund gleichzeitig Großaufmärsche in Wiener Neustadt angekündigt. Beide bewaffnet, beide haßerfüllt – ein neuer 15. Juli lag in der Luft. Seipel und sein Heeresminister Vaugoin behielten die Nerven. Vor allem Seipel wußte um den zweifelhaften militärischen Wert der Privatarmeen, wenn ihnen die reguläre Heeresmacht gegenüberstand, und er war entschlossen, in Wiener Neustadt das Bundesheer einzusetzen. Am 7. Oktober bot das Zentrum von Wiener Neustadt ein unheimliches Bild. Die Straßen prangten im Fahnenschmuck, ganz nach der jeweiligen politischen Ausrichtung der Hausbewohner. Die Bevölkerung sah an diesem Tage ihre Kleinstadtwelt abgeschirmt durch die breiten Rücken uniformierter Postenketten, und die von überall herbeigeeilten Pressephotographen knipsten eindrucksvolle Aufnahmen – zwischen den gespreizten Beinen der Soldaten hindurch auf die Maschinengewehrstellungen an den Straßenkreuzungen, auf die abgelegten Tornister, auf die bereitgestellten Gewehrpyramiden.

Wiener Neustadt war an diesem Tage eine von drei Armeen belagerte Stadt – Heimwehr, Schutzbund und dazwischen Bundesheer und Gendarmerie, entschlossen, die beiden Privatarmeen durch Stacheldrahtverhau und spanische Reiter getrennt marschieren, aber nicht aufeinander losgehen zu lassen.

Sie marschierten wirklich – nebeneinander, ohne daß es zu Zwischenfällen gekommen wäre. Aber die Frage war: Wie lange würde es noch gelingen, die blutige Auseinandersetzung zu verhindern? Das Bild, das Wiener Neustadt an diesem 7. Oktober 1928 bot, war jedenfalls das Bild, das Österreich der übrigen Welt am Ende der zwanziger Jahre von sich lieferte.

Seipel stand die Kraftprobe nach außen hin durch. Innerlich aber war er am Ende. Diabetes und die Folgen des Attentats hatten seine

Gesundheit untergraben. Dazu hatten die Sozialdemokraten, die mit dem Politiker Seipel nicht fertig werden konnten, den Priester Seipel tief getroffen. Das war die Auswirkung der Kirchenaustrittsbewegung, die nach dem Juli 1927 gegen den „Prälaten ohne Milde" eingesetzt hatte: 20.000 Austritte aus der katholischen Religionsgemeinschaft allein bis Ende 1927. Als dann der Prälat nach Ostern 1929 seine Demission verkündete, löste sie Verblüffung und Verständnislosigkeit aus. Die nächstliegende Erklärung, die körperliche und seelische Erschöpfung, wollte niemand so recht glauben.

Es war schwer, nach Seipel einen Kanzler zu finden. Das bürgerliche Lager war im Zerfall. Schon 1928, bei der Bundespräsidentenwahl im Parlament, hatte man sich zerstritten. Die Christlichsozialen nominierten den Nationalratspräsidenten Wilhelm Miklas, die Sozialdemokraten stellten Karl Renner auf. Die Großdeutschen weigerten sich, für Miklas zu stimmen, und nominierten den Wiener Polizeipräsidenten Johannes Schober. Damit schufen sie ein unlösbar scheinendes Problem. Für einen anderen Kandidaten als den Mann des 15. Juli hätten sie vielleicht die Stimmen der Sozialdemokraten gewinnen können, für Schober nie. Die separate Kandidatur der Großdeutschen aber machte es unmöglich, für Miklas eine Mehrheit zu finden. Zwei Wahlgänge blieben ergebnislos. Schließlich bekam Österreich sein Staatsoberhaupt nur durch einen Verzicht der Linken, die ihren Kandidaten zurückzog und leere Stimmzettel abgab. So wurde Miklas gewählt.

Einen neuen Kanzler auszuhandeln war dann nach Ostern 1929 noch schwieriger. Die Stimmung im bürgerlichen Lager war vergiftet. Die Großdeutschen machten in Starrköpfigkeit – sie fürchteten ganz einfach bei allzuviel Nachgiebigkeit aufgesogen zu werden. Dazu paßten diesen meist großbürgerlichen Liberalen auch die Heimwehren nicht und ebensowenig der klerikale Kurs der Christlichsozialen.

Die Christlichsozialen wiederum hatten es satt, sich ständig wegen der paar Mandate ihrer Koalitionspartner erpressen zu lassen. In ihrem eigenen Lager herrschte zudem noch Zerrissenheit. Der um Leopold Kunschak gescharte Wiener linke Flügel der ehemaligen Lueger-Partei sah sich voll Mißbehagen in die Nachbarschaft der Heimwehren manövriert. Einem christlichen Gewerkschafter wie Kunschak mußten noch dazu die von der steirischen Großindustrie aufgezogenen „gelben" Heimwehrgewerkschaften wider die Natur gehen.[5] Von der Steiermark her intrigierte außerdem wieder einmal Anton Rintelen, der als Repräsentant der Bundesländer Kanzler werden wollte.

Dazu ertönte im bürgerlichen Lager immer lauter der Ruf nach der Verfassungsreform. Das Wort vom „Ständestaat" geisterte durch die Gemüter. Die Heimwehren propagierten diesen Ständestaat faschistisch nach italienischem Vorbild. Demokratische bürgerliche Kreise wollten ihn parlamentarisch verwirklicht haben, weil sie das Gefühl hatten, daß die klassischen bürgerlichen Parteien keine echten Interessengemeinschaften mehr darstellten, sondern Sammelbecken mit recht divergierenden wirtschaftlichen Forderungen. Der Plan war, den bedeutungslosen Bundesrat in eine Ständekammer umzuwandeln, in der die Vertreter der Berufs- und Wirtschaftsorganisationen die Interessen ihrer Syndikate ausbalancieren konnten. Das Parlament, das durch die labilen Mehrheitsverhältnisse oft genug lahmgelegt war, sollte flottgemacht werden, indem man die Rechte des Bundespräsidenten vergrößerte – wenn schon die Volksvertretung funktionsunfähig war, sollte wenigstens das Staatsoberhaupt im Notfall funktionieren.

Den Kanzler, der alle diese Probleme meistern konnte, gab es nicht. Man sah sich nach einem Kompromißkandidaten um, der die auseinanderstrebenden Wünsche von Christlichsozialen, Großdeutschen und Landbündlern wenigstens vorübergehend einigermaßen unter einen Hut bringen konnte.

So fand man Ernst Streer Ritter von Streeruwitz, einen Sudetendeutschen, ehemals Offizier, dann Generalsekretär der Industriellenvereinigung. Die Industrie schob ihn vor; er sollte zunächst Finanzminister werden; als man keinen Kanzler fand, nahm man ihn auch dafür. Nach außen hin ging es 1929 wirtschaftlich bergauf. Der Industriellenvertreter Streeruwitz sah tiefer, und in der Tiefe war die Lage gar nicht so rosig wie an der Oberfläche. Die Sozialdemokraten prägten das Wort vom österreichischen „Lumpenkapitalismus" – Industriebetriebe, die bis zum Halse in Bankschulden steckten; Kapitalisten ohne eigenes Kapital; Unternehmer, die so große Kredite aufgenommen hatten, daß sie praktisch nur noch Treuhänder der Kreditgeber waren. Gegen diesen „Lumpenkapitalismus" propagierte die Linke die Verstaatlichung der Großbanken, aber das hätte nichts anderes bedeutet, als einen großen Teil der Industrie auf dem Umweg über die Banken zu sozialisieren.

Von der Seite der Wirtschaft her wäre Streeruwitz also der Mann gewesen, die Krise zu meistern, nur fehlte ihm persönlich eben das

Format. Er kam weder mit der Verfassungsreform noch mit der Entwaffnung der Privatarmeen zu Rande.

In Österreich selbst ließ man sich durch die wirtschaftliche Scheinblüte des Sommers 1929 täuschen. Das Ausland aber spürte die heraufziehende Krise deutlicher. In den Septembertagen 1929 kursierten dann in London, Paris und Prag Gerüchte, daß ein Staatsstreich bevorstünde, daß die Heimwehr entschlossen sei, die Macht gewaltsam an sich zu reißen, daß der Schutzbund zu den Waffen greife, um die Diktatur des Proletariats zu errichten – kurzum, daß es keinen normalen, parlamentarischen Weg mehr gebe, um in Österreich irgendwie demokratisch zu regieren. In den Wiener Zeitungsredaktionen liefen am 17. September 1929 die Telephone heiß – von überallher erkundigten sich die ausländischen Kollegen, ob in Wien tatsächlich schon geschossen werde.

In Prag, Belgrad und Rom holten die Generalstäbler die Aufmarschpläne hervor, die sie längst für den Augenblick vorbereitet hatten, in dem auch noch der „Rest" Österreich von der Landkarte verschwinden sollte.

Es wurde zwar nicht geschossen, aber Streeruwitz sah ein, daß er so nicht weiterregieren konnte. Am Nachmittag des 25. September sprang der Landbund während der Budgetverhandlungen aus der bürgerlichen Koalition aus. Christlichsoziale und Großdeutsche verfügten jetzt nur noch über 85 Mandate, gegenüber einer Opposition von 71 Sozialdemokraten und 9 Landbündlern.

Streeruwitz selbst schlug an diesem Tage seinen Nachfolger vor: Schober – den Mann der Ordnung.

Das Parlament wählte Schober am 26. September 1929 ohne lange Debatten. Die Sozialdemokraten lehnten ihn natürlich ab, aber weitaus gemäßigter im Ton, als man erwartet hatte. Und Schober handelte schnell – er formierte über Nacht seine Regierung, so daß die Koalitionsparteien gar keine Zeit mehr hatten, irgendwelche personelle Bedingungen zu stellen. Er berief den hochangesehenen Universitätsprofessor Dr. Srbik ins Unterrichtsministerium und den Prälaten Dr. Theodor Innitzer ins Sozialministerium.

Er begann gleich mit wirtschaftlichen Großprojekten, um Hoffnung zu geben, wenn die Projekte für den Augenblick auch nur erst auf den Reißbrettern der Ingenieure existierten. In Schobers kurzer Kanzlerzeit entstanden die Entwürfe für die Großglocknerstraße und für ein Wasserkraftwerk bei Kaprun. Er, der neue Kanzler, brachte gleich als Morgengabe einen spektakulären Erfolg mit: Im

Haag strichen die Sieger von 1918 die finanziellen Bedingungen des Friedensvertrages von Saint-Germain. Schober hatte sich der italienischen Schützenhilfe versichert – er bezahlte einen neuen Freundschaftsvertrag mit Mussolini, indem er zu den drückenden Maßnahmen schwieg, die gerade damals gegen die deutschsprachige Bevölkerung Südtirols eingeleitet wurden.[6] Und er ging daran, sich bei den Engländern um eine Anleihe für das Investitionsprogramm zu bemühen. Das war die kurze Periode im Herbst 1929, als Anton Wildgans seine Rede über Österreich konzipierte.

Am 12. November 1929 erschien im Kulturteil einiger schwedischer Zeitungen gleichlautend ein langer Aufsatz, der sich mit Österreich beschäftigte. Der elfjährige Bestand der Republik war der Anlaß. Geschichte und Kultur, Vergangenheit und Gegenwart bildeten den Inhalt. Vor allem von Wien war die Rede:

„Eben dieses Wien, die Kaiserstadt an der Donau, war zu einer Zeit, da Deutschland sich noch lange nicht seiner gewaltigen Volkseinheit bewußt war, die erste eigentliche Großstadt auf deutschem Boden, ja mehr als dies: neben London, Paris und Rom die deutsche Weltstadt katexochen in Europa. Und in ihr, aber auch sonst in Österreich, unter den Ausstrahlungen ihres politischen und kulturellen Lebens, bildete sich im Laufe der Jahrhunderte ein Typus heraus, den ich am liebsten bezeichnen möchte als den österreichischen Menschen ... Ich wage dieses Bekenntnis zum österreichischen Menschen, obwohl ich dadurch mit einer Tradition breche, an welcher der Österreicher bisher, besonders wenn er ins Ausland ging, sehr zu seinem Nachteile festzuhalten pflegte. Jetzt aber, da wir, wieder einmal von vorne beginnend, eine Erbschaft an Kultur übernommen haben, wie sie bedeutsamer nicht sein kann, jetzt aber, da wir im Begriff sind, dieses kostbare Inventar in unser neues, wenn auch kleineres Haus einzubauen und es zu verwalten, nicht als enghherzige Eigentümer, sondern gleichsam als Treuhänder der gesamten kultivierten Menschheit, in diesem wichtigen und hoffnungsvollen Augenblick ist es an der Zeit, der Unart falscher Bescheidenheit und allzu unbedenklicher Selbstpreisgabe zu entsagen und uns allmählich ein anderes herauszubilden, nämlich das historische Bewußtsein und den Stolz des Österreichers! ... Der österreichische Mensch ist seiner Sprache und ursprünglichen Abstammung nach Deutscher und hat als solcher der deutschen Kultur und Volkheit auf allen Gebieten menschlichen Wirkens und Schaffens immer wieder die wertvollsten Dienste geleistet; aber sein Deutschtum, so überzeugt und treu er auch daran festhält, ist durch die Mischung vieler Blute in ihm und durch die geschichtliche Erfahrung weniger eindeutig und spröde, dafür aber um so konzilianter, weltmännischer und europäischer . . ."

Der Verfasser des ursprünglich deutsch geschriebenen, dann ins Schwedische übersetzten Artikels war Anton Wildgans, damals 48 Jahre alt, Dichter, Dramatiker, zeitweise Direktor des Wiener Burgtheaters. Er schrieb den Aufsatz, der als „Rede über Österreich" in die Geschichte eingegangen ist, im Herbst 1929. Er war als Einleitung für eine Dichterlesung aus eigenen Werken gedacht, die Wildgans am elften Geburtstag der Republik in Stockholm vor dem schwedischen König halten sollte. Es kam nicht dazu. Wildgans erkrankte, mußte nach Wien zurückkehren; der Artikel wurde als Ersatz für die Lesung von einigen schwedischen Zeitungen am 12. November 1929 veröffentlicht.

Es dürften ihn nicht allzu viele Stockholmer Zeitungsleser mit jener Aufmerksamkeit studiert haben, deren er würdig gewesen wäre. Die Zeitungsleser der ganzen Welt hatten in den letzten Oktober- und den ersten Novembertagen des Jahres 1929 nur ein Thema, das sie beschäftigte: Weltuntergang.

Der Weltuntergang drohte diesmal nicht vom Kometen, wie noch bei Nestroy, sondern vom Zusammenbruch der New Yorker Börse her. Der Schwarze Freitag war eigentlich ein Donnerstag, der 24. Oktober 1929; und nachdem schon tags zuvor die Aktienkurse von 415 auf 384 gesunken waren, nachdem sogar ein Weltkonzern wie General Electric 20 Punkte verloren hatte, wechselten an diesem 24. Oktober dann fast 13 Millionen Aktienstücke den Besitzer. Um 12 Uhr mittags an diesem Tag traten im Büro des Bankiers John P. Morgan die amerikanischen Geldmagnaten zusammen, doch zu spät. Die Börsen in Chicago und Buffalo waren schon geschlossen, und elf der bekanntesten Börsenspekulanten hatten bereits Selbstmord begangen. General Electric war um weitere 32 Punkte gefallen. Dienstag, den 29. Oktober, erreichte die Krise ihren Höhepunkt, und die Kurse erreichten ihren Tiefpunkt. Der Industriekonzern Westinghouse beispielsweise, dessen Aktien Anfang September bei 286 gehalten hatten, eröffnete am 29. Oktober mit 131 und schloß mit 100. Weniger gute Aktien verloren an diesem einen Tag zwei Drittel ihres Wertes.

Es war nicht so, daß nur ein paar Börsenspekulanten ihr Vermögen verloren und ihrem Leben ein Ende bereiteten. Millionen kleiner amerikanischer Bürger, die bei Kriegsende in Aktien zu spekulieren begonnen hatten, waren ruiniert. Die Vereinigten Staaten hatten England und Frankreich Milliardenbeträge kreditiert, um den Krieg zu gewinnen, und die amerikanische Nation hoffte auf den Rückfluß mit Zinsen und Zinseszinsen, wie England und Frankreich auf die Milliarden deutscher Kriegsentschädigung hofften. Doch Deutschland konnte nicht zahlen, und die Engländer und Franzosen konnten ebenfalls nicht zahlen; und die amerikanische Industrie, die sich mit gewaltigen Investitionen für einen gewaltigen Absatz aufgebläht hatte, fand keine Abnehmer für ihre gigantische Produktion. Als die ersten Fabriken ihre Investitionskredite nicht zurückzahlen konnten, setzte die Panik ein. Der Börsenkrach war das Signal: Von 1929 bis 1932 stieg die amerikanische Arbeitslosenzahl von 3 auf 14 Millionen; das Volkseinkommen in den Vereinigten Staaten sank von 85 auf 37 Milliarden Dollar.

Es war keine Krise, die von Amerika ausgegangen und auf Amerika beschränkt geblieben wäre. Es war ganz einfach der Moment, in dem die während der vier Kriegsjahre verschossenen und gesprengten Milliarden endlich von irgend jemandem bezahlt werden mußten. Das hatten eigentlich alle vorausgesehen; nur hatten die einen immer gehofft, die anderen würden die Rechnung begleichen. Und in der Hoffnung darauf, daß man nicht bei diesen anderen sein würde, hatte man drauflos investiert und spekuliert.

Auch Österreich hatte da keine Ausnahme gebildet. Nach den Jahren der Inflation, nach den Krisenzeiten der Deflation schien es Ende der zwanziger Jahre wieder bergauf zu gehen. Der Umsatz an Verbrauchsgütern war von 1924 bis 1927 um etwa 40 Prozent gestiegen. Die größten Umsatzsteigerungen erzielte die Bekleidungsindustrie; ein Volk, das 1918 in Lumpen zurückgeblieben war, ausgemergelte Körper in Brennesselstoffe gehüllt, die vom Anstellen vor den Lebensmittelgeschäften wunden Füße in Schuhen mit Papiersohlen – dieses Volk begann endlich wieder menschlicher zu leben; zumindest nach außen hin.

Seit ihrem Höhepunkt vor den Wahlen 1927 begann die Arbeitslosigkeit allmählich wieder zu sinken. Die Importe nahmen ab, die Exporte stiegen. Die Eisenindustrie erreichte 1929 zum ersten Male seit Kriegsende wieder ihre Normalproduktion.

Der Dichter Anton Wildgans nahm dieses Bild in sich auf, als er seine „Rede über Österreich" schrieb: „Man hat uns Österreicher ein Volk von Phäaken genannt und uns damit als zwar liebenswürdige, aber zugleich auch als allzu unernste und genießerische Leute abfertigen wollen, die Gott einen guten Mann sein lassen und spielerisch in den Tag hineinleben ... Der Großteil unseres Volkes aber war immer regsam, tätig und in seinen Genüssen bescheiden. Nur daß es vielleicht das Wenige, das es zu genießen hatte, seiner ganzen Art nach auskostender, mitteilsamer und heiterer zu genießen wußte, als dies anderwärts der Fall sein mag. Aber hat es deshalb jemals, wenn es aufgerufen wurde von der Geschichte, seine Pflicht verabsäumt? Oder ist unsere Erde nicht bebaut bis an die äußeren Grenzen des Fruchtens? Und sind ihre Kräfte und Schätze nicht genützt und gehoben?"

Daß die Blüte nur eine Scheinblüte war, die eines Tages enden würde, erkannte man zuerst in den Buchhaltungen der Großbanken. Auch die österreichischen Bankiers hatten bis an den Rand der Liquiditätsgrenze Geld in die Industrien gepumpt, und oft auch über diese Grenze hinaus. Das erste Institut, das dem Abgrund des Bankrotts zuschlitterte, war die traditionsreiche Bodencreditanstalt. Das war im Spätsommer 1929.

Die Nationalbank weigerte sich, das gefährdete Unternehmen aufzufangen; sie hätte das erforderliche Kapital nur in Form neuer Banknoten drucken können, und damit hätte sie eine neue Inflation riskiert. Die dem Hause Rothschild nahestehende Creditanstalt erklärte sich schließlich auf Drängen der Regierung hin bereit, zu helfen. Am 7. Oktober 1929 wurden Bodencredit- und Creditanstalt fusioniert – in der Praxis aber hieß es nur, daß zwei Banken ihre Außenstände addierten. Uneinbringliche Außenstände, wie sich bald zeigen sollte.

Als dem Bundeskanzler Schober vorgeworfen wurde, er habe dem Baron Rothschild den Revolver angesetzt, antwortete er: „Was heißt, einen Revolver? Ein Maschinengewehr!"[7]

Die, die von Schober zuerst enttäuscht wurden, waren die, die am lautesten nach dem Mann der Ordnung gerufen hatten: die Heimwehren. Es stellte sich sehr schnell heraus, daß er nicht „ihr" Kanzler war. Ein Polizeibeamter, wie Schober es im Grund seiner Seele immer blieb, konnte sich mit marschierenden Trupps Bewaffneter nicht abfinden – egal, welcher Couleur sie waren. Er wollte wirklich entwaffnen; die Heimwehren aber ebenso wie den Schutzbund. Und er war zu klug, um zu glauben, daß sich irgendeine demokratische Regierung auf die Dauer gegen eine derart starke Opposition, wie sie die Sozialdemokraten darstellten, in permanenter Kampfstellung halten konnte.

Schober wollte die Verfassung reformieren – aber *mit* den Sozialdemokraten. Er fand in dem sozialdemokratischen Zentralsekretär Dr. Robert Danneberg einen gesprächsbereiten Partner. Auch die Sozialdemokraten, die Mitte zumindest und der rechte Renner-Flügel, wollten aus ihrer Isolation endlich herauskommen.

So wurde die Verfassungsreform 1929 ausgehandelt. Ein Teilerfolg – der Bundespräsident sollte in Hinkunft vom Volk gewählt werden, nicht vom Parlament, und der Bundespräsident sollte die Regierung bestellen, nicht der Nationalrat sie wählten. Es ging darum, den Staatsapparat funktionsfähig zu erhalten, falls das Parlament durch seine knappen Mehrheitsverhältnisse einmal nicht in der Lage sein sollte, eine arbeitsfähige Regierung zu bilden. Die zweite Hälfte der Verfassungsreform blieb in den Vorarbeiten stecken: Die Umwandlung des Bundesrates in eine Ständekammer wurde zwar ins Auge gefaßt, aber nicht verwirklicht.

Das Jahr 1930 jedenfalls schien zunächst ein glückliches Jahr zu werden; trotz des Schocks, den der New-Yorker Börsenkrach hinterlassen hatte. Noch wirkte sich die Depression nicht spürbar aus, wenn auch mehr und mehr zu bemerken war, daß ausländische Gläubiger ihre Gelder aus österreichischen Banken zurückzuziehen begannen. Aber da war eben das Gefühl, dieses befreiende Gefühl, daß die politische Lethargie der letzten Jahre überwunden wurde, und dieses Gefühl ließ die wirtschaftlichen Sorgen kleiner erscheinen, als sie in Wirklichkeit waren.

Die Heimwehren allerdings hatten das wohlbegründete Empfinden, daß sie geprellt worden waren. Von Schober. Und von den Christlichsozialen. Man hatte sie benützt, um sich der Roten zu erwehren. Und nun sah es ganz so aus, als sollte sich ein tragbares Zusammenleben mit der Linken einspielen – statt faschistischem Ständestaat eine einigermaßen funktionierende parlamentarische Demokratie, die die Privatarmee des Bürgertums überflüssig machte.

18. Mai 1930. Führertagung des niederösterreichischen Heimatschutzes in Korneuburg. Die aufgestauten Ressentiments gegen die Christlichsozialen entluden sich. Die Attacke der Heimwehrführerschaft richtete sich vor allem gegen Julius Raab, der zwar 830 Ortsgruppen mit 52.000 organisierten Heimatschützern melden

konnte, im Parlament aber stets ein klubgetreuer Christlichsozialer war.

Der Tiroler Bundesführer Dr. Steidle attackierte Raab direkt: „Es ist falsch, zu sagen, daß kein Führer der Träger eines Mandates sein darf. Gerade wie die Verhältnisse heute sind, müssen wir trachten, möglichst viele Träger von Mandaten zu haben. Aber der Träger des Mandates hat sein Mandat zuerst und allein für die Heimwehrinteressen auszunützen. Wenn Landesführer Abgeordneter Raab heute aufsteht und sagt: Ich bin bereit dazu, dann gehen wir weiter zusammen. Steht er aber auf dem Standpunkt, daß wir nur die Diener der Partei zu sein haben, dann trennen sich unsere Wege."

Ob der Landesführer Raab damals aufstand, wurde seither viel diskutiert. Raabs Freunde berichteten später, er habe einfach geschwiegen und lediglich nicht mitgeschworen, als Steidle dann im Verlauf seiner Rede auf dem Korneuburger Hauptplatz von einem Zettel den Eid ablas, der als „Korneuburger Eid" in die österreichische Geschichte einging.

„Wir verwerfen den westlichen demokratischen Parlamentarismus und den Parteienstaat. Wir wollen an seine Stelle die Selbstverwaltung der Stände setzen und eine starke Staatsführung, die nicht aus Parteienvertretern, sondern aus den führenden Personen der großen Stände und aus den fähigsten und bewährtesten Männern unserer Volksbewegung gebildet wird."

Die Eidesleistung vollzog sich im Trubel der allgemeinen Erregung, und im Höllenlärm der stürmischen Versammlung mochte es eine ganze Menge Heimwehrleute gegeben haben, die den Wortlaut dessen, was sie da schworen, gar nicht verstanden hatten. Der Eid war erst knapp zuvor in aller Eile konzipiert worden; die scharenweise nach Korneuburg gekommenen Journalisten hatten den Text nicht verstanden und baten Dr. Steidle nachher um die Formel, doch der Zettel, von dem der Tiroler gelesen hatte, war weg. In einem Hotelzimmer mußte der Eidestext dann rekonstruiert werden.[8]

Wie ernst man die Angelegenheit auch nehmen wollte, oder wie unernst sie sich darbot – die Heimwehrführung hatte jedenfalls den Christlichsozialen damit die Treue aufgekündigt.

Führer der Christlichsozialen war nominell noch immer der Prälat Seipel, doch Seipel war krank und müde. An seiner Stelle trat Carl

Vaugoin an, um den Kampf durchzufechten. Und Vaugoin mußte nach zwei Seiten hin kämpfen – gegen Schober, der die Heimwehren überhaupt entwaffnen wollte, wie den Schutzbund auch, und gegen die Heimwehrführerschaft selbst. Vaugoin wollte die Heimwehren erhalten, aber eben gefügige Heimwehren. Ein zunächst gefügig scheinender Führer fand sich in dem jungen Oberösterreicher Ernst Rüdiger Fürst Starhemberg. Der Heimwehrbewegung erging es wie jeder autoritären Organisation. Da sich Spitzenfunktionäre nicht erst durch parteiinterne Wahlen hochdienen mußten, genügte eine „Palastrevolution" in der engsten Führungsspitze, um den Chef auszuwechseln. Wenn man persönlichen Ehrgeiz, Konkurrenzneid und Intrigen in Rechnung stellte, waren derartige Palastrevolutionen leicht durchzuführen.

Steidles persönlicher Anhang war gering. Als Tiroler war er bei seinen eigenen Leuten unten durch, weil er mit Mussolini konspirierte, statt sich für Südtirol zu ereifern. Der Steirer Dr. Pfrimer wiederum war den Wienern und Niederösterreichern wegen der nationalen Schlagseite seines Anhanges suspekt. So hatte Vaugoin Starhembergs persönlichen Ehrgeiz, Raabs christlichsoziale Gesinnung und die konservativ-monarchistische Einstellung des Wiener Heimwehrführers Major Fey einzusetzen. Bei einer Führertagung am 2. September 1930 in Schladming wurden Steidle und Pfrimer gestürzt. Starhemberg hielt Einzug als Bundesführer.

Der Wechsel wurde sozusagen im allerletzten Moment vollzogen, als hätte Vaugoin geahnt, daß er bald freie Hände für ein weit größeres Spiel brauchen sollte. Der Moment kam am 14. September 1930, an jenem Sonntag, an dem Deutschland seinen neuen Reichstag wählte. Das Wahlresultat war ein Schock. Die bis dahin mit 800.000 Stimmen nahezu bedeutungslosen Nationalsozialisten bekamen jetzt 6 Millionen Stimmen. Mit 107 Abgeordneten zogen sie als zweitstärkste Partei hinter den Sozialdemokraten in den Reichstag ein.

Das deutsche Wahlresultat löste in Österreich die Alarmwirkung einer Luftschutzsirene aus. Ein Heer von Parteipolitikern stob verstört auseinander und suchte verzweifelt Deckung vor den politischen Bomben, die jetzt gleich niederprasseln mußten. Vaugoin konnte sich die Folgen der deutschen Wahlen augenscheinlich vorstellen. Bei der nächsten Nationalratswahl würden die Großdeutschen im Nationalsozialismus untergehen. Die Christlichsozialen würden zweifellos empfindliche Stimmenverluste erleiden. Die Sozialdemokraten aber hatten nur zu gewinnen. Auch in

Deutschland waren es nicht die Arbeitslosen gewesen, die Hitler gewählt hatten; es war das verschreckte Kleinbürgertum, das bei jeder Arbeitslosendemonstration um die Auslagenscheiben der Geschäfte zitterte und nach dem starken Mann rief, der „Ordnung" machte.

Es kam also darauf an, möglichst schnell Neuwahlen zu veranstalten, nicht erst 1931, wie es planmäßig der Termin gewesen wäre. Man mußte wählen, bevor sich die deutsche Sogwirkung bemerkbar machte, und dann hatte man vier Jahre Zeit, um auf eine Besserung der Wirtschaftslage hinzuarbeiten.

Ein Mann namens Dr. Franz Georg Strafella kam gerade recht. Strafella, Aktionär zahlreicher privater steirischer Kleinbahnen, stammte aus dem Kreis um Dr. Rintelen und den Generaldirektor der Alpine Montan, Appold, den Förderer der Heimwehrgewerkschaften.[9] Dr. Strafella war Generaldirektor der Grazer Straßenbahnen und in dieser Eigenschaft gerade erst ebenso geschickt wie durchschlagskräftig mit einem Straßenbahnerstreik fertig geworden. Vaugoin wollte Strafella zunächst nur als Generaldirektor für die Bundesbahnen nach Wien holen. Die rote Eisenbahnergewerkschaft war die stärkste Waffe der Sozialdemokraten bei einem Generalstreik, da schien ein Mann wie Strafella am Platze. Größere Bedeutung hatte der Steirer zunächst nicht; zumindest nicht für Vaugoin. Die „Arbeiter-Zeitung" nahm sich der Angelegenheit an, denn die Sanierung der chronisch defizitären Bundesbahnen hätte Personalabbau bedeutet, und das hätte die Schlagkraft der Gewerkschaft gelähmt. Genau das sollte Strafella tun, und genau das wollten die Sozialdemokraten um jeden Preis verhindern. Also wurde Strafellas Vergangenheit ausgegraben, vor allem seine Inflationsgeschäfte; also wurde ein „Geheimfonds" der Bundesbahnen in der Höhe von 400.000 Schilling als „Kriegsschatz der Heimwehren" entlarvt.

Wer geglaubt hatte, Strafella wäre jetzt erledigt gewesen, der täuschte sich. Im Ministerrat blieb Vaugoin bei seiner Forderung, den derart vor aller Öffentlichkeit bloßgestellten Dr. Strafella zum Generaldirektor der Bundesbahnen zu ernennen. Einem Mann wie Schober konnte man so etwas nicht zumuten. Schober wollte eher demissionieren.

Und genau das war Vaugoins Absicht: Demission der Regierung und schleunigste Neuwahlen. Vermittlungsaktionen setzten ein – zahlreiche Vernünftige im Lande wollten eine derartige Krise verhindern. Vaugoin aber zielte auf den Bruch hin; um die

Vermittlungsaktionen zum Scheitern zu bringen, traten er und der christlichsoziale Landwirtschaftsminister Födermayr zurück.

Wien fühlte die Katastrophe, die heraufzog. Im Bundeskanzleramt warteten Dutzende Journalisten, vor dem Gebäude warteten Hunderte, dann Tausende auf die Entscheidung. Im letzten Moment war der Plan aufgetaucht, Schober sollte eine Minderheitsregierung bilden, die Sozialdemokraten würden sie tolerieren – zumindest kurzfristig. Für solche Experimente war aber Schober nicht der richtige Mann. Seine parteilosen Minister Srbik und Innitzer paßten ebensowenig in ein solches Konzept. So blieb der Rücktritt des Gesamtkabinetts als einzige Lösung.

Was geschah, war keiner von den üblichen Rücktritten. Die Menschen im ganzen Land spürten, daß sich eine Wende vollzog. Schober, so schien es, war der letzte demokratisch-parlamentarische Versuch. Was nach Schober kommen würde, ließ sich nicht voraussehen; noch nicht, aber es konnte nur ins Unglück führen. Tatsächlich sollte sich die Demokratie nach Schobers Sturz noch drei Jahre lang dahinschleppen; mit kurzen, hoffnungsvollen Zwischenstationen; insgesamt aber mehr und mehr bergab.

Am Abend des 30. September hatte Österreich eine neue Regierung – die erste, die nach der neuen Verfassung nicht vom Parlament gewählt, sondern vom Bundespräsidenten ernannt worden war. Der Kanzler hieß Vaugoin; der kranke Prälat Seipel übernahm das Außenministerium. Zwei Heimwehrführer hielten Einzug: Starhemberg als Innenminister und Dr. Franz Hueber als Justizminister. Das Kabinett bestand nur aus Christlichsozialen und Heimwehrleuten – eine im Parlament hilflos zum Scheitern verurteilte Minderheitsregierung. Doch Vaugoin wollte gar nicht „regieren" – er wollte nur das Parlament auflösen und Neuwahlen ausschreiben lassen.

Der enttäuschte Schober, den die Christlichsozialen zweimal, 1922 und jetzt wieder 1930, fallengelassen hatten, trat nun mit einer eigenen Liste hervor – Großdeutsche und Landbündler schlossen sich in seinem „Wirtschaftsblock" zusammen.

Und am 2. Oktober verkündeten Starhemberg und Pfrimer, daß die Heimwehren ebenfalls als eigene Partei unter dem Namen „Heimatblock" kandidieren würden.

So hatte sich's Vaugoin nicht gedacht. Er hatte die radikale Heimwehrführerschaft ausgebootet. Er hatte erreicht, daß Julius

Raab mit seinem niederösterreichischen Anhang überhaupt aus den Heimwehren austrat. In Tirol war durch den jungen Rechtsanwalt Dr. Kurt Schuschnigg eine neue, christliche Wehrorganisation, die „Ostmärkischen Sturmscharen", als christlichsoziale Parteiarmee gegründet worden. Vaugoin hatte sogar den Dr. Strafella tatsächlich zum Generaldirektor der Bundesbahnen gemacht. Dabei war übrigens ein junger Christlichsozialer aus Niederösterreich, Dr. Engelbert Dollfuß, bis dahin Bauernbunddirektor, zum erstenmal ins Spiel gekommen – Vaugoin hatte Dollfuß zum Präsidenten der Bundesbahnen befördert, damit dieser den Dr. Strafella ernennen konnte.

Und nun fiel ihm Starhemberg fünf Wochen vor der Wahl in den Rücken. Dann kam diese Wahl, und sie versetzte den Christlichsozialen einen schweren Schlag. Die Christlichsozialen verloren 7 Mandate. Im Parlament saßen jetzt nur noch 66 Christlichsoziale gegenüber 72 Sozialdemokraten, 19 Abgeordneten des Schober-Blocks und 8 Männern des Heimatblocks. Nur eine Hoffnung Vaugoins wurde erfüllt: Mit knappen 100.000 Stimmen blieben die Nationalisten vorderhand noch eine bedeutungslose Minorität.

Der alte Prälat Seipel raffte sich noch einmal auf und versuchte, eine neue Bürgerblockregierung zustande zu bringen. Der Schober-Anhang lehnte entrüstet ab. Doch auch im Lager der Christlichsozialen schieden sich die Geister: Niederösterreichs Landeshauptmann Dr. Buresch rückte von den Heimwehren ab, die Wiener Christlichsozialen folgten ihm.[10] So gab Seipel auf.

Wer nicht aufgab, war Vaugoin. Er verhandelte mit den Heimwehren – und Starhemberg schlug einen Staatsstreich vor. Ausschaltung des neugewählten Parlaments. Vaugoin mit seinem Bundesheer besäße die Macht dazu, die Starhemberg sich mit seinem Heimatschutz nur zutraute – doch letztlich war Vaugoin kein Faschist und kein Revoluzzer. Er lehnte ab.[11]

Die Regierung bildete schließlich der Vorarlberger Landeshauptmann Dr. Otto Ender. Ohne Heimwehren, dafür mit dem Schober-Block. Schober zog als Vizekanzler und Außenminister in das Kabinett ein.

Im März 1931 startete Schober als Außenminister einen letzten Rettungsversuch: In aller Heimlichkeit wurde eine Zollunion mit dem Deutschen Reich vorbereitet. Der deutsche Außenminister Dr. Curtius kam am 3. März 1931 zu einem Staatsbesuch nach Wien. Verhandlungen hinter verschlossenen Türen sollten die Welt, und die Allianz Paris–Prag vor allem, vor eine vollendete

Tatsache stellen. Ganz wohl fühlten sich Dr. Ender und sein Außenminister mit dem Zollunions-Projekt nicht. Es widersprach dem Vertrag von Saint-Germain ebenso wie den Genfer Protokollen von 1922, wenn man die Bestimmungen genau nahm, und es war kaum anzunehmen, daß Franzosen und Tschechoslowaken es nicht genau nehmen würden. Schober hatte seinen deutschen Gesprächspartnern vorgeschlagen, zumindest die Franzosen vorher zu informieren. Das hatte Curtius abgelehnt. Ablehnen müssen, aus innenpolitischer Rücksichtnahme auf die nationale Opposition. Das hätte ganz so ausgesehen, als müsse die Reichsregierung erst in Paris anfragen, bevor sie mit dem österreichischen Nachbarn Verträge schließen durfte.

Überhaupt war die ganze Aktion von Widrigkeiten begleitet. Am 6. März, an dem die Beratungen in Wien zu Ende gingen, empfahl der britische Botschafter in Berlin, Sir Horace Rumbold, seiner Regierung, Brüning und Curtius nach London einzuladen. Die britische Regierung stimmte zu. In London war man sich klargeworden, daß man irgend etwas zugunsten des Deutschen Reichs tun müsse, wenn das Land nicht in eine Katastrophe steuern sollte. Und so saßen nun der deutsche Reichskanzler und sein Außenminister mit der hoffnungsvollen Einladung nach London da und zugleich mit ihrer brisanten, immer noch höchst geheimen Abmachung über die Zollunion. Wäre Sir Horace zwei oder drei Wochen vorher mit seiner Idee gekommen, hätte es die Wiener Vereinbarung vermutlich gar nicht gegeben!

Während in Berlin noch verzweifelt überlegt wurde, wie man sich in dieser Lage verhalten müsse, schlug gleich einer Bombe die Nachricht ein, daß das Zollunions-Geheimnis durchgesickert sei. Das war am 11. März. Noch zwei Tage lang wurde daraufhin zwischen Berlin und Wien hin- und herverhandelt, was nun zu geschehen habe. Als Schober und Curtius sich endlich darüber geeinigt hatten, die Großmächte am 21. März offiziell über die Zollunion zu informieren, wußte man in London und Paris, Rom und Prag längst Bescheid. Bei den Siegermächten begann der Sturm. Franzosen und Tschechoslowaken, schließlich auch die Italiener fachten ihn zum Orkan an, der drauf und dran war, die gesamte österreichische Innenpolitik hinwegzufegen. Zollunion – das war für Paris, Rom und Prag nur eine versteckte Form des „Anschlusses". Am Ende des Zwischenspiels hatten Österreicher und Deutsche nichts erreicht, nur neue Mißstimmung wachgerufen.

166

Die Zollunion stellte den letzten gemeinsamen österreichisch-deutschen Versuch dar, mit der Wirtschaftskrise fertig zu werden und sich damit des andrängenden Nationalsozialismus zu erwehren. Franzosen, Italiener und Tschechoslowaken brachten den Versuch gemeinsam aus blindwütiger Gespensterfurcht um. Sieben Jahre später sollte der Nationalsozialismus Deutschland und Österreich beherrschen und den Anschluß vollziehen. Und weder Frankreich noch Italien noch die Tschechoslowakei konnten ihn verhindern.

Frühjahr 1931. Kaum hatte man sich in Wien vom Zollunionsschock erholt, kam der nächste Schlag. Am 8. Mai 1931 mußte der Finanzminister der Regierung Ender, Dr. Otto Juch, seinen Ministerkollegen mitteilen, daß Österreichs größte Bank, die Creditanstalt, vor dem Zusammenbruch stand. 140 Millionen fehlten. Fieberhafte Rettungsversuche setzten ein. Man brauchte nicht nur Geld für die Schulden, man brauchte auch Kapital. Der Staat wollte 100 Millionen opfern, die Nationalbank 30 Millionen, weitere 30 Millionen sollte der Baron Rothschild als Hauptaktionär beibringen.

Am 10. Mai, nachmittags während des Derbys und abends bei „Hoffmanns Erzählungen" in der Staatsoper, verhandelte man höchst geheim und in hektischer Betriebsamkeit mit Rothschild. Wenn Rothschild nicht seine in Frankreich angelegten Guthaben flüssigmachte, drohte die Regierung, müsse sie die Bank wohl verstaatlichen. Das gab schließlich den Ausschlag, und Rothschild stimmte zu. Hatte die Regierung ihm vorher das Maschinengewehr angesetzt, um ihn zur Übernahme der Bodencredit zu bewegen, so war sie diesmal mit Kanonen aufgefahren. Und noch dazu erfolglos: Am 12. Mai sickerte der Rettungsplan durch, und nun trat erst recht die Katastrophe ein, die man hatte verhindern wollen. Die Kunden stürmten die Bankschalter. Man glaubte nicht an die Sanierung, man wollte retten, was noch aus der Konkursmasse zu retten war. Die Rothschild-Bank pleite – das war beinahe das Ende der Welt.

Auf Schloß Chequers, in der Nähe von London, saßen gerade der britische Premier Ramsay MacDonald und sein Außenminister Henderson mit Brüning und Curtius beisammen. Es war jene von Sir Horace Rumbold angeregte „Rettungskonferenz", die trotz des Zollunionsschocks doch noch begonnen hatte. Mitten in die Beratungen hinein platzte Montagu Norman, Gouverneur der Bank von England, mit dem Schreckensruf: „Wozu beraten Sie noch, Gentlemen? Südosteuropa steht in Flammen. Die Creditanstalt in Wien hat soeben ihre Schalter geschlossen!"[12]

Man beriet dennoch weiter, sogar hektischer als je zuvor, vor allem zwischen London und Paris. Dort war man bereit, einen 150-Millionen-Kredit aufzubringen, um Österreich vor dem Zusammenbruch zu bewahren. Denn der Zusammenbruch der Creditanstalt, das bedeutete bei der Industrieverflechtung dieser Bank das Ende zahlloser größerer und kleinerer Betriebe.

Am 28. Mai erteilte das Parlament der Regierung Vollmacht, den ausländischen Geldgebern gegenüber die Haftung für die Kredite zu übernehmen.

Und keine drei Wochen später war diese Regierung gestürzt. Als sich nämlich die Bedingungen der ausländischen Geldgeber herausstellten, weigerte sich der Landbund-Innenminister Franz Winkler mitzumachen und demissionierte.

Winklers Beweggründe wurden seither emsig untersucht. Seine Regierungskollegen glaubten damals schon, sie zu kennen. Winkler war mit einem Großimporteur aus der Kaffeebranche befreundet, und zu den Rettungsmaßnahmen gehörte auch eine Erhöhung des Kaffeezolls. Vielleicht hatte Winkler mit seinem Rücktritt wirklich nur erreichen wollen, daß zwei Schiffsladungen Kaffee vor der Zollerhöhung noch über die Grenzen gebracht werden konnten.[13]

Tatsächlich erreichte er nur, daß Österreich sich wieder einen entscheidenden Schritt weiter von der Demokratie entfernte.

Ender sah nur einen Weg, ohne Landbund-Unterstützung im Parlament weiterzuregieren: Das Parlament mußte vorübergehend ausgeschaltet werden. Doch die Sozialdemokraten sahen hinter Enders Verzweiflungsversuch die böse Absicht, eine Ständediktatur vorzubereiten, und lehnten kompromißlos ab. Am 16. Juni 1931 trat Ender zurück.

Der Bundeskanzler, der Ender folgte, war der niederösterreichische Landeshauptmann Dr. Karl Buresch. Sein Landwirtschaftsminister hieß Engelbert Dollfuß, aber das war vorderhand noch ohne Bedeutung. Und nur symptomatische Bedeutung für die verzweifelte Situation dieses an den Rand des Abgrundes schlitternden Staates hatte ein geradezu groteskes Unternehmen, das der steirische Heimwehrführer Dr. Walter Pfrimer in der Nacht zum 13. September 1931 startete. In dieser Nacht mobilisierte er seine Mannschaften, und am nächsten Morgen verkündeten große Plakate bombastisch: „In höchster Not hat mich das heimattreue Volk Österreichs zum obersten Hüter seiner Rechte berufen." Es war ein Putschversuch, wie ihn sich unreife Gymnasiasten ausdachten. Nichts stand hinter Pfrimer als ein Häuflein von einigen tausend Heimwehrleuten.

Der aus dem Schlaf geweckte steirische Landeshauptmann Rintelen brummte: „Das Ganze ist doch nur eine b'soffene G'schicht'." Da aber der Schutzbund in der Steiermark sofort mobilisierte, hätte aus der b'soffenen G'schicht' sehr leicht ein katastrophales Blutvergießen werden können, und deshalb entschloß sich Carl Vaugoin, mit dem Bundesheer einzugreifen. Allerdings so langsam, daß die Heimatschützer schon wieder auseinandergelaufen waren, als die Truppen eintrafen. Trotz allem glaubte Vaugoin noch immer, daß man die Heimwehr eines Tages möglicherweise würde brauchen können, und er wollte keine Märtyrer schaffen. Dem Oberösterreicher Starhemberg, der ebenfalls mobilisiert hatte, riet er am Telephon freundschaftlich: „Schau, daß du fortkommst!"

Die Sache hatte nur einen Haken, und der war, daß Bundeskanzler Dr. Buresch gerade im Begriffe war, nach Genf zu fahren, um beim Völkerbund über neue Anleihen zu verhandeln. Das Ausland könnte den Putsch vielleicht ernster nehmen, als er war, und so sagte Buresch trotz seiner Abneigung gegen die Heimwehren nichts, als Vaugoin den ganzen Putsch gewissermaßen im Sande verlaufen ließ.

Buresch brachte keine Anleihe aus Genf mit nach Wien. Ein paar Monate später war auch seine Regierung am Ende.

Der Weg für Engelbert Dollfuß war frei.

Kapitel 9

DER AUSTROFASCHISMUS

Der 20. Mai 1932 brachte für die Wiener Theaterfreunde zwei erfreuliche Nachrichten. Das Theater in der Josefstadt verpflichtete Carola Neher als Nachfolgerin für das Rollenfach der Lilly Darvas. Dem Bundespräsidenten wurde die Ernennung von Jan Kiepura zum Kammersänger vorgeschlagen.

An diesem 20. Mai 1932 hielten sämtliche Innsbrucker Kaufleute ihre Geschäfte geschlossen; zum Protest gegen die Zwangsbewirtschaftungsmaßnahmen. An eben diesem 20. Mai verfügte der Brennstoffbeirat in Wien, daß Wiener und Innsbrucker Haushalte beim Kauf von Koks und Anthrazit 75 Prozent Inlandsware anzunehmen hätten. Für die anderen österreichischen Städte wurde der Inlandsanteil mit 50 Prozent festgelegt. Bei Kohlenkäufen für Haushalte mußten 20 Prozent der Lieferung aus der Inlandsproduktion angenommen werden.

Am 20. Mai 1932 wurde über das Wiener Café Savoy das Ausgleichsverfahren eröffnet. Die Renovierung des lokalberühmten Kaffeehauses hatte damals fast 100.000 Schilling gekostet, aber der erhoffte Besucherzustrom blieb aus. Der allgemeine Geschäftsgang der österreichischen Wirtschaft war auf 75 Prozent des Durchschnittswertes der zwanziger Jahre gesunken.

Am 20. Mai 1932 wurde das Hüttenwerk der Alpine Montan in Aumühl bei Kindberg stillgelegt. 450 Mann Personal verloren ihre Arbeitsplätze. Bei der am selben Tag erfolgten Stillegung der Halleiner Papierfabrik kamen 600 Arbeiter und Angestellte um ihre Posten. Seit 1929 war die österreichische Industrieproduktion um mehr als ein Drittel zurückgegangen. Die Arbeitslosenzahl hielt im Jahresdurchschnitt von 1932 bei 378.000. Nur 309.000 Arbeitslose bekamen regelmäßige Unterstützungen.

Am 20. Mai 1932 berieten die Gläubigermächte beim Genfer Völkerbund über die österreichischen Verpflichtungen. Für öffentliche und private Kredite mußte Österreich jährlich 240 Millionen in Devisen an ausländische Gläubiger bezahlen. Der gesamte Devisenbestand des Landes war zu diesem Zeitpunkt auf knappe 33 Millionen zusammengeschrumpft. Jeder private Kaufmann hätte unter solchen Umständen längst Konkurs anmelden müssen. An diesem 20. Mai 1932 stand Österreich praktisch vor dem Bankrott.

An diesem 20. Mai 1932 trat die Regierung Dollfuß ihr Amt an.

Die neue Regierung setzte sich aus sechs Christlichsozialen (Dr. Dollfuß, Dr. Rintelen, Dr. Schuschnigg, Dr. Resch, Dr. Weidenhoffer und Vaugoin), aus zwei Landbundleuten (Winkler und Bachinger), einem Heimwehrmann (Dr. Jakoncig) und einem parteilosen Beamten als Sicherheitsminister (Dr. Ach) zusammen. Daß diese Regierung Dollfuß die letzte nach den Spielregeln der parlamentarischen Demokratie im Österreich der Ersten Republik sein würde, ließ sich damals noch nicht absehen. Nach diesen Spielregeln konnte das Kabinett Dollfuß lediglich eine Übergangslösung darstellen. Die bürgerliche Parlamentsmehrheit hatte zwar den sozialdemokratischen Antrag auf sofortige Auflösung des Nationalrates niedergestimmt, jedoch einen eigenen Auflösungbeschluß für den Herbst gefaßt. Die Neuwahlen sollten dadurch bis nach dem Abschluß der Verhandlungen über eine neue Völkerbundanleihe hinausgeschoben werden.

Aber selbst bis zum Herbst konnte das Kabinett Dollfuß sein parlamentarisches Leben nur auf jederzeitigen Abruf führen. Die Regierungskoalition verfügte über 83 Abgeordnete; 66 Christlichsoziale, 8 Heimatblockleute und die 9 Landbündler aus der auseinandergegangenen Wahlgemeinschaft von Schobers Wirtschaftsblock. Diesen 83 Mann stand eine 82 Mann starke Opposition gegenüber: 72 Sozialdemokraten und die 10 Großdeutschen des Schober Blocks. Solange die Großdeutschen der Regierung gegenüber ein gewisses Wohlwollen an den Tag legten, durfte Dollfuß hoffen. Kam es aber zum parlamentarischen Konflikt, so besaß die Regierung nur noch eine Stimme Mehrheit; sie konnte über die unbedeutendste Frage stolpern, falls einmal auch nur einer ihrer Abgeordneten abwesend sein sollte.

Wer also am 20. Mai 1932 annahm, das Kabinett Dollfuß würde nicht einmal bis zum Herbst durchhalten, mußte gar kein besonderer Pessimist sein. Wie die Neuwahlen dann ausfallen würden, ließ sich ohne viel Phantasie leicht ausrechnen. Die Wiener Landtagswahlen hatten den Trend gezeigt. Die Nationalsozialisten hatten mit 15 Gemeinderäten Einzug im Wiener Rathaus gehalten. Sie hatten dabei die sozialdemokratische Mehrheit nicht angeknabbert, wohl aber die christlichsoziale Fraktion halbiert.[1] Bei den Nationalratswahlen im Herbst würde sich auf Bundesebene das Schauspiel wiederholen. Die Großdeutschen würden vermutlich überhaupt verschwinden; sie kamen mit ihren gutbürgerlich-liberalen Thesen nicht gegen die radikale Anschlußpropaganda der Nationalsozialisten auf. Geld für Wahlpropaganda besaßen sie auch nicht. Die Industrie investierte ihren politischen Werbeetat in die Heimwehren oder schon in die SA.

Alles in allem genommen konnte es nach diesen für den Herbst angekündigten Parlamentswahlen wohl kaum noch eine bürgerliche Regierungskoalition geben. Die alten Christlichsozialen hätten diese unabwendbar drohende Wahlniederlage vermutlich als demokratischen Schicksalsschlag hingenommen. Auch Vaugoin hatte schließlich 1930 die Wahlniederlage akzeptiert, ohne auf Starhembergs Staatsstreichpläne einzugehen. Man konnte aus dieser Sicht auch im Sommer 1932 nur auf ein Wunder hoffen. Mit dem gerade vierzigjährigen neuen Kanzler Dr. Engelbert Dollfuß jedoch kam ein Geist in die österreichische Politik, der entschlossen war, dem Wunder nachzuhelfen.

Frontgeist.

Es war die Geisteshaltung der blutjungen Leutnants und Oberleutnants, die 1918 aus den Schützengräben des Ersten Weltkriegs in eine Welt zurückgekommen waren, in der ihre Ideale keine Gültigkeit mehr besaßen. Der Frontgeist übertrug das uniformierte Kriegserlebnis auf die zivile Friedenspolitik. Dem Schlagwort „Im Felde unbesiegt!" folgte die aggressive Frage: „Wofür haben wir gekämpft?" Doch zweifellos nicht für diese Republik der Demütigungen, des Elends und der Wirtschaftsnot! Wenn sich die Kriegsfolgen auch außenpolitisch nicht revidieren ließen – noch nicht! –, so sollten sie zumindest im Lande selbst revidiert werden. Der Frontgeist lebte zugleich von der Dolchstoßlegende. Die Heimat ist der Front in den Rücken gefallen! Die Heimat: das waren die streikenden Arbeiter und die im Reichsrat Friedenspolitik treibenden Sozialdemokraten; die Anführer und das Fußvolk der – noch dazu jüdischen! – bolschewistischen Weltverschwörung gegen das christliche Abendland und seinen bürgerlichen Geist. So sahen es zumindest die Heimwehrmarschierer, die keinen Unterschied zwischen Austromarxisten und Bolschewiken akzeptieren wollten, und so sah es auch der politische Katholizismus.

Der politische Katholizismus kam nicht erst mit Dollfuß auf. Er war schon mit Seipel vorhanden. Er hatte außerdem seine alldeutsche Schlagseite, und hier trat Dollfuß in die Fußstapfen des Prälaten. Das Deutschtum des Dr. Dollfuß war von missionarischem Geist erfüllt: „Österreich – Zelle eines christlichen Wiederaufbaues im Abendland".[2] Österreich – der Hort des deutsch-abendländischen Christentums! Das war gegen den Nationalsozialismus gerichtet, der den deutschen Geist antichristlich, antiabendländisch, sozusagen preußisch-protestantisch verfälschte! Diese heilige Überzeugung, als katholischer Österreicher der bessere Deutsche zu sein, verstärkte sich mit Hitlers Machtübernahme: Der Kampf gegen den Nationalsozialismus wurde zum Kampf für die politisch-religiöse Gegenreformation.

Die innere Machtergreifung, die der Installierung des autoritären Systems den Halt geben sollte, erfolgte durch das Instrument des politischen Katholizismus, den CV. Am Anfang der Republik war der Beamtenapparat zum größten Teil monarchistisch oder großdeutsch-liberal gewesen, letzteres vor allem in der Justiz und in der Polizei; und bei der Polizei hatte Schober 14 Jahre lang dafür gesorgt, daß sich daran nichts änderte. Das war der Grund, weshalb Dollfuß keine vaterländisch-verläßliche Exekutive vorfand; weshalb die ersten nationalsozialistischen Verschwörungen dann 1933 bei den höchsten Polizeibeamten wie beispielsweise dem Hofrat Steinhäusl ihren Ausgangspunkt nahmen. Dagegen mobilisierte Dollfuß den CV; und er mobilisierte ihn so erfolgreich, daß manche seiner Exponenten bis in die Zweite Republik hinein wirksam blieben. Der CV: eine verschworene Gemeinschaft der intellektuellen katholischen Oberschicht, der Beamtenhierarchie, die den jüngsten Ministerialsekretär bis hinauf zum Bundeskanzler schon nach außen hin mit dem brüderlichen Du-Wort verband. Der religiös-politische Kastengeist des CV beherrschte auf weite Strecken hin die Beamtenhierarchie auf Staats- und Landesebene; er machte ganze Ministerien zu Monopolbetrieben, in denen es für den Außenstehenden nur geringe Chancen gab.

Hier lag dann die Wurzel für eine der am meisten umstrittenen Erscheinungsformen der Zweiten Republik nach 1945, für den Proporz. Es war der Versuch der Linken, die nun den Koalitionspartner in der Regierung stellte, auch den noch aus der Ersten Republik stammenden Beamtenapparat zu durchdringen. Was nach außen hin so ungut nach Parteibüchelwirtschaft jenseits alles Fachwissens aussah, war nichts anderes als das verzweifelte Bemühen der Sozialisten, in die „geschlossene Gesellschaft" der hohen Bürokratie einzudringen. Was der ÖVP nach 1945 den propagandistisch so unschätzbaren Vorteil gab, immer und überall auf unpolitische Fachleute und objektive Berufsbeamte zurückgreifen zu können, war die Tatsache, daß die unpolitischen Fachleute aus der planmäßigen Beamtenkarriere ohnehin, auch ohne Parteibuch, das bürgerliche Lager, die christlich-abendländische Weltanschauung repräsentierten.

Inmitten der gesamtösterreichischen Katastrophenstimmung lebte Wien seit dem Ende der Inflation weiter das Leben eines Weltzentrums weiter. Seine geistige Ambition sprengte den Rahmen des Kleinstaates. Es lag näher an Paris, Berlin, London und New York als an Graz, Linz oder Klagenfurt. Zu den Theaterpremieren kam man zwar nicht aus Sankt Pölten, aber aus Amerika. Für sein Theater an der Wien konnte Hubert Marischka der Staatsoper den berühmtesten Tenor, Richard Tauber, um 3000 Schilling Abendgage wegengagieren. Als Wilhelm Furtwängler im Spätherbst 1930, den Tagen politischer Hochspannung und latenter Staatsstreichgefahr, die Leitung der Wiener Philharmoniker niederlegte, um nach Berlin zu übersiedeln, widmete die „Neue Freie Presse" diesem Ereignis eine ganze Druckseite, und die Wiener Konzertbesucher betrachteten den bis dahin vergötterten Dirigenten als eine Art Hochverräter.

Was damals die Stammgäste des Café Herrenhof zuerst auf ein paar Zetteln notierten, erreichte später als fertiges Werk gigantische Auflagen. Stefan Zweigs „Sternstunden der Menschheit" wurde in 250.000 Exemplaren verkauft. Eine Gemeinde von „Kulturkonsumenten", keine hauchdünne Oberschicht, sondern Zehntausende, überblätterte täglich die politischen Seiten der Zeitungen, um dann den Kulturteil bis zur letzten, kleinstgedruckten Notiz zu studieren. Sogar Leute, die nie in die Oper gingen, wußten über Programm und Besetzung Bescheid. Mit der Frage nach den Namen der gerade amtierenden Minister hätte man diese Leute in Verlegenheit gebracht. Leo Slezak, Maria Jeritza, Eric von Schmedes, Anna Bahr-Mildenburg, Lotte Lehmann kannten sie. Man wußte schon Monate vor dem Erscheinen eines neuen Buches, woran ein einigermaßen prominenter Autor gerade arbeitete. Wenn Karl Kraus in seiner „Fackel" einen seitenlangen Artikel über eine Nichtigkeit schrieb, die er zur Grundsatzfrage der Kultur überhaupt machen wollte, dann wurde er nicht als Spinner belächelt, sondern als literarisches Gewissen betrachtet. Man pflegte tagelang über Richtigkeit oder Unrichtigkeit seiner Auffassung zu diskutieren. „Man": Das waren keineswegs nur ein paar kulturbeflissene Außenseiter, die im luftleeren Raum theoretisierten und mit dem tatsächlichen Leben der Millionenstadt nichts zu tun hatten. „Man": Das waren Zehntausende Menschen aus den verschiedensten Berufen, aus jeder Gesellschaftsschicht der bürgerlichen Welt innerhalb des Gürtels. Das Wien von damals brauchte keine engagierte Subkultur, die Radau schlagen mußte, um sich bemerkbar zu machen. Die breite kulturelle Schicht von damals war engagiert genug. Auf der Kleinkunstbühne hielten ihr Peter Hammerschlag, Jura Soyfer und der blutjunge Hans Weigel den sozialkritischen Spiegel vor; es bedurfte keines Schlachthofs gesellschaftspolitischer Auseinandersetzungen an der Peripherie; sie wurden im Stadtzentrum geführt.

Das Wien der Ersten Republik hatte noch eine andere Besonderheit: Während Österreich eines der ärmsten Länder des Kontinents war, konnte Wien sich eine der reichsten Städte Europas nennen. Die Trennung von Niederösterreich hatte das Land um die Hauptstadt, die Stadt aber zum Wohlstand gebracht. Wien, als eigenes Bundesland und zugleich Gemeinde, kassierte beim Steuerausgleich, der sogenannten Abgabenteilung zwischen Bund, Ländern und Gemeinden, den Löwenanteil: Er kam der Stadt als „Land" auch dem Gesetz nach zu, vermöge der Einwohnerzahl. Zugleich aber wurden auch die Gemeindesteuern eingehoben. Gerade in den Kleingemeinden am Rande der Großstadt wurde das Problem spürbar: Die Familienväter fuhren als Industriearbeiter in die Stadt, bezahlten dort ihre Steuern, die Schule für ihre Kinder aber mußte die Gemeinde erhalten. So wußte Niederösterreich beispielsweise nicht, wie es seine 12.000 Kilometer Landesstraßen instandhalten sollte. Wien konnte gleichzeitig mit seiner Wohnbautätigkeit und seiner Sozialpolitik weltweite Bewunderung erregen.

Niemand war schuld an diesem Mißverhältnis, aber die Tatsache schuf nun einmal Unfrieden und Gegensatz. Die Abneigung gegen das „rote Wien" wuchs mit der fortschreitenden Wirtschaftskrise. Wer aus den Bundesländern in die Hauptstadt kam, fühlte sich als Fremder. Es war ein psychologisches Moment, das den politischen Gegensatz zwischen Christlichsozialen und Sozialdemokraten auch noch persönlich verschärfte. So erklärte sich, teilweise zumindest, auch das Phänomen, daß die Erste Republik von den Ländern her und von dort wieder durch die Bauernschaft regiert wurde, obwohl die Landbevölkerung nur ein Viertel der österreichischen Einwohnerschaft betrug.

Anderswo in Europa, in Frankreich oder England, machte man politische Karriere, in dem man in die Hauptstadt ging und dort Anschluß an die Parteizentralen suchte. In Österreich mußte man – und muß vielfach heute noch – zuerst in Graz oder Linz, Innsbruck oder Bregenz Karriere machen, um von der Partei nach Wien geschickt zu werden. Christlichsozialer Bundeskanzler wurde man nicht im Parlament oder auf dem Ballhausplatz, sondern in den Landesparteileitungen. Man wurde gewissermaßen als „Aufpasser" nach Wien geschickt, als Kämpfer gegen die Sonderinteressen des „roten Wasserkopfs". Man fühlte sich in Wien auch nicht sehr wohl, denn die Kluft, die die Bundesländer-Mandatare von dem trennte, was man „Wiener Gesellschaft" nannte, war groß.

Diese Gesellschaft war ein seltsames Konglomerat aus einer Aristokratie, die sich mit ihrem Grundbesitz in den Nachfolgestaaten immer noch der Monarchie verhaftet fühlte, aus den finanziell stark angeschlagenen Nachfahren des industriellen Geldadels der Gründerzeit, aus einer hochkultivierten Schicht jüdischer Intellektueller nebst einer zumeist konservativen Gruppe höchster Staatsbeamter, und diese Gesellschaft fand zu der neuen Politikerkaste nur schwer Kontakt. Für diese Wiener Gesellschaft blieb alles, was nicht Wien war, eben Provinz. Die Leute aus den Bundesländern spürten die Geringschätzung und reagierten ihrerseits mit Ablehnung. Die Wiener wiederum identifizierten – wie das Ausland auch – den Begriff Österreich mit der Hauptstadt. Da die Regierungspolitik zwar in Wien gemacht wurde, aber größtenteils nicht von Wienern, sondern von „Provinzlern", wurde diese ganze Politik letztlich abfällig als „provinziell" abgewertet. Noch ein Faktor also, der dazu angetan war, das Selbstverständnis des Österreichers in der Demokratie zu untergraben.

Die Regierung des jungen Kanzlers Dr. Engelbert Dollfuß verbuchte ihren ersten Erfolg am 15. Juli 1932, keine drei Monate nach ihrem Amtsantritt. In Lausanne wurde das Abkommen über eine neue Völkerbundanleihe in Höhe von 300 Millionen Goldschilling unterzeichnet. Das Kabinett übernahm dafür eine Verpflichtung, die höchst theoretischer Natur schien: Bis 1952, also 20 Jahre lang, sollte Österreich auf jeden Anschluß an Deutschland verzichten.

Wie schon Seipel in den Genfer Protokollen von 1922, so verzichtete auch Dollfuß 1932 auf etwas, das praktisch ohnehin undurchführbar war; für den Augenblick zumindest. Die Nachfolgestaaten ebenso wie Frankreich und Italien hätten einen Anschluß damals nie geduldet, und in Deutschland gab es noch keinen Reichskanzler namens Hitler, der diesen Anschluß durchgedrückt hätte.

Die Lausanner Anleihe findet heute noch, und fand damals schon harte Kritiker: „Dr. Seipel hat im Jahre 1922 die furchtbare Not des Landes dazu benützt, dessen außen- und handelspolitische Bewegungsfreiheit zu verkaufen. Dr. Dollfuß übertrifft ihn noch, er will diese Freiheit verschenken."

Seipel hatte jedenfalls der Inflation, die alle traf, ein Ende gemacht. Die Dollfuß-Aktion machte der Not der dreißiger Jahre kein Ende. Das Geld, nach dem heutigen Wert etwa sechs Milliarden Schilling, diente hauptsächlich dazu, Kredite zu tilgen und Zinsen für Auslandschulden zu zahlen. Ein Teil der Anleihe floß auch zur Nationalbank zurück, die daraufhin den Banknotenumlauf reduzierte – eine Währungsoperation also, um den „Alpendollar" auf den Devisenmärkten „hart" zu machen. Auch angesichts einer Arbeitslosenarmee von fast vierhunderttausend Menschen schien der Geldwert wichtiger als Beschäftigungspolitik.[3]

Die Millionen jedenfalls waren für Österreich gesichert. Es blieb jedoch für Dollfuß die Erkenntnis, daß er mit diesem Parlament nicht über die Runden kommen konnte. Er hatte schon vorher versucht, mit dem sozialdemokratischen Parteiführer Dr. Otto Bauer zu einem Kompromiß zu gelangen. In seiner verzweifelten Situation wäre der kleine Kanzler sogar bereit gewesen, eine schwarz-rote Koalition zu riskieren. Die Sozialdemokraten aber waren hypnotisiert von der Hoffnung, bei den bevorstehenden Wahlen endlich zur Mehrheit durchzubrechen.

Dollfuß versuchte es mit den Großdeutschen. Er holte sich auch hier ein „Nein". Als Koalitionspartner des Unterzeichners von Lausanne würden die Großdeutschen, davon waren sie überzeugt, die letzte Chance im Konkurrenzkampf mit dem Nationalsozialismus verlieren.

Dollfuß dachte schließlich an die zeitweise Ausschaltung des Parlaments. Das Instrument dazu war vorhanden. Es stand in der Verfassung: Das Kriegswirtschaftliche Ermächtigungsgesetz vom 24. Juli 1917, Reichsgesetzblatt Nr. 307.

Sein Wortlaut besagte: „Die Regierung wird ermächtigt, während der Dauer der durch den Krieg hervorgerufenen außerordentlichen Verhältnisse die notwendigen Verfügungen zur Förderung und Wiederaufrichtung des wirtschaftlichen Lebens, zur Abwehr wirtschaftlicher Schädigungen und zur Versorgung der Bevölkerung mit Nahrungsmitteln und anderen Bedarfsgegenständen zu treffen."

Und es stand in den Übergangsbestimmungen der Bundesverfassung vom 1. Oktober 1920, daß die in dem Kriegswirtschaftlichen Ermächtigungsgesetz der kaiserlichen Regierung zustehenden Befugnisse auf die Bundesregierung der Republik übertragen würden.[4] 1920, als dieses Ausnahmegesetz der Monarchie in das Verfassungspaket der Republik übernommen wurde, bestand kein Zweifel an der Weiterwirkung der außerordentlichen Verhältnisse, auch nach Kriegsende. Ein Sondergesetz hatte also durchaus seine Berechtigung.

Die Frage war nur: Hatte es diese Berechtigung auch noch 1932?

Das Kriegswirtschaftliche Ermächtigungsgesetz, die Handlungsgrundlage des autoritären Systems in Österreich, wurde seither stets mit dem Namen des Sektionschefs Dr. Robert Hecht als untrennbar verbunden betrachtet.

Hecht war Leiter der Rechtsabteilung des Heeresministeriums; als Vaugoins Rechtsberater hatte er bei der „Umpolitisierung" der Volkswehr zum Bundesheer das juristische Rüstzeug geliefert. Ihm blieb der Ruf, das Kriegswirtschaftliche Ermächtigungsgesetz „ausgegraben" zu haben.[5]

Das Gesetz mußte nicht erst ausgegraben werden. Es geisterte seit 1919 durch die Verfassungskämpfe der Republik. Schon in der Konstituierenden Nationalversammlung beantragte der Großdeutsche Emil Kraft die Aufhebung dieser Kriegswirtschaftlichen Ermächtigung mit den geradezu prophetischen Worten, daß „irgendeine kommende Regierung damit ohne Parlament unter dem Schein der Verfassung die ganze Herrschaft bestreiten" könne. Der Antrag blieb im Verfassungsausschuß unerledigt liegen. Ebenso unerledigt blieb ein Antrag des Sozialdemokraten Albert Sever vom 27. Juni 1928, der nach den Juliereignissen 1927 sich des Gesetzes erinnerte und fürchtete, es könne einmal gegen die Sozialdemokraten angewendet werden. Auch Severs Antrag auf Aufhebung kam über den Verfassungsausschuß nicht hinaus. Am 4. Dezember 1930 erneuerte der Sozialdemokrat Anton Hölzl den Antrag; wieder ergebnislos.

Nach dem Nervenkrieg um die Lausanner Anleihe, nach seinen

vergeblichen Versuchen eines Kompromisses mit Sozialdemokraten oder Großdeutschen suchte Dollfuß immer intensiver nach einer Möglichkeit, ohne Parlament zu regieren – zunächst einmal für eine kurze Übergangsperiode. Die Verfassung enthielt zwar ein Notverordnungsrecht des Bundespräsidenten, doch Miklas lehnte es ab, von dieser Ausweichlösung Gebrauch zu machen. So wendete sich Dollfuß an den findigen Dr. Hecht. Und Hecht schlug das Kriegswirtschaftliche Ermächtigungsgesetz vor.

Dollfuß wendete es am 1. Oktober 1932 zum ersten Male an. Eine auf Grund dieses Gesetzes erlassene Verordnung des Justizministers im Einvernehmen mit dem Finanzminister verfügte Exekutionen gegen die Verantwortlichen am Zusammenbruch der Creditanstalt.

Am 2. Oktober 1932 sagte der Kanzler bei einer Versammlung in der niederösterreichischen Gemeinde Haag: „Die Tatsache, daß es der Regierung möglich ist, selbst ohne vorherige endlose parlamentarische Kämpfe sofort gewisse dringliche Maßnahmen in die Tat umzusetzen, wird zur Gesundung unserer Demokratie wesentlich beitragen." Der Seitenhieb auf das Parlament, das endlos debattierte, statt etwas zu tun, war populär. Wenn der Nationalrat schon mehr oder weniger funktionsunfähig war, so hatte man jetzt wenigstens eine Regierung, die etwas tat. Noch dazu tat sie etwas gegen die Bankiers, gegen Leute also, die das sauer ersparte Geld der Mitbürger verspekuliert hatten. So sah es damals zumindest aus. Als die sozialdemokratische Opposition in den Parlamentssitzungen vom 20. und 21. Oktober tobend protestierte, hatte sie die Mehrheit der Bevölkerung zweifellos gegen sich.

Der geschickte Schachzug der Regierung drängte die Linksopposition in die unerquickliche Rolle der ewigen Neinsagerin, die nur lärmende Obstruktion trieb, während ein Bundeskanzler endlich einmal energisch durchgreifen wollte. Der Versuchsballon war solcherart erfolgreich gestartet. Sektionschef Dr. Hecht hatte seinem Regierungschef einen unschätzbaren Dienst geleistet.[6]

Ausgestanden war der Kampf gegen die Demokratie noch nicht. Der Verfassungstrick mit dem Kriegswirtschaftlichen Ermächtigungsgesetz mußte sich noch bei der geplanten Ausschaltung des Parlaments bewähren. Noch schreckte Dollfuß vor unverhülltem Rechtsbruch durch Gewaltanwendung zurück.

Dann lief, wie gerufen für die Probe aufs Exempel, die Hirtenberger Waffenaffäre an.

Die Hirtenberger Patronenfabrik gehörte dem Großindustriellen Fritz Mandl. Er sollte populärer werden, als es üblicherweise einem Rüstungsmagnaten gelang; nicht durch die Hirtenberger Affäre, sondern durch seine Heirat mit der Wiener Juwelierstochter Hedy Kiesler, die der Wiener Gesellschaft die Sensation der dreißiger Jahre lieferte: Sie trat in dem Film „Ekstase" nackt vor die Kamera. Das heute Alltägliche war damals ungeheuerlich. Als Hedy Lamarr wurde Frau Kiesler-Mandl später auch zur Hollywood-Berühmtheit. Was den Patronenfabrikanten Mandl betraf: Er war ein Freund Starhembergs und ein Gönner der Heimwehren. Mit seiner Belegschaft kam er gut aus, weil er ein sozial denkender Arbeitgeber war; für die Arbeiterschaft außerhalb des eigenen Betriebes aber stellte Mandl die Personifizierung des Faschismus dar: der Großkapitalist, der bewaffnete Banden finanzierte, um die proletarischen Massen niederzuhalten, wenn sie sich mit seinem Klostersuppen-Sozialismus nicht zufriedengeben wollten. Außerdem war Mandl ein guter Geschäftsmann. Als Mussolini Ende 1932 daranging, die ungarische Horthy-Regierung heimlich mit Waffen zu beliefern, schaltete er sich ein. Unter dem Vorwand, es handle sich um altösterreichisches Kriegsmaterial aus Beutebeständen, wurden die Waffen aus Italien zur „Reparatur" nach Hirtenberg geschickt, und Mandl sollte dann für die Weiterlieferung nach Ungarn sorgen.

Auf dem Villacher Frachtenbahnhof wurden die Waggons geöffnet. Die sozialdemokratisch organisierten Eisenbahner, die der Name Mandl auf den Frachtbriefen alarmiert hatte, überprüften die Sendung mit peinlicher Genauigkeit. Dabei stellten sie fest, daß der Inhalt der Waggons mit der Deklaration nicht übereinstimmte.

Am 8. Januar 1933 schrie die „Arbeiter-Zeitung" Feuer. Die Sozialdemokraten nahmen zunächst an, die Waffen seien für die Heimwehren bestimmt. Als sich die Wahrheit herausstellte, wurde die Sache noch schlimmer. Jetzt liefen auf dem Ballhausplatz die Gesandten Frankreichs und der Kleinen Entente Sturm, weil Österreich bei illegalen Waffengeschäften zwischen dem faschistischen Italien und dem halbfaschistischen Ungarn seine Hände im Spiel hatte. In dem Augenblick, in dem die Völkerbundanleihe noch keineswegs von allen Garantiemächten ratifiziert war, sah Dollfuß sich in einen internationalen Skandal verwickelt. Er betrachtete die Eisenbahner ohnehin schon immer als die gefährlichsten politischen Gegner; von ihnen hing der Erfolg jedes Generalstreiks ab. Vielleicht schlug er deshalb so unerwartet radikal zu, als am 1. März 1933 ein Eisenbahnerstreik ausbrach.

Die Bewegung hatte wirtschaftliche Ursachen. Die leeren Kassen zwangen die Generaldirektion, die Märzgehälter und -pensionen in drei Raten auszuzahlen. Außerdem standen Gehaltskürzungen und Entlassungen bevor.[7] Der Ausstand war lediglich als zweistündiger Warnstreik gedacht, doch Dollfuß ging aufs Ganze. Die Bahnhöfe wurden von Bundesheer und Gendarmerie besetzt, die Streikführer wanderten in die Gefängnisse. Der Kraftakt der Regierung aus dem nichtigen Anlaß eines Warnstreiks war auch seinerseits als Warnung gedacht: Dollfuß wollte seine Entschlossenheit demonstrieren, einen eventuellen politischen Generalstreik mit allen Machtmitteln des Staates zu unterdrücken. In dieser Stimmung trat am 4. März 1933 der Nationalrat zusammen, um über die von der Regierung geplanten Strafmaßnahmen gegen die Streikführer zu debattieren.

Die Nerven aller Beteiligten waren seit Monaten überspannt. Die Hirtenberger Waffenaffäre und die bewaffnete Aktion gegen Streikende hatten die Erregung auf beiden Seiten zur Siedehitze angeheizt. Die Situation war für Dollfuß verzweifelt: Den Eisenbahnerstreik hatten auch die christlichen und die nationalen Gewerkschaften unterstützt. Beim Stimmenverhältnis von 83 : 82 konnte jede Parlamentssitzung zum Sturz der Regierung führen. Seit dem Herbst hatte Dollfuß mit dieser Einstimmenmehrheit die Neuwahlen hinausgezögert. Wie lange noch?

So wurde an diesem 4. März ins Parlament geschleppt, was irgendwie gehfähig war. Trotzdem fehlten der Regierungskoalition drei Mandatare. Als Vertreter der stärksten Fraktion, der Sozialdemokraten, saß der frühere Staatskanzler Dr. Renner auf dem Präsidentenstuhl; der Geschäftsordnung nach durfte der amtierende Präsident nicht mitstimmen. Die Opposition der Sozialdemokraten und der Großdeutschen verfügte also über 81 Stimmen gegenüber den 80 Stimmen der Regierung.

So ging der oppositionelle Antrag, die Streikführer der Eisenbahner zu amnestieren, mit einer Stimme Mehrheit durch.

Und dann begann der Krach. Die Christlichsozialen protestierten: Zwei Sozialdemokraten hatten bei der Abstimmung ihre Stimmzettel in der Aufregung verwechselt. Am zahlenmäßigen Ergebnis änderte sich dadurch zwar nichts, doch die Regierungskoalition verlangte Wiederholung der Abstimmung. Renner lehnte ab. Im allgemeinen Lärm wurde die Sitzung unterbrochen.

In den Couloirs setzte jetzt geradezu fieberhafte Tätigkeit ein. Die Regierungsfraktionen bemühten sich, einen wankelmütigen

Großdeutschen weich zu bekommen, damit er für die Regierung stimmte. Die Sozialdemokraten Seitz, Bauer, Sever und Danneberg brüteten die Idee aus, den Präsidenten Renner zur Demission zu veranlassen. Dann rückte der christlichsoziale Zweite Präsident des Nationalrates, der ehemalige Bundeskanzler Dr. Ramek, auf den Präsidentenstuhl vor, durfte nicht abstimmen, und die Mehrheit der Opposition war auf jeden Fall gerettet. Der Klubsekretär der Sozialdemokraten, Dr. Adolf Schärf, wurde beauftragt, Renner von diesem Beschluß zu verständigen. Die Sozialdemokraten, die entschiedensten Verfechter des Parlamentarismus, merkten in ihrer Erregung gar nicht, daß dieses Zahlenspiel die parlamentarische Demokratie ad absurdum führte, daß die Tricks und Verlegenheitslösungen nur denen recht gaben, die längst behaupteten, die Demokratie sei funktionsunfähig.

Nur einer merkte es: Schärf. Er weigerte sich, diesen Botengang auszuführen.[8] Schließlich ging der Zentralsekretär Dr. Danneberg mit Schärf zu Renner. Renner gehorchte. Bei Wiederbeginn der Sitzung trat er zurück.

Noch merkten die Christlichsozialen nicht, was gespielt wurde. Dr. Ramek übernahm den Vorsitz, während Renner auf seinen Abgeordnetensitz marschierte, und verfügte Wiederholung der Abstimmung. Und jetzt gingen dem sonst so kühlen, beherrschten Seitz, einem Meister der parlamentarischen Geschäftsordnung, die Nerven durch. Er polemisierte heftigst gegen die Wiederholung der Abstimmung – völlig überflüssigerweise, denn der Abstimmungssieg der Opposition war zahlenmäßig gesichert.

Und dann passierte es: Auch der Zweite Präsident, der Christlichsoziale Dr. Ramek, demissionierte. Und gleich darauf legte der Dritte Präsident des Hauses, der Großdeutsche Dr. Sepp Straffner, sein Amt ebenfalls nieder.

Das Parlament hatte keinen Präsidenten mehr, der die Sitzung hätte weiterführen können.[9] Im beispiellosen Trubel gingen die Abgeordneten auseinander. Keinem dürfte in diesem Augenblick schon klargewesen sein, welche Folgen die allgemeine Kopflosigkeit haben würde.

Der nächste Tag, der 5. März, war ein Sonntag, und an diesem Sonntag entschied sich das Schicksal der Ersten Republik.

Zweierlei kam dazu, um diese Entscheidung zu beeinflussen. Beides lag Wochen zurück.

Zunächst hatte Dollfuß seine Basis verstärkt. Er hatte, um den unsicheren Koalitionspartner Heimatblock fester an sich zu binden, den stärksten Mann des Wiener Heimatschutzes, den Maria-theresienritter Major Emil Fey, am 17. Oktober 1932 zum Staatssekretär für Sicherheitswesen ernannt. Der Mann, der die parlamentarische Demokratie und die Sozialdemokraten verabscheute wie kaum ein anderer, saß damit an einer der Schaltstellen künftiger Entscheidungen.

Und noch etwas war passiert: Am 30. Januar 1933 hatte Hitler in Deutschland die Macht übernommen. Jetzt waren die österreichischen Nationalsozialisten keine Außenseiter mehr, sondern die Verbündeten und Schutzbefohlenen des mächtigen Nachbarn im Norden. Für den 5. März waren im Reich Wahlen angesetzt.

Am 5. März beriet die christlichsoziale Führerschaft auf dem Besitz des niederösterreichischen Landeshauptmannes und ehemaligen Bundeskanzlers Dr. Buresch in Großenzersdorf die Lage. Es wurde der Beschluß gefaßt, eine Zeitlang ohne Parlament zu regieren. Es gab ja niemanden, der den Nationalrat hätte einberufen können. Die Volksvertretung hatte sich durch den Rücktritt ihrer drei Präsidenten „selbst ausgeschaltet". Dollfuß fehlte bei der Sitzung.

Am selben 5. März nämlich hielt er in Villach eine Bauernkundgebung ab. Seine Rede war eine einzige flammende Anklage gegen den Parlamentarismus, und der Beifall seiner Zuhörer umjubelte ihn.

Auf der Heimfahrt nach Wien, als schon die ersten reichsdeutschen Wahlresultate vorlagen, bestieg in Wiener Neustadt der sozialdemokratische Landeshauptmann-Stellvertreter von Niederösterreich, Oskar Helmer, den Zug. Im Waggon sagte er zu Dollfuß: „Jetzt können wir doch einmal in Ruhe darüber reden. Das ist doch alles ein Blödsinn, das kann man doch wieder gutmachen."[10]

Doch Dollfuß, noch unter dem Eindruck des Villacher Jubels, lehnte jede Vermittlung ab: „Es war ein Fingerzeig Gottes!"

Zwei Tage später, am 7. März 1933, beschloß der Ministerrat, mit Hilfe des Kriegswirtschaftlichen Ermächtigungsgesetzes zunächst einmal ohne Parlament autoritär zu regieren.

Am 8. März tagte der sozialdemokratische Parteivorstand.

Am selben 8. Mai bat Dollfuß den Parteisekretär Dr. Danneberg zu sich. Er schlug ihm eine Atempause vor – Stillhaltefrist für das Parlament bis zur Ausarbeitung einer neuen Geschäftsordnung und gewisser Verfassungsänderungen. Der Sinn sollte nicht eine dauernde Ausschaltung der Demokratie sein; eben nur eine Atempause, um Neuwahlen zu vermeiden; Neuwahlen, die nur dem gemeinsamen Feind, dem Nationalsozialismus, nützen könnten.

Die Sozialdemokraten sagten nicht ja, aber sie sagten auch nicht nein. Der Parteivorstand sah sich an diesem 8. März vor die Entscheidung gestellt, ob er das Linzer Programm anwenden sollte oder nicht. Wenn irgendwann, dann war jetzt der Moment gekommen, Otto Bauers Androhung von der Gewalt gegen die Gewalt in die Tat umzusetzen.

Die Sozialdemokraten taten nichts. Der Schrecken des 15. Juli 1927 saß ihnen noch in den Knochen – die Erinnerung an die Hilflosigkeit der Massen gegenüber ein paar hundert Gewehren in Polizistenhänden. Die Lage schien noch nicht aussichtslos genug, um den letzten Verzweiflungsschritt zu wagen.

Das Bundesland Wien beschloß, die Notverordnungen der Bundesregierung beim Verfassungsgerichtshof anzufechten. Demokratischer ging es wirklich nicht in der Abwehr des heraufdämmernden Austrofaschismus.

Am 15. März folgte die nächste Etappe dieser Entwicklung. Der Großdeutsche Dr. Straffner hatte seinen Rücktritt als Dritter Präsident des Nationalrates zurückgenommen und für den 15. März den Nationalrat zu einer Sitzung einberufen.

Würde die Regierung die Sitzung mit Polizeigewalt verhindern? Die Regierung fühlte sich noch keineswegs so stark, wie sie sich gab. Buresch versuchte Seitz zu bewegen, freiwillig auf eine Parlamentstagung zu verzichten. Seitz lehnte ab – aber der sozialdemokratische Parteivorstand konnte sich an diesem 15. März so wie schon acht Tage zuvor nicht entschließen, eine eventuelle Polizeiaktion mit einem Generalstreik zu beantworten.

So kam der Nachmittag des 15. März 1933. Auf die Dramatik der „Selbstausschaltung" folgte die Tragikomödie eines armseligen Rettungsversuches für das österreichische Parlament. Dr. Straffner eröffnete schon um 14.30 Uhr die erst für 15 Uhr anberaumte Sitzung, um einer Gegenmaßnahme zuvorzukommen. Der Saal war halb leer; Sozialdemokraten und Großdeutsche hatten sich zwar eingefunden, aber auch nicht vollständig, denn einige Kriminalbeamte waren gerade noch zurechtgekommen, um den Nachzüglern die Türen vor den Nasen zuzuschlagen. Drinnen im Saal begnügte sich Straffner damit, die Beratung zu eröffnen und nach wenigen Minuten wieder zu schließen. Man wollte lediglich demonstrativ zeigen, daß das angeblich ausgeschaltete Parlament noch existierte. Als die Polizei dann massiv ankam, war die Sitzung schon wieder beendet. Die ganze Demonstration aber hatte nur die Hilflosigkeit des Parlaments offenbart: für die Opposition ein Tiefschlag, für die Regierung eine Aufmunterung.

Dollfuß ging seinen Weg weiter. Die Presse wurde unter Vorzensur gestellt, Am 30. März wurde der Republikanische Schutzbund für aufgelöst erklärt. Bürgermeister Seitz antwortete als Landeshauptmann mit dem Verbot der Heimwehr für Wien. Beides waren Manöver. Die Regierung fühlte sich noch nicht stark genug, den Schutzbund auch wirklich zu entwaffnen, und Seitz war nicht mehr stark genug, das Heimwehrverbot durchzusetzen.

Die Unsicherheit der Regierung bewies sich durch die hektische Betriebsamkeit beim Verfassungsgerichtshof, der über die Beschwerde des Bundeslandes Wien verhandeln sollte. Wieder wurde der Sektionschef Dr. Hecht vorgeschickt, und seine Praxis war ganz besonders übel: Er bearbeitete die den Christlichsozialen nahestehenden Richter. Sie sollten zurücktreten. Wenn es nicht genügend Richter gab, war der Verfassungsgerichtshof lahmgelegt; die Beschwerde konnte nicht behandelt werden. Daß diesen Richtern gleichzeitig versprochen wurde, was es nur zu versprechen gab, verstand sich von selbst: Mitgliedschaft in einem kommenden, vom geplanten autoritären Regime eingesetzten Höchstgericht. Wie angeschlagen die öffentliche Moral damals schon war, beweist Hechts Erfolg: Es gelang ihm tatsächlich, so vielen der hohen Richter Verzichtserklärungen abzunötigen, daß der Verfassungsgerichtshof nicht mehr judizieren konnte.[11]

Der ganze widerliche Vorgang aber zeigte deutlich, daß Dollfuß sich noch nicht stark genug fühlte, den austrofaschistischen Staat mit jenem Instrument zu installieren, das ihn dann tragen sollte: mit der bewaffneten Macht der Exekutive, des Bundesheeres und der Heimwehren.

Die Sozialdemokratie bekam eine Atempause. Es war der Nationalsozialismus, der ihr diese Galgenfrist verschaffte. Ein Zweifrontenkrieg ging über die Kräfte des Bundeskanzlers. Außerdem wollte er sich noch der italienischen Rückendeckung versichern. Zu Ostern 1933 fuhr Dollfuß nach Rom.

Daß Mussolini nichts gegen eine Ausschaltung des Parlaments und der Sozialdemokraten haben würde, lag auf der Hand. Dollfuß aber brachte noch eine Beruhigung mit zurück nach Wien: Daß in Berlin jetzt ein Mann wie Hitler regierte, hatte die Donauraumpolitik der Italiener unbeeinflußt gelassen. Man konnte fast sagen: im Gegenteil, Hitler in Berlin machte ein selbständiges Österreich für Italien noch interessanter. Die Außenpolitik in Rom wurde von Staatssekretär Fulvio Suvich gelenkt, und Suvich kalkulierte, daß sich die Brennergrenze gegen ein großdeutsches Reich nur schwer würde halten lassen. Ein Österreich dagegen, das man gegen die deutschen Anschlußversuche am Leben hielt, würde mit dem Verzicht auf alle Südtiroler Revisionswünsche bezahlen!

So kam Dollfuß gestärkt aus Rom heim – politisch beruhigt und zugleich wirtschaftlich getröstet: Italien war schließlich der wichtigste Abnehmer für österreichische Holzexporte.[12] Man konnte also gegen den Nationalsozialismus vorgehen, ohne diesen wichtigen Kunden zu verstimmen.

Dollfuß mußte gegen den Nationalsozialismus vorgehen, denn auch nach rechts hin zerschlugen sich, wie schon nach links, alle Kompromißversuche. Im Namen des Kanzlers verhandelten Anfang Mai Buresch, Schuschnigg und Rintelen mit dem reichsdeutschen Landesleiter der österreichischen NSDAP, Theo Habicht. Die Nationalsozialisten wären mit der zeitweisen Ausschaltung des Parlaments und der Verschiebung von Neuwahlen einverstanden gewesen, hätte Dollfuß ihnen einige Minister zugestanden. Dollfuß lehnte ab. Er konnte gar nicht zustimmen. Er hätte die Unterstützung der Heimwehren eingebüßt.

Die Heimwehren waren massiv antinationalsozialistisch; bis auf die steirische Gruppe. Mit Einverständnis der übrigen Führerschaft köpfte er diese Opposition, indem er deren Drahtzieher, den ewigen Unruhestifter Dr. Anton Rintelen, auf den Gesandtenposten in Rom abschob und Fey zum Minister machte.

Das war die Zeit, da der nationalsozialistische Terror nach Scheitern der Habicht-Verhandlungen bedrohlich einsetzte. Die Periode der Bomben begann, die Monate der Böllerwürfe gegen Telephonzellen und der Sprengstoffanschläge gegen jüdische Geschäfte. Vom Reich her wurde die Terrorwelle propagandistisch unterstützt. Der bayerische Justizminister Dr. Hans Frank kündigte für Mitte Mai seinen Besuch an, um bei einer Grazer Massenversammlung zu sprechen. Derselbe Dr. Frank hatte kurz zuvor die Dollfuß-Regierung in einer Radiorede unflätig beschimpft. Am 14. Mai wurde Frank dann auf dem Flugplatz Aspern von einem Polizeibeamten empfangen, der ihm mitteilte, daß der Besuch unerwünscht sei. Frank fuhr trotzdem nach Graz und forderte seine Zuhörer unverblümt auf, die Dollfuß-Regierung davonzujagen. Jetzt wurde Dr. Frank mit einem Minimum an diplomatischer Höflichkeit zur deutschen Grenze zurückgeleitet. Und Hitler holte zum ersten Schlag gegen Österreich aus: Die Tausendmarksperre wurde verhängt; 1000 Mark für ein Urlaubervisum nach Österreich! Todesurteil für die österreichische Fremdenverkehrswirtschaft!

Die Ereignisse überschlugen sich jetzt. Ein Attentat folgte dem anderen. Panik breitete sich aus. Am 19. Juni 1933 warfen zwei Nationalsozialisten bei Krems Handgranaten auf eine Gruppe christlichdeutscher Turner. Ein Todesopfer, 29 Verletzte. An diesem Tage entschloß sich die Dollfuß-Regierung zum Verbot der NSDAP in Österreich.

Für die Sozialdemokraten bedeutete diese Maßnahme eine neue Belastungsprobe. Sollten sie der von Dollfuß gewünschten Annullierung aller nationalsozialistischen Mandate in Landtagen und Gemeinderäten zustimmen? Unter dem Eindruck der Vorgänge im Reich, wo Hitler die freien Gewerkschaften und die SPD verbot, entschlossen sie sich dazu. Öffnete sich hier die Aussicht, zwischen Schwarz und Rot doch noch zur Verständigung zu gelangen, gegen den gemeinsamen Feind in Braun?

Doch Dollfuß war bereits ein Gefangener seiner bisherigen Politik. Wich er nach links aus, so verlor er die Heimwehren als Verbündete und Mussolini als Rückendeckung gegen den Nationalsozialismus. Kehrte er zur parlamentarischen Demokratie zurück, so blieb sein Sturz unausweichlich. Aus seiner Sicht gab es nur einen Weg: Weiterzukämpfen, nach rechts und nach links. Was ihm fehlte, war der eigene Machtapparat. Den hatte er sich bis dahin lediglich bei den Heimwehren geliehen. Der Apparat mußte also geschaffen werden.

Der Gedanke einer neuen, vaterländischen Massenorganisation war schon vor Hitlers Machtergreifung in Deutschland wach geworden. Bei einer Unterredung zwischen Dollfuß und Starhemberg entwikkelte dann einige Zeit später der Heimwehrführer seine Ideen für eine solche Organisation:

„Wir müssen den Österreichern zeigen, daß es eine österreichische Kraft gibt. Der Österreicher muß das Gefühl bekommen, daß es eine Kraft gibt, die ihn vor den Nazis beschützt, und der Wankelmütige, vor allem der Beamte, der Offizier, der Gendarm und der Polizist, muß in Zweifel versetzt werden, vor wem er mehr

Angst haben muß. Vor uns oder vor den Nazis ... Wir müssen dem nationalsozialistischen Terror einen noch ärgeren Terror entgegensetzen."

Dollfuß war einverstanden, und Starhemberg fuhr nach Italien, um bei Mussolini das Geld für diesen Plan zu bekommen. Die Heimwehren verfügten nämlich nicht einmal über die paar hunderttausend Schilling, um für die erste derartige Demonstration des „österreichischen Terrors" ihre Anhängerschaft nach Wien zu bringen. Mit italienischem Geld wurde am 14. Mai 1933 eine Großkundgebung mit etwa 250.000 Mann Beteiligung organisiert – nach außen hin als „Türkenbefreiungsfeier" deklariert, um das Heimwehrverbot des Wiener Bürgermeisters zu umgehen. Starhemberg sprach nachher von einer „gewonnenen Durchbruchsschlacht". Dollfuß nahm die „Türkenbefreiungsfeier" als Beweis dafür, daß das Bürgertum nicht wehrlos war. Ihm kam es jetzt auf die Organisation einer Einheitsfront aller Kräfte an, die nicht rot und nicht braun waren. Die alte Christlichsoziale Partei mit ihren demokratischen Prinzipien und ihrer geradlinig orientierten Vergangenheit schien ihm dafür zu eng begrenzt. Das hatte Dollfuß am 5. und 6. Mai beim Parteitag in Salzburg erleben müssen. Da hatten die Delegierten nicht ihn, den jungen Kanzler, sondern noch einmal den alten Carl Vaugoin zum Parteiobmann gewählt. Und mancher erprobte Demokrat aus der legendären Lueger-Gefolgschaft, Leopold Kunschak beispielsweise, hatte sein Unbehagen über die enge Nachbarschaft der faschistischen Heimwehren mit dem Nationalsozialismus laut werden lassen. Am 21. Mai 1933 jedoch erschien schon die erste Proklamation, die von einer „Vaterländischen Front" sprach. Sie sprach zugleich davon: „Wie einst von Radetzky, so kann man von Bundeskanzler Dr. Dollfuß heute sagen, daß in seinem Lager Österreich steht."

Dollfuß selbst wußte, daß etwa 40 Prozent der Bevölkerung noch immer im Lager der sozialdemokratischen Opposition standen. Im August fuhr der Bundeskanzler zu Mussolini nach Riccione, und der Duce stellte seine Forderungen: Schluß mit den Sozialdemokraten, Schluß mit der noch immer dahinvegetierenden halbe Demokratie, Mobilisierung der autoritären Einheitsfront mit den faschistischen Heimwehren als Kern! Am 11. September 1933, bei einer Großkundgebung auf dem Wiener Trabrennplatz, proklamierte Dollfuß dann sein Programm für die Aufrichtung des autoritären Ständestaates. Zehn Tage später bildete er seine Regierung um. Der Landbund und sein Vizekanzler Winkler wurden

verabschiedet; nach Ausschaltung des Parlaments waren sie überflüssig geworden; ihre Anhängerschaft hatte sich ohnehin schon
verlaufen. Auch der Heeresminister Carl Vaugoin wurde ausgebootet; er hatte sich gegen den militärischen Machtzuwachs für die
Wehrverbände gewehrt. Dollfuß aber rechnete nur noch mit den
Heimwehren.[13] So wurde Emil Fey Vizekanzler. Dollfuß selbst
übernahm das Heeresressort; der alte k. u. k. Generaloberst Fürst
Schönburg-Hartenstein wurde fachkundiger Staatssekretär.

„Die Zeit der Parteienherrschaft ist vorbei", hatte Dollfuß bei
seiner Trabrennplatzrede gesagt, doch Tatsache war, daß es noch
eine Sozialdemokratische Partei gab, daß sie in den Landtagen saß,
daß sie den Wiener Gemeinderat beherrschte. Sie wirklich auszuschalten hieße Bürgerkrieg. Mit dieser düsteren Aussicht ging
Österreich in den Winter 1933; den politisch und wirtschaftlich
schlimmsten Winter seit 1918. Die Zahl der vorgemerkten Arbeitslosen betrug Ende 1933 über 400.000. Die Lebenshaltungskosten
lagen um 5 Prozent über dem Durchschnitt der zwanziger Jahre,
die Löhne um 5 Prozent darunter. Ausgemergelte Gestalten, mit
hohlwangigen Kindern an der Hand, boten sich an den Straßenek-
ken an, Tafel umgehängt: „Maschinenbauingenieur – nehme jede
Arbeit an." Die Tausendmarksperre hatte die Fremdenverkehrs-
orte in den westlichen Bundesländern veröden lassen. Und wie
zum Hohn wuchs auf diesem Elendsfeld die Kultur wie eine
seltsame exotische Blüte. Vom 23. Dezember 1932 bis zum
14. November 1935 erlebte das Theater an der Wien noch einmal
den Glanz einer Operettensensation mit 313 Aufführungen:
„Sissy", mit Paula Wessely und Hans Jaray.

Und das war kein Einzelfall: Ralph Benatzkys „Weißes Rößl"
erlebte am 12. Dezember 1933 seine siebenhundertste Aufführung.
Die totgesagte Operette lebte in den Jahren der größten materiellen
Not munterer denn je zuvor.

Nicht nur die Literatencafés und die Operettentheater, auch die
Sportplätze waren überfüllt; und keineswegs deshalb, weil die
Arbeitslosen die Eintrittskarten nahezu geschenkt bekamen. Der
Wiener Fußball feierte seine größten Triumphe. Es war die Zeit von
Hugo Meisels „Wunderteam", die Zeit der nicht weniger legen-
dären ersten Länderspielübertragungen mit Professor Willy
Schmieger am Mikrophon; die Zeit der Mitropacup-Siege von
Vienna, Austria und Admira. In dieses Leben hinein donnerten
die Kanonen des Februar 1934.

Kapitel 10

12. FEBRUAR 1934

Fünf Wochen nach der Trabrennplatzrede des Bundeskanzlers, am 15. Oktober, tagte zum letzten Male der sozialdemokratische Parteitag. Nach acht Monaten der Mobilisierung der autoritären Kräfte war klargeworden, daß man die parlamentarische Demokratie und die Partei nur noch mit Gewalt retten konnte. Gewalt: Das hieß zunächst Generalstreik, und dann – da Dollfuß zweifellos mit Bundesheer und Heimwehren antworten würde – hieß es Kampf. Bürgerkrieg.

Aber vor dieser letzten Entscheidung waren die Sozialdemokraten bisher Schritt für Schritt zurückgewichen, und sie hatten einem weit entschlosseneren Gegner dabei Stück für Stück der Macht überlassen. Jetzt fixierten sie die Linie, hinter die sie nicht mehr zurückweichen wollten: Das Verbot der Partei, die Auflösung der Freien Gewerkschaften, die Absetzung des roten Bürgermeisters von Wien – wenn das geschehen sollte, wollte man kämpfen.

Die Regierung hatte den Weg zu dieser Linie schon beschritten. Dollfuß hatte den ehemaligen Bundeskanzler Dr. Otto Ender in sein Kabinett geholt und mit der Ausarbeitung einer berufsständisch-autoritären Verfassung betraut. Die ersten Entwürfe mißfielen; sie waren zwar berufsständisch, aber keineswegs autoritär; da war überall noch von Wahlen in die berufsständischen Körperschaften die Rede. Für Heimwehrgeschmack hatte der Vorarlberger Ender allzuviel Demokratie einzuschmuggeln versucht.

Die Ender-Verfassung sah frei gewählte Berufsvertretungen vor. Wären diese freien Wahlen wirklich durchgeführt worden, hätte sich unter Umständen eine Art syndikalistisches System entwickeln können: Interessenausgleich der Berufsvertretungen untereinander. Es gab allerdings zwei entscheidende Schönheitsfehler. Zunächst sollten die „Stände" vertikal, nicht horizontal gegliedert sein. Es standen einander also nicht Arbeitgeber und Arbeitnehmer gegenüber, sondern innerhalb jedes einzelnen Wirtschaftszweiges sollten Unternehmer und Lohnabhängige ihre Gegensätze lösen. Wobei die Lohnabhängigen innerhalb jedes Standes durch eine – ebenfalls frei wählbare Einheitsgewerkschaft vertreten worden wären. Wenn, ja wenn es zu diesen freien Wahlen innerhalb der Berufsstände wirklich gekommen wäre.[1] Der zweite Schönheitsfehler führte dieses halbdemokratische System ad absurdum: Die „Stände" sollten zunächst nur beratende Funktion haben. Also keine berufsständisch gegliederte Volksvertretung über der Regierung, sondern nur eine beratende Körperschaft. Die Staatsgewalt lag beim Bundespräsidenten; er ernannte und entließ die Regierung.[2]

Vor dem Hintergrund des Jahres 1933 war Enders Entwurf auf die Person eines starken „Führers" zugeschnitten, eines Bundeskanzlers wie Dollfuß, für den ein willfähriger Bundespräsident wie Wilhelm Miklas nur den Staatsnotar abgab.[3]

So willfährig, wie sich's Dollfuß wünschte, war Miklas allerdings nicht. Noch nicht. Er war ein Christlichsozialer vom Vaugoin-Typ, was seine Einstellung zur Demokratie betraf: der autoritäre Kurs paßte nicht in sein Weltbild. In einer seiner Aufzeichnungen, die später in der Präsidentschaftskanzlei gefunden wurden, entwickelte der Bundespräsident den Plan, die Regierung Dollfuß zu entheben. Es war von der Designierung einer „geeigneten (hochachtbaren, gesellschaftlich und politisch einwandfreien, im In- und Ausland bekannten) Persönlichkeit" die Rede, die das Amt des Bundeskanzlers und dann auch des Staatsoberhauptes übernehmen sollte. Vermutlich dachte Miklas bei dieser Persönlichkeit an den oberösterreichischen Landeshauptmann Dr. Schlegel.[4] Dieser „Staatsstreich von oben" hätte sich durchaus noch im Rahmen der Verfassung von 1929 bewegt. Nur kam Miklas über das Spiel mit dem Gedanken nicht hinaus. Für die Tat fehlte ihm die Kraft.

Den autoritären Kurs liebte er weiterhin nicht. In seiner Sorge wendete er, der gläubige Katholik, sich sogar an den Wiener Erzbischof Theodor Kardinal Innitzer. In seinem Brief beschwerte er sich 1934 bitter über das „nur wenig getarnte austrofaschistische System". Bei dem Kardinal war der Bundespräsident an der falschen Adresse, denn Innitzer seinerseits war mit dem Dollfuß-Kurs des „christlichen Ständestaats" durchaus einverstanden. „Der Miklas ist doch ein richtiger Skrupulant", urteilte der Kardinal abfällig über die Seelenpein des Bundespräsidenten.[5] So trieben die Ereignisse seit dem Spätherbst 1933 der Katastrophe zu.

Dabei wurde noch immer nach rechts und nach links hin fieberhaft verhandelt, um sie zu vermeiden. Man feilschte mit den Nationalsozialisten – als ob es nach Hitlers Machtübernahme eine Chance gegeben hätte, sie in ein österreichisches System einzubauen, dessen Ziel nicht Machtergreifung und Anschluß gewesen wären. Schuschnigg verteidigte die austrofaschistische Aktivität seines Vorgängers Dollfuß später mit dem Bemühen, der nationalsozialistischen Propaganda den Wind aus den Segeln zu nehmen. Das Schlagwort vom „zweiten deutschen Staat" sollte den Vorwurf entkräften, Österreich sei franzosenhörig. „Christlicher Ständestaat" war als Erwiderung auf die Beschuldigung gedacht, Dollfuß sei ein „Judenknecht". Das „autoritäre Regime" schließlich, behauptete Schuschnigg, sei Verteidigung gegen die Auffassung gewesen, Österreich repräsentierte das letzte Überbleibsel des „korrupten parlamentarisch-liberalen Gedankens" in Mitteleuropa.

Schuschnigg: „Es war uns nicht so sehr an der Ideologie gelegen, sondern an der Existenz. Es ging um den Bestand des Staates, nicht um seine Form."[6]

Dollfuß versuchte also, dem Nationalsozialismus „den Wind aus den Segeln" zu nehmen; so wollte Schuschnigg es später gewertet wissen. Die Verhandlungen, die der Kanzler gleichzeitig mit der Linken führte, gingen in der Praxis darauf aus, die Sozialdemokratie zur Selbstauflösung zu bewegen, damit man sie nicht mit Gewalt auflösen mußte. Politik galt immer schon als „Kunst des Möglichen". Dollfuß versuchte das Unmögliche; nach beiden Seiten hin.

Maßgebender Mann bei den Verhandlungen mit den Sozialdemokraten war der zeitweilige Unterrichtsminister Dr. Emmerich Czermak. Im Dezember 1933 teilte er einmal Dollfuß mit, die Linke würde sogar die Wiedererrichtung der Monarchie hinnehmen, wenn nur die Partei erhalten bliebe. Dollfuß antwortete: „Das wäre sehr schön, aber wenn ich das tue, so wirft mich Mussolini dem Hitler ins Maul."[7]

Der italienische Druck war massiv. Fey und die Heimwehren, die auf eine Entscheidung drängten, erhielten Schützenhilfe vom italienischen Staatssekretär Suvich, der am 18. Januar 1934 zum Staatsbesuch nach Wien kam. Gerade an diesem Tage hatte Dollfuß die Linke offiziell aufgefordert, sich zum Kampf gegen den Nationalsozialismus in die Vaterländische Front einzugliedern.

Was gleichzeitig mit Suvich besprochen wurde, zeigt der Brief, den der italienische Staatssekretär nach seiner Heimreise aus Rom an Dollfuß schrieb. Am 26. Januar informierte er den Bundeskanzler über den Bericht, den er seinem Regierungschef Mussolini erstattet hatte: „Ich habe beigefügt, daß ich hingegen den Eindruck eines ziemlich weitverbreiteten Unbehagens wegen einer gewissen Untätigkeit der Regierung und wegen der in dem Erneuerungswerk eingetretenen Verzögerung gehabt hätte; ferner, daß die aktiven Kräfte und insbesondere die jugendlichen Anhänger der Regierung bereit wären, der Regierung ihr Vertrauen zu erhalten, jedoch nur, wenn eine größere Entschiedenheit und Präzision im Erneuerungswerk sichtbar würde, welches sich auf einige genau umrissene Grundlinien stützt: den Kampf gegen den Marxismus, die Reform der Verfassung in einem antiparlamentarischen und korporativen Sinne, die Beseitigung der Parteien und die Stärkung der Vaterländischen Front; schließlich, daß der Augenblick, um dieses entscheidende Werk in Angriff zu nehmen, nicht weiter hinausgeschoben werden könne . . .“

Noch deutlicher konnte die italienische Aufforderung, mit den Sozialdemokraten und den Resten der Demokratie Schluß zu machen, gar nicht formuliert werden. Während Suvich und Fey auf der radikalen Ausschaltung der Linken bestanden, suchte Dr. Karl Renner einen letzten Ausweg: Er arbeitete einen Kompromiß aus, der alle Macht für zwei Jahre in die Hände des Bundespräsidenten legen würde, damit ohne Parlament regiert werden könne. Die einzige Bedingung der Sozialdemokratie war nur die Erhaltung der Freien Gewerkschaften.

Ende Januar 1934 gab es keinen Kompromiß mehr, den Dollfuß überhaupt annehmen konnte, auch wenn er gewollt hätte. Was vor sich ging, war auch längst schon nicht mehr nur eine österreichisch-italienische Angelegenheit allein. Die bayerischen Lager der „Österreichischen Legion“ standen in Alarmbereitschaft. Die emigrierten Nationalsozialisten, die dort in paramilitärischen Verbänden zusammengeschlossen waren, warteten auf eine für sie günstige Krisensituation in Österreich. Dollfuß war informiert, daß Putschvorbereitungen seitens der österreichischen Illegalen liefen, und einen solchen NS-Putsch hielt er für wesentlich gefährlicher als alles, was der sozialdemokratische Schutzbund jemals planen und unternehmen konnte.

Auch die Generalstäbler in Prag und Belgrad studierten wieder einmal die bereitliegenden Pläne für einen Einmarsch in Österreich. Das kleine Land hatte sich in ihren Augen zum mitteleuropäischen Störungsfaktor herausgebildet. Daß man sich eines Tages, trotz aller Gegensätze im Lager der Sieger von 1918, vielleicht doch einigen würde, auch den von Clemenceau übriggelassenen „Rest" aufzuteilen, lag im Bereich der Möglichkeiten.

Auch die stets hellhörigen – und von Rom bestens informierten – Ungarn gerieten 1934 in Bewegung: Da bot sich möglicherweise eine Chance, das Burgenland zurückzuholen. Wer heute die Geheimakten von damals nachliest, kommt zu der verblüffenden Feststellung, daß vor allem in Prag und Belgrad eine ungarische Aktion zur Revision der Friedensverträge für viel aktueller gehalten wurde als ein deutscher Einmarsch in Österreich.

Es gab einen Mann, der sich längst darüber klar war, daß dieses Österreich in eine Katastrophe steuerte. Das war der Bundespräsident Wilhelm Miklas. Schon am 6. Januar 1934 hatte er einen Brief an Dollfuß konzipiert: „Mir bangt vor den innenpolitischen Folgen, aber auch vor zu befürchtenden außenpolitischen Auswirkungen dieser anscheinend in ernster Erörterung stehenden Regierungsmaßnahme, falls sie Wirklichkeit werden sollte."

Die Maßnahme, von der Miklas „von mehreren Seiten" gehört hatte, wie er Dollfuß schrieb, war die Eliminierung sozialdemokratischer Mandatare, vor allem des Wiener Bürgermeisters. Es war typisch für die Verhältnisse, daß der Bundespräsident darüber „von mehreren Seiten" gehört hatte, aber nicht in Form einer Mitteilung des Bundeskanzlers. Miklas schrieb weiter:

„Mag sein, Herr Bundeskanzler, daß es Ihnen nach einem harten innenpolitischen Kampfe, der kaum ohne Blutvergießen zu dem von Ihnen gewünschten Ende führen kann, gelingen wird, die Machtstellung Ihrer politischen Gegner, der Sozialdemokraten, zu zerstören und die sozialdemokratische Arbeiterschaft von ihren bisherigen Führern zu befreien. Aber Sie werden damit diese Massen nicht im geringsten für ein Ihnen genehmes Staatsregime gewinnen, sondern vielmehr bei der Grundstimmung, die ich in Österreich wahrnehme, nur dem äußersten Radikalismus von links und rechts, dem Kommunismus, aber auch dem Österreichs Bestand bedrohenden Nationalsozialismus in die Arme getrieben haben. Herr Bundeskanzler! Ich halte es für meine Gewissenspflicht, Sie vor überspitzten Entscheidungen zu warnen. Im Herzen Europas, in Österreich kann es nur friedliche Lösungen geben, soll nicht unabsehbares Unheil über uns und die Welt hereinbrechen . . ."[8]

Miklas warnte. Das hielt er für seine Gewissenspflicht, wie er schrieb. Zur Tat konnte er sich auch jetzt noch nicht aufraffen.

Seine geradezu flehentlichen Beschwörungen blieben ungehört. Vielleicht hätte Dollfuß doch noch gezögert, aber die Heimwehren ließen es darauf nicht ankommen. Sie machten sich selbständig. Am 2. Februar randalierten sie so massiv vor dem Innsbrucker Landhaus, daß der verstörte Landeshauptmann Heimwehrfunktionäre ohne irgendein demokratisches Verfahren in den Landtag aufnahm.

Am 6. und 7. Februar versuchten sie die gleiche Methode in Wien vor dem Niederösterreichischen Landhaus. Doch dem Bauernführer Josef Reither konnten sie keine Angst einjagen. Er lehnte ihre Forderungen ab und vereinbarte mit dem sozialdemokratischen Landeshauptmann-Stellvertreter Oskar Helmer die Einberufung des Landtages für den 14. Februar. „Da werden wir's ihnen zeigen!" kündigte Reither an.[9] Reither war kein Freund der Roten, aber er, als eine Art souveräner Landesfürst, dachte nicht daran, einer autoritären Bundesregierung die alten Länderrechte zu opfern.

Dollfuß war dazu schon bereit. Er sagte Fey die Entfernung der Sozialdemokraten aus den Landtagen zu. Für den 12. Februar wurde eine Besprechung mit den Ländervertretern in Wien angesetzt. Der 11. Februar, der Tag davor, war ein Sonntag. Bei einer Heimwehrübung in Langenzersdorf verkündete Fey: „Die Aussprachen von gestern und vorgestern haben uns die Gewißheit gegeben, daß Kanzler Dollfuß der Unsrige ist. Ich kann auch noch mehr, wenn auch nur mit kurzen Worten, sagen: Wir werden morgen an die Arbeit gehen . . ."[10]

Morgen – das war der 12. Februar. Für diesen 12. Februar war eine große Waffensuche im Linzer Arbeiterheim ausgesetzt; der oberösterreichische Schutzbundführer Richard Bernaschek erfuhr Sonntag davon. Er schickte einen Kurier nach Wien mit der Ankündigung, daß die Linzer nicht länger warten würden. Sollten Waffen beschlagnahmt werden, sollte die Polizei Parteifunktionäre verhaften, werde Widerstand geleistet werden. „Dieser Entschluß und seine Durchführung sind unabänderlich", teilte Bernaschek mit.

Die Botschaft erreichte Otto Bauer erst nach Mitternacht, als er mit seiner Frau von einem Kinobesuch heimkam. Bauer hielt den Augenblick noch immer für verfrüht. Um 2 Uhr früh telegraphierte er an Bernaschek: „Ernst und Otto schwer erkrankt, Unternehmen verschieben . . ."

Das Telegramm kam um 4 Uhr früh an. Bernaschek war ratlos. Doch auch die Zensur hatte das Telegramm gelesen, seinen Inhalt

begriffen, und auf der anderen Seite war man nicht ratlos. Um 7
Uhr früh, am 12. Februar, umzingelte Polizei das Linzer Arbeiter-
heim im Hotel Schiff und schlug mit Gewehrkolben das versperrte
Tor ein. Die Sozialdemokraten erwiderten mit Schüssen. Der
Bürgerkrieg war da.

Es war allerdings kein Aufstand der Massen; es war nicht einmal
ein wohlvorbereiteter Putsch, es war verzweifelte Gegenwehr in
einem von vornherein aussichtslosen Kampf: „Eine politische
Führung ohne positives Ziel, ohne staatsmännisch-revolutionäre
Ausrichtung; breite Massen, in denen Leidenschaft der Apathie
gewichen ist und eine paramilitärische Gruppe ohne Rückhalt in
den Massen . . ."[11]

Die Katastrophe, die folgerichtig eintreten mußte, hatte General
Körner vorausgesehen und vorausgesagt. Gegen den Bürgerkrieg,
wie er 1934 kam, hatte der erfahrene Generalstäbler seit 1927
gepredigt; gegen die „vorkriegszeitliche militärische Präpotenz",
gegen das „Pseudomilitär"; vor allem gegen die fixe Idee, man
könnte Gemeindebauten als befestigte Stellungen benützen und
verteidigen. Körner hatte Erfolgschancen nur in einem Guerilla-
krieg gesehen, wie er später in Spanien geführt werden sollte.
Keinem militärischen Putsch, nur einem allgemeinen Volksaufstand
räumte Körner die moralische Berechtigung ein, gegen reguläres
Militär überhaupt einen Kampf zu führen.

Körners Warnungen waren bei Otto Bauer, Julius Deutsch und
dem Stabschef, Major Eifler, nicht angekommen; auch nach dem
Scheitern von Pfrimers steirischem Operettenputsch, dessen lächer-
licher Ausgang Körners Thesen bestätigt hatte, hielten sich Parteivorstand und Schutzbundführung an Eiflers Plan, die Parteiarmee
wie eine reguläre Truppe zu organisieren und notfalls gleich einer
aktiven Armee in den eventuellen Bürgerkrieg zu schicken: „. . . in
24 Stunden sind entweder wir oder die anderen die Herren in
Wien . . . Gewiß wird es Straßenkämpfe geben . . . Wir müssen
alles tun, um uns verteidigen zu können, verteidigen aber können
wir uns gegen einen militärischen Angriff nur wieder mit militärischen Gegenmaßnahmen . . . daß es aber undurchführbar sei, den
Schutzbund zu einen regulären Kampf auszubilden, ist grund-
falsch."[12] Das „Grundfalsche" hatte Körner immer verlangt, und
er hatte recht gehabt, das sollte sich erweisen: Gegen eine reguläre
Armee konnten nur die Volksmassen bestehen, aber niemals eine
naturgemäß schlecht ausgebildete, schlecht ausgerüstete Privatarmee von Sonntagssoldaten. Daran konnte auch die beispiellose

Tapferkeit nichts ändern, mit der dann in den Februartagen gekämpft wurde. Die Kritik an Planung und Führung des Bürgerkriegs tat später dieser persönlichen Tapferkeit der Schutzbündler keinen Abbruch. Wie meistens in solchen Fällen aber reagierten die Kritisierten wehleidig, und wer ihnen Versäumnisse bei der Verteidigung einer gerechten Sache vorwarf, wurde als Feind heruntergemacht, als hätte er die gerechte Sache selbst beleidigt. Bis heute, bald ein halbes Jahrhundert nach dem Februar 1934, ist die Suche nach der historischen Wahrheit solcherart emotionsbeladen geblieben.

Der 12. Februar 1934 wurde jedenfalls in jeder Richtung hin zur österreichischen Tragödie. Dr. Julius Deutsch alarmierte in Wien den Schutzbund. General Körner eilte zum Bundespräsidenten, um ihn zum Eingreifen zu bewegen. Miklas antwortete hilflos, er könne nichts tun. In diesem Moment konnte er vermutlich wirklich nichts mehr tun; er war ein Gefangener seiner vorangegangenen Versäumnisse. Oskar Helmer versuchte ebenso vergeblich, den niederösterreichischen Landeshauptmann Josef Reither zu irgendwelchen Taten zu mobilisieren.

Sogar der Major Fey wurde von der roten Gegenwehr überrascht. Er hatte offenbar geglaubt, die Sozialdemokraten würden sich widerstandslos entwaffnen lassen.

Tatsächlich hielten sich die Mitglieder der Bundesregierung am Vormittag des 12. Februar bei einer Papstmesse im Wiener Stephansdom auf. Feys erste Weisung nach Eintreffen der Meldungen aus Linz ging bemerkenswerterweise dahin, für die Sicherheit seiner Frau und der Frau seines Staatssekretärs Karwinsky zu sorgen.

Mit einem sozialdemokratischen Putsch jedenfalls hatten Dollfuß und seine Regierung nicht gerechnet. Daß die tatsächlichen Ereignisse auch kein Aufstand der Linken waren, ist ebenfalls längst unbestritten. Sogar der Dollfuß-Biograph Gordon Brook-Shepherd, ein großer Verehrer des kleinen Kanzlers, benützte den Ausdruck „Defensiv-Putsch". Am deutlichsten hat sich der ehemalige Landbund-Vizekanzler Franz Winkler, einer der vielen Totengräber der Ersten Republik und wahrhaftig kein Freund der Linken, zum Februar 1934 schon ein Jahr später in seinen Memoiren geäußert:

„Der rote Aufstand war eine in der Geschichte einzig dastehende revolutionäre Handlung. Denn: Rebellen, Revolutionäre gehen auf die Barrikaden mit dem Einsatz ihres Lebens, um bestehende

Verfassungen zu stürzen und bestehende Verhältnisse zu ändern. Die Schutzbundrebellen vom 12. Februar 1934 standen auf den Barrikaden zur Verteidigung der in Geltung stehenden Verfassung."

Die Sozialdemokraten ließen sich zwar nicht widerstandslos entwaffnen, aber am Vormittag des 12. Februar versäumten sie den Augenblick, entschlossen zuzuschlagen. Der seit langem vorbereitete Aufmarschplan des Schutzbundes sah einen Sturmangriff aus den Gemeindebauten der Außenbezirke auf die Innenstadt vor, mit dem Ziel, die Regierungsgebäude zu besetzen. Doch Otto Bauer wollte warten, bis die Regierung auch in Wien das Feuer eröffnete – und versäumte damit jede Chance. Erst um 11.30 Uhr wurde der Generalstreik proklamiert. Da hatte die Exekutive die Innenstadt schon abgeriegelt und rückte ihrerseits gegen die Gemeindebauten vor.

Der Generalstreik wurde zum Debakel. In Wien setzte zwar der Strom aus, aber er war folgerichtig auch nicht für die Druckpressen vorhanden. Nichts war vorbereitet; die Aufrufe der Linken mußten in aller Eile auf Abziehplatten von Hand vervielfältigt werden. Der Student Bruno Kreisky war damals einer der jungen Leute, die im Hinterzimmer eines Gasthauses den Abziehapparat betätigten.

In Wien wollte Dollfuß zunächst Tränengas einsetzen. Aber es gab kein Tränengas; man hatte sich so genau an die Bestimmungen des Friedensvertrages gehalten, daß nicht einmal diese Polizeiwaffe vorhanden war. Schönburg-Hartenstein schlug Artillerie vor. Dollfuß weigerte sich. Artillerie gegen Wohnhäuser, gegen Frauen und Kinder – undenkbar! Der Generaloberst argumentierte militärisch: Der Schock des Artilleriebeschusses würde zur schnellen Kapitulation führen – ein Sturmangriff mit Infanterie wäre dagegen langwierig und für beide Teile weitaus blutiger. Der Major Fey war sofort dafür. Er stolzierte in Heimwehruniform in der Säulenhalle des Heeresministeriums herum, wo die Minister berieten, und sah sich schon als Feldherr und Retter des Vaterlandes – vielleicht als künftiger Bundeskanzler. Am Nachmittag des 12. Februar gab Dollfuß schließlich die Zustimmung zum Artillerieeinsatz.

Der Schutzbund war schon so gut wie führerlos. Nichts klappte; viele Schutzbundeinheiten fanden die versteckten Waffen nicht. Der massive, entschlossene Polizeieinsatz hatte die Verbindungen unterbrochen. In der Nacht wurde der Ahornhof auf dem Wienerberg umstellt, wo die sozialdemokratische Kampfleitung saß. Die zum Schutz der Zentrale bestimmte Einheit war ausgeblieben. Im

Morgengrauen floh Otto Bauer in die Tschechoslowakei; zwei Tage später folgte ihm der beim Beschuß durch Splitter verletzte Julius Deutsch.

Die Schutzbündler kämpften drei Tage lang; ohne Verbindung mit der Außenwelt, auf sich allein gestellt; verbissen, tapfer und hoffnungslos. Der Kampf konzentrierte sich auf einzelne Wiener Gemeindebauten sowie auf Bruck an der Mur, wo der Schutzbundführer Koloman Wallisch verzweifelten Widerstand leistete. Die Hochburg Wiener Neustadt war von Anfang an ausgefallen; der dortige Kommandant, der Vizebürgermeister Josef Püchler, war knapp vor dem 12. Februar verhaftet worden.[13]

Am 15. Februar ging alles zu Ende. Die Regierungsverbände verzeichneten 105 Tote und 319 Verwundete. Beim Schutzbund gab es 137 Tote und 399 Verletzte. Die Linke in Österreich war ausgeschaltet.

Illegal bestand die Partei weiter, ebenso arbeiteten die Freien Gewerkschaften im Untergrund weiter, und diese Gewerkschaften sollten dann 1938 noch eine bemerkenswerte Rolle spielen. Die radikaleren Linken, vor allem die schon lange mit der unentschlossenen Haltung der Parteiführung unzufriedene jüngere Generation, sammelte sich in der illegalen Organisation der „Revolutionären Sozialisten". Der Name dieser Gruppe kennzeichnete die Auffassung der Mitgliederschaft: Angesichts der halb Europa beherrschenden faschistischen Systeme konnte nur noch eine revolutionäre Bewegung die Freiheit wiederbringen. In zwei großen Sozialistenprozessen versuchte die autoritäre Staatsgewalt nach 1934, die Untergrundorganisationen der Linken zu zerschlagen. Zahlreiche Funktionäre wanderten in die Gefängnisse oder in das Anhaltelager Wöllersdorf; zum Verschwinden aber konnte das sozialdemokratische Gedankengut in der Arbeiterschaft nicht gebracht werden.[14]

Nach dem Februar 1934 nannte der Major Emil Fey sich Sieger. Sein Propagandaapparat stellte das Endresultat als Sieg der Heimwehren dar; sein Sekretariat ließ ausländischen Journalisten gegenüber durchblicken, daß es nur noch eine Frage der Zeit sei, bis Fey die Kanzlerschaft übernehmen werde. Nach außen hin tobte sich der Major in wilden Reden aus.

Hinter seinem Rücken einigten sich Dollfuß und Starhemberg. Während der Major fluchte, bescheinigte der Fürst dem geschlagenen Gegner die Tapferkeit und stellte den Kontakt mit den

Heimwehren in den Bundesländern her. Gegen Wien, gegen die Wiener Heimwehrführung. Als Fey es entdeckte, war er schon isoliert.

Am 17. März unterzeichnete Dollfuß in Rom mit den Italienern und den Ungarn einen Beistandsvertrag mit politischen und wirtschaftlichen Klauseln, wobei sich aus den politischen Klauseln militärische Beistandsverpflichtungen ableiten ließen.[15]

Am 1. Mai 1934 wurde die nun von demokratischen Relikten gesäuberte berufsständisch-autoritäre Verfassung proklamiert. „Im Namen Gottes", wie ihr Text begann.

Am selben 1. Mai bildete Dollfuß seine Regierung um. Fey wurde auf einen Ministerposten abgeschoben; Starhemberg übernahm das Amt des Vizekanzlers.

Ende Juli wollte Dollfuß nach Italien fahren, um das Bündnis mit Mussolini zu besiegeln. Im Herbst wollte er beim Völkerbund über neue Anleihen verhandeln. Er rechnete sich Erfolge aus – trotz des deprimierenden Eindrucks, den der 12. Februar in der demokratischen Welt des Westens gemacht hatte. Es ging schließlich gegen Hitler. Österreich, 1918 als Bollwerk gegen das Reich am Leben erhalten, wurde dringender denn je für diese Aufgabe gebraucht.

Dollfuß mobilisierte alle Kräfte gegen den Nationalsozialismus.

Doch der Nationalsozialismus hatte längst seinerseits den Untergang des Dollfuß-Systems beschlossen.

Kapitel 11

25. JULI 1934

Die österreichischen Morgenzeitungen warteten am 25. Juli 1934 vor allem mit zwei bemerkenswerten Meldungen auf. Die eine stand vorne, im politischen Teil: Über den nationalsozialistischen Sprengstoffattentäter Gerl hatte ein Standgericht das Todesurteil verhängt und sofort vollstrecken lassen. Es war das erste Todesurteil für ein derartiges Delikt, nachdem die Todesstrafe am 18. Juli auf Sprengstoffanschläge ausgedehnt worden war. Hinten, im Sportteil, fand sich die zweite Meldung, die großes Leserinteresse beanspruchen durfte: Die Vorschau auf das Mitropacup-Match Admira gegen Juventus, das am Nachmittag des 25. Juli über den grünen Rasen des Wiener Praterstadions gehen sollte.

Auch im Café Weghuber hinter dem Wiener Volkstheater lasen an diesem Vormittag die Leute ihre Zeitungen – und einige von ihnen wurden dabei unvorhergesehen zu Akteuren einer österreichischen Tragödie, die mit dem Augenblick begann, da der Polizeirevierinspektor Johann Dobler das Lokal betrat.[1]

Dobler war in Zivil. Am frühen Morgen dieses Tages hatte er mit einem Kollegen, dem Kriminalbeamten Josef Steiner, vereinbart, daß ein für ihn bestimmter Alarmbefehl im Laufe des Vormittags im Hause Lerchenfelder Straße 94 hinterlegt werden sollte.

Es handelte sich um keine Weisung von Doblers Dienststelle, der Sicherheitswacheabteilung Nr. 16 in Wien-Ottakring. Der Alarmbefehl, den Dobler abholen sollte, betraf auch nicht seinen Einsatz als Polizist. Im Gegenteil: In der Wohnung des Stephan Waas in der Lerchenfelder Straße sollte Johann Dobler seine Aufgabe beim Sturz der österreichischen Bundesregierung zugeteilt erhalten.

An diesem 25. Juli 1934 wollten die Nationalsozialisten gewaltsam die Macht im Staat an sich reißen. Die illegale 89. SS-Standarte, die zum Großteil aus ehemaligen Bundesheersoldaten bestand, hatte die militärische Durchführung des Putsches übernommen. Höchste Polizeibeamte waren in das Unternehmen eingeschaltet;

unter anderem der Chef des Wiener Sicherheitsbüros, Hofrat Doktor Steinhäusl. Dobler, Nationalsozialist noch aus der Zeit vor 1933, ehemals Wirtschaftsdirektor des Wiener Braunen Hauses, wußte seit dem 23. Juli über die Vorbereitung der Aktion Bescheid. Nach achtundvierzig von Furcht und Gewissensbissen begleiteten Stunden entschloß sich der Polizist am Morgen des 25. Juli 1934, das Unternehmen zu verhindern.

Um 8 Uhr früh unternahm Dobler den ersten Versuch. Von da an begann der österreichische Anteil am großen Welttheater dieses Tages abzulaufen wie eine Nestroy-Posse aus der politischen Vorstadt und zeitweise wie eine ätzende Satire von Herzmanovsky-Orlando. Pflegte man den Wienern nachzusagen, daß sie ihre Revolutionen in Kaffeehäusern machten, so bemühte Johann Dobler an diesem Vormittag gleich zwei Kaffeehäuser und eine Weinstube, um die Revolution zu verhindern und den Staat zu retten.

Um 8 Uhr früh rief Dobler die Zentrale der Vaterländischen Front an und verlangte den Bundesleiter Dr. Stepan. Stepan war noch nicht da; den Mann, mit dem er schließlich verbunden wurde, Ing. Kloss, bat Dobler, den Dr. Stepan zum Café Weghuber zu schicken, er habe eine wichtige Mitteilung für ihn.

Von da an wartete Johann Dobler im Café Weghuber. Er bildete sich wirklich ein, Dr. Karl Maria Stepan, Bundesleiter der Vaterländischen Front, würde auf die höchst geheimnisvolle Nachricht eines Unbekannten hin, der nicht einmal seinen Namen genannt hatte, in ein kleines Café am Rande der Innenstadt kommen.

Stepan kam natürlich nicht. Anderseits hatte Dobler wirklich Grund, vorsichtig zu sein. Er wußte nur zu gut, wie stark die Polizei bereits mit Nationalsozialisten durchsetzt war. Erstattete er eine normale Anzeige, mußte er damit rechnen, daß sie von einem Mitglied der Verschwörung unterschlagen wurde. Traf er auf einen staatstreuen Beamten, würde er als eingestandenermaßen Illegaler verhaftet werden, und auch das wollte er nicht. So wartete er im Café Weghuber auf Dr. Stepan.

In das Kaffeehaus kam zwar weiterhin kein Dr. Stepan, wohl aber kamen zwei Heimwehrmänner. Der eine war Karl Mahrer, Inkassant des Wiener Heimatschutzes, der andere war der Oberleutnant a. D. Schaufler. Nach zweistündigem vergeblichem Warten auf Stepan entschloß sich Dobler, den Heimwehrkassier ins Vertrauen zu ziehen. Mahrer seinerseits zog Schaufler bei. Als Endresultat rief Mahrer seinen Vorgesetzten, den Landeszahlmeister Franz Hiederer, an. Da war es schon 15 Minuten nach 10 Uhr vormittags. Zweieinviertel Stunden waren nutzlos vertan.

Doch wer glaubte, jetzt würde die Gegenaktion anlaufen, der irrte. Hiederer alarmierte nicht Bundesheer und Polizei, er bestellte seinen Inkassanten lediglich zu sich. Mahrer nahm wenigstens ein Taxi, um in die Heimwehrzentrale im Haus Renngasse 6 zu gelangen. Dort ließ sich Hiederer alles berichten, und dann telephonierte er endlich. Allerdings noch immer nicht mit einer Dienststelle, die ihrerseits etwas unternehmen konnte. Er hielt sich an seinen Dienstweg als Heimatschützler. Für ihn war der Major a. D. Emil Fey der Chef. Also verständigte Hiederer Feys Adjutanten, den Gendarmeriemajor Karl Wrabel.

Im Café Weghuber wartete inzwischen noch immer der Polizist Johann Dobler darauf, daß irgend etwas zur Rettung des Staates unternommen würde. Vom Oberleutnant Schaufler gewissermaßen bewacht, traf er schließlich gegen 10.30 Uhr auf die dritte Person aus Heimwehrkreisen: auf den Hauptmann a. D. Ernst Mayer, Kommandant des 5. Wiener Heimwehrregiments. Auch Mayer war ins Kaffeehaus gekommen, um seinen kleinen Mokka zu trinken und Zeitungen zu lesen, und sah sich nun ebenfalls Doblers abenteuerlich klingender Verschwörerstory gegenüber. Und auch Mayer handelte. Ohne weitere Umwege rief er an – auch nicht die Polizei, auch nicht das Bundesheer, sondern ebenfalls seinen Chef, den Major Fey.

Seit seiner Entmachtung bei der letzten Regierungsumbildung war der ehemalige Vizekanzler und Sicherheitsminister Fey nur noch Minister ohne Portefeuille. Das Sicherheitsressort selbst unterstand seinem Gegenspieler Karwinsky. Immerhin konnte Fey sich sagen, daß jetzt ein außergewöhnlicher Fall vorlag, der ein Eingreifen erforderlich machte.

Doch Fey griff nicht ein. Er tat zweierlei. Er erteilte einem gerade auf der Jesuitenwiese im Prater exerzierenden Heimwehrregiment Befehl, in die Innenstadt zu marschieren, und dann erteilte er seinem Adjutanten Wrabel Befehl, die Angelegenheit zu untersuchen. Und dann begab sich Fey zur Ministerratssitzung ins Bundeskanzleramt. Von dem, was er erfahren hatte, sagte er dort kein Wort. Weder zu Dollfuß noch zu Karwinsky noch zu General Zehner.

Man kann nur vermuten, warum er schwieg. Sicherlich nicht, weil er die Sache nicht weiter ernst nahm. Wäre dies der Fall gewesen, hätte er das Heimwehrregiment nicht mobilisiert. Viel wahrscheinlicher ist die Version, daß Fey den Putsch auf seine Weise liquidieren wollte; durch seine Initiative und mit Hilfe seiner Heimwehr. Er wollte wohl, wie schon im Februar 1934, noch einmal als Retter des Vaterlandes dastehen, und er dürfte gehofft haben, auf diese Weise den verlorenen Einfluß zurückzugewinnen.

Jedenfalls lag der Fall von 11 Uhr vormittags an in den Händen des Majors Wrabel. Seit Doblers erstem Versuch, das Unternehmen zu verhindern, waren nunmehr drei volle Stunden vergangen, und nichts war geschehen.

Wrabel wollte Dobler sprechen. Dobler weigerte sich weiterhin, ein Amtsgebäude zu betreten. So einigte man sich auf ein zweites Kaffeehaus – das berühmte Literatencafé Zentral in der Herrengasse. Wo einst, vor dem Ersten Weltkrieg, die sozialdemokratischen Parteiführer ihren Stammtisch hatten, trafen einander nun Wrabel, der Hauptmann Mayer, der Kassier Mahrer, Oberleutnant Schaufler und der Polizist Dobler. Wrabel hatte außerdem den Kriminalbeamten Pflug mitgebracht.

Wrabel handelte von seinem Standpunkt aus folgerichtig. Zunächst mußte er sich überzeugen, ob Doblers Geschichte überhaupt stimmte. Es konnte nämlich genausogut eine Falle sein. Entweder eine Provokation, um das Regime lächerlich zu machen, oder ein Ablenkungsmanöver. Es war durchaus denkbar, daß die Illegalen die Exekutive an einen bestimmten Punkt der Stadt locken wollten, um dann ungestört an einem ganz anderen Punkt zuzuschlagen. Deshalb bestand Wrabel darauf, den ominösen Alarmbefehl in die Hände zu bekommen. Dobler erklärte sich bereit, ihn zu holen. Im Taxi fuhr er mit Hauptmann Mayer und Oberleutnant Schaufler in die Lerchenfelder Straße. Die Offiziere warteten in der Weinstube Mang, Ecke Neubaugasse, während Dobler den Wisch holte.

Der Text lautete: „89 – 1/4 1 Uhr, Siebensterngasse 11, Bundesturnhalle – nicht über die Breite Gasse in die Siebensterngasse gehen. Steiner."

An der Richtigkeit von Doblers Angaben bestanden nun nur noch geringe Zweifel. Dobler bekam Auftrag, dem Alarmbefehl Folge zu leisten, um keinen Verdacht zu erwecken. Die beiden Offiziere fuhren aus dem Weinlokal in das Café Zentral zurück. Wrabel war aber nicht mehr da; er hatte schon ins Bundeskanzleramt hinübergewechselt. Also fuhren die Offiziere hinterher und erstatteten auf dem Ballhausplatz dem Major Wrabel Meldung. Wrabel schickte zunächst einmal den Kriminalbeamten Pflug und einen zweiten Kriminalbeamten namens Marek zur Bundesturnhalle in die Siebensterngasse, um dort die Lage auszukundschaften, und dann ließ er Fey aus der Ministerratssitzung herausbitten.

Nachdem Fey den Bericht seines Adjutanten zur Kenntnis genommen hatte, ging er wieder in den Ministerratssaal, zog Dollfuß in eine Ecke und sagte ihm, was er wußte. In Feys hemdsärmeliger Art lautete die Information etwa so: „Ich hab' a Meldung kriegt, es soll was gegen den Ballhausplatz beabsichtigt sein. In der Siebensterngasse ist eine Turnhalle, die soll dabei eine Rolle spielen."[2]

Dollfuß unterbrach darauf die Ministerratssitzung und sagte: „Fey hat mir eben etwas mitgeteilt, von dem ich noch nicht weiß, ob etwas dahinter ist. Vielleicht ist es besser, wir unterbrechen die Sitzung, jeder geht in sein Ministerium, ich werde die Herren verständigen lassen, wann wir fortsetzen. Fey, Zehner, Karwinsky kommen mit mir in mein Büro."

Und auch jetzt lief, so unwahrscheinlich das klingen mag, die Gegenaktion noch nicht richtig an. Was geschah, war die Tragödie jeder Diktatur: Furcht und Mißtrauen beherrschten die Akteure. Keiner traute dem andern, jeder hielt jeden für den Nebenbuhler, den Widersacher, den Verschwörer, den Verräter. Auch Dollfuß war ein Gefangener dieser Situation. Er glaubte Fey nicht so recht. Vielleicht war Fey nur ein Wichtigmacher. Vielleicht war Fey sogar der Drahtzieher der Affäre – vielleicht sollte das Heimwehrregiment, das Fey herbeibeordert hatte, die Regierung nicht schützen, sondern gefangennehmen. Vielleicht war es kein Naziputsch, sondern ein Heimwehrputsch. Vielleicht . . .

Als die Gegenaktion endlich doch noch anlief, war es zu spät. Gegen 3 Uhr nachmittags starb Dollfuß auf einem gobelinbespannten Sofa im Ecksalon des Bundeskanzleramtes, gleich neben seinem Arbeitszimmer.

In diesem selben Ecksalon traf Dr. Krisch, der Sekretär des Bundeskanzlers, einige Wochen vorher den Dr. Dollfuß im vertraulichen Gespräch mit dem Major Fey. Es war ein sehr heißer Tag, und Krisch brachte den Herren zwei Gläser Limonade zur Erfrischung. Dabei hörte er, wie Fey fragte: „Also bist du damit einverstanden, daß ich die Kontakte weiterführe?" Dollfuß stimmte zu. Aus den Gesprächsfetzen glaubte Krisch herauszuhören, daß es sich um Kontakte zu den Illegalen handelte.[3]

Daß Kontakte vorhanden waren, durfte als sicher angenommen werden. Die Dollfuß-Regierung war begreiflicherweise daran interessiert, über die Vorgänge im Lager der Illegalen Bescheid zu wissen. Die späteren Ereignisse gaben allerdings Anlaß, den Major Emil Fey über den Rahmen solcher Kontakte hinaus der Mitwisserschaft zu verdächtigen. Nachträglich war es naturgemäß schwer, jene Grenze zu ziehen, bei der Feys Kontaktgespräche im Regierungsinteresse hätten enden müssen. Daß gerade am 25. Juli Heimwehreinheiten im Prater übten, läßt jedenfalls die Vermutung zu, daß Fey doch mehr wußte und daß er eine Truppe bei der Hand haben wollte, um in das Geschehen eingreifen zu können.

Die Vorbereitungen der Nationalsozialisten reichten bis 1933 zurück. Träger des ersten Putschplanes waren Polizeibeamte: Dr. Leo Gotzmann, Chef der Wiener Alarmabteilung, die Polizeimajore Josef Heischmann und Viktor Friedrich, der Polizeikommissar Dr. Paul Hönigl und der im Bundeskanzleramt tätige Kriminalbeamte Franz Kamba. Die Illegalen aus dem Polizeikorps, etwa 1000 Mann, waren in einer eigenen Ortsgruppe unter der Leitung des Kriminalbezirksinspektors Konrad Rotter zusammengefaßt. Kontaktmann zu den Polizisten war seitens des Bundesheeres der Major Rudolf Selinger.

Die SA und ihr österreichischer Führer Hermann Reschny, der in München Quartier genommen hatte, sollten für die Aktionen in den Bundesländern sorgen. Die „Österreichische Legion" stand zum Einmarsch bereit. Schon für diesen Putsch war die Festnahme der gesamten Bundesregierung vorgesehen. Als Datum hatte man den Oktober, später den 9. November 1933 angesetzt. Allerdings wollten der in München residierende österreichische Landesleiter Theo Habicht und die SA-Führerschaft nicht ohne allerhöchste Zustimmung handeln.

Hitlers Zustimmung blieb aus. Ob es außenpolitische Gründe waren, die Hitler zögern ließen, ist bis heute nicht eindeutig geklärt.[4] Sicher ist, daß es Schwierigkeiten beim Waffentransport in die Bundesländer gegeben hatte. Die ambitionierten SA-Führer jedenfalls zeigten sich sehr verstimmt; sie sollten sich einige Monate später durch Verrat an den SS-Kameraden rächen.

Die nächste Aktion ging dann von der SS-Standarte 89 aus, der sogenannten Militärstandarte. Ihr Führer war Fridolin Glaß, der 1930 im Auftrag der Landesleitung die erste NS-Zelle im Bundesheer gegründet hatte. 1932 wurde dann der „Deutsche Soldatenbund" installiert – die Mitarbeiter des Fridolin Glaß waren Franz

Holzweber, Otto Planetta und Hans Domes. Ein Jahr später ließ der Heeresminister Vaugoin etwa 80 Mitglieder dieser Organisation, unter ihnen Glaß, Holzweber, Planetta und Domes, aus dem Bundesheer entfernen.

Die Militärstandarte jedoch wuchs weiter. Sie wurde der SA-Obergruppe XI unterstellt. Die Führer der Militärstandarte jedoch wollten mit der SA, die sie offenbar nicht für voll nahmen, nichts zu tun haben. Sie verhandelten mit der SS, und Himmler reihte die Einheiten – sechs Kompanien – unter der Nummer 89 in die SS ein. Dieses Konkurrenzmanöver konnte die SA den „Abtrünnigen" nicht verzeihen. Der Gegensatz zwischen den beiden Parteiarmeen trieb ohnehin dem Höhepunkt des 30. Juni zu; die Abrechnung mit dem ehrgeizigen SA-Stabschef Röhm warf ihre Schatten nach Österreich voraus. Von der Münchner SA-Führung Reschnys aus wurden die Namen der Hauptverschwörer, Weydenhammer, Wächter und Glaß, mit Fotos, dem Heimwehrminister Neustädter-Stürmer und dem Generaldirektor für die Öffentliche Sicherheit, Sektionschef Friedrich d'Elvert, zugespielt. Neustädter-Stürmer unternahm nichts, um die Kontaktgespräche seines Heimwehrkameraden Fey nicht zu stören. Der Sektionschef glaubte, wieder eines der notorischen Putschgerüchte vor sich zu haben, und tat auch nichts. So konnten die Verschwörer weitermachen.

Glaß und seine Leute drängten zur Tat. Im Reich gewann man den Eindruck, daß „der Gedanke an eine gewaltsame Beseitigung der Regierung Dollfuß schon allgemein in der nationalsozialistischen Bevölkerung auftauchte".

Am 31. Mai 1934 besuchte der junge Wiener Rechtsanwalt Dr. Gustav Otto Wächter, Hauptabteilungsleiter der NSDAP-Landesleitung, den Ministerialdirektor Köpke im Berliner Auswärtigen Amt. Er drängte auf deutsche Zustimmung zu einer Aktion. Er schilderte die Lage in Österreich so düster wie nur möglich. Vor allem übte er an der SA harte Kritik – die sinnlosen Terrorakte, die Böllerwürfe und Sprengstoffanschläge würden nur dazu führen, die Bevölkerung gegen die Nationalsozialisten aufzubringen. In Wächters Augen waren die Desorganisation und das kontrollose Gegeneinander innerhalb der österreichischen Illegalen existenzbedrohend für die Partei. Demgegenüber mußte eine gewaltsame, totale Machtergreifung als befreiende Tat angesehen werden.

Ministerialdirektor Köpke gab den Bericht über Wächters Vorsprache an seinen Chef, den Reichsaußenminister Konstantin von Neurath, weiter. Neurath wiederum schickte das Dokument in die

Reichskanzlei. Das Aktenstück trug später den Vermerk: „Der Herr Reichskanzler hat Kenntnis, 6. 6."

An diesem 6. Juni, nachdem er von dem Wächter-Dokument Kenntnis erhalten hatte, empfing Hitler den in München residierenden illegalen österreichischen Landesleiter Theo Habicht in der Reichskanzlei. Kaum anzunehmen, daß der Wächter-Bericht dabei unerwähnt geblieben sein sollte. Habichts weiteres Verhalten in Sachen Österreich wäre ohne Hitlers Zustimmung auch kaum erklärlich.

Eine Woche nach diesem denkwürdigen 6. Juni 1934 fuhr Hitler zu Mussolini nach Venedig. Es war die erste Begegnung der beiden Diktatoren. Noch repräsentierte der italienische Duce den größeren internationalen Machtfaktor. Bei aller äußerlichen Übereinstimmung ließ Mussolini keinen Zweifel daran, daß er seine Hand weiterhin über Österreich, seinen Kanzler und dessen System zu halten gedachte. Geradezu demonstrativ lud er nach Hitlers Abreise Dr. Dollfuß ein, seinen Urlaub in der Mussolini-Villa in Riccione zu verbringen. Dollfuß entschloß sich daraufhin, Schwimmunterricht zu nehmen.

Anschließend war eine Begegnung des Bundeskanzlers mit dem französischen Außenminister Barthou vorgesehen. In diplomatischen Kreisen munkelte man schon von einer neuen Völkerbundanleihe für Österreich und einer französischen Garantie für die österreichische Unabhängigkeit. Wer also in Österreich die Macht an sich reißen wollte, mußte sich beeilen, bevor Italiener und Franzosen sich allzu stark an Dollfuß attachiert hatten.

Der Putschplan entwickelte sich von da an forciert in zwei Zielrichtungen: Zunächst mußte die militärische Aktion zur Ausschaltung der Regierung Dollfuß vorbereitet werden; sodann galt es, einen Mann zu finden, der als neuer Bundeskanzler in Frage kam. Bei einer unverhüllten nationalsozialistischen Machtergreifung mußte mit massivstem Widerstand gerechnet werden. Man brauchte deshalb einen Mann, der sich als Christlichsozialer servieren ließ – sozusagen als glaubwürdiger Nachfolger des Dr. Dollfuß. Es mußte ein Mann sein, von dem sich annehmen ließ, daß er als Sieger aus internen Machtkämpfen des vaterländischen Lagers hervorgegangen war. Die Befehle eines solchen Mannes an das Bundesheer, an die Exekutive, an den Verwaltungsapparat würden widerspruchslos befolgt werden, wenn sie nur aus dem Bundeskanzleramt kamen. Niemand würde in der ersten Schrecksekunde annehmen, daß hinter einem solchen Mann in Wahrheit die Nationalsozialisten standen. Man mußte nur einen solchen Mann finden.

Er wurde gefunden. Es war der ewige Unruhestifter und Ehrgeizling Dr. Anton Rintelen, ehemals Landeshauptmann der Steiermark, dann kurzlebiger Unterrichtsminister, nunmehr von Dollfuß als Gesandter nach Rom abgeschoben. Die erste Verbindung zu Rintelen hatte ein emigrierter Student namens Spitzy hergestellt, der über die Tochter des Gesandten in dessen römischer Residenz Zutritt bekam. Später hielt Habichts Stabsleiter in der Münchner Landesleitung, Dr. Rudolf Weydenhammer, den Kontakt aufrecht. In der ersten Hälfte des Jahres 1934 war Weydenhammer nicht weniger als vierzehnmal in Rom, um sich Rintelens Teilnahme an der Verschwörung zu versichern. Daß man ihm das Amt des Bundeskanzlers zusagte, um das sich Rintelen über ein Jahr lang vergeblich bemüht hatte, bewog den ehemaligen Landeshauptmann mitzuspielen.

Rintelen war es dann auch, der bei der letzten Vorbesprechung, am 11. Juli, auf schnelle Durchführung der Aktion drängte – eben mit dem Hinweis auf die bevorstehenden Begegnungen des Bundeskanzlers mit Mussolini und Barthou, denen man zuvorkommen mußte.

Der Termin war zu diesem Zeitpunkt allerdings ohnehin schon fixiert. Die vier Hauptverschwörer hatten einander bereits am 25. Juni in Zürich zur Generalstabsbesprechung getroffen: die beiden Reichsdeutschen Habicht und Weydenhammer, die beiden Österreicher Wächter und Glaß.

Nach den Züricher Beschlüssen sollte die militärische Aktion in zwei Zielrichtungen laufen. Während eine Putschistengruppe das Bundeskanzleramt zu besetzen und die Regierung auszuschalten hatte, war die zweite Abteilung zu einem Handstreich auf das Funkhaus der Ravag bestimmt, das sich damals in der Johannesgasse in der Wiener Innenstadt befand. Als Ausgangspunkt wurde das Gebäude der Stadtkommandantur in der Universitätsstraße bestimmt. Hier sollten sich die Putschisten sammeln, als Soldaten verkleiden und dann auf Lastautos klettern. Nirgends anderswo fiel schließlich eine Anhäufung von Soldaten weniger auf als in einem militärischen Gebäude. Der Stabchef der Stadtkommandantur, Oberstleutnant Adolf Sinzinger, war mit im Spiel. Er und noch zwei eingeweihte Offiziere sollten die für Sonderfälle vorgesehenen Alarmbefehle an die Wiener und die niederösterreichische Brigade ausgeben, um die Truppen dorthin zu dirigieren, wo die Putschisten sie haben wollten. Da der Staatssekretär für Landesverteidigung, General Zehner, ja mit der Regierung verhaftet werden würde, hatte man von ihm keine Gegenbefehle zu befürchten. Den rangnächsten Offizier, den Kavalleriegeneral Brandtner, hoffte man mit dem Posten eines Heeresministers in der Regierung Rintelen zu gewinnen.

Hier lag jedoch schon die Fehlspekulation. Die Putschisten hielten das Heer für nationalsozialistisch durchsetzt. Das war ein Irrtum, und der deutsche Militärattaché in Wien, Generalleutnant Muff, der über die Putschpläne informiert war, hatte mehrfach und zuletzt in einem Bericht vom 5. Juni 1934 die Berliner Stellen vor dieser Fehleinschätzung gewarnt.

Die Probe aufs Exempel mußte jedoch nicht gemacht werden. Das Unternehmen war ursprünglich für den späten Nachmittag des 24. Juli vorgesehen. An diesem Nachmittag sollte der letzte Ministerrat stattfinden, bevor das Kabinett in die Ferien ging. Da der allgemeine Dienstbetrieb in der Stadtkommandantur um 17 Uhr schloß, hofften die Putschisten, dort mit Sinzingers Hilfe ungestört arbeiten zu können. Ihr Termin war 17.30 Uhr.

Der Ministerrat wurde jedoch unvermutet auf den Vormittag des 25. Juli verschoben. Rintelen, schon seit zwei Tagen in Wien, erfuhr von dieser Verschiebung, als er zufällig den Finanzminister Dr. Buresch traf. Er verständigte Weydenhammer, der ebenso wie er im Hotel Imperial abgestiegen war – unter dem falschen Namen eines Mister Williams. Es ging wahrhaftig zu wie in einem Agentenfilm.

Rintelen, der Dr. Weydenhammer um 14.50 Uhr informierte, benützte außerdem die Gelegenheit, um nun plötzlich von der Aktion abzuraten. Offenbar hatte er Angst vor seinem eigenen Mut bekommen. Die Putschisten jedoch dachten nicht daran, das Unternehmen jetzt noch abzublasen.

Eines mußte man den Führern des Putsches zugestehen: Sie leisteten in Windeseile hervorragende Organisationsarbeit bei der Verschiebung der Aktion. Alle SS-Leute wurden zeitgerecht zurückgepfiffen. Am Abend arbeiteten Weydenhammer und Wächter in der Wohnung des deutschen Legationsrates Altenburg die neuen Pläne aus. Nach Mitternacht trafen einander dann Glaß, Planetta, Holzweber, Domes und ein weiterer Putschist namens Bauer in einer Badehütte in Klosterneuburg, um die Befehlsausgabe für den 25. Juli zu organisieren.

Da am Vormittag die Stadtkommandantur als Sammelplatz nicht

in Frage kam – so sicher waren sich die Putschisten der Mitwirkung maßgeblicher Bundesheeroffiziere eben doch nicht –, wurde die Bundesturnhalle in der Siebensterngasse als Ausgangspunkt bestimmt. Die Lastkraftwagen hatte der Ingenieur Hanns Blaschke besorgt; sie stammten aus dem Fuhrpark zweier Industriebetriebe. Als neuer Abfahrtstermin wurde 12.30 Uhr festgesetzt.

Im übrigen hatte sich noch eine dritte Zielrichtung der Aktion als nötig erwiesen: Bundespräsident Miklas war nämlich vorzeitig nach Velden am Wörther See in die Ferien gefahren. Ein SS-Kommando unter Führung eines Mannes namens Grillmayer fuhr nach Kärnten ab, um sich des Staatsoberhauptes zu bemächtigen.

An diesem 24. Juli gab es noch ein Zwischenspiel. Einer der Verschwörer, der SS-Sturmführer Paul Hudl, im bürgerlichen Leben Holzhändler, verriet einem Geschäftsfreund am Vormittag des 24. Juli den Putschplan. Dieser Geschäftsfreund, der pensionierte Hauptmann Rudolf Wurmbrand, seines Zeichens Heimwehrmann, gab die Meldung über einen ihm bekannten Polizeikommissar an die Polizeidirektion weiter.

Und auch diese Nebenhandlung im großen Spiel um den Juliputsch lief wie eine Satire auf den Amtsschimmel österreichischer Prägung ab. Der Polizeikommissar machte, treu und bieder, einen Aktenvermerk. Die Polizeidirektion gab den Vermerk an das Kommissariat Innere Stadt weiter – denn dort war man für die Sicherheit des Bundeskanzleramtes zuständig. Das Kommissariat verständigte die Wache im Bundeskanzleramt – „zwecks Erhöhung der Aufmerksamkeit", wie es hieß. Als die Warnung, immer schön brav auf dem Amtsweg, solcherart endlich im Bundeskanzleramt eintraf, war der ursprünglich für die Aktion festgesetzte Termin längst vorbei. Und da ja nichts passiert war, wanderte der Aktenvermerk dorthin, wo er niemandem mehr nützte: zu den Akten. Weder Dollfuß noch einer seiner Mitarbeiter wurden verständigt. Sie schliefen in dieser Nacht ahnungslos – zum Unterschied von den Putschisten, deren Führer schon um 6.30 Uhr im Klosterneuburger Strandbad ihre Vorbereitungen fortsetzten.

Gerechterweise muß bemerkt werden: Nicht nur der Amtsschimmel wieherte, nicht nur Schlamperei regierte. Putschgerüchte schwirrten seit Monaten durch die Wiener Luft; Konfidentenberichte stapelten sich zu Aktengebirgen. Ein blinder Alarm jagte den nächsten. Auch das war nicht nur die Folge von Hysterie, sondern bewußte Verunsicherung stand dahinter. Die Drahtzieher der wahren Putschpläne versorgten die Behörden mit irreführenden

Meldungen. Das Ziel dabei war ein doppeltes: Zuerst sollte die Regierungswachsamkeit eingeschläfert werden, so daß neue Meldungen mit der wienerischen Feststellung „Is eh wieder nix" zu den Akten wanderten. Sodann galten die falschen Nachrichten als Sicherheitsmaßnahme, falls einmal doch ein wirklicher Putschplan verraten würde. Und genau so, wie beabsichtigt, liefen die Ereignisse am 25. Juli 1934 auch ab.

25. Juli 1934, 8 Uhr früh.

Ausgabe der Alarmbefehle. Auch der Polizist Johann Dobler kam an die Reihe – der Mann, der von da an vier Stunden lang versuchte, die Aktion zu stoppen.

Um 9 Uhr trafen einander Weydenhammer, Wächter und Glaß zur letzten Besprechung im Café Eiles hinter dem Rathaus.

Gegen 10 Uhr fuhren Wächter und Weydenhammer die Strecke von der Bundesturnhalle zum Bundeskanzleramt und zur Ravag ab. Alles war in bester Ordnung. Umleitungen infolge von Straßenarbeiten, wie sie in Wien in den Sommermonaten immer auf der Tagesordnung standen, würden den Putsch jedenfalls nicht beeinträchtigen. Dann begaben sich die drei Hauptakteure an ihre Plätze: Wächter in das Restaurant Tischler beim Ballhausplatz, Weydenhammer zu Rintelen ins Hotel Imperial und Glaß zur Turnhalle in die Siebensterngasse. Mit Hilfe zweier eingeweihter Kriminalbeamter wurde das Gebäude unter dem Vorwand einer Hausdurchsuchung geöffnet. Ab 12 Uhr trafen die Mitglieder der 89. SS-Standarte pünktlich ein.

Eingetroffen war inzwischen allerdings auch der von Major Wrabel ausgeschickte Kriminalbeamte Marek. Und Marek war einer der wenigen Männer, die an diesem Vormittag schnell, vernünftig und zielstrebig handelten. Er beobachtete die Vorgänge aus unmittelbarer Nähe und gab präzise Meldungen an seinen Major weiter, der im Vorraum vor dem Amtszimmer des Bundeskanzlers am Telephon wartete.

Mareks erste Meldung kam um 12.10 Uhr: „Zivilisten mit Paketen sammeln sich."

5 Minuten später erfolgte die zweite Nachricht: „Die Zivilisten ziehen Uniformen an und bewaffnen sich."

Mareks dritte Meldung kam um 12.30 Uhr: „Es sind Lastwagen vorgefahren, die von den Leuten bestiegen werden. Es ist keine Zeit mehr zu verlieren."

Die Zeit war schon verloren.

Nach Feys erster, salopper Meldung hatte Dollfuß seine Minister in ihre Ministerien zurückgeschickt und nur Karwinsky, General Zehner und Fey selbst im Hause behalten. Daß wirklich eine NS-Aktion im Gange war, glaubte er wohl erst nach dem Eintreffen von Mareks erster Meldung.

Jetzt, um 12.15 Uhr, gerade als draußen Wrabel zum zweiten Male mit Marek telephonierte, rief Staatssekretär Karwinsky den Polizeipräsidenten Seydel an und beauftragte ihn mit einer Aktion gegen die Turnhalle und der Sicherung des Ballhausplatzes.

Eine Viertelstunde verstrich, ohne daß etwas geschehen wäre. Als Karwinsky um 12.30 Uhr Seydel zum zweiten Male anrief, erfuhr er zu seiner Überraschung, daß der Polizeipräsident seine Leute auf den Michaelerplatz angesetzt habe. Denn dort, so wollte es Seydel von Konfidenten erfahren haben, sei ein Anschlag auf Dollfuß geplant, wenn dieser wie täglich zum Mittagessen in seine Wohnung in der Stallburggasse fahren würde.

Da kam Mareks dritter Anruf.

Dann griff Karwinsky wieder zum Telephon. Diesmal erreichte er den Polizeipräsidenten gar nicht. So gab er dem Chef der Staatspolizei Auftrag, Alarmabteilungen der Sicherheitswache zur Turnhalle und zum Ballhausplatz zu schicken.

Und der Erfolg dieser für die Sicherheit entscheidenden Weisungen?

Der Polizeikommissar Dr. Springer wurde angewiesen, im Beiwagen eines Motorrades den Ballhausplatz zu „beobachten". Und ein Auto mit dem Polizeirat Dr. Penn nebst einigen Kriminalbeamten fuhr zur Siebensterngasse. Dort traf er gerade in dem Augenblick ein, als die Lastwagen mit den Putschisten abfuhren. Polizeirat Dr. Penn glaubte, es seien Bundesheersoldaten aus der benachbarten Stiftskaserne. So unternahm er nichts. Der Kriminalbeamte Marek konnte ihn nicht aufklären; den hatten die Putschisten knapp vor der Abfahrt doch noch entdeckt und ganz einfach gewaltsam mitgenommen. Unterwegs konnte Marek zwar von dem Lastauto abspringen, aber da war es schon zu spät.

Als Dr. Penn endlich merkte, was gespielt wurde, war es auch für ihn schon zu spät. Er traf nur noch Fridolin Glaß, der bis zur Abfahrt des letzten Lasters gewartet hatte und nun nachfahren wollte. Glaß wurde zwar verhaftet, konnte sich aber nach kurzem Handgemenge losreißen und entkommen.

So geschah letztlich nichts, was die Abfahrt der Putschisten verhindert hätte. Um 12.53 Uhr trafen sie beim Bundeskanzleramt ein. Und sie fanden die Tore weit offen, denn 3 Minuten vorher war die Wache planmäßig abgelöst worden. Diese Bundesheerwache verfügte übrigens nur über ungeladene Gewehre. Der Staatssekretär für Landesverteidigung, General Zehner, hatte kurz zuvor das Haus verlassen, um seine Truppen zu alarmieren. Und auch er hatte offenbar ganz darauf vergessen, wenigstens die Wache im Bundeskanzleramt selbst mit Munition versehen zu lassen.

Dollfuß, Fey und Karwinsky sahen die Lastwagen sogar noch einfahren, vom Fenster des Kanzlerzimmers aus. Sie dachten, das seien schon die von Zehner alarmierten Truppen.

Die Tragikomödie dieses Vormittags war zu Ende.

Die Tragödie begann.

Der Putsch selbst war in diesem Augenblick schon so gut wie gescheitert. Zunächst war die Nebenaktion gegen den Bundespräsidenten fehlgeschlagen. Das SS-Kommando, das nach Velden unterwegs war, hatte die Aufmerksamkeit der Behörden erweckt. Sie hielten die polizeibekannten Illegalen, die da per Auto unterwegs waren, für eine Terroristengruppe und nahmen sie fest.

Der für die Ravag bestimmte Einsatztrupp unter Führung von Hans Domes konnte sich zwar des Funkhauses bemächtigen und um 13.02 Uhr die Nachricht vom Rücktritt der Dollfuß-Regierung und vom Amtsantritt des Dr. Anton Rintelen durchgeben, dann aber wurden die Putschisten von einer Alarmabteilung der Polizei niedergekämpft.

Die für das Bundeskanzleramt bestimmten SS-Männer besetzten zwar das Bundeskanzleramt, doch den entscheidenden Teil ihres Auftrages konnten sie nicht durchführen: Die Regierung, die sie verhaften sollten, war nicht mehr da.

Und eine Viertelstunde später war das Gebäude bereits von Bundesheer, Polizei und Heimwehr umzingelt. Die Putschisten unter der Führung von Franz Holzweber, der Offiziersuniform trug und sich Hauptmann Friedrich nannte, waren von da an Gefangene in der eben erst von ihnen eroberten Festung. Sie hatten zwar Telephonverbindung zur Außenwelt, doch sie erreichten niemanden mehr, der ihnen Weisungen hätte geben können. Der Mann, der die Aktion im Bundeskanzleramt leiten sollte, tauchte nicht auf: Fridolin Glaß. Er hatte sich in einem Warenhaus Mantel und Hut gekauft, er irrte sogar eine Zeitlang rund um den

Ballhausplatz herum, fand aber keine Möglichkeit, in das umstellte Gebäude zu gelangen. Gegen 15.30 Uhr wurde er schließlich verhaftet.

Die Konfusion, die am Vormittag zielstrebige Gegenmaßnahmen auf der Regierungsseite verhindert hatte, bemächtigte sich nun der Verschwörer. Weydenhammer und Wächter geisterten ebenfalls eine Zeitlang um das Bundeskanzleramt. Holzweber versuchte sie telephonisch im Café Eiles zu erreichen, aber dort waren sie ja schon längst nicht mehr. Gegen 15.30 Uhr fuhren sie schließlich zu Rintelen ins Hotel Imperial. Sie wollten Rintelen bewegen, zum Ballhausplatz zu fahren und dort kraft seiner Persönlichkeit und seines prominenten Namens das Kommando zu übernehmen. Vielleicht konnte der Putsch dadurch doch noch gerettet werden. Doch dieser Dr. Anton Rintelen war keiner, der gerne an der Front stand; er hatte immer nur aus dem Halbdunkel heraus intrigiert und konspiriert. Er weigerte sich. Dann tauchte gegen 16.35 Uhr unvermutet sein alter Widersacher Dr. Friedrich Funder, Chefredakteur der „Reichspost", auf. Das Rumpfkabinett hatte Funder gebeten, Rintelen in das Kriegsministerium zu bringen. Rintelen wehrte sich nicht lange und fuhr mit.[5] Damit hatten die Putschisten auch ihren Kanzler verloren.

Das Rumpfkabinett, das Funder ausgeschickt hatte, tagte seit 14.30 Uhr im Gebäude des ehemaligen Kriegsministeriums, in dem eine ganze Reihe von Ressorts untergebracht waren. Alle Minister und Staatssekretäre, mit Ausnahme von Dollfuß, Karwinsky und Fey, hatten sich dort versammelt. Auch der Vizekanzler Fürst Starhemberg fehlte; er hielt sich gerade in Italien auf. Dieses Rumpfkabinett hatte zunächst einmal den Unterrichtsminister Dr. Kurt Schuschnigg zum provisorischen Vorsitzenden gewählt, und Schuschnigg telephonierte mit dem Bundespräsidenten in Velden.

Miklas – ahnungslos, daß er eigentlich von einem SS Kommando hätte festgesetzt werden sollen – gab Schuschnigg folgende Weisung: „Sie haben sogleich mit Einsetzung aller Machtmittel des Staates die gesetzliche Ordnung wiederherzustellen, die Aufrührer zur Verantwortung zu ziehen und vor allem die am Ballhausplatz eingeschlossenen Mitglieder der Regierung zu befreien – sie heil und gesund herauszubringen."

Per Telephon, aus Velden, war ein solcher Befehl leicht zu erteilen, von Wien aus war er lange nicht so leicht zu befolgen. Solange die Putschisten drei Regierungsmitglieder, einige hundert

Beamte und etliche andere Personen als Geiseln in den Händen hielten, waren die Machtmittel des Staates wirkungslos.

Die Situation auf dem Ballhausplatz war gespenstig genug. In dem unübersichtlichen Gebäude mit zahllosen Zimmern, Gängen, Treppen und Durchlässen regierte ein konfuser Haufen führerloser Putschisten. Sie hatten die Beamten in einzelne große Räume und im Hof zusammengetrieben. Fey, Karwinsky und die höchsten Beamten saßen unter strengster Bewachung im Säulensaal neben dem Arbeitszimmer des Kanzlers. Die Fenster waren geschlossen, die Gardinen zugezogen; eine nahezu unerträgliche Hitze herrschte. Niemand wußte, was eigentlich vor sich ging. Die Putschisten wußten es selbst nicht genau. Draußen glich der Platz einem Heerlager, doch die Einheiten des Bundesheeres, der Polizei und der Heimwehr standen ebenso hilflos vor den verschlossenen Toren, wie die Putschisten in ihrer Festung hilflos waren. Man wartete auf beiden Seiten und wußte eigentlich nicht recht, worauf.

Diese gespenstige Situation wurde zunächst nur einmal kurz unterbrochen, als sich die Balkontüren des Kongreßsaales öffneten und der Major Fey auf den Balkon hinausgeschoben wurde. Fey trug an diesem Tag Zivil, einige Putschisten in Bundesheeruniform umringten ihn. Ein Mann hielt Feys Fußknöchel fest, um zu verhindern, daß er hinuntersprang. Doch ein solcher kühner Springer war Fey ohnehin nicht; er machte gar nicht den Versuch dazu. Er rief den Männern vor dem Tor nur ein paar Worte zu: „Die Insassen sind gefährdet – Kameraden, es wird alles in Ordnung kommen."

Dann rief Fey den Kommandanten der Polizeiabteilung, Hofrat Dr. Humpel, zum Hintereingang des Kanzleramtes in der Metastasiogasse.

Humpel wurde durch ein vorsichtig geöffnetes Tor eingelassen, sah sich plötzlich Fey gegenüber. Fey berichtete, daß Dollfuß verletzt sei, daß Rintelen kommen werde, daß der Kanzler kein weiteres Blutvergießen wolle, daß jeder Angriff auf das Gebäude zu unterlassen sei. Dann schoben die Putschisten Fey schon wieder weg und den Dr. Humpel zum Tor hinaus.

Über dem Ballhausplatz lag wieder die drückende Nachmittagshitze des schwülen Julitages.

Oben war Dollfuß schon tot.

Dollfuß starb am Eifer seiner Freunde, die ihn retten wollten. Es war der Major Wrabel, der knapp nach der Einfahrt der Lastwagen mit dem Ruf „Die Nazis sind im Haus!" in das Kanzlerzimmer platzte. Es war etwa 13 Uhr. Nach einem Augenblick der Erstarrung packte Karwinsky seinen Regierungschef am Ärmel. Mit den Worten „Komm, Kanzler, in den dritten Stock, dort bist du sicher" zerrte er ihn durch die Tür in den anschließenden Säulensaal. Fey und Wrabel drängten hinterher. An der gegenüberliegenden Tür des Säulensaales tauchte jedoch plötzlich der Amtsdiener Hedvicek auf, und er riß Dollfuß dem Dr. Karwinsky förmlich aus den Händen, um ihn in die entgegengesetzte Richtung zu dirigieren. Hinter dem Ecksalon gab es eine Tapetentür und eine Wendeltreppe in den Keller, dorthin wollte Hedvicek den Kanzler retten. Und Dollfuß verließ sich auf Hedviceks Ortskenntnisse. Während er, von Hedvicek gezogen, aus dem Säulensaal in sein Arbeitszimmer hastete, drangen die ersten Putschisten schon aus dem Vorraum in diesen Säulensaal ein. Fey erkannte die Uniformen seines früheren Regiments und schrie die Eindringlinge an: „Und ihr wollt Deutschmeister sein, ihr Schweine!" Inzwischen waren Dollfuß und Hedvicek durch das Kanzlerzimmer und den Ecksalon bis zur Tür des Kongreßsaales gelangt. Die Tür war zwar nicht versperrt, aber Hedvicek war möglicherweise zu erregt, um sie gleich aufzubringen.

Und in diesem Augenblick stürmte ein Trupp Putschisten unter der Führung des Otto Planetta die Treppe hinauf zu der anderen Tür, die vom Stiegenhaus in den Ecksalon führte. Planetta trug eine schußbereite Pistole in der Hand.

Was nun geschah, blieb in manchen Einzelheiten bis heute ungeklärt. Hedvicek sagte später aus, Dollfuß habe zur Abwehr die Hände vor das Gesicht gehalten, und Planetta habe zweimal geschossen.

Planetta dagegen behauptete, es seien insgesamt drei Personen vor ihm in dem Raum gewesen, die er in dem durch Jalousien verdunkelten Zimmer nur als Schatten gesehen habe. Einer der drei sei irgendwie an ihn gestreift, da habe sich ein Schuß aus seiner Pistole gelöst. Erst als der Getroffene schon auf dem Boden lag, habe er Dollfuß erkannt. Dabei, daß es dunkel im Zimmer gewesen sei und daß er nur einmal, und zwar unabsichtlich geschossen habe, dabei blieb Planetta bis zu seiner Hinrichtung.

Daß nur er und Dollfuß im Zimmer waren, daß das Fenster offenstand und daß zwei Schüsse fielen, dabei blieb anderseits

Hedvicek bis zu seinem Tode. Tatsächlich wurden an der Leiche später auch zwei Einschüsse festgestellt.

Wer den zweiten Schuß abgegeben hatte, konnte bis heute nicht geklärt werden. Aus Planettas Waffe konnte die Kugel nicht stammen; der Schuß war außerdem aus knappster Entfernung auf den schon auf dem Boden liegenden Dollfuß abgegeben worden. Gerüchte wollten später wissen, daß Fey der wahre Dollfuß-Mörder gewesen sei; er habe die Gelegenheit benützt, seinen Widersacher aus dem Weg zu räumen. Diese Behauptungen waren Unsinn; Fey befand sich mit den übrigen Gefangenen der Putschisten im Säulensaal, als die Schüsse fielen. Planettas Verwandte haben später immer zu beweisen versucht, daß der Dollfuß-Mörder gar nicht der Mörder gewesen sei; die Mordwaffe liege, hieß es, bis heute versteckt in einem Kamin des Kanzleramtes. Unsinnige Gerüchte also auf der einen Seite, vergebliche Reinwaschungsversuche auf der anderen. Wer immer den zweiten Schuß abgegeben hatte, er war unter den Putschisten zu suchen.

Was mit Dollfuß geschehen war, wußten zunächst nur die Putschisten. Sie ließen den Schwerverletzten einfach liegen. Erst vierzig Minuten später, gegen 13.45 Uhr, wurden die im Hof zusammengetriebenen Beamten gefragt, ob jemand einen Notverband anlegen könne. Die Polizisten Rudolf Messinger und Johann Greifeneder meldeten sich. Unter Bedeckung wurden sie in den Ecksalon hinaufgeführt. Dort fanden sie den Bundeskanzler Dollfuß stark blutend auf dem Boden. Sie legten ihn auf das Sofa und verbanden ihn. Der Putschist Hudl, in Offiziersuniform, war dabei. Er meinte, wenn sich Dollfuß nicht gewehrt hätte, wäre ihm nichts geschehen. Dollfuß antwortete schwach: „Ich war doch Soldat."

Dann wurde Fey aus dem Säulensaal geholt und zu Dollfuß geführt. Über das Gespräch gab es späterhin zwei einander widersprechende Versionen.

Die eine stammte von den Putschisten, die dabeistanden: Dollfuß habe zu Fey gesagt, er wolle kein Blutvergießen; Rintelen solle Kanzler werden.

Die andere Version stammte von den beiden Polizisten Messinger und Greifeneder, und auch sie standen dabei: Dollfuß habe gesagt, Schuschnigg solle Kanzler werden oder, wenn Schuschnigg nicht mehr sei, der Polizeivizepräsident Doktor Michael Skubl.

Nur in einem Punkt stimmten beide Aussagen überein: Dollfuß habe gebeten, Mussolini möge sich um seine Familie kümmern.

Nach diesem Gespräch, nachdem er aus dem Ecksalon wieder herausgeführt worden war, entwickelte Fey eine seltsame Aktivität. Zunächst schrieb er mit Bleistift auf einen Zettel einen Aufruf an Exekutive und Bevölkerung, behauptete darin, der verwundete Dollfuß sei zurückgetreten und habe Rintelen zu seinem Nachfolger bestimmt, und unterstellte die Exekutive seinem eigenen Kommando.

Stand Fey unter Druck? Zweifellos – Putschisten, mit Holzweber an der Spitze, hielten ihn ständig umzingelt. Fürchtete er für sein Leben? Wohl kaum – ein Feigling war der sechsmal verwundete Mariatheresienritter Emil Fey bestimmt nicht. Hielt er den Putsch für geglückt und wollte er Blutvergießen verhindern, oder war sein Ehrgeiz mit im Spiel? Einer der Putschisten sagte später jedenfalls aus, Holzweber habe dem Major Fey den Posten des Sicherheitsministers in der Regierung Rintelen angeboten, einschließlich Unterstellung von SA und SS unter sein Kommando. Dazu Fey: „Gut, dann nehme ich an."

Feys Aktivität nahm jetzt groteske Formen an. Er telephonierte mit der Polizeidirektion und verlangte Abzug der Exekutive vom Ballhausplatz. Er telephonierte mit der Ravag und verlangte Durchgabe einer Meldung über die Bildung der Regierung Rintelen auf „breiter Basis". Und er telephonierte mit dem Kriegsministerium. Er sprach mit dem Sozialminister Odo Neustädter-Stürmer und mit dem Polizeivizepräsidenten Dr. Skubl. Er sagte auch ihnen, daß Dollfuß zurückgetreten sei und Rintelen zum Kanzler bestimmt habe. Und auf die ausdrückliche Frage, wie schwer die Verletzungen des Dr. Dollfuß seien, antwortete er: „Eher schwer." Das war um 16.35 Uhr.

Im Kriegsministerium, wo das Rumpfkabinett tagte, war inzwischen auch der Kriminalbeamte Kamba mit Feys handgeschriebenem Aufruf erschienen. Kamba war aus dem Kanzleramt geschlüpft und zum Polizeipräsidium geeilt, um Rintelens Aufenthaltsort zu erfahren. Er wollte Rintelen den Zettel bringen – offenbar der letzte Versuch der Putschisten, den ehemaligen Landeshauptmann doch noch zum Eingreifen zu bewegen. Der Polizeipräsident Dr. Seydel aber hatte Kamba samt Zettel zum Kriegsministerium mitgenommen. Die Regierung hatte sich jetzt zu einem Entschluß aufgerafft. Funder war schon unterwegs, um Rintelen zu holen. Odo Neustädter-Stürmer hatte Fey bereits am Telephon gesagt, daß das Rumpfkabinett nicht daran denke, vor den Putschisten zu kapitulieren: Der Putsch war gescheitert, überall war die Regierung Herrin der Lage, nur eben im Kanzleramt hielt sich noch ein Häuflein Verzweifelter. Neustädter-Stürmer und General Zehner wurden nun zum Ballhausplatz geschickt, um über die Kapitulation der Aufständischen zu verhandeln. Das Angebot: Freier Abzug über die Grenze, falls kein Todesopfer zu beklagen sei. Das war gegen 17 Uhr.

Dollfuß war schon tot. Er dürfte gegen 16 Uhr seinen Verletzungen erlegen sein. Die Putschisten hatten weder einen Arzt geholt noch den Priester, nach dem der Sterbende verlangte. Das Gerücht vom Tod des Kanzlers verbreitete sich sehr schnell. Niemand vermochte später zu sagen, woher es stammte und wann es zuerst laut geworden war. Um 17 Uhr hörte es jedenfalls der Sektionsrat Doktor Kemptner vor dem Bundeskanzleramt und gab die Nachricht sofort an Schuschnigg weiter.

Vor dem Bundeskanzleramt tauchten jetzt Neustädter-Stürmer und Zehner auf und bald auch der deutsche Gesandte Dr. Rieth. Ihn hatte Holzweber telephonisch zu Hilfe gerufen. Rieth fühlte sich denkbar ungut in seiner diplomatischen Haut – wie konnte er die Partei von Rebellen ergreifen, gegen die Regierung, bei der er akkreditiert war? Er hielt sich im Hintergrund, nachdem Neustädter-Stürmer ihn grob angefahren hatte. Auf dem Balkon tauchte jetzt wieder Fey auf, unten stand Neustädter-Stürmer; auf dem trotz der bewaffneten und uniformierten Massen totenstillen Platz wurde zwischen den beiden, von oben nach unten, von unten nach oben, hin- und hergerufen. Neustädter-Stürmer verlangte Räumung des Gebäudes in 20 Minuten, sonst Sturmangriff. Die Verhandlungen wurden schließlich durch ein vergittertes Parterrefenster weitergeführt; die Putschisten wollten Rieth als Zeugen haben; schließlich wurde freier Abzug vereinbart. Die Putschisten sollten ihre Waffen abliefern und dann ohne Perlustrierung auf Militärlastautos an die Grenze gebracht werden.

Odo Neustädter-Stürmer verpfändete sein Offiziersehrenwort. Galt noch immer die Voraussetzung, daß keine Todesopfer zu beklagen seien? Zu diesem Zeitpunkt, nach 18 Uhr, konnte kaum noch Zweifel daran bestehen, daß Dollfuß tot sei.

Nun wurde Fey von den Putschisten aus dem Haus gelassen und bestätigte die Todesnachricht. Dann kam Karwinsky aus dem Gebäude. Der Gesandte Rieth geisterte hilflos und verlegen herum. Drinnen berieten die Putschisten noch immer, was sie tun sollten. Die Lastautos, die sie an die deutsche Grenze bringen sollten, fuhren schon vor. Und dann, als eben die Tore geöffnet worden waren und der Auszug der Verschwörer begann, nach 19 Uhr, erschien Schuschnigg.

Und nach den späteren Angaben von Odo Neustädter-Stürmer erklärte jetzt Schuschnigg, der Tod des Dr. Dollfuß habe eine neue Situation geschaffen. Von freiem Abzug war keine Rede mehr. Die Putschisten wanderten als Gefangene in die Polizeikaserne Marokkanergasse. 24 Stunden später meldete sich Otto Planetta und gab zu, daß er der Schütze gewesen sei.[6] 5 Tage später, am 31. Juli, wurden Planetta und Holzweber von einem Militärgericht zum Tode verurteilt. Die Hinrichtung erfolgte um 16.35 Uhr, 3 Stunden nach Schluß der Militärgerichtsverhandlung. Weitere Todesurteile folgten. Hingerichtet wurden noch Hans Domes, Josef Hackl, Franz Leeb, Ludwig Maitzen, Erich Wohlrab und Ernst Feike. Paul Hudl bekam lebenslänglich. Die Untersuchung hatte ergeben, daß insgesamt 148 Putschisten ins Kanzleramt eingedrungen waren – 106 ehemalige Heeresangehörige, 10 aktive Polizisten, 1 aktiver Soldat; ansonsten jugendliche Illegale.

Noch einer starb – das war der Polizeirevierinspektor Johann Dobler, der am Morgen des 25. Juli versucht hatte, die Katastrophe zu verhindern. Am 29. Juli beging er in der Polizeihaft Selbstmord.

Die neue Regierung wurde auf ausdrücklichen Wunsch des Bundespräsidenten Miklas erst nach dem Dollfuß-Begräbnis bestellt. Der neue Kanzler hieß Dr. Kurt von Schuschnigg. Er war damals 37 Jahre alt.

Dollfuß und Schuschnigg – ein größerer Unterschied zwischen zwei Männern, die als Einheit durch die historische Erinnerung gehen, ließ sich kaum denken.

Dollfuß war ein niederösterreichischer Bauernsohn aus ärmlichsten Verhältnissen. Schuschnigg war Tiroler von Geburt; er kam aus einer adeligen Offiziers- und Beamtenfamilie. Dollfuß kam aus der eher selbstbewußt-republikanischen Atmosphäre des Niederösterreichischen Bauernbundes. Er spielte virtuos auf der weitgespannten Klaviatur des Traditionalismus, um den Österreichern auch im Kleinstaat ein patriotisches Nationalbewußtsein zu geben. Schuschnigg kam aus der Geisteswelt des Donaustaates vor 1918 und blieb Monarchist. Im privaten Kreis konnte Dollfuß von ausgelassener Fröhlichkeit sein. Schuschnigg fand auch zu seinen engsten Mitarbeitern nur schwer persönlichen Kontakt.[7]

Dollfuß war das Objekt unzähliger Witze; seine kleine Statur machte ihn zum Gespött seiner Feinde, zugleich aber machte sie ihn auch populär. Über Schuschnigg lachten weder seine Feinde, noch brachten seine Freunde ein gutmütiges Lächeln für ihn auf.

Zumindest für seine Anhänger war Dollfuß ein Mann des Volkes. Schuschnigg blieb der kühle Intellektuelle. Sein Antagonist Otto von Habsburg sagte von ihm: „Seine Brille ist die Glaswand, die ihn von den Menschen trennt."[8]

Dollfuß wuchs erst allmählich in die Rolle des Diktators hinein; solange er irgendwie Hoffnungen auf Erfolg besaß, versuchte er mit der Linken zu einem Ausgleich zu gelangen. Er fürchtete seine Feinde nicht; die Apparatur des autoritären Systems hatte er selbst zusammengezimmert. Schuschnigg übernahm die Apparatur als einigermaßen intaktes Gebilde. Für ihn schien ein anderes System undenkbar; der Kompromiß mit der Linken kam kaum in Frage. Noch in den Märztagen 1938, als es um seine und des Staates Existenz ging, zögerte er so lange, bis es zu spät war.

Daß gerade dieser Dr. Kurt von Schuschnigg die Dollfuß-Nach-folge antrat, ging zunächst auf den Bundespräsidenten Wilhelm Miklas zurück, der um gar keinen Preis einen Heimwehrkanzler haben wollte. Unter den Heimwehrführern wäre Fey denkbar gewesen; doch ihn hatte Dollfuß schon entmachtet, und die Vorgänge im Bundeskanzleramt diskriminierten ihn.[9] Odo Neu-städter-Stürmer hätte zwar Ambitionen gehabt, doch ihm fehlte das geistige Niveau. Er sollte es später mit dem Nationalsozialismus versuchen. Das innere Format war auch bei Starhemberg nicht vorhanden. Er war unstet, handelte unüberlegt; unkontrollierte Energieanfälle wechselten mit Perioden der Tatenlosigkeit und Unentschlossenheit.

So konnte Schuschnigg nicht nur Bundeskanzler werden; er konnte, als Dollfuß-Erbe, auch den autoritären Machtapparat relativ schnell, ohne ernsthaften Widerstand übernehmen.

Kapitel 12

DER ITALIENISCHE WEG

Am 25. Juli 1934, dem Tag des Dollfuß-Mordes, galt für zwei italienische Armeen der „Plan 34". Was dieser „Plan 34" bedeutete, hatte ein Erlaß des Kriegsministeriums in Rom den Einheiten an der Tiroler und an der Kärntner Grenze am 1. März 1934 bekanntgegeben: „Beim gegenwärtigen Stand der Befehle hat die Okkupation von österreichischen Zentralpunkten durch unsere Truppen den Zweck, die österreichischen Truppen zu entlasten, um sie in die Lage zu versetzen, gegen eventuelle Aufständische verfügbar zu sein."[1]

Daß die italienischen Truppen zum Einmarsch bereitstanden, hatte Mussolini schon im September 1933 dem österreichischen Sektionschef Dr. Richard Schüller versichert.[2] Daß sie im Februar 1934 einmarschiert wären, hätten die Sozialdemokraten nur eine Spur von Erfolgschancen gehabt, ist sicher. Am 25. Juli jedenfalls, als es auch in Kärnten zu einem kurzen Kampf mit NS-Putschisten kam, erschien der italienische Konsul im Klagenfurter Landhaus und offerierte militärische Unterstützung.

Die Kärntner lehnten dankend ab. Wie Dollfuß die Sozialdemokraten allein niedergekämpft hatte, so wurde auch die Rumpfregierung Schuschnigg allein mit den nationalsozialistischen Putschisten des 25. Juli fertig.

Den Kärntnern, die der italienische Konsul mit seiner Hilfsbereitschaft in einige Verlegenheit brachte, war kein Geheimnis, daß auch jugoslawische Truppen in Bereitschaft standen. Wären die Italiener marschiert, hätte zweifellos auch Belgrad seine Regimenter losgeschickt.

Kriegsschauplatz Kärnten; das wäre wohl die Folge gewesen.

Wo die politischen Fronten verliefen, das zeigte sich auch sehr bald: Österreichische Nationalsozialisten, die sich nach Jugoslawien retteten, wurden dort in Lagern zusammengefaßt, allerdings nicht als Gefangene. Es lag durchaus im Bereich der Möglichkeiten, daß sie an der Kärntner Grenze eine zweite „Österreichische Legion" bilden würden.

Deutschland hatte keine militärischen Vorbereitungen getroffen. Für ein bewaffnetes Eingreifen jenseits der Grenzen fühlte sich die deutsche Führung zu diesem Zeitpunkt noch zu schwach. Ein internationaler Konflikt sollte vermieden werden. Zur Unterstützung der nach außen hin christlichsozial getarnten Regierung Rintelen – wenn sie jemals ihr Amt angetreten hätte – stand jedoch eine andere bewaffnete Macht bereit: die aus geflüchteten österreichischen Nationalsozialisten gebildete Österreichische Legion. Diese Legion war eine militärische Einheit in SS- und SA-Uniform, deren Ausrüstung bis zu Artillerie und Minenwerfern reichte. Das Kommando saß in Dachau, Bad Tölz, Bad Aibling, Lechfeld und Waiden. Schon vier Tage vor dem Putschversuch in Wien meldete der Gendarmerieposten Niederndorf im Bezirk Kufstein, daß in den vorangegangenen Tagen etwa 3000 Legionäre neu nach Bad Aibling verlegt worden seien. Der Gesamtstand der Österreichischen Legion wurde auf 15.000 Mann geschätzt.

In den europäischen Hauptstädten waren alle diese militärischen Vorbereitungen keine Geheimnisse. Die „Geheim"-Stempeln auf den Plänen der Generalstäbler konnten sich bestenfalls auf die Bewegungen einzelner Truppenteile beziehen. Die große Strategie der Militärpolitik ließ sich ausrechnen, wenn man mit offenen Augen die Weltlage betrachtete.

Die eine der beiden großen Verbindungslinien mitteleuropäischer Aktivitäten verknüpfte Rom mit Budapest. Seit Kriegsende hatten sich die Motive für diese Freundschaft nicht geändert. Italien wollte Jugoslawien isolieren, und Ungarn dachte an eine Revision der Friedensverträge. Anfang der zwanziger Jahre hatte der Revisionsgedanke die Italiener noch vorsichtig gemacht; sie fürchteten um Südtirol. Inzwischen war diese Sorge abgeflaut. Rom zeigte sich gegebenenfalls durchaus revisionsfreudig – wenn eine solche Revision Jugoslawien betraf. Am Beginn der dreißiger Jahre betraf sie Jugoslawien: Der kroatische Separatismus regte sich. Triest war der Stützpunkt. Dort machten zum ersten Male die Ustascha-Bewegung und ihr Führer Dr. Ante Pavelić von sich reden. Ein selbständiges Kroatien unter italienischem Protektorat, das hätte ins römische Adriakonzept gepaßt. Kurzfristig sollte dieser imperialistische Mussolini-Traum während des Zweiten Weltkriegs dann realisiert werden. Der italienische Königssohn Herzog von Aosta durfte sich König von Kroatien nennen. Das Land betrat er

Wiens Stadtzentrum, die Einmündung der Kärntner Straße in den Stephans-
platz, Anfang der dreißiger Jahre während eines Streiks der Taxichauffeure,
die für höhere Fuhrlöhne demonstrierten.

Links oben: Regisseur und Theaterdirektor Max Reinhardt mit seiner Gattin, der Schauspielerin Helene Thimig. *Rechts oben:* Der Bankier Camillo Castiglioni ermöglichte die Neuadaptierung des Theaters in der Josefstadt in Wien. *Links unten:* Karl Kraus, der große Kritiker seiner Zeit und ihrer Schattenseiten. *Rechts unten:* Der Dichter Anton Wildgans war zweimal Burgtheaterdirektor: 1921 bis 1922, 1930 bis 1931.

Bei der Eröffnung des Wiener Stadions am 11. Juli 1931 saßen vier
Staatsoberhäupter nebeneinander. (Von links: Wilhelm Miklas amtierte
1928–1938; Karl Seitz war als Präsident des Staatsratsdirektoriums Staatsoberhaupt 1918–1920; Karl Renner wurde 1945 Bundespräsident; Leopold
Hainisch amtierte 1920–1928.)

Oben: Die ehemals kaiserliche Sommerfrische Ischl war auch nach 1918 ein Künstlerparadies. (Die Karikatur aus den dreißiger Jahren zeigt von links nach rechts: Edmund Eysler, Franz Lehár, Leo Ascher und Oscar Straus auf der Kurpromenade.)
Unten: Das bekannte Gemälde des „Wunderteams" mit Hugo Meisel.

Rechts: Bettler an allen Straßenecken zeichneten das Antlitz Wiens in den dreißiger Jahren. Nicht nur arbeitslose Proletarier bettelten, auch höhere Angestellte sahen sich auf Almosen der Passanten angewiesen.

Unten: Nach dem New Yorker Börsenkrach von 1929 griff die Weltwirtschaftskrise 1930 auch auf Österreich über. Die Anzahl der Arbeitslosen stieg bis auf eine halbe Million. (Auszahlungsstelle für Unterstützungen.)

Oben: Im März 1931 besuchte der
deutsche Außenminister Curtius
(rechts) seinen österreichischen
Kollegen Schober (Mitte) in Wien.
Doch das Zollunionsprojekt der
beiden scheiterte am Einspruch der
Siegermächte von 1918.
Links: Nach dem Scheitern der
Zollunion erlitt die Republik durch
den Zusammenbruch der
Creditanstalt den zweiten Schlag.
(Baron Alfons Rothschild,
Hauptaktionär der Creditanstalt,
beim Derby in der Wiener
Freudenau.)

Oben: Wahlkampagne gegen Bundesbahn-Generaldirektor Dr. Strafella (rechts im Bild mit Dollfuß), der zum Anlaß für den Sturz der Schober-Regierung wurde.
Unten: Der „Staatsstreich" des steirischen Heimwehrführers Dr. Pfrimer brach am 13. September 1930 nach wenigen Stunden zusammen.

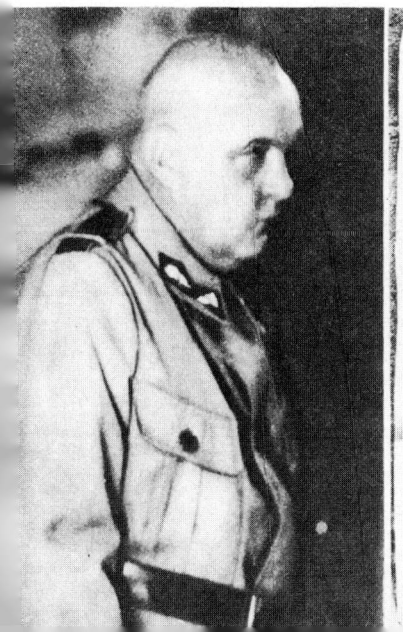

In Korneuburg ließ Dr. Richard Steidle die Führer der Heimwehren einen
Eid schwören, der eine Absage an die parlamentarische Demokratie und ein
Bekenntnis zum Faschismus darstellte.

allerdings nur ein einziges Mal; er kam gerade zu blutigen Auseinandersetzungen zwischen der kroatischen Bevölkerung und italienischen Besatzern zurecht. Die Kroaten hatten sich ihre Befreiung anders vorgestellt; die Bevormundung durch Rom verabscheuten sich noch mehr, als sie das Belgrader Diktat gehaßt hatten. Anfang der dreißiger Jahre war das alles noch nicht abzusehen. Da nahm Pavelić Hilfe, woher er sie bekam. Er bekam sie von Rom.

So lief, folgerichtig, die zweite große Verbindungslinie Mitteleuropas von Belgrad nach Berlin. Die beiden Linien kreuzten einander in Österreich; machten es zum internationalen Spannungsfeld, ob den Österreichern das nun paßte oder nicht.

Mit dieser permanenten Hochspannung lebten die Österreicher nun schon über fünfzehn Jahre. Eine Zeitlang hatte es so ausgesehen, als könnte der Republik ein Anschluß an die Kleine Entente gelingen; das wäre die von Rom und Budapest gleichermaßen gefürchtete Achse Belgrad–Wien–Prag gewesen. Das hätte den französischen Einfluß in Mitteleuropa gestärkt. Frankreich aber, das war der Widersacher. Für die Italiener im Mittelmeer und in Afrika, wo Mussolini ein Kolonialreich von Tripolis bis Abessinien anpeilte. Für die Ungarn im Donauraum, wo sie die Revision der Friedensverträge wollten, mit Gebietsansprüchen an die Tschechoslowakei und an Rumänien. So ist letztlich die Politik zu verstehen, die Rom und Budapest betrieben, als sie die Heimwehren bewaffneten, auf die Ausschaltung der Sozialdemokratie drängten, dem Austrofaschismus in den Sattel halfen.

So geriet Österreich auf den italienischen Weg.

Schritt für Schritt; zuerst, um Kärnten zu retten, schließlich, um dem Nationalsozialismus zu entgehen. Auf diesem italienischen Weg hatte Österreich seine Aufgabe als Pufferstaat im Dienste der römischen Politik zu erfüllen. Es sollte Bastion zwischen den Nord- und den Südslawen spielen, den Korridor zwischen Prag und Belgrad blockieren. Es sollte zugleich Barriere am Brenner sein, wegen Südtirol.

Kein Wunder, daß sich Belgrad angesichts dieser Konstellation mit Berlin zu verständigen begann, wenn schon die Achse nach Wien und Prag nicht zustande kam.

Kein Wunder, daß die neue, im Entstehen begriffene Achse Belgrad–Berlin die römischen und die Budapester Politiker in Aufregung versetzte.

Kein Wunder, daß die Generalstäbler, schon wieder einmal, mit

233

der Aufteilung Österreichs liebäugelten. Falls Hitler-Deutschland doch den Anschluß vollziehen sollte, so wollten die Ungarn jedenfalls das Burgenland besetzen, und die Jugoslawen machten sich Hoffnungen auf Kärnten.

Das war die Lage des österreichischen Ständestaats im mitteleuropäischen Spannungsfeld, als Dr. Kurt Schuschnigg sein Amt als Dollfuß-Nachfolger antrat. Und so war es kein Wunder, daß auch er den italienischen Weg als den einzig gangbaren betrachtete, wenn Österreich seine staatliche Selbständigkeit behalten wollte. Versuche, Österreich aus dem italienisch-ungarischen Spinnennetz zu befreien, hat er wohl unternommen; doch diesen Versuchen, Anschluß an die Westmächte, an die Kleine Entente zu finden, fehlte Schuschniggs innere Überzeugung, und so fehlte auch die Überzeugungskraft: Man glaubte und traute dem autoritären Regime in Österreich nicht, und der autoritäre Regierungschef Schuschnigg selbst fand sich mit den parlamentarischen Regierungen in Paris und Prag nicht zurecht.

Am 21. August 1934 fuhr der neue Bundeskanzler nach Florenz, zu seiner ersten Begegnung mit Mussolini. Die Stimmung war schlecht. Mussolini hätte viel lieber Starhemberg als Dollfuß-Nachfolger gesehen. Schuschnigg wiederum fürchtete, der Duce könnte mit seinen immer noch marschbereiten Truppen über den Brenner kommen, sobald eine neue Krisensituation eintrat. Eine solche Aktion lehnte er als politisch untragbar ab.

Trotzdem war Schuschnigg sich natürlich klar darüber, daß Italiens Schutz der einzige Schutz war, den Österreich überhaupt besaß. So blieben die „Römischen Protokolle", die Abmachungen mit Italien und Ungarn, auch weiterhin die Grundlage der Politik des autoritären Systems.

Was sich änderte, das waren allerdings schon sehr bald die Machtkonstellationen rund um die Alpenrepublik Österreich. Der Staat sollte erst am 11. März 1938 untergehen. Der Anfang dieses Endes kam schon lange vorher. Die Daten lassen sich auf den Tag genau angeben: 3. Oktober 1935 und 7. März 1936.

Am 3. Oktober 1935 begann die italienische Armee ihren Einmarsch in Abessinien. Der Sechsmonatefeldzug demonstrierte die Schwäche der italienischen Truppen in geradezu demütigender Weise. Er trieb Italien außerdem in einen an den Rand des Krieges gehenden Konflikt mit den Westmächten.

Am 7. März 1936 besetzten deutsche Truppen das seit dem Friedensvertrag von Versailles entmilitarisierte Rheinland. Die mit

Italien beschäftigten Westmächte nahmen diesen ersten Gewaltakt Hitlers tatenlos hin. Österreich hatte sich einst dem Diktator im Süden verschrieben, um sich des Diktators im Norden zu erwehren. Nun konnte kein Zweifel mehr bestehen, daß der Mann im Norden der stärkere war.

Im Sommer 1934 ließ sich diese totale Umkehr noch nicht absehen. Zunächst war Hitler um eine Entspannung bemüht. Der Juliputsch hatte sein Ansehen arg ramponiert. In der Nacht zum 27. Juli bot er seinem ehemaligen Vizekanzler Franz von Papen den Gesandtenposten in Wien an; per Telephon und geradezu flehentlich drängend. Der Herr von Papen war eben erst selbst einer Säuberungsaktion knapp entgangen. Am 30. Juni 1934 hatte Hitler in einer geradezu bluttriefenden SS-Aktion den SA-Stabchef Röhm und dessen Anhang ausgeschaltet und gleichzeitig mit der Ermordung des Generals Kurt von Schleicher auch das Haupt einer eventuellen Fronde der Wehrmacht beseitigt. Papens Sekretär war ebenfalls liquidiert worden, aber ein Mensch wie dieser Franz von Papen brachte es nicht über sich, auf das große Spiel mit der Politik zu verzichten; er mußte ganz einfach dabeibleiben, mitmischen, die Drähte ziehen, solange man ihn ließ. Nun wollte Hitler den schon abgehalfterten Herrn von Papen in Österreich die Drähte ziehen lassen, und der ehemalige Reichskanzler konnte der Verlockung nicht widerstehen. Allerdings mit Bedingungen.[3] Papen verlangte Schluß mit dem Terror und die Ausschaltung der illegalen Rabauken aus der Politik, vor allem die Absetzung Habichts. Natürlich war auch Papen für den Anschluß, aber auf „evolutionärem Weg".

Am 15. August kam der neue Friedensgesandte in Wien an. Als er sein Beglaubigungsschreiben überreichte, war der Ballhausplatz mit MG-Posten abgeriegelt. Im Steinsaal, in dem er empfangen wurde, stand demonstrativ eine Dollfuß-Totenmaske auf einer Konsole. Papen hatte gehofft, man würde wenigstens ihm persönlich gegenüber freundlich sein – er war doch notorischer Widersacher Hitlers und frommer Katholik! Er irrte. Man empfing ihn als den notorischen Steigbügelhalter Hitlers. Die Atmosphäre blieb eisig.

Dabei war Schuschnigg durchaus zur Befriedung geneigt. Befriedung der nationalen Kreise, nicht der Nationalsozialisten! Nach vorsichtiger Kontaktnahme fand sich die nationale Führerschaft im November 1934 bei Schuschnigg ein: der Direktor des Kriegsarchivs, Oberst a. D. Glaise-Horstenau, der Präsident des Deutschen Klubs, Feldmarschalleutnant a. D. Carl Bardolff; Rechtsanwalt

Doktor Arthur Seyß-Inquart und Dr. Hermann Neubacher, zwei Kriegskameraden und leitende Mitglieder der Anschlußorganisation „Österreichischer Deutscher Volksbund", sowie der Landwirt Ing. Anton Reinthaller.

Die Sitzung hatte eben begonnen, als Starhemberg erschien. Schuschnigg hatte die Beratung auch vor ihm geheimgehalten, denn Starhemberg war gegen jeden Ausgleichsversuch. Durch einen Vertrauensmann hatte der Vizekanzler jedoch den Termin erfahren; als er zur Tür hereinkam, konnte Schuschnigg ihn nicht gut wieder wegschicken. Die Situation war dadurch äußerst gespannt. Als die Nationalen ihre Einbeziehung in das Regierungssystem vorschlugen, fuhr Starhemberg sie brutal an: „Das, was hier vor sich geht, ist doch der unerhörteste Schwindel, den man sich vorstellen kann. Wie Sie da sitzen, Sie, die Sie alle miteinander die ärgsten politischen Betrüger sind, die man sich vorstellen kann . . ."[4]

Der Versuch war damit geplatzt. Im Augenblick tat Starhemberg den Nationalen sicherlich unrecht. Sie waren keine Radaunazis, sie hielten sich selbst für kultivierte Ehrenmänner, und Hitler seinerseits betrachtete sie zweifellos nicht als seine Repräsentanten. Noch nicht. Schon sehr bald aber sollten sie zu seinen Steigbügelhaltern in Österreich werden.[5]

Der Krach im Ministerratssaal des Ballhausplatzes, in dem Schuschnigg die Nationalen befrieden wollte, war nur Ausdruck der Unmöglichkeit, mit dem Dualismus Schuschnigg-Starhemberg auf die Dauer zu regieren. Das autoritäre System stellte in der Praxis eine Koalition zwischen dem politischen Katholizismus und dem Heimwehrfaschismus dar.[6] Der Kanzler machte sich ans Werk, den ebenso unruhigen wie unbequemen Koalitionspartner zu entmachten. Aus dem Dualismus wurde ein Duell.

Nach dem Tode des Dr. Dollfuß wurde die Macht zunächst geteilt. Schuschnigg übernahm das Kanzleramt, Starhemberg blieb Vizekanzler. Dagegen wurde der Heimwehrfürst Frontführer und damit Chef der VF, während Schuschnigg die Stellvertretung übernahm. Irgendwie war Starhemberg über diese Lösung froh; nichts haßte er mehr als Schreibtischarbeit, das Lesen von Aktenstücken, das Beantworten von Briefen. Am 8. August versammelte sich die Vaterländische Front noch in äußerer Einigkeit zur Trauerfeier für Dollfuß. 150.000 Wiener verstopften den Heldenplatz. Es war, wie sich zeigte, gar nicht so schwer, derartige Massen auf die Beine zu bringen. Die VF hatte eine Million Mitglieder in Österreich, doch Schritt für Schritt wurde sie zur Pflichtorganisation ohne Schlagkraft.[7]

Der Aktivist in ihren Reihen war der Bundesleiter Dr. Karl Maria Stepan. Er verlangte von Schuschnigg seine Beiziehung zu den Ministerräten und die Beiziehung der VF-Landesleiter zu den Landesregierungen. Er nannte die VF ein „fanatisches Janitscharengefolge" – ihm schwebte eine disziplinierte Kaderorganisation vor; vergleichbar mit der NSDAP oder mit der sowjetischen KP. Schuschnigg mochte er nicht, und Schuschnigg mochte ihn nicht.[8]

Starhemberg war anderer Auffassung: Er betrachtete die VF als eine Dachorganisation einzelner Gruppen – und die Heimwehren schienen ihm begreiflicherweise die wichtigsten dieser Gruppen. Schuschnigg konnte die Uneinigkeit nur recht sein. Er wollte keine Partei als Staat im Staat nach deutschem oder russischem Vorbild. Er wollte keinen zweiten, parallellaufenden Verwaltungsapparat. Er wollte ein autoritäres System, das sich auf die absolute Verläßlichkeit des Beamtenapparates und des Bundesheeres stützte. Er war froh, Doktor Stepan als Landeshauptmann in die Steiermark abschieben zu können. Der Nachfolger, Oberst Walter Adam, war kein Parteimanager wie Stepan. Und Starhemberg war ein Mann, der sich Meter um Meter zurückdrängen ließ. Schuschnigg ging es mit den Heimwehren ähnlich, wie es Hitler mit seiner SA ging. Die Privatarmeen waren brauchbar gewesen, um das autoritäre System zu installieren. Jetzt aber war diese ehrgeizige Schicht von Marschierern, von mutigen Kämpfern und entschlossenen, tapferen Soldaten nur noch eine Belastung – mit ihnen konnte man keinen Staat im Frieden verwalten. Den Heimwehren ging nichts radikal und nichts schnell genug. Ein grüner Putschversuch lag durchaus im Bereich der Möglichkeiten, seit im Mai 1935 die Vereinheitlichung aller Wehrverbände erfolgt war. Am 20. Januar 1935 hatte Starhemberg noch bei der Führertagung der niederösterreichischen Heimwehren erklärt: „Wir werden uns mit den anderen Gegnern auseinandersetzen müssen." Und damit hatte er Schuschnigg und den politischen Katholizismus gemeint. Doch er war eben nicht der Mann für eine solche Auseinandersetzung.

Am 17. Oktober 1935 bildete Schuschnigg seine Regierung um. Fey wurde entgültig ausgebootet, auch Neustädter-Stürmer mußte gehen. Es war eine unverkennbare Entmachtung des Heimatschutzes, aber die Revolutionsstimmung der Heimwehrführer kam nicht zum Tragen, weil Starhemberg mitspielte. Er war zufrieden damit, seinen alten Widersacher Fey abgeschoben und dafür seinen Freund, den Rechtsanwalt Dr. Ludwig Draxler, als Finanzminister in der Regierung zu sehen. Er war eben doch kein Führer, weder ein starker noch ein politisch folgerichtig und zielstrebig handelnder Mann. Die Vaterländische Front hatte jetzt schon 2 Millionen Mitglieder. Sie war vollends zur Zwangsorganisation geworden; die meisten Mitglieder interessierten sich nur für das Parteibuch und das rotweißrote Bändchen im Knopfloch, um keinen Anstoß zu erregen. Von der schlagkräftigen politischen Kadertruppe, wie Dr. Stepan es sich vorgestellt hatte, konnte kaum noch die Rede sein. Um seine eigene Basis zu verbreitern, brachte Schuschnigg den Legitimismus ins Spiel.

Zwei Monate nach seinem Amtsantritt, im September 1934, traf Schuschnigg bei der Genfer Völkerbundtagung mit dem französischen Außenminister Barthou zusammen. Auf diese Begegnung hatte noch Dollfuß in seinen letzten Lebenstagen gehofft – er hatte auf eine Garantie für Österreich und eine Völkerbundanleihe gehofft. Zum Dollfuß-Erben Schuschnigg sagte Barthou: „Ne restaurez pas les Habsbourgs."[9]

Schuschnigg wußte selbst, daß an eine Restauration nicht zu denken war. Woran er dachte, das war die Mobilisierung des Legitimismus. Dieser Legitimismus saß sehr vielen Österreichern als Virus im Blut. Er saß den Offizieren im Blut, die noch auf die kaiserliche Fahne geschworen hatten; er saß der hohen Beamtenschaft im Blut, die noch unter dem Kaiser in den Staatsdienst getreten war. Man durfte sich nicht einmal darüber wundern. Die Republik war jetzt 16 Jahre alt, vergnüglich jedoch war ihre Entwicklung nicht. Der Stoßseufzer von der „guten alten Zeit", in der alles besser gewesen sein sollte, lag sehr vielen Österreichern permanent auf den Lippen. Die Rückkehr der Habsburger auf den Thron der Donaumonarchie war zwar ein Traum, dem in absehbarer Zeit keine Erfüllung folgen würde, darüber gaben sich auch die Legitimisten keiner Täuschung hin, aber jenseits rationeller Überlegungen schwelte emotionell die Hoffnung weiter. Schuschnigg wollte wenigstens diese Hoffnung für sein Regime.

Dollfuß hatte den Kult mit der rotweißroten Fahne und der altösterreichischen Tradition organisiert, um dem Staat wider Willen einen inneren Halt zu geben. In Sachen Legitimismus war er im Hinblick auf die außenpolitische Lage eher zurückhaltend gewesen. Für die Habsburger hatten seine beiden Verbündeten, Mussolini in Rom und Horthy in Ungarn, wenig Sympathie. Schuschnigg gab diese Zurückhaltung auf. Am 13. Juli 1935 erschien ein Gesetz, das die Landesverweisung des Hauses Habsburg aufhob. Am 29. April 1936 unterzeichnete der Innenminister Eduard Baar-Baarenfels dann eine Verordnung, die die Rückgabe des Habsburgervermögens aussprach.[10]

Bevor das Gesetz über die Aufhebung der Landesverweisung erschien, schickte Schuschnigg den Staatssekretär Dr. Carl Karwinsky und den Hofrat Karl Lechner nach Steenockerzeel, um Otto Habsburgs eigenes Schicksal zu klären. Das Gesetz durfte ihn nicht ausnehmen – nur er war für die Legitimisten interessant. Anderseits durfte gerade er nicht zurückkehren, wenn unabsehbare außenpolitische Folgen vermieden werden sollten. Schuschnigg behielt sich vor, den geeigneten Zeitpunkt für eine Rückkehr des Thronprätendenten selbst zu bestimmen. Wann dieser passende Moment kommen würde, darüber sprachen dann Schuschnigg und Otto persönlich bei einem Geheimtreffen im Hotel du Parc in Mühlhausen im Sommer 1935. Schließlich wurde vereinbart, daß der Termin einverständlich zwischen Wien und Steenockerzeel festzulegen sei. Wurde über die Gefahrlosigkeit des Unternehmens keine Einigung erzielt, sollte ein Schiedsgericht amtieren, dessen Mitglieder noch zu bestimmen gewesen wären.

Der junge Habsburger war sich über die Ungunst der außenpolitischen Verhältnisse durchaus im klaren. Und diese Verhältnisse verschlimmerten sich vom Herbst 1935 bis zum Frühjahr 1936 noch spürbar.

Der italienische Angriff auf Abessinien brachte die Stunde der Wahrheit. Der Schutzherr im Süden brauchte nicht weniger als sechs Monate, um mit der schwachen, schlecht ausgerüsteten, von tatkräftiger ausländischer Hilfe abgeschnittenen abessinischen Armee fertig zu werden. Die Westmächte blieben diesem unverhüllten Aggressionsakt gegenüber nahezu hilflos. Die Völkerbundsanktionen, vor allem ein Ölembargo, blieben ohne praktische Wirkung. Die Folgen waren lediglich politisch spürbar. Österreich, als Italiens Verbündeter, schloß sich zwangsläufig den Sanktionen nicht an und geriet dadurch ebenso zwangsläufig bei den Westmächten in Mißkredit. Deutschland schloß sich den Sanktionen ebenfalls nicht an und avancierte dadurch zum großen Verbündeten des Duce. Im Konflikt mit London und Paris um die Herrschaft über das Mittelmeer, das der italienische Faschismus großsprecherisch als „mare nostro" reklamierte, fand Rom nunmehr in Berlin die einzige Rückendeckung. Als Hitler das entmilitarisierte Rheinland besetzen konnte, ohne daß die westliche Allianz Widerstand geleistet hätte, wußte Schuschnigg, wieviel es geschlagen hatte.[11]

Schuschnigg, sein Außenminister Berger-Waldenegg und sein außenpolitischer Berater Dr. Theodor Hornbostel hatten sich bis dahin bemüht, eine gemeinsame Grenzkonvention der Kleinstaaten im Donauraum unter Garantie der Großmächte zustande zu bringen. Das Projekt war nicht zuletzt an den Ungarn gescheitert, die zuerst Grenzberichtigungen von der Tschechoslowakei verlangten. Was dann mit Abessinien und dem Rheinland geschah, mußte den Politikern auf dem Wiener Ballhausplatz klarmachen, daß den Westmächten der Bestand der von ihnen selbst 1919 geschaffenen Ordnung kein Kriegsrisiko wert war.

Als Schuschnigg im Frühjahr 1936 Mussolini traf, ließ der Duce keinen Zweifel daran, wieviel ihm an einem Ausgleich Österreichs mit Hitler-Deutschland gelegen war. In Wien drängte sich über Mussolinis Weisung der italienische Gesandte Francesco Salata als Vermittler geradezu auf.

Die österreichische Wirtschaftslage war noch dazu im Frühjahr 1936 alles andere als rosig. Der Produktionsindex, der seit dem Tief des Jahres 1932 stetig angestiegen war, sank seit Jahresbeginn erneut; im Mai schließlich sogar unter das Durchschnittsniveau der zwanziger Jahre. Die Zahl der Arbeitslosen überschritt im Januar 1936 mit 415.000 sogar die Höchstzahl des Krisenjahres 1933. Nur drei von vier Arbeitslosen erhielten ordentliche Unterstützung. Wien allein zählte 41.000 Bezieher der Arbeitslosenunterstützung und 83.000 Empfänger der Notstandsaushilfe. Dafür war die Zahl der Altersrentner von 38.000 im Jahre 1929 auf 92.000 im Januar 1936 hochgeschnellt.

Geradezu katastrophal war die Lage des Fremdenverkehrs, für Tausende österreichische Gemeinden oft die wichtigste Einnahmequelle. Von 9,36 Millionen Übernachtungen in der Saison 1930/31 blieben nach der deutschen Tausend-Mark-Sperre für die Saison 1933/34 nur noch 4,38 Millionen übrig; trotz intensivster Fremdenverkehrspropaganda in England stieg die Übernachtungszahl in der Saison 1935/36 nur auf 6,26 Millionen an. Wie folgenschwer diese Tausend-Mark-Sperre sich auswirkte, zeigen folgende Vergleichszahlen: 1931/32 wurden fast 4 Millionen Übernachtungen deutscher Touristen gezählt, 1935/36 waren es nur noch knapp über

900.000. Tirol wurde am schwersten betroffen: 1928/29 hatte der Anteil dieses Bundeslandes an den Übernachtungen in ganz Österreich noch 26 Prozent betragen. 1933/34 waren es nur noch 11,2 Prozent, und auch der starke Zustrom britischer Touristen konnte den Anteil dann 1935/36 nur auf 14,4 Prozent steigern.

Die Exporte, auf den wichtigsten Handelspartner Deutschland bezogen, zeigten ein ähnlich düsteres Bild. Die Ausfuhren überhaupt waren seit 1930 auf etwa die Hälfte gesunken, der deutsche Anteil dagegen auf knapp über 40 Prozent. Auch hierbei wurde die Landwirtschaft am schwersten getroffen: Der Rinderexport nach Deutschland sank von 1932 bis 1934 auf ein Siebentel.

Dazu war die innenpolitische Lage zum Zerreißen gespannt. Wenn Schuschnigg sich über den Umfang der nationalsozialistischen Bewegung irgendwelchen Täuschungen hingegeben haben sollte, so belehrte ihn eine von der Generaldirektion für die öffentliche Sicherheit am 4. April 1936 fertiggestellte umfassende Information eines Schlechteren. In diesem Bericht hieß es, daß „Träger und Führer der illegalen Bewegung in Österreich vorwiegend die arbeitslose Intelligenz ist. Insbesondere sind es die Angehörigen der nationalen Studentenschaft, die in ihren Verbänden noch immer in der alten großdeutschen Ideologie erzogen werden und am Ende ihres Studiums die Unmöglichkeit sehen, in irgendeinem Beruf unterzukommen ... Weiters ist es die Unzahl der durch die wirtschaftliche Krise arbeitslos gewordenen Privatangestellten und zahlreichen zusammengebrochenen kleinen Gewerbetreibenden, die zu den aktivsten Anhängern der Bewegung zählen. In den militanten illegalen nationalsozialistischen Organisationen findet man zahlreiche ehemalige Offiziere, die nach dem Umsturz zwangsweise abgefertigt oder pensioniert wurden und die nun hoffen, bei einem Sieg der nationalsozialistischen Bewegung wieder zu Ansehen und zu Verdienst zu gelangen ...".[12]

Solcherart war der Weg vorgezeichnet, seit der deutsche Gesandte Franz von Papen am 11. Juli 1935 dem Außenminister Egon Berger-Waldenegg den Versuch eines Befriedungsabkommens zugeleitet hatte – ein Entwurf übrigens, der schon alle jene Punkte enthielt, die dann auf den Tag genau ein Jahr später akzeptiert werden mußten.

Kapitel 13

DER DEUTSCHE WEG

Das Abkommen, das am 11. Juli 1936 unterzeichnet wurde, mochte nach außen hin ganz wie ein Sieg des österreichischen Bundeskanzlers aussehen. Deutschland anerkannte die volle Souveränität des Bundesstaates Österreich. Es akzeptierte den österreichischen Nationalsozialismus als eine interne Angelegenheit des Vertragspartners, auf die das Reich keinen Einfluß nehmen werde. Schuschniggs Gegenleistung bestand in der Versicherung: „Die österreichische Politik wird sich auf jener grundsätzlichen Linie halten, die der Tatsache, daß Österreich sich als deutscher Staat bekennt, entspricht." Im übrigen sollte eine „Reihe von Einzelmaßnahmen als Voraussetzung für die Entspannung folgen". Daß diese „Einzelmaßnahmen" den Inhalt eines streng geheimgehaltenen Zusatzabkommens bildeten, wußten damals nur die unmittelbar Beteiligten.

Die erste dieser Einzelmaßnahmen erfolgte schon am Tage der Unterzeichnung. Die Regierung wurde neuerlich umgebildet. Edmund Glaise-Horstenau, Direktor des Kriegsarchivs und „Betont-Nationaler", zog als Minister ohne Portefeuille auf dem Ballhausplatz ein. Zum Staatssekretär für Auswärtige Angelegenheiten wurde Schuschniggs Freund aus dem Vorarlberger Jesuitenkolleg Stella Matutina, der Kabinettsvizedirektor des Bundespräsidenten, Doktor Guido Schmidt, ernannt; Schmidt hatte Schuschnigg schon in den Wochen der vorangegangenen Verhandlungen mit dem Reich beraten. Am Abend des 11. Juli 1936 erklärte der Kanzler in einer Rundfunkansprache: „Das alleinige und ausschließliche politische Tätigkeitsfeld für die Österreicher bleibt die Vaterländische Front."

Politiker und Historiker wurden seither immer wieder gefragt: Besaß das austrofaschistische Österreich keine andere Chance als dieses Juliabkommen, wenn Schuschnigg sich schon nicht zur Aussöhnung mit der Linken, zu einer Volksfront gegen Hitler durchringen konnte? Mußte der Bundeskanzler vom italienischen auf den deutschen Weg übertreten?

Im März 1936, als die Geheimverhandlungen über den Herrn von Papen schon auf Hochtouren liefen, öffnete sich für kurze Zeit die Aussicht auf einen dritten, den französischen Weg.

Im März 1936 hatte der Chef des österreichischen Generalstabs, Feldmarschalleutnant Alfred von Jansa, eine Unterredung mit dem französischen Gesandten Gabriel Puaux. Der Diplomat bot dem General massive Unterstützung von seiten Frankreichs für eine österreichische Aufrüstung an. Als Gegenleistung verlangte Paris lediglich eine feierliche Neutralitätserklärung der Bundesregierung und die offizielle Verpflichtung, die Grenzen gegen jeden Angreifer, auch gegen Deutschland, zu verteidigen. Um die Rüstungshilfe anzukurbeln und die Landesverteidigung zu organisieren, verlangte der Gesandte österreichisch-französische Generalstabsbesprechungen.

Jansa meldete das französische Angebot am 11. März 1936 dem Außenministerium. Außenpolitische Neutralitätserklärung und Aufrüstung befürwortete er. Die Unterstellung des Bundesheeres unter den französischen Generalstab – so hätte die Praxis wohl ausgesehen – lehnte er ab.

Jansas Meldung wanderte zu den Akten. Schon drei Tage später, am 14. März 1936, saß Schuschnigg in Budapest dem ungarischen Außenminister Kalman Kánya gegenüber, und der Ungar hat bei diesem Gespräch seinen österreichischen Gast regelrecht „abgekanzelt."[1] Zwar wußte man in Budapest nichts von dem jüngsten, konkreten französischen Vorstoß, aber das österreichische Spiel mit dem Gedanken, aus der deutsch-italienischen Umklammerung in Richtung auf die Kleine Entente auszubrechen, lag auf der Hand. Letztlich aber war es eben nur ein Spiel mit Gedanken, nicht mehr. Für eine totale Umkehr seiner Politik fehlte Schuschnigg der Mut, und es fehlte die innere Bereitschaft, sich an die westlichen Demokratien zu halten. So blieb das französische Angebot ein Zwischenspiel ohne Auswirkungen.

Zwischen dem ersten Vorstoß des Herrn von Papen und der Unterzeichnung des Juliabkommens lag ein Jahr. Ein bitteres Jahr für Österreich, und der Dollfuß-Erbe Kurt von Schuschnigg mußte zuerst noch von der außenpolitischen Situation in die Enge getrieben, von der Wirtschaftsnot bedrängt und durch den Kampf gegen die Illegalen zermürbt werden, damit er das Risiko eines Versöhnungsversuchs mit Hitler auf sich nahm.

Und bevor er dieses Risiko auf sich nahm, mußte er noch eine Kraft entfernen, die für die Weiterführung des Kampfes und gegen jede Versöhnung war: die Heimwehr mit ihrem Führer Starhemberg an der Spitze.

Starhemberg vor allem – mit Starhemberg als Vizekanzler konnte man kein Abkommen schließen. Der Heimwehrfürst war in Deutschland so verhaßt, daß Berlin darauf bestand, daß österreichische Holzexporte ins Reich nicht aus Starhemberg-Wäldern kommen durften.

Schuschnigg verlangte zunächst, daß der Heimwehr-Außenminister Berger-Waldenegg abtrat. Starhemberg weigerte sich, dieses Ressort aus Heimwehrhänden zu lassen. In der Nacht vom 12. auf den 13. Mai 1936 gab es zwischen Kanzler und Vizekanzler eine beinharte Auseinandersetzung. Schuschnigg drängte: „Ich bitt' dich, mach nicht weiter Schwierigkeiten, ich muß zu einem End' kommen." Starhemberg antwortete: „Na, wenn du schon glaubst, dann versuch es halt ohne mich. Ich kann in diesem Punkt nicht nachgeben." Tags darauf teilte der Heimwehr-Finanzminister Dr. Draxler dem Fürsten mit, der Kanzler bestünde auf Starhembergs Rücktritt.

Am 5. Mai hatten italienische Truppen endlich die abessinische Hauptstadt Addis Abeba erreicht. Starhemberg schickte Mussolini ein begeistertes Telegramm, in dem die Westmächte der „demokratischen Unehrlichkeit und Heuchelei" geziehen wurden. Das Telegramm führte zunächst einmal zu energischen Protestschritten des britischen und des französischen Gesandten auf dem Ballhausplatz, und diese gaben Schuschnigg den Vorwand, seine Regierung nun schnellstens von der militanten Heimwehrführung zu säubern.

Der Heimwehrführer Eduard Baar-Baarenfels schlug vor: „Das dürfen wir uns nicht bieten lassen, ich bin dafür, wir mobilisieren die Heimwehr und stürzen den Schuschnigg." Starhemberg antwortete ablehnend: „Viecherei!"

Starhemberg trat ab. Sein Nachfolger als Vizekanzler wurde – Baar-Baarenfels. Starhemberg äußerte später den Verdacht, der Heimwehrkamerad habe ihn am 13. Mai in einen unsinnigen Putschversuch hineintreiben wollen, um ihn und die Heimwehr ein für allemal unmöglich zu machen. Die Heimwehr putschte jedenfalls nicht. Starhemberg war eben kein Mann der Tat. Und Schuschnigg hatte den Weg frei für seine Versöhnung mit dem nationalsozialistischen Deutschland. Der deutsche Weg der Ersten Republik sollte damit beginnen.

Mit dem Juliabkommen war Schuschnigg von einer drückenden Last befreit. Es war nicht nur die Last des innenpolitischen Zweifrontenkrieges gewesen, sondern mehr noch die seelische Belastung des deutschen Bruderkrieges. Das war die innere, die unüberwindliche Schwierigkeit des Kampfes gegen Hitler, der sich so viele Österreicher gegenübersahen, wenn sie im Grunde ihres Herzens so wie Schuschnigg alldeutsch dachten, in mannigfacher Abstufung und Variation national, angezogen vom historischen, kulturellen, mythischen Geist des Deutschtums in seiner mittelalterlichen, christlich-abendländischen Erscheinungsform. Träumten die Sozialisten von der gesamtdeutschen Revolution des Proletariats, so konnte man als katholischer Österreicher sehr gut von der gesamtdeutschen Gegenreformation in ihrer zweiten Phase träumen, von der gesamtdeutschen moralischen Aufrüstung gegen den Hauptfeind, den atheistischen Materialismus.

Dieses deutsche Denken machte es so schwierig, gegen Hitler zu kämpfen, da er doch die alldeutsche Idee so vordergründig handgreiflich, in der Praxis so erfolgreich repräsentierte. Die Phantasten, die Hitler nur für ein Werkzeug im Übergangsstadium hielten, für einen, der die deutsche Einigung vollbringen und sich dann in die gewünschte friedfertige Richtung dirigieren lassen würde, diese Phantasten waren damals gar nicht dünn gesät.

Sosehr Schuschnigg Hitler und den Nationalsozialisten vor allem wegen seiner kirchenfeindlichen Haltung im Reich auch verabscheute, der Friedensschluß mit diesem Deutschland fiel ihm innerlich leichter als ein eventueller Ausgleich mit der Linken.

Was nämlich überzeugte Vaterländische mit Betont-Nationalen wie Glaise-Horstenau oder Seyß-Inquart immer noch verband, das war der gemeinsame Kampf gegen die Linke, über die unmittelbare Tagespolitik hinaus: Auf der höheren Ebene der ideologischen Auseinandersetzung um die ewigen Werte galt es, das gemeinsame abendländische Erbe, Vaterland, Ehre, Tapferkeit, Familie, Privateigentum, gegen den marxistischen Materialismus, gegen die eingeschworenen Feinde der bürgerlichen Gesellschaftsordnung zu verteidigen.[2]

In den allgemeinen Trubel zahlloser Befriedungsreden und Befriedungsartikel rund um den 11. Juli fiel allerdings eine überraschend scharfe Erklärung des Bundeskommissars für Heimatdienst, Oberst Walter Adam: Er warnte vor allen Versuchen, das Parteiensystem wiederherzustellen; er kündigte schärfste Abwehr gegen alle derartigen Bemühungen an; er versprach zwar eine Amnestie für politische Häftlinge, aber er proklamierte den Kampf gegen alle illegale Propaganda. Das war eine unmißverständliche Absage an die Illegalen, die nach dem 11. Juli gehofft haben mochten, die „Heranziehung der nationalen Opposition" würde früher oder später zur Wiederzulassung der NSDAP führen.

Doch Walter Adam stand selbst schon auf der Abschußliste. Die Befrieder gingen ans Werk. Die Grundlage ihrer Tätigkeit bildete das Geheimabkommen zwischen Österreich und Deutschland, das sich „Gentlemen's Agreement" nannte.

Auch dieses Geheimabkommen brachte gewisse Vorteile für Österreich mit sich: vor allem ein Ende der Tausend-Mark-Sperre und eine Normalisierung der Handelsbeziehungen mit dem Reich. Die Nachteile wogen schwer: Außer der Heranziehung der nationalen Opposition zur „Mitwirkung an der politischen Verantwortung" mußte sich Österreich zur Einstellung antinationalsozialistischer Propaganda bereit finden: „Aus dem Gedanken der Zugehörigkeit beider Staaten zum deutschen Kulturkreise verpflichten sich beide Teile, sogleich von jeder aggressiven Verwendung im Funk-, Film-, Nachrichten- und Theaterwesen gegen den anderen Teil Abstand zu nehmen ... Beide Teile werden auf die Presse ihres Landes in dem Sinne Einfluß nehmen, daß sie sich jeder politischen Einwirkung auf die Verhältnisse im anderen Land enthalte ..."

Es war zwar ausdrücklich von beiden Teilen die Rede, aber diese nominelle Gleichberechtigung war eine Farce. Die deutschen Zeitungen, die nun wieder über die Grenzen kamen, mußten gar keine antiösterreichische Propaganda treiben; es genügte die tagtägliche Propaganda für den Nationalsozialismus im eigenen Land. Oppositionelle Kritik an den Schattenseiten des Nationalsozialismus gab es in deutschen Blättern längst nicht mehr. Den österreichischen Zeitungen, die diese Kritik für ihre Leser hätten üben können, war aber mit dem Gentlemen's Agreement der Maulkorb umgehängt. Sie standen der Verherrlichung Hitlers und seines Systems, die aus jeder deutschen Zeitungszeile sprach, hilflos gegenüber. Das bekamen schon sehr bald jene Männer und jene Organisationen zu spüren, die sich mit dem deutschen Weg in

Österreich nicht widerstandslos abfinden wollten. Antinazistische Bücher wurden aus dem Verkehr gezogen. In der Wiener Arbeiterkammer wurde zwar eine Auffangstelle für Nachrichten und Informationen aus dem Reich errichtet, hier lagen schon sehr bald die ersten Schilderungen aus den Konzentrationslagern vor, aber dieses Material drang nicht an die Öffentlichkeit.[3] Das Bildungsreferat der Arbeiterkammer, damals durchgehend mit VF-treuen Katholiken besetzt, mußte antinazistische Bücher, Broschüren und Berichte auf Schleichwegen unter die Arbeiterschaft bringen. Das Propagandareferat der Vaterländischen Front unterlag nunmehr der Zensur durch das Außenamt. Dr. Guido Schmidt persönlich trat als Zensor auf, um außenpolitische Schwierigkeiten mit dem Reich zu vermeiden. Das Propagandareferat der Vaterländischen Front, der offiziellen, staatstragenden Einheitspartei des Landes, sah sich zu der grotesk anmutenden Maßnahme gezwungen, ungeschminkte Berichte über die Zustände im nationalsozialistischen Deutschland ohne Impressum zu drucken und als illegale Flugschriften getarnt herauszubringen.

Die Befrieder waren dafür um so emsiger am Werk. Die seltsamen Bemühungen begannen, die Nationalen heranzuziehen und sie doch gleichzeitig unter Kontrolle zu halten, um auf der einen Seite dem Juliabkommen Genüge zu tun, um anderseits aber zu verhindern, daß die Illegalen als neue, echt organisierte Partei an die Oberfläche kämen.

Der Heimwehrführer und fanatische Faschist Odo Neustädter-Stürmer gründete mit Unterstützung von Glaise-Horstenau, mit dem Hauptmann Leopold als Verbündeten und dem Vizepräsidenten der oberösterreichischen Arbeiterkammer Berghammer als Partner Ende 1936 den „Deutsch-Sozialen Volksbund". Die Organisation wurde jedoch wieder aufgelöst, Neustädter-Stürmer mußte demissionieren.

Ende Januar 1937 rief Schuschnigg selbst den „Siebener-Ausschuß" ins Leben, dem Dr. Jury und Dr. Franz Tavs angehörten – ein unglücklicher Versuch, die „Unentwegten" selbst zur Mitarbeit heranzuziehen. Dieser Siebener-Ausschuß bezog seine Büros in einem Gebäude in der Wiener Teinfaltstraße. Unter den Augen der Polizei gewissermaßen amtierten nun die Illegalen als „Vertrauensleute" des Kanzlers weiter.

Am 14. Februar 1937 wurden schließlich, um diese Befriedungsaktionen in geregelte Bahnen zu lenken, die sogenannten „Volkspolitischen Referate" der Vaterländischen Front gegründet – als

Auffangorganisation und Sammelbecken für die nationale Opposition. Der führende Mann wurde hier Dr. Arthur Seyß-Inquart. Diese „Volkspolitischen Referate" sollten ein Gegenstück zur „SAG", zur „Sozialen Arbeitsgemeinschaft", bilden, in der man die ehemals sozialdemokratisch organisierte Arbeiterschaft zu befrieden versuchte. Doch während die SAG unter dem ständigen Mißtrauen Schuschniggs ein kümmerliches Schattendasein führte,[4] wuchs sich die Volkspolitik Seyß-Inquarts schon sehr schnell zur Partei innerhalb der Partei aus.

Schuschnigg hatte gehofft, mit dem Abkommen des 11. Juli einen Schlußpunkt zu setzen: „Bis hierher und nicht weiter." Er mußte schon sehr schnell erkennen, daß damit nur ein neuer Anfang gemacht worden war. Diese Erkenntnis kam ihm mit einer erschreckenden Deutlichkeit am 22. Februar 1937 zum Bewußtsein.

An diesem 22. Februar 1937 kam der deutsche Reichsminister des Auswärtigen, Konstantin Freiherr von Neurath, zum Staatsbesuch nach Wien. Als er vom Westbahnhof die Mariahilfer Straße entlang fuhr, empfing ihn ein jubelndes Spalier begeisterter Illegaler, die die Arme bis zur Erschöpfung hochhielten und sich die Kehlen mit „Heil-Hitler"-Rufen heiser schrien. Neurath mußte den Eindruck gewinnen, daß ganz Wien nur von Nationalsozialisten bevölkert war.

Die politischen Gespräche dauerten zwei Tage.

Neurath präsentierte ein Forderungsprogramm, das mit der Souveränität des Bundesstaates Österreich, wie das Juliabkommen sie notifiziert hatte, nicht mehr zu vereinen war. Seine Wünsche zielten auf einen kalten, wirtschaftlichen Anschluß hin: Eine Währungsunion sollte die Eingliederung der österreichischen Industrie in die deutsche Wirtschaftsplanung perfektionieren.

Im übrigen teilte der deutsche Außenminister seinen österreichischen Gesprächspartnern ungeschminkt mit, daß eine Restauration der Habsburger für das Reich ein „Casus belli" wäre – Grund zur sofortigen militärischen Aktion.

Daß die Drohung ernst gemeint war, darüber konnte in Wien kein Zweifel bestehen. Vor dieser militärischen Aktion hatte Mussolini schon gewarnt; unmittelbar nach dem Juliabkommen, als er noch Hoffnungen hatte, bei aller Abhängigkeit von Hitler doch eine einigermaßen selbständige Politik treiben zu können.

Am 12. August 1936 hatte Mussolini den österreichischen Militärattaché in Rom, Oberst Dr. Emil Liebitzky, empfangen. Liebitzky war der besondere Vertrauensmann des Duce in Sachen Österreich. Und dem Oberst Liebitzky hatte Mussolini anvertraut, daß Hitler im Jahre 1938 „die Tschechoslowakei erledigen und die Ostfrage regeln" werde. Wenn Österreich dann nicht 250.000 Mann mobilisieren könne, werde es bei dieser Aktion nicht „in Frieden" gelassen werden. Mussolini wörtlich: „Sagen Sie dem Herrn Bundeskanzler nochmals, was ich gesagt habe. Zwanzig Monate hat Österreich noch Zeit."

Wie recht Mussolini mit seiner Warnung hatte, konnte er schon sehr bald selbst feststellen. Im Januar 1937 kam Göring nach Rom, und er ließ keinen Zweifel daran, daß die österreichische Frage aus wirtschaftlichen Gründen bereinigt werden muß. Für Göring war der Anschluß eine Frage seines Vierjahresplanes. Weil die deutsche Aufrüstung ohne Eingliederung der österreichischen Wirtschaft undurchführbar schien, überließ Hitler seinem engsten Mitarbeiter mehr und mehr die Lenkung der Politik gegenüber Wien. Und Göring erklärte in Rom klipp und klar, Österreich müsse einmal an Deutschland fallen, und Deutschland sei, um Mussolinis heißgeliebte Brennergrenze zu respektieren, sogar zum Verzicht auf das Deutschtum in Südtirol bereit.

Nach diesen beiden Vorspielen, nach dem Mussolini-Göring-Gespräch vom Januar 1937 in Rom und nach dem Neurath-Besuch vom Februar 1937 in Wien, konnte die militärische Planung der Aktion in Szene gehen. Am 24. Juni 1937 erließ der deutsche Reichskriegsminister Generalfeldmarschall von Blomberg eine „Weisung für die einheitliche Kriegsvorbereitung der Wehrmacht", die einen besonderen Abschnitt über Österreich enthielt. Das Kapitel trug die unmißverständliche Überschrift „Sonderfall Otto" und besagte: „Ziel dieser Intervention wird es sein, Österreich mit Waffengewalt zum Verzicht auf eine Restauration zu zwingen. Hierzu ist unter Ausnutzung der innerpolitischen Spaltung des österreichischen Volkes in allgemeiner Richtung auf Wien einzumarschieren und jeder Widerstand zu brechen . . ."[5]

War in dieser Blomberg-Weisung noch der Vorwand eines österreichischen Restaurationsversuches gegeben, so sollte sich Hitlers Militärpolitik von diesem Skrupel schon sehr bald lösen. Am 5. November 1937 versammelte er seine militärischen Führer und seinen Außenminister in der Berliner Reichskanzlei. Was er ihnen vortrug, ist als „Hoßbach-Protokoll" in die Weltgeschichte eingegangen.[6]

Von einer eventuellen Restauration war jetzt nicht mehr die Rede; ebensowenig kamen ständig strapazierte propagandistische Schlagworte wie „Blut muß zu Blut, Volk muß zu Volk" zur Geltung. Hitler argumentierte rein macht- und wirtschaftspolitisch.

„Wenn auch die Besiedelung, insbesondere der Tschechei, keine dünne sei, so könne die Einverleibung der Tschechei und Österreichs den Gewinn von Nahrungsmitteln für fünf bis sechs Millionen Menschen bedeuten unter Zugrundelegung, daß eine zwangsweise Emigration aus der Tschechei von zwei, aus Österreich von einer Million Menschen zur Durchführung gelange. Die Angliederung der beiden Staaten an Deutschland bedeute militärpolitisch eine wesentliche Entlastung infolge kürzerer, besserer Grenzziehung, Freiwerdens von Streitkräften für andere Zwecke und die Möglichkeit der Neuaufstellung von Truppen in der Höhe von etwa zwölf Divisionen . . ."

Der österreichische Nachrichtendienst erhielt schon im November 1937 flüchtige, nur schwer verifizierbare Informationen über dieses deutsche Konzept. Sie lieferten dem Generalstab in Wien die Bestätigung für die Richtigkeit längst angelaufener Gegenplanungen. Das Konzept des Generalstabchefs Alfred von Jansa sah die Hauptverteidigung an der Traunlinie vor, unter Detachierung schwächerer Einheiten zur Grenzbeobachtung in Tirol und Salzburg. Bis 1938 sollten siebeneinhalb Infanteriedivisionen und eine schnelle Division zur Verfügung stehen. Der schwache Punkt, der Jansa nicht schlafen ließ, war die Munition: Infolge des chronischen Geldmangels für Rüstungsausgaben im Budget verfügte das Bundesheer nur über Munitionsvorräte für ein bis drei Kampftage. Trotzdem rechnete sich Jansa gewisse Erfolgschancen aus. Die Ereignisse beim deutschen Einmarsch im März 1938 bestätigten retrospektiv diesen Optimismus: Der ersten deutschen Welle – zwei Armeekorps – hätte Österreich mit seiner Streitmacht zweifellos, vorübergehend zumindest, Halt gebieten können.[7]

Jansa mochte im Verlaufe seiner Planungsarbeit an das Gespräch mit dem französischen Gesandten gedacht haben, an das Angebot aus Paris, Österreichs Aufrüstung massiv zu unterstützen. Nun hätte man die Hilfe dringend nötig gehabt, um erfolgreich Widerstand zu leisten. Aber dafür war es nun zu spät.

Wirklich zu spät? Die Frage war, ob die Staatsführung diesen Widerstand überhaupt leisten wollte.

Wollte Schuschnigg? Im Dezember 1937 hatte der Bundeskanzler seine letzte Begegnung mit Otto Habsburg. Man traf einander in der Abtei von Einsiedeln in der Schweiz; um die absolute Geheimhaltung zu garantieren, lenkte Staatssekretär Dr. Guido Schmidt persönlich das Auto. Auf Ottos direkte Frage, ob Schuschnigg einer deutschen Invasion bewaffneten Widerstand entgegensetzen würde, bekam der Thronprätendent keine klare Antwort. Ein paar Wochen später besuchte der Staatssekretär für Landesverteidigung, General Zehner, die ehemalige Kaiserfamilie in Steenockerzeel. Wieder fragte Otto nach der militärischen Planung. Der General war überzeugt, daß der Kanzler Österreichs Grenzen mit Waffengewalt verteidigen lassen werde. Otto glaubte es nicht ganz.

War das Ausland bereit, sich in Sachen Österreich militärisch zu engagieren? Im Sommer 1937 jedenfalls hatte der französische Generalstabchef Maurice Gamelin dem österreichischen Militärattaché in Paris, Oberst Justus Jahn, noch einmal versichert: Ein deutscher Angriff auf Österreich – C'est la guerre!

Als Dr. Guido Schmidt 1937 nach Paris und London fuhr, bekam er zwar noch freundliche Worte für Österreich zu hören, aber keine Garantien mehr für dessen Unabhängigkeit. Dafür verstärkte sich gegen Jahresende der deutsche Druck in Wien. Der nach dem Juliabkommen vom Gesandten zum Botschafter beförderte Herr von Papen drängte den Ballhausplatz zur Verwirklichung der Währungs- und Zollunionspläne, die schon Neurath präsentiert hatte. Dazu wurde militärische Zusammenarbeit bei der Spionageabwehr gefordert. Dem deutschen Generalstab kam es besonders auf das Material des österreichischen Nachrichtendienstes an, der unter dem General Ronge vor allem in den Nachfolgestaaten ausgezeichnete Arbeit leistete. Der deutsche Militärattaché Generalleutnant Muff hatte seinerseits Vertrauensleute bis in die höchsten Stäbe des Bundesheeres eingeschleust und konnte Berlin regelmäßig über die Befestigungsarbeiten an der deutschen Grenze und die Mobilisierungsvorbereitungen informieren.

Am 4. Februar 1938 entledigte sich Hitler dann seiner unbequemsten Kritiker. Der Reichskriegsminister Generalfeldmarschall Werner von Blomberg und der Oberbefehlshaber des Heeres Generaloberst Werner von Fritsch mußten gehen. Beide Männer hatten bei der Führerbesprechung vom 5. November 1937 am heftigsten gegen Hitlers Kriegsprogramm opponiert. Auch der Reichsaußenminister Konstantin von Neurath wurde abgelöst. Seinen Nachfolger, den Parteimann Joachim von Ribbentrop, bombardierte Görings wirtschaftlicher Verbindungsmann im Außenamt, Wilhelm Keppler, schon wenige Tage später mit ausführlichen Berichten über die Notwendigkeit, der deutschen Wirtschaftsplanung die österreichischen Wasserkräfte und die Bodenschätze des Nachbarlandes schleunigst zugänglich zu machen.

Österreich merkte die forcierte deutsche Aktivität an der spürbar anwachsenden Untergrundtätigkeit. Vom Reich her wurden jetzt wieder die Unentwegten in den illegalen Parteiformationen protegiert. Der „evolutionäre" Weg führte offenbar nicht schnell genug zum Anschluß. So mehrten sich gegen Jahresende 1937 die Polizeiaktionen. Die Gefängnisse und das Anhaltelager Wöllersdorf begannen sich wieder zu füllen. Im Januar wurde auch in der Wiener Teinfaltstraße zugeschlagen, wo die illegale Landesleitung als Schuschniggs Siebener-Ausschuß bis dahin nahezu unverhüllt amtiert hatte. Dabei fiel den Sicherheitsbehörden ein von Dr. Tavs ausgearbeiteter Plan in die Hände, der die Marschrichtung der Illegalen verriet: Durch organisierte innere Unruhen sollte zunächst ein deutsches Ultimatum, dann ein bewaffnetes Eingreifen des Reiches provoziert werden.

Schuschnigg hatte längst erkannt, daß alles Schwindel und Betrug war: Welchen Weg immer man ging, Hitler ließ sich nicht „befrieden". Der österreichische Bundeskanzler hatte geglaubt, mit dem Juliabkommen „den nötigen Preis für etwas zu zahlen, was man für richtig oder notwendig hält. Später stellte sich heraus: Wir hatten uns geirrt, der Preis war zu hoch gewesen!".[8]

Es stellte sich zweifelsfrei im Januar 1938 heraus. Nur konnte Schuschnigg jetzt nichts mehr dagegen tun. Das außenpolitisch völlig verlassene Österreich stand Hitler allein gegenüber. So fuhr der Bundeskanzler am 12. Februar nach Berchtesgaden.

Der Gedanke entsprang dem stets geschäftigen Gehirn des Botschafters Franz von Papen, nunmehr eines der Opfer der innerdeutschen Säuberung vom 4. Februar. Zugleich mit dem Außenminister von Neurath, dem Staatssekretär von Dirksen und dem Botschafter in Rom, Ulrich von Hassel, hatte auch Franz von Papen seine Abberufung bekommen. Schon am nächsten Tag, dem

5. Februar, erschien Papen jedoch bei Hitler auf dem Berchtesgadener Berghof. Er behauptete später, er habe den „evolutionären" Weg retten wollen, als er Hitler eine persönliche Begegnung mit Schuschnigg vorschlug, um „über die gegenwärtigen Schwierigkeiten" hinwegzukommen. Aber Papens Ehrgeiz war es ja immer schon gewesen, um jeden Preis im Spiel zu bleiben.

Hitler war sofort Feuer und Flamme. Am 7. Februar traf der erst zwei Tage vorher offiziell verabschiedete Botschafter als Triumphator wieder in Wien ein. Er brachte die Einladung nach Berchtesgaden mit. Nach einem Gespräch mit Seyß-Inquart nahm Schuschnigg an. Seyß-Inquart hatte keine Zweifel gelassen: Ungehinderte nationalsozialistische Betätigung in Österreich würde die Voraussetzung für jede neue „Befriedung" sein. Schuschnigg lehnte entschieden ab. Noch glaubte er, mit Hitler auf gleich und gleich verhandeln zu können.

Papen hatte jedenfalls versichert, daß Hitler keine neuen Forderungen stellen werde; im Gegenteil: Nach der Wehrmachtskrise im Inneren brauche er Ruhe nach außen. Das sei Österreichs Chance, die Lage zu klären. Nach der Tavs-Affäre wollte Schuschnigg die Lage auch geklärt wissen; die illegale Tätigkeit mußte aufhören, die nationale Betätigung sollte sich ausschließlich im Rahmen der VF-Referate abwickeln.

Schuschnigg begriff offensichtlich nicht, was wirklich vor sich ging. Vor allem hatte er nicht erfaßt, welchem Menschen er da in Berchtesgaden gegenübertreten sollte; der österreichische Halb-Diktator dachte, so widersprüchlich das sein mochte, in den Kategorien traditioneller westeuropäischer Diplomatie; und der einzige wirkliche Diktator, mit dem er bisher persönlich zu tun gehabt hatte, Mussolini, pflegte seine Machtpolitik mit dem persönlichen Charme des Italieners und der Grandezza eines Opernsängers zu kaschieren. Hitlers Brutalität brach dann über Schuschnigg herein wie ein Schneesturm im Juli; niemand hatte ihn vorbereitet, niemand hatte ihn gewarnt, Papen am allerwenigsten. Jahrzehnte später noch erinnerte sich der Österreicher Schuschnigg voll Grauen an die Stunden, die ihm der Österreicher Hitler in Berchtesgaden beschert hatte. Er würde nicht anders handeln, wenn er noch einmal handeln müsse, sagt er, weil es keine andere Möglichkeit gegeben habe; nur nach Berchtesgaden würde er nicht mehr fahren.[9]

Auf diese Reise nach Berchtesgaden nahm Schuschnigg nur seinen Staatssekretär Dr. Guido Schmidt, seinen Adjutanten

Oberstleutnant Bartl und den Kriminalbeamten Hamberger mit. Bei Nacht und Nebel wurde der Sonderwaggon auf dem Salzburger Hauptbahnhof abgekoppelt. Nicht einmal Schuschniggs Freund, der Salzburger Landeshauptmann Dr. Rehrl, war vom Zweck der Fahrt unterrichtet worden.

An der Grenze wartete ein sichtlich vergnügter Herr von Papen.

Auf dem Berghof, Hitlers Adlerhorst hoch über Berchtesgaden, stolzierten einige Generale im Glanz ihrer Uniformen herum. Sie wußten, wie sich später ergab, zunächst selbst nicht, wozu sie hierher abkommandiert worden waren. Eben nur, um den Eindruck massiver Kriegsbereitschaft zu erwecken.

Das Vormittagsgespräch fand zwischen Hitler und Schuschnigg ohne Zeugen statt. Im Grunde war es nicht viel mehr als einer von Hitlers berühmt-berüchtigten Monologen; eine zweistündige Explosion, ein Trommelfeuer von Beschimpfungen wegen Schuschniggs „undeutscher Politik", massivste Drohungen, falls sich der Österreicher nicht sofort zu einer totalen Umkehr entschließen sollte.

Der Kettenraucher Schuschnigg litt vor allem darunter, daß er wegen Hitlers notorischer Abstinenz auf seine Zigaretten verzichten mußte. Die Mittagspause benützte der deutsche Fliegergeneral Roman Sperrle dazu, um die Unüberwindlichkeit der Göring-Luftwaffe im spanischen Bürgerkrieg schwärmerisch zu schildern.

Am Nachmittag sahen sich Schuschnigg und Schmidt dann dem Entwurf eines neuen Abkommens gegenüber, das der frischgebakkene Außenminister Ribbentrop unter Assistenz des Botschafters von Papen präsentierte. Seyß-Inquart sollte zum Innenminister mit absoluter Polizeigewalt ernannt werden. Dr. Fischböck, ein österreichischer Bankdirektor, wurde zum Sachwalter für die deutschösterreichischen Wirtschaftsbeziehungen bestimmt. Sämtliche Nationalsozialisten, auch die Juliputschisten, mußten innerhalb von drei Tagen aus der Haft entlassen werden. Die wegen NS-Betätigung entlassenen Offiziere und Beamten hatten wieder auf ihre Posten zurückzukehren. 100 deutsche Offiziere waren in das Bundesheer aufzunehmen. Und: das nationalsozialistische Bekenntnis sollte frei, die nationalsozialistische Betätigung in der Vaterländischen Front erlaubt sein.

Die deutsche „Gegenleistung", Aufnahme von 100 Offizieren in die Wehrmacht, war eine Farce. Und die neuerliche deutsche Anerkennung der österreichischen Unabhängigkeit konnte nur als Hohn aufgefaßt werden.

Hitler erklärte: „Verhandelt wird nicht; ich ändere keinen Beistrich. Sie haben entweder zu unterschreiben, oder alles Weitere ist zwecklos, und wir sind zu keinem Ergebnis gekommen; ich werde dann im Laufe der Nacht meine Entschlüsse zu fassen haben." Als Schuschnigg dennoch widersprechen wollte, wurde er wie ein Schulbub einfach aus dem Raum geschickt, und Hitler rief nach General Keitel, dem Chef des Oberkommandos der Wehrmacht. Das war unmißverständlich. Schuschnigg unterschrieb.

Schuschnigg unterschrieb in der Hoffnung, eine Atempause zu gewinnen. Auf dem Ballhausplatz machte man sich immer noch Illusionen über eine unmittelbar bevorstehende Einigung der Briten und Franzosen mit den Italienern über ein neues Mittelmeerabkommen, das Mussolini seine Handlungsfreiheit wiedergegeben hätte.

Die Hoffnung trog. Und um jeden Gedanken der Österreicher, sie könnten sich der in Berchtesgaden eingegangenen Verpflichtungen entziehen, im Keime zu ersticken, ordnete Keitel demonstrative Truppenbewegung in Richtung auf die Grenze an.

So ging Schuschnigg daran, das Abkommen zu erfüllen. Seyß-Inquart wurde Innenminister. Die Vaterländischen traf das Abkommen wie ein Blitzschlag. Betäubung legte sich über die Anhänger des Regimes. Dafür erwachte die Linke. Der Wiener Bürgermeister Richard Schmitz setzte bei Schuschnigg durch, daß auch ein Sozialdemokrat in die umgebildete Regierung berufen wurde: Der ehemalige Metallarbeitergewerkschafter Adolf Watzek wurde Staatssekretär für Arbeiterschutz.

Und dann kam, vom 17. Februar 1938 datiert, ein Brief von Otto Habsburg. Mehrere Seiten lang, mit Vorschlägen gespickt, was zu tun sei: „In den Fragen der Innenpolitik wird es für das Heil der Heimat notwendig sein, nach drei Richtungen hin zu wirken, wozu Ihnen Ihre Machtvollkommenheit als Frontführer die Möglichkeit bietet. Vorerst muß die Befriedung nach links aktiv betrieben werden. Die Arbeiter haben in den letzten Tagen bewiesen, daß sie Patrioten sind. Diese Gruppe kann durch den Nationalsozialismus nicht vergiftet werden, wird daher stets am sichersten für Österreich eintreten, wogegen die Regierung ihr die Möglichkeit geben muß, an der Gestaltung des Vaterlandes – für welches sie sich einzusetzen bereit ist – aktiv mitzuwirken. Eine weitere Kraft, die noch nicht verbraucht ist, ist der Legitimismus. Diese Bewegung –

und für das übernehme ich die Garantie – geht mit Ihnen durch das Feuer, wenn sie die Gewißheit hat, damit für die Unabhängigkeit Österreichs zu wirken. Ich bitte Sie, die Bewegung nach Kräften zu unterstützen, da jeder neue Legitimist eine Sicherung mehr für die Unabhängigkeit der Heimat ist. Schließlich, dies glaube ich Ihnen gegenüber nicht betonen zu müssen, wird eminent wichtig sein, unter der Hand gleich vom ersten Augenblick an der verderblichen Arbeit der betont Nationalen entgegenzuwirken."[10]

Der Brief schloß mit der Aufforderung, ihm, dem Sohn des letzten Kaisers, das Amt des Bundeskanzlers zu übergeben.

Schuschnigg antwortete erst am 2. März. Man vermag sich förmlich vorzustellen, wie er im Chaos der Auflösung nach Berchtesgaden Ottos Brief mit dem Seufzer empfing: „Das auch noch!" Er mußte nach wie vor mit Otto Habsburg rechnen.

Wenn er den Legitimismus nicht ausspielte, den er als letzte Karte so lange in Reserve gehalten hatte, so mußte ihm wohl in den letzten Wochen klargeworden sein, daß diese Karte eben kein Atout war. Früher als die Nachfolgestaaten, früher als Hitler erfaßte er – wohl zu seiner eigenen Erschütterung –, wie gering der legitimistische Anhang im Lande war; erfaßte er, wie wenig Bedeutung der zweifellos vorhandenen monarchistischen Gesinnung in der Beamtenschaft und im Offizierskorps zukam.

Und so antwortete Schuschnigg dem jungen Mann ablehnend: „Die geographische und geopolitische Lage des Landes bedingt zwingend den Frieden mit Deutschland. Hierfür sprechen außer sehr ernst in Betracht zu ziehenden psychologischen Erwägungen nüchterne Wirtschaftssorgen, die zum Beispiel in der Zeit nach dem 12. Februar auch bei sehr konservativen Bauernschichten, unter anderem in Tirol, eine sehr eindeutige Stellungnahme bedingten. Ein Land kann nur am Leben erhalten werden, wenn ihm ein wirtschaftliches Existenzminimum gesichert ist. Die Stimmung im Lande und die wahren Verhältnisse, über die meiner unmaßgeblichen Meinung nach Eure Majestät seit je nicht richtig oder zumindest nicht vollständig orientiert sind, zwingen auf den gleichen Weg.

Insbesonders würde ich es als geradezu mörderisch für den Gedanken der Dynastie halten, wenn sich dieselbe eine vorübergehende oder selbst vorläufig bleibende Restauration nur mit schweren Blutopfern und mit fremdnationaler Hilfe erkaufen könnte. Damit wäre meiner tiefsten Überzeugung nach das Schicksal der Dynastie und das Schicksal Österreichs gleichermaßen besiegelt.

Selbst wenn daher, was Gott verhüten möge, ein geschichtlicher Rückschlag eintritt und Österreich der Gewalt weichen müßte, der es sich in Ehren lange und hartnäckig widersetzt hat, dann ist es immer noch besser, dies geschieht, ohne daß die Dynastie dabei mit ins Spiel gezogen wird. Denn einmal würde auch dann die Zeit der Wiederauferstehung kommen mit einer völlig neuen Gestaltung Europas; daß dies voraussichtlich erst nach einem neuen großen Krieg sein dürfte, ist eine unendlich tragische, aber wahrscheinliche Gegebenheit.

Das Land jedoch in einen von vornherein aussichtslosen Kampf zu führen, kann meines Erachtens unter gar keinen Umständen verantwortet werden. Ich weiß, was Krieg heißt, und habe auch Bürgerkriege erlebt. Ich weiß daher auch um unsere Pflicht, das Äußerste daranzusetzen, um unser Land vor solchen Situation zu bewahren. Wem die Zukunft Österreichs am Herzen liegt, der kann und darf nicht daran denken, wie man in Ehren untergehen kann, sondern er muß seine Kräfte darauf konzentrieren, wie das Land in Ehren bestehen kann, um für bessere Zeiten, die einmal kommen müssen, gerüstet zu sein."

Otto Habsburgs Meinung war damals anders und blieb anders: „Ich habe Schuschnigg damals gesagt, er soll die Floridsdorfer Arbeiter bewaffnen. Ich habe ihm geraten, Hitler vor die Entscheidung zu stellen, ob er deutsches Blut vergießen wolle, um Österreich zu besetzen. Ich war damals überzeugt, und ich bin es heute noch, daß Hitler nicht geschossen hätte. Schuschnigg lehnte ab. Er war der Bundeskanzler, und er trug eine ungeheure Verantwortung. Wenn es meine Verantwortung gewesen wäre, vielleicht hätte dann auch ich gehandelt wie er. Niemand kann heute darüber urteilen."

Es wurde nicht geschossen. In der allerletzten Phase der Entwicklung hielt sich Otto Habsburg in Paris auf; hier erreichte ihn auch die Nachricht von Schuschniggs überhastet angekündigter Volksabstimmung. Staatssekretär Carl Karwinsky, schon mehrfach Botengänger zwischen Wien und Steenockerzeel, besuchte ihn in seinem Quartier, dem „Hotel Cayré" am Boulevard Raspail; er erklärte sich bereit, Material und Geld mit nach Österreich zu nehmen, um die Legitimisten im letzten Augenblick noch in die Abstimmungspropaganda einzuschalten. Ein zweiter Vertrauensmann, ein emigrierter österreichischer Journalist namens Georg Bittner, fuhr ebenfalls in Richtung Österreich ab.

Die beiden Emissäre kamen gerade noch zur Besetzung zurecht.

Karwinsky wurde schon in Innsbruck von den Deutschen verhaftet; samt Geld und Papieren. Bittner rettete sich mit seinem Presseausweis als Korrespondent einer französischen Zeitung. Er schwang sich in Salzburg ungeniert in einen Zug mit deutschen Truppentransporten – und die Deutschen nahmen ihn mit, weil es ihnen höchst wünschenswert schien, daß in der französischen Presse Berichte über den begeisterten Empfang der Wehrmacht durch die Österreicher erschienen.

Im Wiener Arbeiterbezirk Floridsdorf organisierte nach Berchtesgaden der illegale sozialdemokratische Gewerkschaftsfunktionär Alois Köhler ein Arbeiterkomitee. 14 Tage lang versuchte dieses Komitee vergeblich, bei Schuschnigg vorzukommen. Am 3. März endlich empfing der Kanzler eine 20 Mann starke Delegation unter Führung des Gewerkschafters Friedrich Hillegeist. Die Arbeiterschaft bot Schuschnigg ihre Unterstützung im Kampf gegen Hitler an, für ein Mindestmaß an Zugeständnissen. Der Kanzler blieb zurückhaltend. Die Arbeiterführer ließen sich nicht entmutigen und verhandelten mit Johann Staud, dem Chef der offiziellen Einheitsgewerkschaft. Die bis dahin so stiefmütterlich behandelte Soziale Arbeitsgemeinschaft der VF sollte zum Sammelbecken der Linken werden. Aufrufe wurden konzipiert, über eine Million Unterschriften wurde gesammelt. Junge Sozialisten arbeiteten schon Pläne zur Mobilisierung des Republikanischen Schutzbundes aus. Von 1934 her waren sogar noch versteckte Waffen vorhanden.[11]

Schuschnigg selbst konnte sich zu einem echten Bündnis mit der Linken auch jetzt noch nicht entschließen. Dagegen fragte er den Gendarmerieoffizier Dr. Josef Kimmel, ob man die alten Wehrverbände, Heimwehren und Ostmärkische Sturmscharen, aufbieten könnte. Kimmel arbeitete eine Nacht lang an einem Mobilisierungsplan. Als er damit zu Schuschnigg wollte, fand er verschlossene Türen. Der Kanzler wollte noch immer keinen Kampf.

Der Aufbruch der Nationalsozialisten hatte inzwischen alle Dämme überflutet. Für die Illegalen war das Berchtesgadener Abkommen der Startschuß zur Machtübernahme. Hakenkreuze, Flugblätter, Propagandaschriften überschwemmten die Straßen. Die „Wiener Neuesten Nachrichten" schrieben schon im Ton des „Völkischen Beobachters". Seyß-Inquart fuhr durch die Lande und hielt Ansprachen. Als am 27. Februar Truppen nach Graz verlegt

wurden, wo die Bewegung besonders stark war, gab es Massendemonstrationen gegen das Heer. Am 4. März meldete Generalleutnant Muff nach Berlin, daß ein Einsatz der Exekutive gegen die
Nationalsozialisten nicht mehr denkbar sei.

Schuschnigg stand diesem explosionsartigen Aufbruch fassungs-
los gegenüber. Er schätzte, daß etwa 30 Prozent der Bevölkerung
nationalsozialistisch eingestellt waren, aber diese 30 Prozent
beherrschten die Straße. Sogar dem Innenminister Seyß-Inquart
wurde es unheimlich, mit welcher Rasanz die Entwicklung vorwärts trieb. Von Schuschnigg zur Rede gestellt, gab er zu, daß er
seine Leute nicht mehr in der Hand habe. Daraufhin Schuschnigg:
„Wenn du deine Leute nicht mehr in der Hand hast, dann
verspreche ich dir eine noch größere Demonstration." Seyß-
Inquart zweifelte: „Glaubst du, daß du das kannst?"

Schuschnigg glaubte es. Nach vier Jahren des Lavierens zwischen
den Fronten raffte er sich endlich zu einem Gegenschlag auf. Am
9. März 1938 verkündete er bei einer Rede in Innsbruck für den
13. März eine Volksabstimmung. Zum ersten Male nach fünf
Jahren sollten die Österreicher wählen. Der Kanzler rechnete mit
70 Prozent „Ja"-Stimmen, nachdem auch die Sozialdemokraten
zugesagt hatten, für ein unabhängiges Österreich zu votieren.

Noch ein letztes Mal, 36 Stunden lang, stand Österreich im
Zeichen einer vaterländischen Propagandawelle. 36 Stunden lang
überspülte eine wahre Sturzflut von Papier sogar die Hakenkreuze.

Aber eben nur 36 Stunden lang. Dann kam der 11. März 1938.

Kapitel 14

11. MÄRZ 1938

Für Hunderttausende Wiener, die am 11. März 1938 wie täglich zur Arbeit gingen, begann dieser Freitag als ein Morgen gleich vielen anderen in dieser Jahreszeit: kalt, aber schön. Soweit die Leute auf dem Weg in ihre Geschäfte, Büros und Fabriken die „Wiener Neuesten Nachrichten", das Blatt der nationalen Opposition, zu kaufen pflegten, gingen sie an diesem 11. März allerdings leer aus. Die Pressepolizei hatte die Nummer vom 11. März schon in der Nacht beschlagnahmt. Anlaß bot ein Artikel des Dr. Jury mit scharfen Ausfällen gegen die für Sonntag angesetzte Volksabstimmung. Auch diese Beschlagnahme hätte noch keineswegs auf besondere Ereignisse hingedeutet – Polizeiaktionen gegen Zeitungen stellten längst keine Sensation mehr dar.

Gegen 5.30 Uhr früh wurde der Bundeskanzler in seiner Privatwohnung in einem Seitenflügel des Belvederes aus dem Schlaf geweckt. Telephonisch erhielt er Mitteilung über die Aktion gegen die „Wiener Neuesten Nachrichten". Schuschnigg dürfte allerdings gleich klar erkannt haben, daß die Beschlagnahme eine neue Kraftprobe mit den Nationalsozialisten einleiten mußte.

Aus dem Schlaf geweckt wurde etwa zur gleichen Zeit auch Dr. Max Hoffinger, Leiter der Deutschlandabteilung im Außenamt. Um des lieben Friedens mit den Deutschen willen hatte der bisherige Generalsekretär Hornbostel diese Agenden abgegeben; er galt als Monarchist und fanatischer Gegner des Nationalsozialismus. Das war Hoffinger zwar auch, aber er hatte sich bis dahin noch nicht so massiv wie Hornbostel exponiert.

Hoffinger bekam an diesem 11. März 1938, gegen 5.30 Uhr früh, ein Telegramm aus München. Als Absender zeichnete der österreichische Generalkonsul. Der Text lautete: „Leo reisefertig." Das war das Codewort für die Einmarschbereitschaft der Deutschen Wehrmacht in Österreich.

Der Karfreitag der Ersten Republik hatte begonnen.[1]

Zu diesem Zeitpunkt lief die Aktion schon seit etwa 20 Stunden. Am 10. März, gegen 9.45 Uhr früh, ließ der Chef des Oberkommandos der Deutschen Wehrmacht, General Keitel, den Obersten Jodl, Leiter der Abteilung Landesverteidigung, rufen. Keitel informierte Jodl über die Volksabstimmung und daß der Führer entschlossen sei, diese nicht zu dulden. Dann fuhr Keitel in die Reichskanzlei. Eine Dreiviertelstunde später wurde auch Jodl hinbeordert – er sollte die Pläne für den Fall Otto nachbringen. Jodl notierte in seinem Tagebuch: „Fall Otto vorbereiten."

Auf dem Weg in die Berliner Reichskanzlei war auch der Chef des Generalstabs des Heeres, General Ludwig Beck, mit seinem Oberquartiermeister General von Manstein.

Hitler mochte Beck nicht; er hatte seit Jahren nicht mehr mit ihm gesprochen – ein oberster Kriegsherr, der mit dem Generalstabchef nicht sprach, weil dieser anderer Meinung war![2] An diesem 10. März mußte Beck herangezogen werden, denn der erst einen Monat vorher ernannte neue Oberbefehlshaber des Heeres, General von Brauchitsch, hielt sich außerhalb Berlins auf.

Gegen 11 Uhr vormittags teilte Hitler den Generalen in der Reichskanzlei mit, daß er entschlossen sei, die „österreichische Frage" zu lösen. Er wollte hören, was die Militärs vorbereitet hatten.

„Es ist nichts vorbereitet", antwortete General Beck, „nichts!" Beck begründete diese Unterlassung mit dem Hinweis, daß die politische Führung dem Generalstab nie auch nur andeutungsweise einen solchen Auftrag gegeben habe. Am 13. Februar, nach der Berchtesgadener Besprechung, sei von General Keitel sogar ausdrücklich befohlen worden: „Keine tatsächlichen Bereitschaftsmaßnahmen in Heer und Luftwaffe durchführen. Keine Truppenbewegungen und -verschiebungen."

Genaugenommen war Becks Antwort eine Ausrede. Es lag immerhin die Blomberg-Weisung vom 24. Juni 1937 vor, und sie enthielt bekanntlich sehr detaillierte Aufträge für die Vorbereitung des „Sonderfalles Otto". Schon dagegen aber hatte Beck massiv Stellung genommen: „Die gewaltsame Besetzung ganz Österreichs dürfte aber so viele Kriegsmaßnahmen im Gefolge haben, daß auch beim Gelingen zu befürchten steht, daß das zukünftige deutsch-österreichische Verhältnis nicht unter dem Zeichen des Anschlusses, sondern des Raubes stehen wird . . ." Und weil es Beck als die geeignetste Methode erschien, zu verhindern, was er für eine Katastrophe hielt, hatte er nichts vorbereitet. Jetzt versuchte er

Hitler klarzumachen, warum er militärische Aktionen für selbstmörderisch hielt – seine Ansichten deckten sich dabei mit den Argumenten, die Hitler schon am 5. November 1937 von Blomberg und Fritsch gehört hatte. Hitler ließ dem Generalstabchef ganze fünf Minuten Zeit, dann unterbrach er ihn abrupt und behauptete, er müsse am kommenden Samstag, dem 12. März, in Österreich einmarschieren, wenn er überhaupt einrücken wolle – vor der Volksabstimmung nämlich! Die Notwendigkeit einer Improvisation nahm er auf sich. Einwände ließ er nicht gelten; um 13 Uhr war die Besprechung zu Ende. Der Generalstab bekam Auftrag, die Marschbefehle für den „Sonderfall Otto" bis 6 Uhr abends auszufertigen.

Um 18.30 Uhr lagen die Marschbefehle für das Gruppenkommando III und die Luftwaffe tatsächlich vor.

Um 2 Uhr früh am 11. März 1938 wurde bereits die Führerweisung Nr. 1 ausgegeben:

„Ich beabsichtige, wenn andere Mittel nicht zum Ziele führen, mit bewaffneten Kräften in Österreich einzurücken und dort verfassungsmäßige Zustände herzustellen und weitere Gewalttaten gegen die deutschgesinnte Bevölkerung zu unterbinden ... Das Verhalten der Truppe muß dem Gesichtspunkt Rechnung tragen, daß wir keinen Krieg gegen ein Brudervolk führen wollen. Es liegt in unserem Interesse, daß das ganze Unternehmen ohne Anwendung von Gewalt in Form eines von der Bevölkerung begrüßten friedlichen Einmarsches vor sich geht. Daher ist jede Provokation zu vermeiden. Sollte es aber zum Widerstand kommen, so ist er mit größter Rücksichtslosigkeit durch Waffengewalt zu brechen ..."

Über die Verfassungsmäßigkeit der Zustände im autoritären Ständestaat Österreich konnte man geteilter Meinung sein – daß Hitler seinerseits aber keineswegs die Absicht hatte, das Land zur Verfassung von 1929 zurückzuführen, war klar. Und daß es Gewalttaten gegen die deutschgesinnte Bevölkerung nicht gab, war auch klar. 24 Stunden später sollte sich überdies ergeben, daß die Generale Blomberg und Fritsch am 5. November 1937 ebenso recht gehabt hatten wie General Beck am 10. März 1938, als sie Hitler darauf aufmerksam machten, daß die Wehrmacht noch keineswegs die für ein solches Unternehmen notwendige organisatorische Perfektion erreicht hatten. Wäre die Besetzung Österreichs von den Westmächten tatsächlich als Casus belli betrachtet worden, wie es der französische Generalstabchef Gamelin noch wenige Monate vorher erklärt hatte, so hätten die deutschen Verbände den

Waffengang kaum durchstehen können. Schon die vergleichsweise kleine, noch dazu ohne Widerstand durchgeführte „Sonderaktion Otto" zeigte die Mängel deutlich auf.

„Der mobile Stab des Armeeoberkommandos zeigte", hieß es in dem Erfahrungsbericht, „die natürlichen Mängel einer Neuformation. Nur langsam und unter scharfem Druck wuchs er in seine Aufgaben hinein."

Für das Chaos der Planung sprach folgende Bemerkung des Erfahrungsberichtes: „Alles hastete auf dem kürzesten Weg nach Wien! Dieser Weg aber war durch das XIII. Armeekorps und das noch weiter nach der Tiefe auseinandergezogene Panzerkorps belegt. Über diese Truppen ergoß sich von hinten her wie ein Sturzsee der Strom vieler Hunderter vorwärts jagender Fahrzeuge. Und in diese Bewegung hinein marschierten die Kolonnen der Bodenorganisationen der auf Befehl des Oberkommandos der Wehrmacht nach Wien vorgeworfenen und dem Befehl des Armeeoberkommandos entzogenen Teile der Luftwaffe! ... Zeitweise wußte das für die Besetzung des Landes verantwortliche Oberkommando nicht, was in der Luft geschah."[3]

Leo wäre also nur sehr bedingt reisefertig gewesen, hätte es während der Fahrt Hindernisse gegeben.

Als Schuschnigg an diesem 11. März 1938 gegen 7 Uhr früh seine Wohnung verließ, erfuhr er, daß der deutsche Botschafter Franz von Papen nach Berlin abgeflogen sei. Als der Kanzler auf dem Ballhausplatz eintraf, verlangte er zunächst den Dr. Jury wegen des Artikels in den „Wiener Neuesten Nachrichten" zu sprechen. Dann verfügte er eine Absperrung der Innenstadt durch das Gardebataillon und die Polizei. Diese Weisung wurde, wie sich später herausstellte, nicht weitergegeben. Schließlich wollte Schuschnigg – inzwischen war es 8 Uhr geworden – mit Seyß-Inquart reden.

Seyß-Inquart aber stand in diesem Augenblick auf dem Flughafen Schwechat, um Glaise-Horstenau abzuholen. Aus der Maschine kletterten aber nicht nur Glaise-Horstenau, sondern auch der ehemalige Heimwehrminister Dr. Hueber, ein Schwager Görings, und ein Kurier mit einem Brief Hitlers an Seyß-Inquart. Der Brief enthielt Hitlers Forderung, bis 12 Uhr mittags die Volksabstimmung zu verschieben, gleich um mehrere Wochen.

Um 9.30 Uhr kamen Seyß-Inquart und Glaise-Horstenau in

Schuschniggs Büro und verlangten – unter ausdrücklichem Hinweis auf den Befehl aus Berlin – die Verschiebung der Volksabstimmung. Bei dieser Unterredung sprach Seyß-Inquart von einer Verschiebung um 14 Tage. Gauleiter Friedrich Rainer behauptete später, man habe eine Verschiebung um sechs Wochen für nötig gehalten.

Nach diesem Gespräch trennten sich die beiden Parteien. Schuschnigg holte seine Mitarbeiter in sein Arbeitszimmer, die Nationalsozialisten versammelten sich bei dem Wirtschaftsexperten Dr. Fischböck.

Der Aufmarsch im Schuschnigg-Zimmer umfaßte alles, was im Ständestaat Rang und Ansehen hatte: die Minister Pernter, Raab und Guido Schmidt, die Staatssekretäre Skubl und Zehner als Repräsentanten der bewaffneten Macht, den Wiener Bürgermeister Schmitz, den niederösterreichischen Landeshauptmann und Bauernbundführer Josef Reither, den Bundesbahnpräsidenten Stockinger und den Präsidenten des Gewerkschaftsbundes, Staud. Schuschnigg lehnte es ab, die Volksabstimmung zu verschieben, doch er und seine Berater sahen ein, daß man mit der nationalen Opposition zu einem Übereinkommen gelangen mußte, wenn der Ausbruch von Unruhen verhindert werden sollte. So wollte man also verhandeln . . .

Die Männer, mit denen die Regierung verhandeln wollte, saßen bei Fischböck: Seyß-Inquart und Glaise-Horstenau, Rainer, Dr. Jury, der Kunsthistoriker Dr. Mühlmann, der zeitweise als Verbindungsmann zu Guido Schmidt fungierte, der Organisationsleiter Odilo Globocnik und der illegale Landesleiter Hubert Klausner. Klausner, sozusagen der Chef, beauftragte die beiden Minister Seyß-Inquart und Glaise-Horstenau schließlich, dem Kanzler ein schriftliches Ultimatum zu stellen: Entweder die Verschiebung der Volksabstimmung erfolgt bis 14 Uhr, oder der Kanzler hat zu demissionieren.

Diese beiden parallellaufenden Besprechungen begannen gegen 11.30 Uhr mittags. Die Innenstadt war noch immer nicht abgesperrt. In den Büros, Geschäften und Fabriken ging die Arbeit normal weiter. Die Spannung war nur unterschwellig spürbar – aber diese Spannung war eigentlich schon seit Tagen permanent vorhanden. Um 13 Uhr war gerade der Wiener Polizeipräsident Staatssekretär Dr. Skubl bei Schuschnigg, als der von Seyß-Inquart und Glaise-Horstenau unterzeichnete Brief dem Kanzler übergeben wurde.

Die Entwicklung hatte sich damit zu einer einzigartigen Situation zugespitzt. Zwei Minister stellten ihrem eigenen Regierungschef im Auftrag eines fremden Staates ein Ultimatum!

Berlin wartete in diesen Stunden noch ab. Papen, der am Abend des Donnerstags Hitlers persönlichen Befehl bekommen hatte, in die Reichshauptstadt zu fliegen, kam um 9 Uhr in der Reichskanzlei an.

Papen stand zunächst Neurath gegenüber, der ihn aufforderte: „Wollen Sie es nicht versuchen, Hitler vom Einmarsch abzubringen?" Dann ließ er einen Tobsuchtsanfall Hitlers über sich ergehen, um schließlich „auf alle Fälle dringend vor irgendwelchen militärischen Maßnahmen zu warnen".

15 Jahre später behauptete Papen:

„Wenn die Zeit zwischen jetzt und 14.45 Uhr, zu der die dramatische Unterhaltung Görings mit Wien begann, ausgenutzt worden wäre, wenn Schuschnigg sich zum Entgegenkommen bereit gefunden haben würde, so hätte man, glaube ich noch heute, einen Kompromiß finden können . . . Göring hatte die Führung an sich gerissen."[4]

Noch wußte man in Wien nicht, was in Berlin vor sich ging, was Hitler wirklich plante, wie ernst er seine Drohungen meinte.

Für 14 Uhr war der Ministerrat angesetzt, nunmehr wurde er abgeblasen; statt dessen beriet die VF-Führerschaft erneut über einen Ausweg. Um 14 Uhr überreichten Außenminister Doktor Schmidt und der VF-Staatssekretär Dr. Guido Zernatto den Nationalsozialisten einen Kompromißvorschlag. Seyß-Inquart und Glaise-Horstenau lehnten ab.

Und um diese Zeit, um 14 Uhr, unterschrieb Hitler in Berlin seine Weisung Nr. 1, die 12 Stunden zuvor, noch ohne Unterschrift, an die Wehrmachtsdienststellen ausgegeben worden war.

14.30 Uhr: Der Bundespräsident, von Schuschnigg alarmiert, traf im Bundeskanzleramt ein. Das Staatsoberhaupt, der Mann, den Schuschnigg vier Jahre lang in die Ecke abgeschoben hatte, sollte die bittersten Stunden seines Lebens auskosten.

Um 14.45 Uhr begann dann jene weltberühmt gewordene Serie von Telephongesprächen zwischen Wien und Berlin, die der Nachwelt wortwörtlich erhalten blieben, weil Göring sie durch das Forschungsamt seines Luftfahrtministeriums mitstenographieren ließ. Ein Telephonapparat in Berlin, ein zweiter in der deutschen

Gesandtschaft in Wien und ein dritter im Bundeskanzleramt – über diese Dreiecksverbindung wurde in den Nachmittags- und Abendstunden des 11. März 1938 der Staat Österreich liquidiert. Seyß-Inquart sollte später von sich sagen: „Ich war nur ein historisches Telephonfräulein."[5]

Göring, sagte Papen später, habe an diesem Nachmittag des 11. März 1938 die Führung der Aktion an sich gerissen. Hitler selbst sah jedoch keineswegs tatenlos zu. Mittags, mitten im allgemeinen Durcheinander der Reichskanzlei, gab er dem Staatssekretär im Auswärtigen Amt, Wilhelm Keppler, den Auftrag, sofort nach Wien zu fliegen. Keppler sollte eine „friedliche Lösung" erzielen. Unter der friedlichen Lösung stellte sich Hitler nicht nur die Absetzung der Volksabstimmung, sondern auch Schuschniggs Rücktritt und die Ernennung des Dr. Seyß-Inquart zum Bundeskanzler vor. Während Keppler noch im Flugzeug saß, griff jedoch Göring schon direkt in den Ablauf der Dinge ein. Um 14.45 Uhr führte er sein erstes Telephongespräch mit Seyß-Inquart. Der österreichische Innenminister konnte dem deutschen Feldmarschall dabei berichten, daß die Volksabstimmung ausgesetzt sei. Ihm schien die Forderung des Reiches damit erfüllt.

Doch Berlin wollte sich jetzt nicht mehr mit Teillösungen zufriedengeben. Göring telephonierte mit Hitler und rief dann knapp nach 15 Uhr bei Seyß-Inquart in Wien zurück. Jetzt erklärte er, Schuschnigg genieße nicht mehr das Vertrauen der Reichsregierung; Seyß-Inquart und die übrigen nationalsozialistischen Minister sollten zurücktreten und damit Schuschnigg zur Demission zwingen. Bis 17.30 Uhr sei eine neue Bundesregierung mit Seyß-Inquart an der Spitze zu bilden.

Das war das zweite Ultimatum dieses Tages. Jetzt ging es nicht mehr um die Volksabstimmung, die Berlin als „Bruch des Berchtesgadener Abkommens" hingebogen hatte. Jetzt stand die Einsetzung einer willfährigen Regierung auf dem Programm.

In Wien hatte man anscheinend noch nicht erfaßt, daß Hitler schon aufs Ganze ging. Um 15.30 Uhr versammelte Miklas vier Männer in seinem Arbeitszimmer: Schuschnigg, den Außenminister Dr. Guido Schmidt, den Wiener Bürgermeister Richard Schmitz und den früheren Bundeskanzler Dr. Otto Ender.

Schuschnigg, Kettenraucher und aufs höchste erregt, versuchte den Entschluß zur Volksabstimmung zu verteidigen – als ob es darauf noch angekommen wäre. Miklas mochte sich daran erinnert haben, wie massiv er selbst gegen die Volksabstimmung Stellung bezogen hatte. Die Frage war jedoch im Augenblick, wie man auf das mit 17.30 Uhr befristete Ultimatum reagieren sollte.

Hilfe aus dem Ausland?

Das Bundeskanzleramt glich in diesen Nachmittagsstunden einem aufgeschreckten Ameisenhaufen, in dem der geregelte „Dienstbetrieb" längst aufgehört hatte. Alles lief hin und her, von einem Büro in das andere; jeder debattierte, konferierte, verhandelte mit jedem. In den Arbeitszimmern des Außenministeriums innerhalb des Ballhausplatzkomplexes hingen die Gesandten Hornbostel und Hoffinger an den Telephonen und versuchten, London, Paris und Rom zu alarmieren.

Der Bittgang zu den Westmächten war hart. In London und Paris betrachtete man den italienischen Weg, den Österreich zum autoritären Regime gegangen war, mit wenig Sympathie. In Wien selbst standen die Gesandtschaften der Lage hilflos gegenüber. Der französische Gesandte Puaux war zur Tatenlosigkeit verurteilt – Paris beschäftigte sich eben mit seiner eigenen Regierungskrise. Yvon Delbos hatte zwar erst am 26. Februar im französischen Parlament die Unabhängigkeit Österreichs „ein unentbehrliches Element des europäischen Gleichgewichtes" genannt, aber inzwischen war die Regierung Chautemps, deren Außenminister Delbos war, gestürzt worden.

Der britische Gesandte Sir Walford Selby schien sich in dem Schlamassel, in das er hineingeraten war, nicht zurechtzufinden. Dazu kam noch, daß sein Kollege in Berlin, Sir Neville Henderson, schon seit längerer Zeit in ganz anderem Sinne nach London berichtete – daß er nämlich „die Lösung dieser Frage in reichsdeutschem Sinne schon aus der geschichtlichen Perspektive vollkommen begreife".[6]

In der italienischen Gesandtschaft schließlich war auffälligerweise überhaupt niemand erreichbar.

Miklas hoffte noch immer auf ein klärendes Gespräch mit den Deutschen, doch einer hatte inzwischen begriffen, daß zumindest seine eigene Position unhaltbar geworden war: Schuschnigg. Um 16 Uhr bot er seinen Rücktritt an.

Der Bundespräsident akzeptierte; in diesem Moment aber empfand er sicherlich keine Erleichterung mehr darüber, einen Kanzler endlich los zu sein, den er schon seit geraumer Zeit als eine unerträglich schwere Last empfand. Und um 16 Uhr war er noch fest entschlossen, Seyß-Inquart unter gar keinen Umständen zum Bundeskanzler zu ernennen.

Es war übrigens gerade um diese Zeit, daß Hornbostel die erste Auslandsreaktion registrieren konnte. Sie klang wenig ermutigend: London ließ wissen, man habe mit dem gerade dort anwesenden Reichsaußenminister Ribbentrop gesprochen – sehr ernst, wie es hieß, und Rippentrop habe auch zugesagt, sich mit Berlin in Verbindung zu setzen. Mehr nicht! Von irgendwelchen massiven Maßnahmen gegen das Reich war keine Rede.

17 Uhr. Jetzt war wieder einmal Göring am Telephon. Er rief die deutsche Gesandtschaft in Wien an und bekam einen Attaché namens Dombrowski an den Apparat. Das Gespräch war lang, und es war, rückblickend betrachtet, sicherlich das interessanteste von den vielen Telephongesprächen dieses Nachmittags.

Dombrowski nämlich sprach – von den Parteiformationen; von der Emigrantenorganisation der Österreichischen Legion. Mit dieser militärisch geschulten Einheit beschäftigten sich Seyß-Inquarts Gedanken am 11. März, und diese Gedanken schlugen sich in dem Gespräch Dombrowskis mit Göring nieder.

Dombrowski: „Er läßt sagen, daß er Bedenken hat, daß die Parteiformationen, die draußen sind, jetzt schon hereinkommen."

Göring: „Das ist alles nicht die Rede! Ich will wissen, was los ist. Hat er Ihnen gesagt, daß er Bundeskanzler ist?"

Dombrowski: „Jawohl!"

Göring: „Ist ihm übertragen worden?"

Dombrowski: „Jawohl!"

Göring: „Jawohl! Weiter! Bis wann kann er das Kabinett bilden?"

Dombrowski: „Das Kabinett kann bis 21.15 Uhr vielleicht . . ."

Göring: „Das Kabinett muß bis halb acht gebildet sein!"

Dombrowski: „Bis halb acht Uhr?"

Göring: „Dazu kommt der Keppler jetzt hin."

Dombrowski hatte Göring falsch informiert. Es war noch keine Rede davon, daß Miklas den Dr. Seyß-Inquart mit der Regierungsbildung betraut hatte. Seyß-Inquart bastelte zwar seit dem letzten Gespräch mit Göring an einer Regierungsliste herum, aber Miklas dachte nicht daran, ihn zum Kanzler zu ernennen. Offensichtlich jedoch hatte Seyß-Inquart sich in diesen Nachmittagsstunden schon konkrete Vorstellungen über seine Regierungtätigkeit als nationalsozialistischer Bundeskanzler gemacht, und diese Vorstellungen teilte Dombrowski dem Feldmarschall in Berlin jetzt mit.

Dombrowski: „Jawohl! Herr Generalfeldmarschall, nur das eine, daß die Formationen, die in der Emigration sind, vorläufig nicht hereinkommen."

Göring: „Die werden in den nächsten Tagen erst kommen."

Dombrowski: „Ja, er meint, nach vollzogener Abstimmung, dann . . ."

Göring: „Nein, nein, was wollt ihr denn für eine Abstimmung machen?"

Dombrowski: „Ja, er meint, daß das Programm, das dann vorliegt, von Hitler durchgeführt wird."

Das Gespräch drehte sich im Kreise. Seyß-Inquart wollte die Parteiformationen nicht im Lande haben, offenbar weil er fürchtete, sie könnten wie die Heuschreckenschwärme über Österreich herfallen und den Widerstand, der jetzt im Betäubungsschlaf lag, zum Leben erwecken. Und er dachte an eine Volksabstimmung über die Einführung des nationalsozialistischen Systems in Österreich.

Dombrowski: „Was er damit gemeint hat? Ja, er meinte, daß die Unabhängigkeit Österreichs verbleibt, nicht wahr, daß man sonst aber eben alles nationalsozialistisch regelt."

Göring: „Na, das wird sich alles ergeben."

In Wien steuerte die Entwicklung inzwischen einem neuen Höhepunkt zu. Zwischen 17 und 18 Uhr erhielt Hornbostel endlich Antwort aus dem Westen. London und Paris erklärten sich zu einer energischen Demarche in Berlin bereit, aber nur, wenn Italien mitziehe!

Die Italiener jedoch dachten nicht daran, mitzuziehen. Rom ließ Wien wissen: Da die italienische Regierung nicht über die nötigen Unterlagen verfüge, um die Situation zu beurteilen, müsse sie sich jeder Stellungnahme enthalten.[7]

Das war eine Absage, wie sie deutlicher gar nicht erteilt werden konnte. Mussolini hatte Österreich endgültig seinem Pakt mit Hitler geopfert. Hornbostel kämpfte sich jetzt zu Miklas durch, um diese Katastrophennachricht zu überbringen.

Die Frage des militärischen Widerstandes schien damit erledigt. Allein konnte man nicht kämpfen. Der Staatssekretär für Landesverteidigung, General Zehner, war an diesem Nachmittag nicht erreichbar. Der Generaltruppeninspektor Schilhawsky, der sich im Bundeskanzleramt aufhielt, bezeichnete Widerstand als sinnlos.

Die Truppen an der Innlinie waren bereits zurückgezogen worden; theoretisch war überhaupt nur an der Traunlinie der Aufbau einer militärischen Verteidigung denkbar. Bürgermeister Schmitz schlug vor, die Wiener Arbeiter zu bewaffnen. Diesen Vorschlag hatte auch schon Otto Habsburg in seinem Brief an Schuschnigg gemacht. So kam der Gedanke, die seit vier Jahren niedergehaltenen Sozialdemokraten zum Kampf aufzurufen, von den beiden Männern, die die Arbeiterschaft wie kaum jemanden anderen verabscheute – aber Schuschnigg lehnte nach wie vor ab. Nur kein Blutvergießen!

War das Ende da?

In der Berliner Reichskanzlei glaubte man es. Göring stürzte in den Saal und verkündete den Inhalt seines Gesprächs mit Dombrowski. Den tatenlos herumstehenden Spitzenfunktionären rief er schallend zu „Es ist geschafft. Schuschnigg ist abgetreten. Seyß bildet ein Kabinett mit Leuten, die uns genehm sind."

Papen stellte daraufhin Hitler: „Nun ist ja Ihre Forderung erfüllt. Jetzt heben Sie um Gottes willen die Maßnahmen für den Einmarsch auf. Denn nun wird sich ja alles friedlich klären, und wir riskieren nicht, den Anstoß zu katastrophalen Überraschungen zu geben."

Hitler sagte daraufhin zu Keitel: „Lassen Sie Brauchitsch sofort wissen, daß der Einmarschbefehl aufgehoben ist." Als Brauchitsch kurz darauf selbst in den Saal kam, seufzte er: „Gott sei Dank, daß uns das erspart bleibt."

Wenn man Franz von Papen, der diese Szene der Nachwelt überlieferte, glauben darf, so hing in diesen wenigen Minuten zwischen 17.20 und 17.30 Uhr Österreichs Schicksal an dem sprichwörtlichen seidenen Faden. Hitler schien bereit, auf den Einmarsch zu verzichten, die Generale atmeten auf, weil ihnen die militärische Generalprobe erspart blieb. Hätte eine nationalsozialistische Regierung Seyß-Inquart in diesen Minuten die Selbständigkeit Österreichs tatsächlich retten können? Niemand vermag es zu sagen – vor allem nicht, wie lange diese eventuelle Selbständigkeit tatsächlich zu halten gewesen wäre.

Jedoch – es war ja keine Rede von einer Regierung Seyß-Inquart. Um 17.26 Uhr war Göring schon wieder am Telephon; diesmal sprach er mit Seyß-Inquart selbst, und diesmal erfuhr er die Wahrheit – Dombrowskis Information stellte sich als Irrtum heraus. Seyß-Inquart mußte bekennen, daß von seiner Ernennung beileibe nicht gesprochen werden konnte.

Jetzt ging Göring in die Luft: „Also, das geht so nicht! Das geht unter gar keinen Umständen! . . . Wenn nicht unverzüglich die Forderungen, wie bekannt – Sie kennen sie –, angenommen werden, dann erfolgt heute nacht der Einmarsch der bereits an der Grenze aufmarschierten und anrollenden Truppen auf der ganzen Linie, und die Existenz Österreichs ist vorbei. Bitte, geben Sie uns unverzüglich Nachricht, auf welchem Standpunkt Miklas bleibt. Sagen Sie ihm, es gibt keinen Spaß jetzt . . .“

Göring befahl Seyß-Inquart, gemeinsam mit dem deutschen Militärattaché Generalleutnant Muff zu Miklas zu gehen und ihm ein neues Ultimatum zu stellen: „Der Einmarsch wird nur dann aufgehalten, und die Truppen bleiben an der Grenze stehen, wenn wir bis 19.30 Uhr die Meldung haben, daß der Miklas die Bundeskanzlerschaft Ihnen übertragen hat. Wenn der Miklas das nicht in vier Stunden kapiert, muß er jetzt eben in vier Minuten kapieren.“

So verstärkte sich am 11. März 1938 von Stunde zu Stunde der Druck. Jetzt waren es nicht mehr österreichische Minister, die im Auftrag eines fremden Staates eine Regierungsumbildung erzwingen sollten; jetzt war es schon der Militärattaché dieses fremden Staates, und nun war nur noch von unverhüllter militärischer Gewaltanwendung die Rede.

Doch der österreichische Bundespräsident war noch lange nicht reif für die Kapitulation. Um 18 Uhr hielt er sich in Schuschniggs Arbeitszimmer auf und bemühte sich verzweifelt, einen neuen Bundeskanzler zu finden. Zunächst versuchte er, Otto Ender mit der Regierungsbildung zu betrauen: „Jetzt mußt du Bundeskanzler werden“, beschwor er seinen alten christlichsozialen Parteifreund. Ender, zu diesem Zeitpunkt Präsident des Rechnungshofes, hielt ein solches Unternehmen für aussichtslos. „Das freut mich sehr“, antwortete er sarkastisch, „aber mein Bedarf, Bundeskanzler zu sein, ist reichlich gedeckt.“ Miklas daraufhin: „Dann muß ich den Schilhawsky nehmen.“ Und Ender: „Ich wünsche dem Schilhawsky viel Glück.“[8]

Schilhawsky, das war der Generaltruppeninspektor, der rangälteste Offizier des Bundesheeres. Aber noch war es nicht soweit. Zunächst dachte Miklas auch noch an den Wiener Polizeipräsidenten, den Staatssekretär Dr. Skubl. Schuschnigg saß während dieser ganzen Zeit zusammengesunken herum; er war am Ende seiner Kräfte, völlig erschöpft.

Und dann kam Muff. Es war gegen 18.15 Uhr, als der deutsche

Militärattaché sich vor dem österreichischen Bundespräsidenten aufbaute und ihm das Unltimatum des Deutschen Reiches übermittelte.

Miklas war sich über die Lage im klaren. Er stand der militärischen Macht eines 65-Millionen-Staates gegenüber. Vom Ausland hatte er keine Hilfe zu erwarten. Die eigene Verteidigungsbasis war nach den vier Jahren autoritären Regimes längst zu schmal geworden.

Seit 1933 hatte Miklas sich selbst beiseite schieben lassen. Als Staatsoberhaupt hatte er sich mit Protesten gegen eine Entwicklung begnügt, die er für verderblich hielt, aber er hatte nicht die Kraft gefunden, über die Köpfe der Machthaber hinweg direkt an das Volk zu appellieren, das ihn durch seine Abgeordneten gewählt hatte. Der müde, angefeindete, ob seiner Tatenlosigkeit und Schwäche oft verspottete Mann stand jetzt, 66 Jahre alt, am Ende seiner politischen Laufbahn, vor dem Zusammenbruch aller Ideale, seiner Jugendträume, seiner Hoffnungen. Mit ihm, daran konnte er am 11. März 1938 nicht mehr zweifeln, ging auch der Staat unter, den er 20 Jahre zuvor mitbegründet hatte.

An diesem österreichischen Karfreitag jedoch wuchs der ehemalige Gymnasialdirektor aus Horn zu einsamer menschlicher Größe auf. Man konnte ihn absetzen, man konnte ihn durch Soldaten in fremder Uniform aus seinem Amt jagen, aber niemand konnte ihn zwingen, seinen Namen unter ein Schriftstück zu setzen, das er für unrecht hielt.

Miklas kapitulierte nicht. Auch nicht angesichts des Ultimatums, das ihm der General Muff überbrachte. Der General in fremder Uniform hatte ihm nichts zu befehlen. Wenige Minuten nach Muffs Eintritt in das Amtszimmer des Bundespräsidenten war die Muff-Aktion auch schon gescheitert.

18.34 Uhr. Ein bis zur Explosion erregter Göring war wieder am Telephon. Er erwischte den eben erst aus Berlin eingetroffenen Staatssekretär Keppler, doch Keppler wußte nur zu berichten, daß Muff sich soeben bei Miklas eine Abfuhr geholt hatte. Daraufhin Göring: „Dann soll ihn der Seyß-Inquart absetzen. Gehen Sie nochmal 'rauf und sagen Sie ihm ganz glatt, der Seyß-Inquart solle die nationalsozialistische Wache ausrufen, und die Truppen bekommen jetzt in fünf Minuten von mir den Befehl zum Einmarsch."

Das hektische Gespräch wurde mehrfach unterbrochen. Leute waren am Telephon, die Göring nicht kannte und die zunächst auch ihrerseits nicht wußten, mit wem sie redeten. Dann kam Muff vom Bundespräsidenten, dann war wieder Keppler in der Leitung, und schließlich Seyß-Inquart. Alles ergebnislos – Miklas kapitulierte nicht.

Um 19 Uhr empfing der Bundespräsident den Generaltruppeninspektor Schilhawsky und forderte ihn zur Bildung einer Regierung auf. Schilhawsky lehnte ab – mit Rücksicht auf seinen angegriffenen Gesundheitszustand.

Knapp vor 20 Uhr verließ dann Schuschnigg den Raum. Ender stand gerade dort, und ihm sagte der Kanzler: „Jetzt gehe ich ans Mikrophon und verkünde meinen Abgang." Während die Rundfunkstation im Bundeskanzleramt die Übertragung dieser letzten Schuschnigg-Rede vorbereitete, war Göring schon wieder am Telephon, um sich von Seyß-Inquart die Lage schildern zu lassen.

Göring: „Also, sie haben Sie nicht betraut?"

Seyß: „Nein."

Göring: „Sondern Sie Ihres Amtes enthoben?"

Seyß: „Nein. Es ist überhaupt niemand seines Amtes enthoben worden, sondern die Regierung selbst hat sich sozusagen von den Geschäften zurückgezogen und läßt die Sache ablaufen."

Göring: „Und Sie sind nicht beauftragt worden? Das ist abgelehnt?"

Seyß: „Das ist nach wie vor abgelehnt. Man stellt sich so vor, daß ... man läßt es darauf ankommen, auf den Einmarsch, und stellt sich so vor, daß nach Maßgabe des Einmarsches die Vollzugsgewalt an andere Personen übergehen wird."

Göring: „Also gut, ich gebe den Befehl zum Einmarsch, und dann sehen Sie zu, daß Sie sich in den Besitz der Macht setzen. Machen Sie die führenden Leute auf folgendes aufmerksam, was ich Ihnen jetzt sage: Jeder, der Widerstand leistet oder Widerstand organisiert, verfällt augenblicklich damit unseren Standgerichten, den Standgerichten der einmarschierenden Truppen. Ist das klar?"

Es war klar genug. Aber Schuschnigg hatte, als eine seiner letzten Amtshandlungen, ohnehin schon Befehl gegeben, keinen Widerstand zu leisten. Und nun stand er eben vor dem Mikrophon und hielt seine letzte Rundfunkrede. Er sagte es unmißverständlich: „Wir weichen der Gewalt."

Das hieß, genau gesagt: Schuschnigg wich. Miklas wich noch immer nicht.

Berlin, Rauchsalon in der Reichskanzlei. Hitler und seine Leute standen nun vor der letzten Entscheidung. Sollten sie marschieren? Die Westmächte hatten sich inzwischen gemeldet. Bei Neurath waren zwei Noten eingetroffen – Frankreichs Botschafter François-Poncet und der britische Botschaftsrat Kirkpatrick erklärten für ihre Regierungen, Deutschlands Vorgehen in Österreich, der „durch Gewaltanwendung unterstützte Zwang gegen einen unabhängigen Staat", müsse schwerste Rückwirkungen auslösen.

Doch Hitler konnte nicht mehr zurück. Wenn er kapitulierte, weil Miklas in Wien nicht kapitulieren wollte, konnte sein Prestige unter Umständen einen tödlichen Schlag erleiden. So suchte man nur noch einen Vorwand, um die militärische Gewaltanwendung zu tarnen. Und der Vorwand war schnell gefunden.

Hitler kam jetzt in den großen Raum, der noch immer gedrängt voll mit Menschen war. Zu Brauchitsch sagte er: „Ein neuer Befehl – bereiten Sie alles für den Einmarsch vor! Wir werden Seyß-Inquart bitten, in einem Telegramm unsere militärische Hilfe anzufordern."

Papen hatte noch immer Bedenken, vor allem wegen der Intervention der Westmächte. Er wendete sich an Neurath: „Denken Sie um Gottes willen daran, daß es keine zweite Emser Depesche wird. Wir müssen es schwarz auf weiß haben."

„Ja, ja", beruhigte Neurath und marschierte hinter Göring ins Telephonzimmer. Das allgemeine Durcheinander wurde nämlich auch noch dadurch gesteigert, daß die Telephonanlage im Rauchsalon gestört war.

20.45 Uhr. Jetzt wurde Führerweisung Nr. 2 für den Einmarsch ausgefertigt.

„1. Die Forderungen des deutschen Ultimatums an die österreichische Regierung sind nicht erfüllt worden.

2. Die österreichische Wehrmacht hat Befehl, sich vor dem Einmarsch zurückzuziehen und dem Kampf auszuweichen. Die österreichische Regierung hat sich ihres Amtes suspendiert.

3. Zur Vermeidung weiteren Blutvergießens in österreichischen Städten wird der Vormarsch der Deutschen Wehrmacht nach Österreich am 12. 3. bei Tagesanbruch nach Weisung Nr. 1 angetreten. Ich erwarte, daß die gesteckten Ziele unter Aufbietung aller Kräfte so rasch wie möglich erreicht werden . . ."

So lautete die von Hitler unterschriebene Weisung Nr. 2. Zur Vermeidung weiteren Blutvergießens – davon konnte in Wahrheit keine Rede sein. Kein Tropfen Blut war geflossen. Es gab keine

Zusammenstöße, keine Aufstände. SA, SS, HJ kamen ungehindert aus dem Untergrund hervor. Die Landeshauptstädte gehörten ihnen schon seit den Nachmittagsstunden. Aus dem Stadtbild Wiens waren die Uniformen der Wehrverbände, um die Mittagszeit noch vorherrschend, schon längst verschwunden. Die Polizisten trugen bereits Hakenkreuzarmbinden. Das Kanzleramt glich einer belagerten Festung. Die Menge wartete auf die Machtübernahme. Nur ein Mann leistete noch immer Widerstand: Miklas.

Berlin wollte trotzdem das Telegramm haben. Man brauchte den Vorwand für die Westmächte. Von Italien war kein Einspruch zu befürchten. Ciano hatte dem deutschen Geschäftsträger in Rom, Botschaftsrat von Plessen, schon knapp vor 20 Uhr mitgeteilt, daß Mussolini sich der Demarche der Briten und der Franzosen nicht anschließen werde.

Göring rief erneut in Wien an. Er ließ sich bestätigen, daß Miklas immer noch nicht weichen wollte. Dann befal er Keppler: „Nun passen Sie auf: Die Hauptsache ist, daß sich jetzt Seyß-Inquart der ganzen Regierung bemächtigt, Rundfunk, alles besetzt hält . . .“

Keppler: „Wir haben ja jetzt die Regierung.“

Göring: „Ja, eben, ihr seid auch die Regierung. Nun passen Sie auf: Folgendes Telegramm soll der Seyß-Inquart hersenden. Schreiben Sie auf: Die Provisorische österreichische Regierung, die nach der Demission der Regierung Schuschnigg ihre Aufgabe darin sieht, die Ruhe und Ordnung in Österreich wiederherzustellen, richtet an die deutsche Regierung die dringende Bitte, sie in ihrer Aufgabe zu unterstützen und ihr zu helfen, Blutvergießen zu verhindern. Zu diesem Zweck bittet sie die deutsche Regierung um baldmöglichste Entsendung deutscher Truppen.“

Keppler widersprach verdattert – keine Rede von Blutvergießen. Von den Fenstern des Kanzleramtes aus konnte Keppler schließlich selbst schon, daß die Stadt schon in den Händen der Nationalsozialisten war. Und die Parteifunktionäre aus den Bundesländern, die regelmäßig anriefen, bestätigten diese Tatsache auch für den Rest von Österreich. Doch Göring ließ sich nicht in Diskussionen ein: „Lesen Sie ihm das Telegramm vor und sagen Sie ihm, wir bitten – er braucht das Telegramm ja gar nicht zu schicken, er braucht nur zu sagen: Einverstanden. Also macht es gut. Heil Hitler!“

Das war um 21 Uhr.

Doch Berlin wartete vergeblich. Um 21.45 Uhr wurde Keppler wieder an den Apparat gerufen. Diesmal meldete sich der Reichspressechef Dr. Dietrich: „Ich brauche dringend das Telegramm.“

Keppler: „Sagen Sie dem Generalfeldmarschall, daß Seyß-Inquart einverstanden wäre."

Daraufhin Dietrich: „Das ist hervorragend. Ich danke Ihnen . . ."

Doch Kepplers Mitteilung war falsch. Der deutsche Staatssekretär hatte Seyß-Inquart im allgemeinen Durcheinander des Ballhausplatzes zwar mehrmals gestellt und auf das Telegramm hin angesprochen, doch er war abgeblitzt. Seyß-Inquart versteifte sich auf eine legale Machtübernahme. Seine Argumentation war logisch: Würde man um deutsche Truppen bitten, so hieße das doch nur, daß in Österreich starke Kräfte vorhanden seien, die gegen den Nationalsozialismus kämpfen wollten. Schließlich fragte der von Berlin gedrängte Keppler hilflos: „Was soll ich tun, oder was soll ich Berlin sagen?" Daraufhin Seyß-Inquart: „Sie kennen meine Stellungnahme; machen Sie, was Sie wollen."[9]

Was Keppler bewog, trotz dieser eindeutigen Ablehnung Seyß-Inquarts Einverständnis nach Berlin zu melden, blieb ungeklärt.[10] Das Telegramm wurde tatsächlich niemals abgeschickt. Der Reichspostminister Ohnesorge ließ erst nachträglich ein entsprechendes Formular ausfüllen.[11] Das hieß: Fälschen!

Daß Hermann Göring in dieser letzten, entscheidenden Phase der Entwicklung nicht selbst beim Telephon war, hatte einen geradezu grotesk klingenden Grund: Der Feldmarschall mußte tanzen gehen!

An diesem Abend wurde im Berliner Fliegerklub der Fliegerball veranstaltet: das gesellschaftliche Ereignis der Saison. Das gesamte diplomatische Korps war geladen – es erschien auch. Nur der österreichische Gesandte Ing. Tauschitz blieb mit seinem Militärattaché, Generalmajor Pohl, dem Fliegerball fern. Als Göring ihn deshalb am nächsten Tag stellte, antwortete Tauschitz: „Ich kann nicht tanzen, wenn Österreich auf dem Totenbett liegt."

Auch Göring benützte den Fliegerball weniger zum Tanz als mehr dazu, die militärische Aktion gegenüber Österreich diplomatisch abzudecken. Er versicherte zunächst dem britischen Botschafter Henderson, daß niemand durch die Vereinigung zweier deutscher Völker geschädigt werde – im übrigen sei an einen baldigen Rückzug der deutschen Truppen und an eine freie Volksabstimmung gedacht. Dann gab Göring dem völlig niedergeschmetterten tschechoslowakischen Gesandten Mastny sein Ehrenwort, daß die

Aktion ausschließlich Österreich betreffe und daß sich kein deutscher Soldat der tschechoslowakischen Grenze nähern werde.

Um 22.45 Uhr wurde Hitler dann die letzte Last von der Seele genommen. Da rief nämlich der Prinz Philipp von Hessen an, den Hitler mit einem Brief an Mussolini am späten Nachmittag nach Rom geschickt hatte.

Philipp: „Ich bin gerade vom Palazzo Venezia zurückgekehrt. Der Duce hat die ganze Sache in sehr freundlicher Weise aufgenommen. Er läßt Sie grüßen. Er war von Österreich unterrichtet worden. Schuschnigg gab ihm die Nachricht. Er habe dann gesagt, das sei völlig unmöglich. Es wäre ein Bluff, etwas Derartiges könne nicht geschehen. Daraufhin wäre ihm mitgeteilt worden, daß es leider so abgemacht sei und nicht mehr geändert werden könne. Dann sagte Mussolini, Österreich wäre ihm unwichtig . . .“

Hitler: „Dann sagen Sie bitte Mussolini, ich würde ihm dies nie vergessen. Nie, nie, nie, was immer geschehen mag. Ich bin immer noch bereit, ein ganz anderes Abkommen mit ihm zu treffen. Sobald die österreichische Angelegenheit geregelt ist, werde ich bereit sein, mit ihm durch dick und dünn zu gehen. Alles andere ist gleichgültig . . .“

Jetzt war Österreichs Schicksal endgültig besiegelt.

In Wien war das Drama noch nicht zu Ende. Das Bundeskanzleramt war von einem dichten Kordon Illegaler umlagert, die nun keine Illegalen mehr waren. Sie trugen offen die Hakenkreuzarmbinden; viele von ihnen waren in einzelne Uniformstücke der SA, SS und HJ geschlüpft. Hinter ihnen stand die Stärke der Landeshauptstädte, in denen die Nationalsozialisten die Macht schon übernommen hatten. Globocnik, Jury, Rainer und Klausner befanden sich schon im Kanzleramt, um bei der offiziellen Machtübernahme zu assistieren. Vom Balkon des Bundeskanzleramtes wehte übrigens schon sehr bald darauf eine Hakenkreuzflagge. Diese hatten einige junge Leute angebracht, indem sie an der Außenfront des Gebäudes zum Balkon hochgeklettert waren.

Doch die Flagge täuschte. Miklas hielt immer noch stand.

Die Situation in dem alten Palais des Fürsten Kaunitz auf dem Ballhausplatz war gespenstisch geworden. Winkelige Korridore, Mauerdurchbrüche, prunkvolle Riesensäle und düstere Kellergewölbe, breite Stiegenaufgänge und enge Wendeltreppen, Tapetentüren und verschlungene Geheimgänge – ein Labyrinth, in dem sich

Keppler und sein Adjutant Veesenmayer, die illegalen Gauleiter und die SS-Leute nicht auskannten und von Büro zu Büro herumirrten. Die Regierung Schuschnigg, die nicht mehr an der Macht war, und Seyß-Inquart mit seinen Beratern, die noch nicht an der Macht waren, amtierten nebeneinander, gegeneinander und zeitweise auch miteinander, wenn sie im allgemeinen Durcheinander auf Treppen, Korridoren oder in einzelnen Sälen aufeinandertrafen.

Mit dem Gauleiterteam versuchte sich Seyß-Inquart noch immer an einer Ministerliste, die er dem Bundespräsidenten schmackhaft zu machen hoffte. Er nahm nur die „Gemäßigten" in die Liste auf, keine Radaubrüder aus der Umgebung des Hauptmanns Leopold. Und er legte Wert auf Katholiken, zu denen Miklas Vertrauen haben konnte.

Seyß versuchte sogar, Dr. Guido Schmidt zu bewegen, das Außenministerium weiter zu führen. Schmidt lehnte ab; so entschloß sich Seyß dann für den nationalen Katholiken Dr. Wolf. Der berühmte Urgeschichtler Prof. Dr. Oswald Menghin sollte Unterrichtsminister werden. Schuschniggs Finanzminister Doktor Neumayer würde auf seinem Posten verbleiben. Dann wendete sich Seyß an den Wiener Polizeipräsidenten Dr. Skubl, um auch ihn für sein Kabinett zu gewinnen – eine grotesk anmutende Kombination, wenn man bedenkt, daß der Führer der illegalen SS, Dr. Kaltenbrunner, ebenfalls dem Kabinett angehören sollte.

Doch in dieser Nacht war manches grotesk. Skubl sagte, er müsse erst Schuschnigg um dessen Zustimmung fragen. Er fragte den abgetretenen Kanzler tatsächlich, ob er in das Kabinett des Nachfolgers eintreten sollte – und Schuschnigg meinte, es wäre gut, wenigstens einen verläßlichen Österreicher in der neuen Regierung zu wissen.

Die Männer um Schuschnigg mochten in diesen späten Abendstunden des 11. März zum erstenmal so richtig die trostlose Verlassenheit begriffen haben, in die sie durch ihre Politik von Jahr zu Jahr mehr hineingeraten waren; ihre unendlich weite Entfernung von dem Volk, das sie vier Jahre lang regiert hatten. Und inmitten der allgemeinen Auflösung saß Wilhelm Miklas noch immer in Schuschniggs Zimmer und leistete den einzigen Widerstand, den er noch zu leisten vermochte. Er lehnte Seyß-Inquarts Regierungsliste ab, er weigerte sich ganz einfach, irgendein Dokument zu unterzeichnen, das den Dr. Seyß-Inquart mit der Regierungsbildung beauftragte.

Aber dann kam Berlin mit der Rundfunkmeldung über das Telegramm.

Das war der letzte, vernichtende Schlag. Guido Schmidt und der Gesandte Hoffinger suchten Seyß-Inquart, stellten ihn. Seyß-Inquart, ohnehin auch schon hart am Rande seiner Nervenkraft, zwischen Berlin und den Illegalen auf der einen und den Schuschnigg-Leuten auf der anderen Seite in die Zange genommen, schwor mit gutem Gewissen, daß er die Absendung des Telegramms abgelehnt habe. Doch nun konnte sich niemand mehr irgendwelchen Täuschungen hingeben. Hitler würde marschieren, auf jeden Fall.

Jetzt schlug auch Schuschniggs Stimmung um. Er erwachte aus der Lethargie, die ihn seit Stunden gefangenhielt, und riet nun gemeinsam mit Guido Schmidt dem Bundespräsidenten, Seyß-Inquarts Ernennung zu vollziehen. In zwei Stunden konnten schließlich deutsche Kampfflugzeuge über Wien sein.

So gab Miklas schließlich knapp vor Mitternacht auf. Er ließ Seyß-Inquart rufen. Der kam mit seiner Ministerliste, gab sie Miklas, dieser reichte sie an Schuschnigg weiter. Schuschnigg las sie, bezeichnete sie als annehmbar – was hätte er auch sonst noch sagen sollen, nachdem man sich zur Kapitulation entschlossen hatte.

Draußen jubelten die Massen.

Die neue, nationalsozialistische Regierung zeigte sich auf dem Balkon. Der Landwirtschaftsminister Reinthaller hielt eine Ansprache. Ein von Gauleiter Rainer organisierter Fackelzug begann seinen Vorbeimarsch.

Und es war nach ein Uhr früh, als der illegale, nunmehr schon legale Landesleiter Hubert Klausner vor das Mikrophon trat und den österreichischen Rundfunkhörern zum ersten Male die Worte zurief, die in den kommenden Tagen millionenfach wiederholt wurden: „Ein Volk, ein Reich, ein Führer!"

Der Karfreitag der Ersten Republik war zu Ende.

Kapitel 15

DIE HEIMKEHR INS REICH

Am Nachmittag des 11. März 1938, während Wilhelm Miklas in Wien noch einen neuen Bundeskanzler seines Vertrauens suchte, wurde Dr. Wilhelm Stuckart, Ministerialdirektor im Reichsministerium des Inneren, aus seinem Urlaubsort im Allgäu nach Berlin zurückgerufen. Stuckart, zuständiger Abteilungsleiter für Verfassung, Verwaltung und Gesetzgebung, meldete sich am Abend des 11. März bei seinem Chef, dem Innenminister Dr. Frick, zum Dienstantritt zurück. Und zu einem Zeitpunkt an diesem Abend, da Wilhelm Miklas sich noch standhaft weigerte, unter dem Druck der deutschen Einmarschdrohung eine nationalsozialistische Regierung Seyß-Inquart zu ernennen, erhielt der für Gesetzesfragen zuständige Dr. Stuckart in Berlin bereits den Auftrag, den Gesetzentwurf über eine Personalunion zwischen Deutschland und Österreich auszuarbeiten.[1]

Das war zumindest die Vorstellung, die Hitler und Göring am Abend des 11. März 1938 von der Zukunft hatten: Österreichs Selbständigkeit sollte formell beibehalten, das Amt des deutschen Führers und Reichskanzlers jedoch mit dem Amt des österreichischen Bundespräsidenten zusammengelegt werden.

Während Dr. Stuckart heimfuhr, um sich im Verlauf der Nacht die ersten verfassungs- und verwaltungsrechtlichen Gedanken über eine solche ungewöhnliche Konstruktion zu machen, wurde von Wien aus der letzte Versuch unternommen, den Anschluß doch noch zu verhindern. Der Versuch kam von dem eben ernannten neuen Bundeskanzler Dr. Arthur Seyß-Inquart. Nachdem Landesleiter Hubert Klausner über den Rundfunk die Parole „Ein Volk, ein Reich, ein Führer" ausgegeben hatte, nachdem an der nationalsozialistischen Machtergreifung kein Zweifel mehr bestehen konnte und nachdem es klar war, daß sich nirgends auch nur der geringste Widerstand rührte, bat Seyß-Inquart Keppler, Berlin zu einer Rücknahme des Einmarschbefehls zu bewegen.

Keppler hatte schon einige Stunden vorher versucht, Göring die Unnötigkeit deutscher Truppenbewegungen klarzumachen – vergeblich. Jetzt versuchte er es tatsächlich noch einmal. In der deutschen Gesandtschaft trieb er den Militärattaché Generalleutnant Muff auf, und auch Muff war angesichts des totalen Sieges der Nationalsozialisten der Ansicht, daß eine militärische Aktion überflüssig geworden sei. In Berlin wurden daraufhin der Staatssekretär des Auswärtigen Amtes, Freiherr von Weizsäcker, einige hohe Offiziere des Oberkommandos der Wehrmacht und Hitlers Adjutant Brückner aus dem Schlaf geweckt. Die Diplomaten ebenso wie die Generale hätten einen Abbruch der militärischen Aktion mit einem befreiten Aufatmen begrüßt; ganz sicher war man nämlich noch immer nicht, daß es ohne außenpolitische Verwicklungen abgehen würde. Entscheiden konnte jedoch nur Hitler.

Gegen drei Uhr früh weckten Brückner und Oberst Schmundt schließlich Hitler und berichteten, was Keppler und Muff aus Wien gemeldet hatten. Doch Hitler entschied: Der Einmarsch wird durchgeführt!

Dann ging Hitler wieder zu Bett. Er wollte am Morgen des 12. März den deutschen Truppen nach Österreich folgen.

Am Vormittag des 12. März, während die deutschen Truppen schon marschierten, vereidigte Wilhelm Miklas in Wien die neue Regierung Seyß-Inquart. Er hielt keine Ansprache, wie das ansonsten üblich war. Im Gegenteil – er bat ausdrücklich darum, man möge ihm eine Stellungnahme erlassen, da in der politischen Wertung dieser Ereignisse kaum auf allgemeine Übereinstimmung zu rechnen sei. Dem sorgenerfüllten Finanzminister Dr. Neumayer, den Seyß-Inquart in sein Kabinett übernommen hatte, sagte Miklas gegen Mittag, daß seine Präsidentschaft vielleicht nur noch Stunden dauern würde. Auf den deutschen Wink, abzutreten, mußte der Bundespräsident nicht lange warten. Einer der neuen Staatssekretäre, Dr. Friedrich Wimmer, kam mit der Frage in die Präsidentschaftskanzlei, wie man das Problem verfassungsmäßig legal lösen könne. Seyß-Inquart lege nämlich größten Wert auf Legalität, und ein freiwilliger Rücktritt des Bundespräsidenten sei nirgends vorgesehen. Miklas hatte die Verfassung von 1934 zwar nie unterschrieben, doch er kannte sie genau. Er verwies auf den Artikel 77, der eine Übernahme der Präsidentschaft durch den

Bundeskanzler vorsah, falls der Bundespräsident verhindert sei. Und Miklas meinte voll bitterer Ironie, diese Verhinderung könne auch politisch-moralischer Natur sein.

Im Augenblick jedoch fiel noch keine Entscheidung. Hitler war auf dem Weg nach Linz und wünschte dort Seyß-Inquart zu sehen. Mit Keppler und dem Reichsführer SS, Heinrich Himmler, der schon in der Nacht in Wien eingetroffen war, flog der neue Bundeskanzler nach der oberösterreichischen Landeshauptstadt, stieg dort in ein Auto um und fuhr Hitler entgegen. Von den jubelnden Begeisterungsstürmen, mit denen Hitler dann um 8 Uhr abends in Linz empfangen wurde, schien Seyß-Inquart wie erschlagen. In seiner Begrüßungsansprache im Linzer Rathaus sagte er offen heraus, daß er als österreichisches Regierungsoberhaupt das Anschlußverbot des Friedensvertrages von Saint-Germain nicht mehr als verbindlich betrachte.

Hitler sagte vorderhand noch nichts. In der Nacht fuhren Seyß-Inquart und Keppler nach Wien zurück, ohne daß Österreichs Schicksal entschieden worden wäre. Nur ein hoffnungsloser Illusionist konnte annehmen, daß Österreich sich seine Selbständigkeit würde bewahren können. Es schien damals dennoch zahlreiche derartige Illusionisten gegeben zu haben.

Zweifellos gehörte Göring nicht dazu. Er tobte, als er am Morgen von Seyß-Inquarts nächtlichen Versuchen erfuhr, den Einmarsch zu stoppen. Und er ließ seinen Staatssekretär, den Fliegergeneral Erhard Milch, beauftragen, bei Hitler auf sofortigen, uneingeschränkten Anschluß zu drängen. Als der Ministerialdirektor Stuckart am Vormittag des 13. März mit seinem Entwurf für eine Personalunion in Linz ankam, war von dieser Teillösung jedenfalls keine Rede mehr. Stuckart mußte sich in einem Zimmer des Hotels Weinzinger, wo Hitler logierte, zusammen mit dem Gesandten Clodius vom Auswärtigen Amt erneut an die Arbeit machen. Diesmal diktierte er den Gesetzentwurf für ein Anschlußgesetz in die Schreibmaschine. Auf Hitlers ausdrückliche Weisung hin sollte das ganze Unternehmen unter der Devise „Wiedervereinigung" laufen.[2] Nachdem Hitler den Durchschlag zur Kenntnis genommen hatte, flog Stuckart nach Wien, um mit Keppler gemeinsam die ganze Angelegenheit bei Seyß-Inquart zu erledigen.

Der Bundeskanzler zeigte sich über die schnelle Entwicklung überrascht. Er hatte sich ein allmähliches Zusammenwachsen Österreichs mit Deutschland vorgestellt, und er hatte Hitler in Linz vorgeschlagen, zur Klärung der Lage nach Wien zu kommen. In welcher Eigenschaft aber hätte Hitler kommen sollen? Als Staatsbesuch? Als Verhandlungspartner für den Bundespräsidenten Miklas? Als militärischer Eroberer? Für den Hitler von 1938 kam nur der Triumphzug des Siegers in Frage. Der Haß, mit dem er Wien einstmals vor mehr als einem Vierteljahrhundert verlassen hatte, verlangte diese Kompensation.

Als Stuckart mit dem Entwurf des Anschlußgesetzes in Wien eintraf, widersprach Seyß-Inquart dieser für ihn einigermaßen unerwarteten Lösung nicht. Er trommelte die gerade in Wien erreichbaren Regierungsmitglieder zusammen. Ganz wohl fühlte er sich bei dieser endgültigen Liquidierung der österreichischen Selbständigkeit allerdings ebensowenig wie die meisten seiner Minister. Da das Reich ohnehin regiere, argumentierte er, sei es besser, wenn es auch nach außen hin die Verantwortung trage.[3] So kam nach wenigen Minuten ein zustimmender Beschluß zustande. Dann schickte der Bundeskanzler, der eben seinen Staat liquidiert hatte, seinen Unterrichtsminister Dr. Menghin und seinen Außenminister Dr. Wolf zum Bundespräsidenten in dessen Wiener Wohnung in die Hainburger Straße und kam gleich darauf selbst nach. Er wollte die Unterschrift des Bundespräsidenten unter das Anschlußgesetz. Miklas lehnte entschieden ab. „Mein Eid", sagte er, „ist dem deutsch-österreichischen Volk für einen unabhängigen Staat Österreich geleistet."

Alles, was Seyß-Inquart erreichen konnte, war ein verklausulierter Rücktritt. Man setzte sich hintereinander an den Schreibtisch und tauschte Briefe aus. Seyß-Inquart formulierte: „Dem übereinstimmenden Beschluß des Ministerrates folgend, erlaube ich mir, Sie zu bitten, die Funktionen des Bundespräsidenten zurückzulegen . . ."

Miklas antwortete: „In Erwiderung Ihres Schreibens vom 13. d. M. bitte ich Sie, zur Kenntnis zu nehmen, daß ich mit heutigem Tage von meinen Funktionen des Bundespräsidenten zurücktrete und sie gemäß Artikel 77, Punkt 1 der Verfassung 1934 dem Herrn Bundeskanzler übertrage . . ."

Damit war die Wiedervereinigung perfekt. Offiziell zumindest.

Am Abend des 12. März, als Hitler in Linz Einzug gehalten hatte, war Seyß-Inquart auch mit einem Mann namens Josef Bürckel zusammengetroffen. Obwohl der Österreicher den Namen kannte, hatte er diesem Gauleiter Bürckel nur wenig Beachtung geschenkt.

Bürckel war Anfang des Jahres als Nachfolger Papens für den Wiener Gesandtenposten ausersehen worden, aber ein Gesandter war ja nun wohl nicht mehr vonnöten.

Der Pfälzer Josef Bürckel galt als das Organisationstalent der Partei. 1935 hatte er die Saarabstimmung für Deutschland vorbereitet. Mit triumphalem Erfolg. Daß Hitler gerade diesen Mann als Papens Nachfolger nach Wien hatte schicken wollen, ließ schon damals auf seine Absichten schließen.

Jetzt war Bürckel wieder da. Am Morgen des 12. März, beim Abflug aus Berlin, hatte Hitler dem Pfälzer schon seine künftige Aufgabe zugewiesen: die Reorganisation der Partei in Österreich.

Wie diese Partei nach fünf Jahren der Illegalität aussah, vermochte niemand zu sagen. Die Aspekte waren nicht gerade erfreulich. In Österreich schien jeder gegen jeden zu sein. Die illegale SA-Führung gegen die illegale Landesleitung, die „Unentwegten" um Leopold und Tavs gegen die „Betont-Nationalen" um Seyß-Inquart und Glaise-Horstenau, die „alten Kämpfer" aus dem Untergrund gegen die militärisch organisierten Emigranten in der „Österreichischen Legion". Dazu hatte sich noch ein deutlich spürbarer Separatismus herausgebildet; Seyß-Inquart, der noch am Nachmittag des 11. März von einem selbständigen Österreich gesprochen hatte, war das typische Beispiel. Wenn Hitler irgend etwas haßte, dann war es Separatismus und Föderalismus.

Ein Mann wie Bürckel schien Hitler geeignet, mit allen diesen Schwierigkeiten fertig zu werden. Der Wiener Volkswitz machte aus diesem Gauleiter Bürckel auch schon sehr bald einen Bierleiter Gauckel. Der Pfälzer Bürckel hielt vom Wein in den Wiener Heurigenvororten jedoch stets viel mehr als vom Bier.

Als Seyß-Inquart in der Nacht zum 13. März 1938 wieder nach Wien zurückkehrte – noch immer in der Hoffnung auf ein langsames Zusammenwachsen der beiden Staaten –, war die Entscheidung jedoch schon so gut wie gefallen. Und am Nachmittag des 13. März, während Seyß-Inquart gerade das Anschlußgesetz durchbrachte, unterschrieb Hitler in Linz das Dekret, das Bürckel zum Reichskommissar für die Wiedervereinigung Österreichs mit dem Deutschen Reich ernannte.

Zur Durchführung dieser Wiedervereinigung stand schon eine Armee bereit. Es war nicht die Deutsche Wehrmacht, sondern die Armee der Parteifunktionäre. Sie marschierte nicht in Uniform über die staubige Landstraße, wurde dafür aber auch nicht mit Blumen bekränzt und mit Zigaretten beschenkt. Schon am Morgen des 12. März, als Hitler per Flugzeug seinen Truppen folgte, machte sich in den Berliner Zentralstellen fieberhafte Geschäftigkeit breit. Die Gliederungen des Parteiapparats, die diversen Ministerien, die wirtschaftlichen Kommandostäbe schickten ihre Leute los. Der Kampf Mann gegen Mann um die Plätze in den Flugzeugen begann. Es galt, einen Staat von sechseinhalb Millionen von innen her zu erobern. Wer schneller in Wien eintraf, würde das größere Stück vom Kuchen ergattern.

Das Rennen um die ersten und besten Plätze machte schließlich Reichspressechef Dr. Dietrich. Er konnte Hitler beweisen, daß es keine dringlichere Aufgabe geben konnte, als die österreichische Presse in die Hände zu bekommen – die einzige Macht, deren sich das Reich bedienen konnte, bevor die Parteiorganisationen aufgebaut waren. Und wenn es ein Argument gab, um Hitler die Vordringlichkeit dieser Aufgabe zu demonstrieren, dann war es ein Zahlenspiel: Von den 174 Redakteuren der Wiener Zeitungen waren laut Statistik in den Berliner Archiven nicht weniger als 123 Juden.[4] So kam es, daß so mancher Spitzenfunktionär in glanzvoller Parteiuniform auf dem Flugplatz Tempelhof wehrlos zusehen mußte, wie die Maschinen nach Wien mit Journalisten besetzt wurden – eiligst aus Berliner Zeitungsredaktionen zusammengetrommelt, um die in Wien verfügbaren Schreibtische zu übernehmen.

Die beim ersten Anlauf zu kurz gekommenen Spitzenfunktionäre mußten jedoch nicht lange warten. Vor allem auf die Wirtschaftsfachleute wartete ein reiches Betätigungsfeld. Nach außen hin wurde die erste Anschlußphase ganz in den Dienst der Soforthilfe für das hungernde Österreich gestellt. Demonstrativ fuhren die Riesenbusse des „Bayrischen Hilfszuges" in den Wiener Vorstädten auf, und viele Wiener, die an derartigen Schauspielen immer schon Freude hatten, stellten sich neugierig um die Erbsensuppe an. Schon wenige Wochen später allerdings konnte man in Delikatessenhandlungen des Altreichs appetitanregende Obstsortiments mit folgender Aufschrift finden: „Aus dem Überfluß der Ostmark".[5] Ein Jahr später, schon vor Kriegsausbruch, wurden dafür in Wien die ersten grünen Butterrationierungskarten verteilt.

Für den Augenblick durfte man jedoch auf höchster Ebene auch mit den wirtschaftlichen Folgen des Anschlusses zufrieden sein. Der Staatssekretär Wilhelm Keppler, der schon Anfang 1938 die Einbeziehung Österreichs in die deutsche Planung gefordert hatte, wenn man das Rüstungssoll erfüllen wollte, kam zum Zug.

Am 13. März 1938 betrug die reichsdeutsche Beteiligung an österreichischen Firmen, deren Kapital über der Millionengrenze lag, rund 10 Prozent. Unter Berücksichtigung des offiziellen Umrechnungskurses von 2 Mark für 3 Schilling machten diese 10 Prozent etwa 160 Millionen Mark von insgesamt 1,6 Milliarden aus. Der größte deutsche Anteil, an die 25 Prozent, war in der Berg- und Hüttenindustrie zu finden. Österreichs größtes Unternehmen, die Alpine Montan, befand sich sogar zu 57 Prozent in reichsdeutschen Händen. Dagegen waren andere wesentliche Wirtschaftszweige, Öl, Holz und Transport beispielsweise, von deutscher Beteiligung überhaupt frei.[6]

1945 betrug das Gesamtkapital der obengenannten Firmen etwa 2 Milliarden Mark; es war also seit 1938 um etwa 400 Millionen Mark gestiegen. Der Anteil des Kapitals aus dem Altreich hingegen hatte sich in diesen 7 Jahren auf 1,1 Milliarden Mark erhöht und war um 950 Millionen Mark gestiegen.

Schon diese einfache Rechnung beweist die Unrichtigkeit der Behauptung, daß deutsches Kapital in großem Maße in die Wirtschaft der „Ostmark" hineingepumpt worden sei. Und doch war es gerade diese Behauptung, die den Angelpunkt der wirtschaftlichen Auseinandersetzungen mit der sowjetrussischen Besatzungsmacht nach 1945 bildete, als es um das „Deutsche Eigentum" ging. Wenn die Vergleichszahlen auch nur Unternehmungen mit über einer Million Grundvermögen umfaßten und die kleineren Betriebe unberücksichtigt ließen, so lieferten sie doch den schlagenden Beweis dafür, wie ursprünglich österreichischer Besitz in deutsche Hände überging, ohne daß mit dieser Eigentumsübertragung ein entsprechender Kapitalzufluß verbunden gewesen wäre.

Wie solches Deutsches Eigentum entstand, dafür bot die Ravag, die österreichische Rundfunkgesellschaft bis 1938, ein gutes Beispiel. 60 Prozent der Aktien befanden sich in Staatsbesitz, die restlichen 40 Prozent in privaten Händen. Die Aktien aus dem Staatsbesitz fielen durch den Anschluß automatisch an das Reich. Die 40 Prozent aus privater Hand wurden von der Reichsrundfunkgesellschaft angekauft. Der Nominalwert dieses Pakets betrug damals 100.000 Schilling. Diese Zahl entsprach nur einem Bruchteil des wahren Wertes, denn die Ravag wies Ende 1937 allein an bilanzmäßigen Reserven 15 Millionen Schilling aus. Die Besitzer der privaten 40 Prozent waren an diesem Überschuß also mit 6 Millionen beteiligt. Trotzdem erhielten die Aktionäre für ihren Anteil nur den Nominalwert der Aktien in Höhe von 100.000

Schilling ausbezahlt. Damit aber war das Geschäft, das reichsdeutsche Stellen mit österreichischem Eigentum machten, noch lange nicht zu Ende. Die Reichsrundfunkgesellschaft, die ihrerseits ganze 100.000 Schilling gezahlt hatte, verkaufte die Sendeanlagen und die Gebührenverrechnung in der nunmehrigen Ostmark später an die Deutsche Reichspost weiter – um 2,4 Millionen Mark.

Neben diesem geradezu klassischen Beispiel, wie Deutsches Eigentum zustande kam, bot das Schicksal der Oesterreichischen Nationalbank den Hinweis für die Methoden der Direktübernahme österreichischen Volksvermögens durch das Reich.

Die Oesterreichische Nationalbank wurde zur Filiale der Deutschen Reichsbank degradiert. Die nach dem Anschluß begonnene Liquidation wurde allerdings bis Kriegsende nicht abgeschlossen, so daß (nach offizieller Schreibart) die Rechtskontinuität der Notenbank niemals unterbrochen, sondern das Institut lediglich – wie 1945 ausdrücklich festgehalten – nur an der Ausübung seiner Tätigkeit verhindert war. Der gesamte Gold- und Devisenbesitz der Nationalbank mußte nach Berlin abgeliefert werden. Allein der Goldschatz umfaßte 78.287 Kilogramm Feingold (nach heutigem offiziellen Goldpreis rund 2 Milliarden Schilling). Darüber hinaus mußte die Bevölkerung nach einer wesentlichen Verschärfung der Devisenvorschriften bis 30. Juni 1938 rund 13.000 Kilogramm Gold abliefern (nach heutigem Goldpreis rund 360 Millionen Schilling). Diese bedeutenden Gold- und Devisenbestände stellten einen wesentlichen Gewinn für das Reich dar. Es war wie eine Ironie des Schicksals: Der Reichtum an Gold und Devisen, den eine rigoros deflationistische Währungspolitik der Bevölkerung buchstäblich vom Munde abgespart hatte, kam nun dem Nationalsozialismus zugute.[7]

Mit der Nationalbank übernahm das Reich auch deren Besitz an Aktien der Creditanstalt in Höhe von 12 Millionen Schilling. Der Anteil der Bundesverwaltung an Creditanstalt-Aktien, rund 36 Millionen, fiel ebenfalls automatisch in deutsche Hände. Da weitere 16 Millionen Aktienkapital der Pensionserfüllungskasse der Bank gehörten, praktisch also im Besitz der Creditanstalt selbst waren, verfügten die Reichsbehörden mit einem Schlage über etwa 64 Millionen und damit über die Mehrheit des gesamten Aktiennominales von 101 Millionen – und sie verfügten damit auch über die Industriebeteiligungen dieses größten österreichischen Bankinstituts.

Das alles ging hinter den Kulissen eines zentral gelenkten, jeder öffentlichen Einschau entzogenen totalitären Staats- und Verwaltungsapparates vor sich – und alles ging im Jubel der Massen unter.

Der Jubel ließ sich später nicht wegleugnen. Er erreichte mit der Kundgebung auf dem Wiener Heldenplatz am 15. März 1938 seinen Höhepunkt. Pressephotographen und Wochenschaureporter belieferten die ganze Welt mit dem Anblick eines Volkes, das vor Begeisterung außer Rand und Band geraten schien. Kein Dorf, das beim Durchzug der deutschen Einmarschierer nicht im Fahnenschmuck prangte. Kein Hauptplatz, der bei der Führerkundgebung nicht schwarz vor Menschen war. Kein Trommelfell, das nicht zu platzen drohte, wenn das Chorgeschrei der Tausenden, Zehntausenden, Hunderttausenden erklang: „Ein Volk, ein Reich, ein Führer."

Nur daß Österreich eben sechseinhalb Millionen Einwohner hatte. Die Schuschnigg-Administration war knapp vor der angekündigten Volksabstimmung auf eine Zahl von etwa 30 Prozent Nationalsozialisten gekommen. Das hätte etwa 1,5 Millionen Wahlberechtigte bedeutet.

Eineinhalb Millionen Begeisterte in den Straßen waren durchaus in der Lage, den Eindruck zu erwecken, ein ganzes Volk sei in den rasenden Taumel der Anschlußhysterie verfallen.[8] Es wurden damals begreiflicherweise aber auch nur jene photographiert und gefilmt, die eben jubelten. Und niemand sprach von den Tausenden Österreichern, die schon in den ersten Anschlußtagen in die Gefängnisse wanderten.[9] Und während der nationale Teil der österreichischen Bevölkerung jubelte, während die Vaterländischen die Straßen mieden, war bei einer großen Schicht eine bemerkenswerte Unentschlossenheit zu registrieren. Das war die sozialistische Arbeiterschaft. Sie hatte die Machtergreifung mit einer gewissen Gleichgültigkeit über sich ergehen lassen. In den Augen mancher alter Genossen und Gewerkschafter hatte lediglich ein faschistisches System das andere abgelöst – schlimmer, als es vorher gewesen war, konnte es auch nicht werden. Im Gegenteil, man konnte sich sogar gewisse Hoffnungen auf eine materielle Besserung machen. Die neue nationalsozialistische Wiener Gemeindeverwaltung förderte diese Einstellung durch einen geschickten Schachzug: Sie nahm eine ganze Anzahl ehemals sozialdemokratischer Gemeindebediensteter, die nach 1934 entlassen worden war, wieder im Rathaus auf.

Unter dem Eindruck späterer Ereignisse gewann der Jubel von

1938 eine politische Bedeutung, die er aus der Sicht von damals zweifellos nicht besaß. Der Durchschnittsbürger hatte, wenn er nicht überzeugter Gegner des Nationalsozialismus war, beim deutschen Einmarsch wenig Grund, in Katastrophenstimmung zu geraten. Der Staat war untergegangen – aber hatten alle Parteien nicht schon 1918 und auch später oft genug erklärt, daß dieser Staat ein unnatürliches, lebensunfähiges Gebilde sei? Hatten nicht 1918 auch Christlichsoziale und Sozialdemokraten für den Anschluß gestimmt, hatte nicht 1931 die christlichsozial gelenkte Regierung Ender die Zollunion propagiert? Österreich hatte vier Jahre eines autoritären Regimes hinter sich, ohne aus seiner wirtschaftlichen Notlage herauszukommen. Hitlers autoritäres Regime dagegen hatte es scheinbar geschafft, Deutschland einer neuen Blüte entgegenzuführen. Da waren die Autobahnen – nur ein Beispiel, aber ein recht spektakuläres Beispiel. Daß über diese Autobahnen schon sehr bald Panzer an die Fronten rollen sollten, lag 1938 noch außerhalb der Vorstellung. Die bittere Erfahrung späterer Jahre stand eben noch aus.

Und schließlich und endlich: Die Patentdemokraten im Westen, die Briten und Franzosen, hatten keinen Finger krumm gemacht, um Österreich zu retten. Im Gegenteil: Sie zeigten sich deutlich bemüht, Hitler bei guter Laune zu halten. Sie hatten sich ganz offensichtlich mit dem deutschen Führer und seinen Methoden abgefunden, sie verurteilten sein Vorgehen nicht, sie tauschten Botschafter mit ihm aus und schlossen Verträge; sie dachten nicht einmal daran, ihn und sein Deutschland zu boykottieren – warum sollte sich also der kleine Mann aus dem Volke an ihnen kein Beispiel nehmen?

So bot sich jedenfalls 1938 das Bild der Welt dar, ob es nun ein Bild sein mochte, das einem später angenehm war oder nicht. Als die Weltmächte ihren faulen Frieden dann doch nicht retten konnten, obwohl sie ihm nach den Österreichern auch noch die Tschechoslowaken geopfert hatten, vergaßen sie sehr schnell ihre eigene Haltung von 1938. Nur die Bilder der jubelnden Massen auf dem Wiener Heldenplatz wurden nicht vergessen. Im Gegenteil – man sorgte für entsprechende Vervielfältigung; gewissermaßen als Alibi für die eigene Untätigkeit in Sachen Österreich. Und wer dann sagte, Österreich sei eben ein faschistischer Staat gewesen, der sich die Sympathien des Westens verscherzt habe, der vergaß offenbar, daß dieser Westen auch für die einwandfrei funktionierende tschechoslowakische Demokratie kein Opfer gebracht hatte.

Das neue nationalsozialistische Regime in Österreich schätzte den Jubel richtiger ein. Es traute ihm nicht ganz, als es daranging, den Anschluß nachträglich durch eine Volksabstimmung legalisieren zu lassen.

Als Termin wurde der 10. April 1938 fixiert.

Der Mann, der seine Dienste anbot, um zur Festigung des Regimes vor dieser Abstimmung beizutragen, war Franz von Papen. Hitler hatte ihn für den 15. März zur Kundgebung auf dem Heldenplatz eingeladen – es dürfte weniger eine Geste der Höflichkeit als der triumpherfüllten Rache gewesen sein. Im Flugzeug saß Papen neben dem Reichsminister Dr. Lammers, Hitlers Kanzleichef für Verwaltungsaufgaben. Und Lammers meinte, es wäre vielleicht für eine reibungslose Verwaltungsüberleitung besser, wenn nicht irgendein Parteifunktionär, sondern beispielsweise der Herr von Papen zum Reichsstatthalter in Österreich ernannt würde.

Zum Reichsstatthalter wurde Dr. Arthur Seyß-Inquart ernannt. Spontan, auf dem Balkon der Neuen Hofburg, wies Hitler den Rundfunksprecher plötzlich an: „Sagen Sie, es spricht der Reichsstatthalter in Österreich, Dr. Arthur Seyß-Inquart." Angesichts der dominierenden Rolle, die Bürckel zugedacht war, handelte es sich um eine Position, die Hitler ohne große Opfer verschenken konnte.

Franz von Papen jedoch konnte trotz dieser Enttäuschung nicht davon lassen, in irgendeiner Form mitzumischen. Während der Militärparade nach der Heldenplatzkundgebung schlug er Hitler – für diesen wohl ziemlich überraschend – ein Gespräch mit dem Kardinal Innitzer vor: „Vor allem muß zunächst der Friede mit der Kirche hergestellt werden. Österreich ist ein katholisches Land. Wenn man hier mit der Kirche verfährt wie bei uns, wird die Anschlußfreudigkeit in wenigen Wochen verflogen sein." Nach einigem Hin und Her antwortete Hitler: „Lassen Sie ihn wissen, daß ich mich freuen würde, ihn gleich nach der Parade im Hotel Imperial zu empfangen."[10]

Was Papen allerdings bei dieser Gelegenheit nicht sagte, war die Tatsache, daß er über Innitzers Vertrauten, den Kaplan Johann Jauner, bereits vorgefühlt und einen positiven Bescheid des Kardinals erhalten hatte.[11]

So fuhr der Kirchenfürst schließlich in Begleitung des Kaplans und seines Sekretärs Dr. Weinbacher zum Hotel Imperial. Vielleicht empfand er dabei wirklich, was man ihm nachsagte: „Der Sudetendeutsche Innitzer mochte in diesem Augenblick über alle

Sorgen, die sein Herz bedrückten, etwas von dem verspürt haben, was Millionen Österreicher, Anhänger und Gegner Hitlers, wenn auch nur für eine kurze Zeitspanne, gemeinsam bewegte: das Gefühl, an einem Wendepunkt der Geschichte zu stehen, wo ein alter Traum politische Realität wurde; der Traum von der deutschen Einheit, der Traum vom Reich."[12]

An dem totalitären Regime des Nationalsozialismus stieß Innitzer sich dabei zweifellos nicht. Er hatte schließlich auch dem autoritären Dollfuß-System seinen Segen gegeben und den widerstrebenden Miklas als „Skrupulanten" abgetan.

Das Resultat der Unterredung, bei der Innitzer die Loyalität der Katholiken zum neuen Staat betonte, durfte den Kardinal für den Augenblick über seine Sorgen hinwegtrösten. Hitler erklärte: „Wenn sich die Kirche loyal zum Staate stellt, wird sie es nicht zu bereuen haben. Wenn sich hier in Österreich eine gute Zusammenarbeit ergibt, kann sich dieser religiöse Frieden auch auf das Altreich auswirken."

Daß er mit seinen Schritten nicht nur der Kirche in Österreich, sondern womöglich auch noch dem Katholizismus in Deutschland einen Dienst erweisen würde, diese Hoffnung jedenfalls mußte auf Innitzers weitere Schritte ihren Einfluß haben. Er nahm Hitlers Zusage ernst. Was Hitler allerdings unter „Loyalität" verstand, wurde nicht definiert.

Dem Hochgefühl folgte sehr schnell die Enttäuschung. Ein von Innitzer verfaßter Hirtenbrief, der Hitlers Versprechen zitierte, wurde in der nunmehr schon gleichgeschalteten Presse nicht einmal erwähnt. Daraufhin schrieb Innitzer schon am 16. März an Bürckel einen Brief, und damit lieferte er dem Reichskommissar die Gelegenheit, die ganze Sache in seine geschickten Hände zu nehmen. Bürckel arbeitete schnell. Noch am selben Tag antwortete er dem Kardinal mit dem Entwurf einer Erklärung, die die Bischöfe abgeben sollten – darin war vom „Segen der NSDAP für das Deutsche Reich und Volk", von der „Pflicht der Kirche, dafür zu beten, wofür die Partei arbeitet", und von der Aufforderung an das katholische Volk, mit „Ja" zu stimmen, die Rede.

Das ganze Elaborat las sich ziemlich primitiv. Es klang viel eher nach einer bolschewistischen Treueerklärung als nach bischöflichen Worten.

Innitzer bestellte nun Österreichs Bischöfe für den 18. März telegraphisch nach Wien. Einige von ihnen kamen reichlich angeschlagen. Der Grazer Bischof Dr. Pawlikowski hatte eben 24

Stunden im Gefängnis hinter sich. Der Salzburger Erzbischof Dr. Waitz war 48 Stunden lang von einem SA-Mann in seinem Zimmer bewacht worden. Gerade deshalb aber standen sie unter dem Eindruck, daß man sich mit diesem Regime arrangieren müsse, wenn man die Kirche retten wollte. Mit „Ja" zu stimmen war kein allzu großes Opfer. Der Anschluß war ja schon Tatsache. Irgendeine Möglichkeit, ein katholisches „Nein" zu propagieren, gab es nicht. Schwieg man überhaupt, so zog man sich nach dem verheißungsvollen Auftakt des Hitler-Innitzer-Gesprächs die Feindschaft des Parteiapparates zu. Das ganze Dilemma hatte man diesem Herrn von Papen zu verdanken. Hätte man sich auf das Gespräch mit dem Nationalsozialismus nicht eingelassen, wäre vielleicht niemand auf die Idee gekommen, eine Erklärung zu verlangen.

Bei der Bischofskonferenz ließ Bürckel sich durch seinen Adjutanten Klaus Selzner, durch Dr. Karl Englram und Dr. Josef Himmelreich vertreten. Dr. Himmelreich war ein frommer Katholik und küßte formvollendet den Fischerring des Kardinals. Er demonstrierte gewissermaßen, daß auch ein guter Katholik ein guter Nationalsozialist sein konnte. Und er flößte auf diese Art den Bischöfen Vertrauen ein.

Auch wenn sie kein Vertrauen gehabt hätten, wäre ihnen jetzt keine Wahl mehr geblieben. Das Scheitern der Verhandlungen in diesem Stadium hätte offenen Konflikt bedeutet. Am 21. März erschienen Innitzer und Waitz schließlich bei Bürckel zur Abschlußbesprechung. Sie schlugen vor, der endgültig redigierten Erklärung eine Erläuterung voranzuschicken, daß man ihnen die Rechte Gottes und der Kirche garantiert hätte.

Bürckel, die Höflichkeit in Person, lehnte ab. Das würde wie ein Tauschgeschäft aussehen. „Meine Herren, haben Sie Vertrauen zu mir, ich will alles in günstiger Form regeln. Nach dem 10. April, wenn aller Trubel vorüber ist, wollen wir dann einen ganzen Tag der Besprechung dieser Angelegenheiten widmen."

Der emsige Dr. Himmelreich fand schließlich die Kompromißlösung. Der Erklärung sollte der Satz angefügt werden: „Gauleiter Bürckel gab die aufrichtige Linie seiner Politik bekannt, welche unter dem Motto steht: Gebt Gott, was Gottes ist, und dem Kaiser, was des Kaisers ist." Mit dieser Formel kam Himmelreich ins Erzbischöfliche Palais, um den unterschriebenen Text der Bischofserklärung abzuholen. Dann ersuchte er noch um einen Begleitbrief. Innitzer diktierte seinem Sekretär Dr. Weinbacher einige Zeilen:

„Sehr geehrter Herr Gauleiter.

Beigeschlossene Erklärung der Bischöfe übersende ich hiermit. Sie ersehen daraus, daß wir Bischöfe freiwillig und ohne Zwang unsere nationale Pflicht erfüllt haben. Ich weiß, daß dieser Erklärung eine gute Zusammenarbeit folgen wird. Mit dem Ausdruck ausgezeichneter Hochachtung . . .“

Als der Kardinal sich daraufhin zur Unterschrift an seinen Schreibtisch setzte, gab es laut Aussage des Sekretärs Dr. Weinbacher folgendes Gespräch.

Innitzer: „Wie soll ich unterschreiben?“

Himmelreich: „Im Verkehr mit Behörden ist die Formel Heil Hitler.“

Innitzer: „Ja, muß denn auch ich so schreiben?“

Himmelreich: „Ja, es ist so Brauch.“

Daraufhin setzte der Kardinal noch ein handschriftliches „und Heil Hitler“ unter den Text.

Der Hirtenbrief der österreichischen Bischöfe zur Volksabstimmung wurde am 27. März von allen Kanzeln verlesen. Der „Völkische Beobachter“ veröffentlichte einen Tag später auch das Faksimile des Innitzer-Begleitbriefes mit dem handschriftlichen „Heil Hitler“. Bürckel durfte zufrieden sein. Welcher gute Katholik in Österreich konnte jetzt noch zögern, mit „Ja“ zu stimmen? Außerdem hatte man nunmehr ein Dokument in der Hand, das die österreichischen Bischöfe vor ihren ausländischen Glaubensbrüdern desavouierte. Ein solches Dokument konnte nämlich wertvoll sein, falls es später einmal zu einer Auseinandersetzung kommen sollte.

Es gab aber nicht nur gute Katholiken in Österreich. Es gab auch eine sozialdemokratische Arbeiterschaft, die bei den letzten freien Wahlen immerhin rund 40 Prozent der Wählerschaft ausgemacht hatte. Ein Teil ihrer Führerschaft, die Gewerkschaftsfunktionäre vor allem, war noch in den ersten Märztagen bereit gewesen, lieber mit Schuschnigg als mit Hitler zu gehen. Diese Sozialdemokraten waren sicherlich nicht so leicht einzuschüchtern wie brave, aber immer ein wenig ängstliche Bürger. Ein organisiertes „Nein“ unter der Arbeiterschaft lag durchaus im Bereich der Möglichkeiten.

Als sich die Verhandlungen mit den Bischöfen erfolgversprechend anließen, wendete sich der Reichskommissar auch an die Linke. Der ehemalige niederösterreichische Landeshauptmann-Stellvertreter Oskar Helmer wurde in Bürckels provisorisches Hauptquartier im Hotel Meissl & Schadn bestellt.[13]

293

Als Helmer am 16. März dorthin kam, hatte er einige Tage Polizeihaft hinter sich. Auch er war einer von den führenden Parteipolitikern, die man sofort nach der Machtübernahme verhaftet hatte, um schon auf diese Weise jede Möglichkeit eines organisierten Widerstandes auszuschalten.

In Bürckels Vorzimmer traf Helmer gerade auf die Abgesandten des Kardinals, die an diesem 16. März Innitzers Beschwerdebrief überbrachten, weil die Zeitungen den Tag zuvor der Presse übergebenen Hirtenbrief nicht veröffentlicht hatten. Das war immerhin ein Vorgeschmack. Dann ließ der Gauleiter den Sozialdemokraten in sein Zimmer holen und machte ihm das verblüffende Angebot, in einigen Gemeinden seines ehemaligen niederösterreichischen Wahlkreises Kundgebungen für die Volksabstimmung zu veranstalten. Bürckel wies darauf hin, daß er seinerseits seinen guten Willen durch die Einstellung gemaßregelter Gemeindebediensteter bewiesen habe.

Die Situation war für Helmer seltsam genug: In demselben Hotel Meissl & Schadn hatte 22 Jahre zuvor Friedrich Adler den Ministerpräsidenten Graf Stürgkh erschossen, um gegen den Krieg und die Unterdrückung der Demokratie zu protestieren. „Herr", sagte Helmer in seiner hemdsärmeligen Art zu Bürckel, „ich würde mich schämen, als Konjunkturritter aufzutreten."

Bürckel war keineswegs beleidigt. Dieser niederösterreichische Sozialdemokrat sprach seine Sprache. Er ließ Helmer mit der Ankündigung gehen, daß man über die Sache noch reden werde.

Im Vorzimmer traf Helmer auf den Hauptmann Leopold. Sie kannten einander aus niederösterreichischen Landtagszeiten, und Leopold erkundigte sich nach Helmers persönlichen Absichten. Dabei kam auch der Bürckel-Vorschlag zur Sprache, und nun meinte Leopold, die ehemaligen sozialdemokratischen Parteiführer könnten sich Bürckel ja auch durch Presseerklärungen gefällig erweisen, worauf der Reichskommissar seinerseits mit sich reden lassen würde.

Helmer glaubte nun nicht mehr an den „Zufall" dieser Begegnung im Vorzimmer, und er verstand auch, was gemeint war: Das neue Regime schien zu irgendwelchen Tauschgeschäften bereit. Helmer hatte ein Tauschgeschäft im Sinne; es betraf den ehemaligen Zentralsekretär der Sozialdemokratischen Partei, Dr. Robert Danneberg.

Danneberg war in der Anschlußnacht in einem mit Flüchtlingen vollgestopften Zug in Richtung Tschechoslowakei geflüchtet, doch die tschechoslowakischen Grenzbehörden hatten ihn ohne Visum nicht durchgelassen, und nun saß er in Wien in Haft. Danneberg war Jude, und damit kam er für Bürckel als Propagandist nicht in Frage wie etwa Helmer selbst. Man würde nicht zögern, den ehemaligen Zentralsekretär in ein Konzentrationslager abzuschieben.

Nach den Gesprächen mit Bürckel und Leopold suchte Helmer Kontakt zu seinen alten Freunden. Vielleicht konnte man durch eine Erklärung Dr. Danneberg und noch einige andere Häftlinge freikaufen. Nach einigen Beratungen kam man überein, daß der ehemalige Staatskanzler Dr. Karl Renner eine solche Erklärung abgeben könnte. Renner lehnte zunächst ab, erklärte sich dann aber dazu bereit. So konnte am 3. April 1938 im Wiener „Tagblatt" ein großaufgemachtes Interview erscheinen, dessen Schlagzeile dem Reichskommissar Bürckel zweifellos genausoviel wert war wie das „Heil Hitler" des Kardinals: „Ich stimme mit Ja!"

Das Renner-Interview enthielt zwei entscheidende Sätze. Zunächst: „Obschon nicht mit jenen Methoden, zu denen ich mich bekenne, errungen, ist der Anschluß nunmehr doch vollzogen, ist geschichtliche Tatsache, und diese betrachte ich als Genugtuung für die Demütigungen von 1918 und 1919, für Saint-Germain und Versailles." Und dann: „Ich habe keinen Auftrag, für letztere zu sprechen, kann aber erklären: Als Sozialdemokrat und somit als Verfechter des Selbstbestimmungsrechtes der Nationen, als erster Kanzler der Republik Deutsch-Österreich und als gewesener Präsident der Friedensdelegation zu Saint-Germain werde ich mit Ja stimmen."

Unnötig zu erwähnen, daß Dr. Robert Danneberg seinem traurigen Schicksal trotzdem nicht entging. Die Sozialdemokraten um Karl Renner hatten auch von vornherein nicht allzu große Hoffnungen auf Bürckels Loyalität gesetzt. Der Hauptgrund für die Renner-Erklärung war politischer Natur: Der sozialdemokratische Untergrund wollte für den Augenblick einen Konflikt mit dem Nationalsozialismus vermeiden. Renner und seine Freunde wollten sich „aufsparen".

Die Wahrheit war, daß das „Ja" zum Anschluß an sich kein Opfer für einen sozialdemokratischen Parteiführer darstellte. Man würde sich zwar nicht mit Hitler abfinden, aber man dachte auch nicht an die Wiederherstellung eines unabhängigen Kleinstaates Österreich. Der Anschluß war zwar ein im Augenblick unerfreulicher Weg, aber eben doch ein Weg zur Einigung des deutschsprachigen Proletariats als Vorstufe einer gesamtdeutschen Revolution zur Befreiung der Arbeiterklasse.

Renner bewahrte sich mit dem Text des Interviews zumindest die Selbstachtung. Er rief nicht „Heil Hitler". Er bekannte sich ausdrücklich auch jetzt noch als Sozialdemokrat. Er versetzte der deutschen Machtergreifung in Österreich einen spürbaren Seitenhieb, wenn er auf die „Methoden" hinwies, zu denen er sich nicht bekannte.

Bürckel ließ es durchgehen, wie er ja auch den Bischöfen den Vorbehalt mit den Rechten der Kirche hatte durchgehen lassen. Dem Reichskommissar kam es nur auf die Schlagzeile an.

Die Schlagzeile hatte er nun, und die Wirkung war deutlich spürbar. Die bis 1934 bis in die letzte Gemeindewohnung durchorganisierte, bis 1938 in der illegalen Gewerkschaft immer noch erfaßte österreichische Arbeiterschaft hatte keinen Führer mehr, der zum Gegenteil geraten hätte. Die Aktivisten waren schon 1934 geflüchtet, die Zurückgebliebenen waren in der Anschlußnacht verhaftet worden. Aus Paris, Prag oder Brünn, wo die Emigranten saßen und einander um ideologische Feinheiten bekämpften, war für das österreichische Proletariat nichts zu erwarten. So wirkte Renners Interview ganz im Sinne der Anschlußstimmung: Allen jenen, die Schuschnigg noch nachträglich einen Denkzettel geben wollten und sich von Hitler ein Ende der wirtschaftlichen Notlage erhofften, wurde mit dem „Ja" des Staatskanzlers die moralische Absolution erteilt.

Am 9. April 1938, als Hitler zum Abschluß des Wahlfeldzuges nach Wien kam, um seine große Rede in der Nordwestbahnhalle zu halten, konnte der Reichskommissar für die Wiedervereinigung jedenfalls berichten, daß alles zum besten lief. Der Abstimmungssieg schien garantiert, auch ohne Wahlbetrug.

Am 10. April konnte sich's der Reichskommissar leisten, 25 ausländischen Journalisten in Wien vollständige Bewegungsfreiheit zu garantieren. Der Führer der Gruppe war der Engländer Ward Price – ein Mann, der von Hitler fasziniert war und seinen britischen Landsleuten klarzumachen versuchte, daß Hitler das einzige Bollwerk Europas gegen den Bolschewismus sei.

Trotzdem blieb er Engländer, und als Journalist blieb er korrekt. Die anderen Ausländer waren weit weniger von Hitler fasziniert und deshalb noch korrekter. Sie fanden bei ihren Streifzügen durch das Wien des 10. April jedoch nichts, was auf Wahlschwindel hätte hindeuten können. In allen Wahllokalen waren genaue Wähler-

Die sogenannte Selbstausschaltung des Parlaments im März 1933 gab Dollfuß die Möglichkeit, Neuwahlen aus dem Weg zu gehen. Doch nur mit Hilfe der bewaffneten Staatsgewalt vermochte er der Opposition von links Herr zu werden. (Absperrungen vor dem Wiener Parlament am 1. Mai 1933.)

Bundeskanzler Dr. Dollfuß mit Offizieren des Bundesheeres auf dem Gefechtsstand der Floridsdorfer Donaubrücke während des Artilleriebeschusses der Floridsdorfer Gemeindebauten.

Oben: Unter Panzerschutz wird ein Wiener Gemeindebau umstellt, sämtliche männliche Bewohner werden verhaftet.
Unten: Leichen gefallener Straßenbahner, die auf seiten des Schutzbundes in einem Gemeindebau gekämpft hatten.

Oben: Kampf gegen die NS-Putschisten am 25. Juli 1934 vor dem Rundfunkstudio der Ravag in der Johannesgasse.
Unten: Bundeskanzler Dr. Dollfuß, wie er nach Einnahme des Kanzleramtes tot aufgefunden wurde.

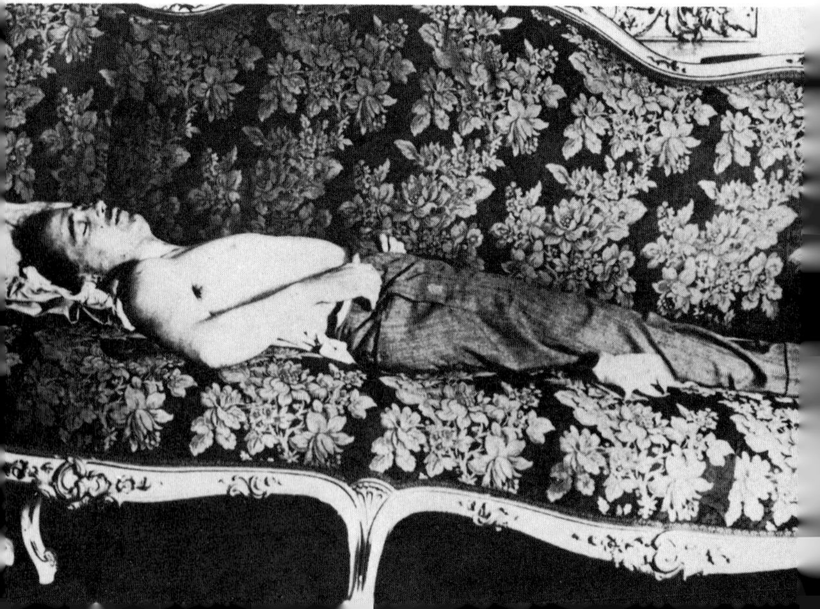

Oben: Bundespräsident Wilhelm Miklas und der neue Bundeskanzler
Dr. Kurt Schuschnigg.
Unten: Die Gegenspieler, noch Seite an Seite. (Von links: Schuschnigg,
Starhemberg, Stockinger, Berger-Waldenegg, Fey, Zehner, Karwinsky,
Hammerstein-Equord.)

Oben: Gegen den deutschen Druck verkündete Schuschnigg am 9. März in Innsbruck die Volksabstimmung. (Der Kanzler vor dem Bahnhof.)

Unten: Am 12. März 1938, kurz nach Mitternacht, zeigte sich die eben gebildete nationalsozialistische Regierung Seyß-Inquart auf dem Balkon des Bundeskanzleramtes. Hier formulierte der Landesleiter, Hubert Klausner, die Devise: „Ein Volk, ein Reich, ein Führer."

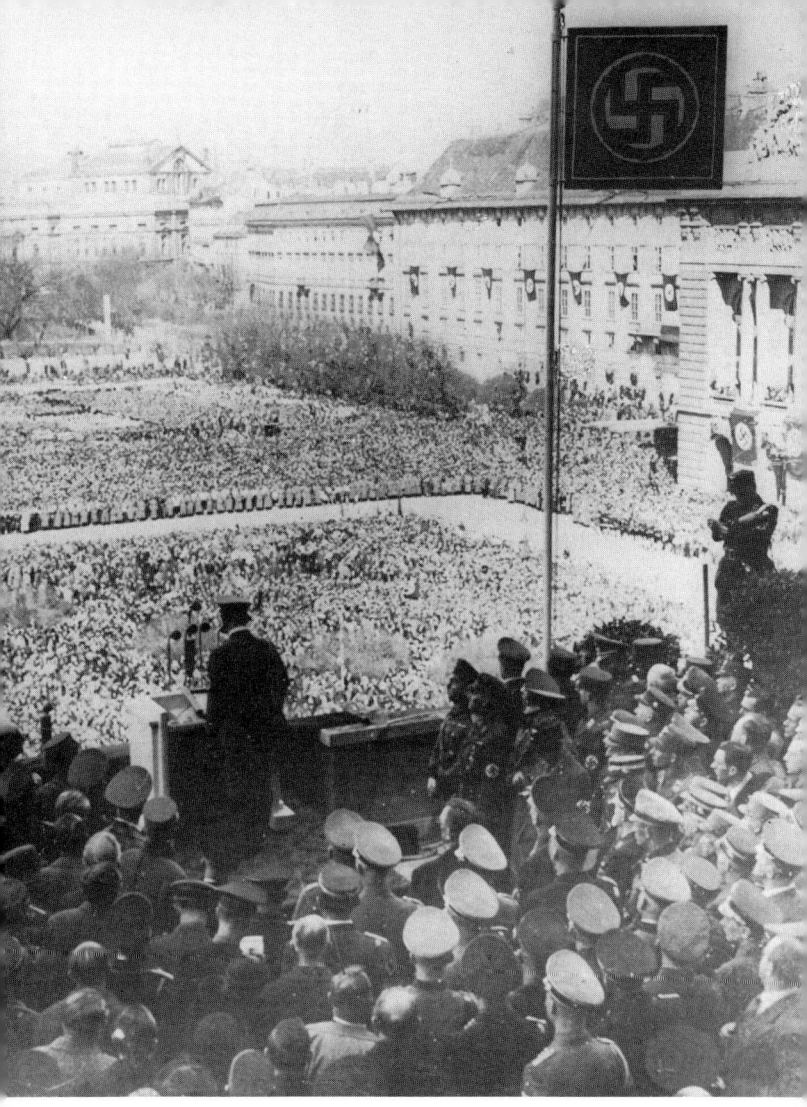

Bei einer Großkundgebung auf dem Wiener Heldenplatz am 15. März 1938 „meldete" Hitler „vor der Geschichte" den Eintritt seiner Heimat in das Deutsche Reich. Der „Perle Wien" versprach er dann am 9. April im Rathaus eine Fassung, die ihrer würdig sein sollte.

In Mauthausen an der Donau errichtete das Reichssicherheitshauptamt eines der größten Konzentrationslager Deutschlands. Zehntausende fanden hier den Tod, wie diese Häftlingsfrau, die gegen den elektrisch geladenen Stacheldraht lief, um ihren Leiden ein Ende zu machen.

listen vorhanden. Es gab Wahlzettel, auf denen man ebensogut „Nein" wie „Ja" stimmen konnte. Es existierten überall Wahlzellen, in denen die Wahlberechtigten bei der Stimmabgabe unbeobachtet blieben. Was verlangte man also noch mehr? Die Legalität der Abstimmung war in jeder Hinsicht gewahrt.

Genau darauf hatte Bürckel hingearbeitet. Er wollte einen echten Sieg. Die vierwöchige psychologische Bearbeitung der Bevölkerung trug ihre Früchte. Von den fast 4,5 Millionen Wahlberechtigten gaben 99,7 Prozent auch wirklich ihre Stimmzettel ab. Und 99,7 Prozent aller Stimmen lauteten auf „Ja".

Angesichts der Kontrolle durch ausländische Journalisten wurde an diesem Resultat später viel herumgerätselt. War es trotzdem das Ergebnis eines ungeheuer raffinierten Betruges? Rückschauend konnte man später sagen, daß Bürckels 99 Prozent das logische Resultat von Hoffnung und Hoffnungslosigkeit, von Vereinsamung und Angst waren.

Angst vor der Gestapo. Angst vor Verlust des Arbeitsplatzes. Angst vor der Denunziation. Das galt vor allem für die kleinen Ortschaften auf dem Lande, wo jeder jeden kannte und man voraussehen mußte, daß sich die Nachbarn die Herkunft eventueller Nein-Stimmen gewissermaßen ausrechnen konnten.

In den Städten war es ähnlich. Die meisten Wähler benützten die Wahlzellen erst gar nicht. Wozu auch – sie schrieben ihr „Ja" gleich vor dem Wahlleiter ein. Wer trotzdem Anstalten machte, die Wahlzelle aufzusuchen, bekam unter Umständen zu hören: „Sie sind doch sicher dafür – also können Sie gleich hier wählen. Das geht schneller . . ."

Die Volksabstimmung vom 10. April 1938 war jedenfalls ein Musterbeispiel dafür, wie totalitäre Regime ihre 99-Prozent-Wahlsiege erzielen konnten, ohne zum direkten Wahlbetrug greifen zu müssen.[14]

Während Bürckels Reichskommissariat die Eingliederung organisierte, sah sich die ideologisch ausgerichtete Reichsführung vor ein anderes Problem gestellt: die Judenfrage. Was sollte ein Regime, das den Antisemitismus in seiner radikalsten Form auf die Fahnen geschrieben hatte, mit etwa 200.000 österreichischen Juden anfangen? Die reichsdeutschen Ankömmlinge nahmen das Problem im März und im April nicht einmal so tragisch. Sie hatten für den Augenblick dringendere Sorgen. Den radikalen Zug brachten die österreichischen Antisemiten selbst in die Lösung des Judenproblems. Der Anstoß zur Judenverfolgung, die in Deutschland selbst nach den ersten Machtergreifungstagen wieder einigermaßen abgeflaut war, ging von jenen Beutemachern des Unglücks aus, die noch jeder Umsturz an die Oberfläche gespült hat. Politische Überzeugung spielte dabei kaum eine Rolle; die Ideologie wurde nur als Vorwand für nackten Raub benützt. Eine Unterwelt, die hinter der Fassade biederer Bürgerlichkeit latent auf die Chance zum einträglichen Fischzug wartete, mobilisierte sich im März 1938 vor allem in Wien zur Plünderung.

1938 waren es die Judenwohnungen und die Judengeschäfte, über die man herfiel. 1945 sollten es dann unter veränderten Vorzeichen die Naziwohnungen und die Nazigeschäfte sein. Der Beweggrund war der gleiche, und mitunter waren es auch dieselben Arisierer von 1938, die dann 1945 als Entnazifizierer im eigenen Wirkungskreis ans Werk gingen.

1938: Während begeisterte Illegale nächtelang vor dem Hotel Imperial in der eisigen Märzkälte dem Augenblick entgegenzitterten, in dem sie ihrem Führer zujubeln konnten, gingen die Konjunkturritter mit der Holzhacke auf die Wohnungstüren ihrer jüdischen Nachbarn los. Während die alten Kämpfer nimmermüde treppauf und treppab liefen, um Propagandamaterial für die Volksabstimmung zu verteilen, belagerten biedere Zeitgenossen, die ihr unpolitisches Herz plötzlich für Hitler entdeckt hatten, die improvisierten Gau-, Kreis- und Ortsgruppenleitungen, um irgendeinen Wisch zu ergattern, der sie zur Übernahme dieses oder jenes jüdischen Geschäftes ermächtigte.

Da und dort griffen Zentralstellen ein, wenn die private Bereicherung kleiner Gauner unter dem Deckmantel der Arisierung zu offensichtlich war, im allgemeinen aber geschah wenig. Der sogenannte „innere Schweinehund" – um ein mit der Besetzung importiertes Wort zu gebrauchen – feierte fröhliche Urständ. Man kühlte sein Mütchen an der Konkurrenz und füllte sich dabei auch noch die Taschen. Und wo man nicht nach der Brieftasche griff, dort griff man nach dem Menschen. Juden wurden aus den Häusern geschleppt, auf der Straße zusammengetrieben, mit Tafeln behängt, mit Wasserkübeln ausgerüstet und zum allgemeinen Gaudium dazu gezwungen, die letzten noch übriggebliebenen Parolen von Schuschniggs Volksabstimmung von Gehsteigen und Plakatwänden zu entfernen.

Die Panik, die 1933 in Deutschland ausgeblieben war, setzte in

Wien deshalb sofort ein. Endlose Kolonnen von Juden standen Tag und Nacht vor ausländischen Konsulaten um Einwanderungsvisa an. Zusammengekratztes Geld wurde nicht selten in falsche Papiere und erschwindelte Stempel umgesetzt. Wer vorurteilslos genug war, konnte in diesen ersten Wochen mit der Todesangst gehetzter Menschen viel Geld verdienen.

Stellenweise wurde der Anschein des Rechts gewahrt, um nackte Erpressung zu tarnen. Mancher jüdische Kaufmann mußte froh sein, sein Eigentum zu einem minimalen Bruchteil des Wertes an einen „guten Freund" verkaufen zu können, der Arier war, nur um überhaupt etwas zu bekommen und nicht mit leeren Händen in die Emigration zu gehen. Der Augenblick der totalen Enteignung stand als Schreckgespenst am Horizont. Diese Arisierer waren es dann, die 1945 behaupteten, sie hätten ihre jüdischen Freunde doch nur retten wollen. Daß es nach 1945 allerdings heimkehrende Emigranten gab, die auch die Legalität seriöser Kaufverträge bestritten, war ebenfalls Tatsache. Wie jede Revolution spülte auch das Jahr 1938 das Untermenschentum jeglicher Herkunft, jeglicher Klasse und jeglicher Religion an die Oberfläche.

Kapitel 16

DAS LAND OHNE NAMEN

Am 15. März 1938, an demselben Tag, an dem Adolf Hitler vom Balkon der Wiener Hofburg aus, und vor der Geschichte, den Eintritt seiner Heimat in das Deutsche Reich meldete, übergab in Paris der Emigrant Dr. Otto Habsburg-Lothringen der französischen Presse eine Stellungnahme zum Anschluß: „Im Namen des unterdrückten Volkes appelliere ich an das Gewissen aller Völker, denen Freiheit, Friede und Gerechtigkeit keine leeren Worte sind. Ich fordere sie auf, das österreichische Volk in seinem unbeirrbaren Willen nach Wiedergewinnung der Unabhängigkeit und Freiheit zu unterstützen.[1]

Die einzige offizielle Reaktion auf diesen und weitere Appelle des Dr. Otto Habsburg-Lothringen erfolgte von deutscher Seite. Am 22. April 1938 gab das Justizministerium beim Reichsstatthalter in Österreich die Einleitung eines Hochverratsverfahrens gegen den Sohn des letzten Kaisers bekannt. Nach Kriegsbeginn fielen dem französischen Geheimdienst Unterlagen dafür in die Hände, daß die Deutschen damals tatsächlich den Versuch unternommen hatten, Otto Habsburg in ihre Gewalt zu bekommen.

Der Zwischenfall zeigte, daß das Habsburg-Gespenst weiter umging. Hitler hatte es vor dem Anschluß so gefürchtet, daß sein Kriegsminister Blomberg militärische Vorbereitungen für den „Sonderfall Otto" treffen mußte. Dann sollte sich zeigen, daß Hitler die Bedeutung des Legitimismus in Österreich offenbar ebenso überschätzt hatte wie Schuschnigg selbst, der den Legitimismus als letzte Karte im Spiel betrachtete. Eine Karte allerdings, die er im März 1938 dann doch nicht auszuspielen wagte.

Über die Tatsache hinaus, daß er eben der letzte Kronprinz der Habsburgermonarchie war, setzte Ottos persönliche Aktivität 1932 ein, nach Abschluß seiner Studienzeit. Sein Onkel Sixtus von Bourbon-Parma öffnete ihm so manche Tür. Sixtus, während des Ersten Weltkrieges belgischer Offizier, Bruder der Kaiserin Zita, hatte 1917 jenen Sonderfrieden zwischen der Donaumonarchie und den Alliierten zu vermitteln versucht, der das Haus Österreich für die nationalen Kreise endgültig abwertete. Für Frankreich war Sixtus dagegen eine interessante Persönlichkeit. Mit viel gutem Willen ließ sich an Hand von allerhöchsten Ahnentafeln nachweisen, daß er als Thronprätendent der Bourbonen in Frage käme, falls Frankreich jemals daran denken sollte, die Bourbonenmonarchie wiederherzustellen. Frankreich dachte nicht daran; aber in den politischen Salons der französischen Hauptstadt ging der notorische Deutschenhasser Sixtus ein und aus.

Jetzt, 1938, nach dem Anschluß, sank Ottos Bedeutung allerdings auf einen Tiefpunkt. Für den Augenblick zumindest. In Paris öffneten sich ihm zwar weiterhin alle Türen, aber nur, wenn er sich um Einreisevisa und Aufenthaltsbewilligungen für Flüchtlinge bemühte. Als Chef einer österreichischen Exilregierung beispielsweise wäre er seinen Freunden sofort unbequem geworden.

Otto unternahm einen derartigen Versuch. Er versuchte es über die ihm bekannten österreichischen Konsuln im Westen, die er dazu bewegen wollte, ihre Konsulate nicht an die deutschen Vertretungen zu übergeben. Die Konsuln lehnten ab; sie sahen klar, daß die Gastländer einen solchen Affront gegen Hitler nicht akzeptieren würden. Man sah sich für den Augenblick veranlaßt, mit Hitler im Gespräch zu bleiben, um ihn vor weiteren gewaltsamen Veränderungen der europäischen Landkarte abzuhalten.

Wie Otto in Paris, so ging es auch einer Gruppe junger österreichischer Emigranten in London. Sie versuchten den dortigen österreichischen Gesandten Baron Georg Franckenstein zur Bildung einer Exilregierung zu bewegen.[2] Franckenstein lehnte ab. Es wäre ein aussichtsloses Beginnen gewesen. Franckenstein erhielt zwar seinerseits die britische Staatsbürgerschaft, er erhielt sogar den britischen Adel, aber keine britische Regierung wäre bereit gewesen, eine gegen das Deutsche Reich gerichtete politische Tätigkeit des nunmehrigen Sir George Franckenstein zu tolerieren.

Im übrigen war es auch keineswegs so, daß die österreichische Emigration mit dem 13. März 1938 ihren parteipolitischen Kleinkrieg eingestellt und sofort eine geschlossene Front gegen Hitler gebildet hätte. Ganz im Gegenteil. In der Zeitschrift „Der österreichische Kampf", dem theoretischen Organ der österreichischen Sozialdemokratie, veröffentlichte Dr. Otto Bauer im Juni 1938, knapp vor seinem Tode, einen Artikel, der sich von Otto Habsburgs Protest weltweit unterschied:

„... Aus allen diesen Erwägungen müssen wir uns, um mit Engels zu reden, der vollzogenen Tatsache der Annexion gegenüber kritisch verhalten, aber nicht reaktionär. Wir haben in unversöhnlicher Kritik an der despotischen Herrschaft des deutschen Faschismus das österreichische Volk zu überzeugen, daß eine gewaltsame Unterwerfung unter die Tyrannen des Dritten Reiches nicht der Anschluß, nicht die nationale Einheit in Freiheit ist, die wir in den Tagen des Zusammenbruchs der Habsburgermonarchie gewollt haben. Aber die Parole, die wir der Fremdherrschaft der faschistischen Satrapen aus dem Reich über Österreich entgegensetzen, kann nicht die reaktionäre Parole der Wiederherstellung der Unabhängigkeit Österreichs sein, sondern nur die revolutionäre Parole der gesamtdeutschen Revolution, die allein mit den anderen deutschen Stämmen auch den österreichischen Stamm der Nation von der Gewaltherrschaft der faschistischen Zwingherren befreien kann."

Der linke Flügel der sozialdemokratischen Emigration betrachtete solcherart den Anschluß geradezu als einen Fortschritt auf dem Weg zur revolutionären, marxistisch ausgerichteten Neuordnung des mitteleuropäischen Raumes. Diese doktrinäre Politik, die den gesellschaftlichen Umsturz über Nation und Staat stellte, ging nach Ausbruch des Zweiten Weltkrieges so weit, daß sie sogar den Kampf gegen Hitler als zweitrangig ansah. Joseph Buttinger, ein junger Kärntner Sozialist, veröffentlichte ebenfalls im „Kampf" unter seinem Pseudonym Gustav Richter folgende Grundsätze: „... wenn uns aber die Westmächte hindern, unsere Auffassung auszusprechen, wenn sie uns die Möglichkeit vorenthalten, für unsere sozialistischen Kriegsziele nach Deutschland Propaganda zu machen, dann kann es keine politische Teilnahme der sozialistischen Emigration am Krieg geben."

Dr. Friedrich Adler, der führende österreichische Kopf der Sozialistischen Internationale, hielt an dieser Ideologie sogar noch nach 1945 fest und zieh seine österreichischen Parteifreunde eines schäbigen Opportunismus: „Das Bekenntnis zur österreichischen Nation, zum totalen Partikularismus, mag den Österreichern für eine gewisse Zeit wenn auch bescheidene materielle Vorteile bringen. Solch ein Bekenntnis zur Erleichterung der Anbahnung internationaler Beziehungen auszunützen, erscheint mir als unwürdig der Vergangenheit der österreichischen Sozialisten als Kämpfer für den Internationalismus."

Es waren nicht nur österreichische Sozialisten, die so dachten.

Die britische Labour Party stand auf einem ähnlichen Standpunkt. Am 9. Februar 1940, also schon nach Ausbruch des Krieges mit Hitler, verfaßten die Labour-Leute bei ihrem Jahreskongreß in Bournemouth folgende Deklaration in Sachen Österreich:

„Das österreichische Volk, das erste Opfer von Hitlers Aggression, muß frei sein in seiner Entscheidung, ob es im Deutschen Reich verbleiben will oder nicht."[3]

Eine einzige Gruppe der sozialistischen Emigration bezog schon sehr bald eine völlig andere Stellung. Das waren junge Sozialisten, die in den skandinavischen Ländern Zuflucht gefunden hatten, unter ihnen der spätere österreichische Bundeskanzler Dr. Bruno Kreisky. Sie sahen nämlich am schwedischen Beispiel, daß sich die sozialpolitischen Forderungen der demokratischen Linken in einem kleinen Staat unter Umständen viel leichter verwirklichen ließen als in einem wirtschaftlichen Großraum.

Die schwedische Emigration war überdies die einzige, deren Verbindung zur Heimat nie ganz abriß. Schweden war neutral; während des Kriegs kamen immer wieder österreichische Kaufleute nach Stockholm, und die Einkäufer großer Industriebetriebe besorgten bei ihren Reisen zugleich den politischen Kurierdienst für ihre Freunde. So wußte man in Stockholm sehr genau, wie die österreichische Arbeiterschaft dachte. Ganz anders jedenfalls als die alten Männer in der westlichen Emigration.

Man hatte vom Anschluß genug. Man war durch die Praxis der deutschen Besetzung von allen großdeutschen Träumen geheilt. Und man hatte wahrhaftig keine Lust, dabeizusein, wenn nach dem Kriege das unabwendbare Strafgericht der Sieger über die Besiegten hereinbrechen würde. Dr. Friedrich Adler mochte es später Opportunismus nennen; es war jedenfalls die Meinung im Lande selbst.

So wurde der ehemalige Gewerkschaftsfunktionär Franz Novy aus Schweden nach London geschickt, um der dortigen sozialistischen Emigration diese Ansicht der jungen Garde klarzumachen. So verfaßte Bruno Kreisky in Stockholm einen Aufruf, der für alle sozialistischen Organisationen der westlichen Welt bestimmt war.[4]

Der Aufruf formulierte in vorsichtigen Worten nicht nur das Bekenntnis zur Wiederherstellung eines unabhängigen österreichischen Staates, er sprach auch von einem besseren und engeren Verhältnis der zukünftigen Zweiten Republik zu ihren Nachbarn im Donauraum. Das anstößige Wort „Konföderation" wurde sorgsam vermieden, aber der Grundgedanke war zwischen den

311

Zeilen lesbar: Dieser Donauraum der Nachkriegszeit würde das gleiche bittere Schicksal wie schon einmal erleben, falls es nicht gelang, die nationalen und wirtschaftlichen Gegensätze auszugleichen.

Für die bürgerliche Emigration war die Wiederherstellung der österreichischen Unabhängigkeit keinen Augenblick lang fraglich. Die Rückkehr in einen konföderierten Donauraum stand an der Spitze ihrer Zukunftshoffnungen.

Und alles war Theorie.

Bis zum Winter 1942/43 jedenfalls. Bis Stalingrad schien Hitler so gut wie unbesiegbar.

Die einzige reale Tatsache, auf die man bauen konnte, war die Ernüchterung in Österreich selbst. Die bittere Enttäuschung über die Praxis des Anschlusses.

Der Begriff Österreich war für die nationalsozialistische Staatsführung in Berlin von Anfang an ein Ausdruck des Separatismus, der so schnell wie möglich verschwinden sollte. Das hatte nichts mit einem individuellen Gegensatz zwischen Berlin und Wien zu tun. Im Gegenteil – mit den Berlinern, die nach Wien kamen, vertrugen sich die Österreicher persönlich glänzend. Daß die Wiener Heiligenstädter Straße in Berliner Straße umbenannt wurde, störte von allen Umbenennungen am allerwenigsten. Man setzte der Berliner Schnauze den Wiener Schmäh entgegen und fand sich zunächst einmal auf der Basis eines mitunter geradezu fröhlich anmutenden lokalpatriotischen Kleinkriegs. Während der Witzaustausch reibungslos funktionierte, vollzog sich die übrige Eingliederung keineswegs ohne Schwierigkeiten. Auch die Begeistertsten unter den Österreichern, die sich mit ihrem „Ein Volk, ein Reich, ein Führer" die Kehlen heiser geschrien hatten, merkten sehr bald den Unterschied zwischen Theorie und Praxis. Man sprach nun einmal nicht dieselbe Sprache, auch wenn man deutsch sprach.

Der Konflikt brach aus, als es um den Dank des neuen, gemeinsamen Vaterlandes an seine alten Kämpfer ging. Die Opportunisten, die in den chaotischen Umbruchtagen ihren Lohn selbst kassierten, in Form jüdischer Möbel, jüdischer Perserteppiche, jüdischer Wohnungen oder jüdischer Geschäfte, kamen zum Zug. Die Idealisten, die diese Zeit der günstigen Gelegenheiten damit vertrödelt hatten, Spalier zu stehen und ihrem Führer zuzujubeln, hatten leere Hände. Sie sahen sich durch die reichsdeutschen Parteifunktionäre, die die Ostmark in Windeseile reichseinheitlich umorganisieren wollten, in die Ecke gedrängt. Sie fühlten sich zur Kolonialbevölkerung degradiert, die nach Ansicht der diversen Reichsleitungen zunächst erst einmal auf parteideutsches Niveau herangebildet werden mußte.

Der Stolz wurde verletzt. Ein Beispiel dafür bot der aus Kärnten stammende erste Wiener Gauleiter Odilo Globocnik. Als die Presse eine Meldung verbreitete, der ehemalige Generalsekretär der Vaterländischen Front, Staatssekretär Guido Zernatto, hätte bei seiner Flucht nach Paris die Frontkasse mitgenommen, protestierte er heftigst bei Bürckel und verlangte die Berichtigung dieser Verleumdung. Zernatto war ein Kärntner wie er – ein Kärntner ging nicht mit der Kasse durch, auch nicht, wenn er ein VF-Mann war!

Das verletzte Selbstgefühl der österreichischen alten Kämpfer zeigte jedoch sehr bald Erscheinungsformen, die für das nationalsozialistische Regime weit weniger harmlos waren. Die Illegalen begannen sich zu sammeln. Sie machten Front gegen die Methode der radikalen Angleichung, die Bürckel als „Marsch-1"-Tour zu bezeichnen pflegte. Ihre Opposition hatte zunächst Gründe, die durchaus ihrer nationalsozialistischen Überzeugung entsprachen. Als überzeugte Anhänger Hitlers fürchteten sie um die Begeisterung der Massen. Sie ahnten voraus, daß die von Berlin betriebene Gleichschaltung zunächst Ablehnung, dann Unruhe, schließlich sogar Widerstand hervorrufen würde. Sie wollten verhindern, daß der Nationalsozialismus infolge reichsdeutschen Ungeschicks und infolge Mangels an psychologisch richtigem Vorgehen in Österreich sehr bald abwirtschaftete.

Diese alten Kämpfer hatten das Wesen der nationalsozialistischen Diktatur nicht erfaßt. Sie begriffen nicht, daß die Spitzenfunktionäre einfach nicht zur Kenntnis nehmen wollten, daß es verschiedenartige Deutsche gab. Die ehemaligen Illegalen schlugen Bürckel die Gründung einer Kameradschaft der alten Kämpfer innerhalb der Partei vor; zuvor einmal zur Vertretung ihrer Wiedergutmachungsansprüche. Bürckel war mehr verblüfft als empört – da sollte offenbar eine Partei innerhalb der Partei gegründet werden. Er lehnte ab.[5]

Die alten Kämpfer jedoch, die auf ihre Illegalität pochten, auf die Kerkerjahre, auf die wirtschaftliche Not, die sie im Dienste der Partei auf sich genommen hatten, zeigten keine Angst. Sie fanden sich zu einer Tagung in den Wiener Sofiensälen zusammen, und bei dieser Tagung wurde eine Sprache laut, die man seit den Tagen der SA-Fronde von 1934 nicht mehr gehört hatte.

Bürckel wollte zunächst radikal durchgreifen; einige Verhaftungen wurden schon vorgenommen, da schaltete sich von Wien aus ein Uraltparteigenosse ein, der Hitler persönlich kannte; der Wiener Apotheker Rentmeister, der einstmals allererster Wiener Gauleiter gewesen war. Rentmeister intervenierte in München, mit ihm intervenierte ein anderer ganz Alter, der Gauhandwerkermeister Gratzenberger.

Von München aus wurde Bürckel jetzt zurückgepfiffen. Zur Besänftigung der alten Kämpfer, als ihr Vertrauensmann gewissermaßen, bekam Rentmeister das Amt eines Gauquartiermeisters; er avancierte damit zum Wiener Stadtrat für Wohnungssachen. Das war theoretisch ein wichtiger Posten, denn von hier aus konnte Rentmeister die alten Kämpfer mit frei gewordenen Judenwohnungen versorgen – nur daß es kaum noch freie Judenwohnungen gab, weil sie schon längst von jenen besetzt waren, die eigeninitiativ zugegriffen hatten.

Noch ein zweiter Vorgang mobilisierte damals die Österreicher in der Parteiführung, und das war Hitlers städtebaulicher Gedanke für die Umgestaltung Wiens. Er wollte, wie in Berlin, auch in Wien eine Prachtstraße für Paraden errichten. Die Ringstraße schien nicht prächtig genug; sie war das „jüdisch-liberale" Produkt der Gründerzeit. In Wien, während seiner fehlgeschlagenen Bemühungen vor dem Ersten Weltkrieg, Aufnahme an der Architekturschule der Kunstakademie zu finden, hatte Hitler das ursprüngliche Ringstraßenprojekt kennengelernt: Gottfried Sempers Entwurf für ein „Kaiserforum", ähnlich den Tuillerien von Paris. An Stelle des Volksgartens sah dieser Entwurf einen zweiten bogenförmigen Flügel der Neuen Hofburg vor. Das Projekt war über ein paar Skizzen nie hinausgediehen. Jetzt plante Hitler allen Ernstes seine Verwirklichung. Damit im Zusammenhang sollte die Ringstraße zwischen Schwarzenbergplatz und Votivkirche abgeholzt werden, um sie durch Entfernung der Alleen auf die doppelte Breite zu bringen!

Im Wiener Rathaus stieß der Patentanwalt Dr. Franz Tavs, nunmehr Kreisleiter, ehemals Mitglied von Schuschniggs Siebener-Ausschuß und Initiator des berüchtigten Tavs-Planes, auf dieses Projekt. Es verleitete ihn zu dem Ausruf: „Jetzt fehlt nur noch, daß er auch den zweiten Turm des Stephansdomes ausbauen läßt!"[6]

Die Wiener im Rathaus verzögerten das Ringstraßenprojekt so lange, bis der Kriegsausbruch allen Bauplänen ein Ende bereitete. Wer damals in Wien von alledem hörte, wollte es nicht für wahr halten. Das mußten Verleumdungen von Unruhestiftern sein. Man konnte doch nicht im Ernst annehmen, daß dem Führer so was einfiel. Als Dr. Franz Tavs nach 1945 als Angeklagter vor dem Volksgericht stand, ergab sich der Beweis, daß es kein böswilliges Gerücht war.

Die Bevölkerung merkte von den Konflikten zunächst wenig. Sie hatte sich daran gewöhnt, daß nicht mehr von Österreich, sondern nur noch von der Ostmark gesprochen wurde. Und sie gewöhnte sich daran, daß auch der Begriff Ostmark sehr bald verschwand. Er umriß noch immer zu deutlich den Zusammenhang des Gebiets zwischen Bodensee und Neusiedler See. Aus Nieder- und Oberösterreich waren ohnehin schon gleich nach dem Anschluß Nieder- und Oberdonau geworden. Dann kam das Ostmarkgesetz,[7] und dann wurden die „Donau- und Alpengaue" gebildet.

Die alten Kämpfer, soweit sie führende Positionen bekleidet hatten, verschwanden allmählich. Der Hauptmann Leopold wurde in den Stab des Führers berufen; er fiel später als Oberstleutnant an der Front. Tavs mußte sich mit dem Posten eines Kreisleiters bescheiden. Der ehemalige Landesleiter Hubert Klausner starb – Selbstmord als Folge seiner Enttäuschung, wie gemunkelt wurde. Für die Männer der 89. SS-Standarte, die Österreich schon am 25. Juli 1934 in einen nationalsozialistischen Staat hatten verwandeln wollen, wurde zwar an dem Gebäude des Bundeskanzleramtes eine Gedenktafel angebracht, aber auch ihr Lohn blieb aus. Fridolin Glaß, in den Stab des Reichsführers SS berufen, mußte sich gegen den Vorwurf verteidigen, er hätte den Aufstand verpfuscht. Dr. Otto Wächter wurde bald nach Kriegsbeginn nach Polen abgeschoben; ebenso der schon nach wenigen Amtswochen wieder abgesetzte und von Bürckel abgelöste Gauleiter Odilo Globocnik. Beide haben dort bei der Judenvernichtung mitgewirkt.

Mit der Errichtung der Donau- und Alpengaue brauchte Österreich auch keinen Reichsstatthalter mehr. Dr. Arthur Seyß Inquart kam zunächst ebenfalls nach Polen, dann als Reichskommissar in die Niederlande.

Der einzige, der zunächst blieb, war der höhere SS- und Polizeiführer Dr. Ernst Kaltenbrunner. Er stieg schließlich von allen österreichischen Illegalen am höchsten; er wurde Nachfolger des von tschechoslowakischen Partisanen erschossenen Chefs des Reichssicherheits-Hauptamtes, Reinhard Heydrich. Er verdankte dieses Amt zunächst seiner Bedeutungslosigkeit. Himmler wollte keinen so einflußreichen und mächtigen Mann wie Heydrich mehr neben sich haben; so fiel seine Wahl auf den bis dahin wenig beachteten Kaltenbrunner.

Auch diese Köpfung der Partei störte die Österreicher, die nun Ostmärker waren, anfänglich kaum. Nach außen hin sah alles wunderbar gut aus; die Wirtschaft zog an, die Arbeitslosen verschwanden. Der feierliche Spatenstich für die Autobahn München–Salzburg schien symbolhaft.

Der Wirtschaftsaufschwung jedoch war nur eine Scheinblüte. Später konnte man aus der nationalsozialistischen Propaganda hören, daß lediglich der Krieg den Höhenflug zu unbekanntem Wohlstand unterbrochen habe. Tatsächlich zeigten sich die Schattenseiten schon lange vor dem Kriegsausbruch. Anfang 1939 bekamen die Sachwalter der Deutschen Arbeitsfront in Wiener Industriebetrieben regelrechte Streikparolen zu hören.

Anlaß war die Steuerangleichung.

Die deutschen Steuern waren höher als die ursprünglichen österreichischen. Die Löhne und Gehälter dagegen hatten sich nicht verändert. Der Umrechnungskurs des Schillings zur Mark im Verhältnis 3 : 2 erwies sich für Markbesitzer als vorteilhafter denn für Schillingempfänger. Die Folge zeigte sich als kurze Blüte im Detailverkauf der Ostmarkgeschäfte. In den ersten Monaten nach dem Anschluß konnten sich vor allem die Kleinhändler in den Städten eines lange nicht mehr gewohnten Kundenzustroms erfreuen. Modewaren, Textilien, Lederartikel – alles, was irgendwie mit der Geschmacksindustrie zusammenhing, fand reißenden Absatz. Die Ankäufer waren deutsche Offiziere, Parteiführer, Wirtschaftsfunktionäre aus dem Reich. Von den Läden in der Wiener Innenstadt strahlte die Konjunktur in die Vorstädte und in die kleinen Orte auf dem Lande, wo der deutsche Soldat seinen Wehrsold bis auf den letzten Pfennig ausgab, um Dinge zu kaufen, die es trotz des Wirtschaftsaufschwungs im Reich selbst schon seit Jahren nicht mehr gab.

Der Vorgang zeigte, daß das arme, von jahrelanger Not verelendete Österreich Dinge besaß, die hier noch alltäglich waren, während sie den Angehörigen einer Nation, die äußerlich im Zeichen neuen Wohlstandes lebte, wie kleine Wunder vorkamen. Man hatte Geld, weil die Arbeitslosigkeit beseitigt war, aber es gab nur wenig, was man für dieses Geld kaufen konnte; die Produktion war nicht auf Verbrauchsgüter, sondern auf Investitionsgüter und Rüstung ausgerichtet. Das hatte in Deutschland die Preise hochgetrieben. Die Preise in Österreich waren anfänglich noch niedrig, und der Umrechnungskurs ließ sie für den deutschen Kunden noch niedriger erscheinen. Also wurde gekauft; ein wahrer Run auf die österreichischen Vorräte setzte ein; die Lager leerten sich, und die Preise stiegen auch hier.

Nur die Löhne und Gehälter blieben in den Ostmarkgauen gleich niedrig wie zuvor. Der „Reichstreuhänder der Arbeit" wehrte sich gegen Lohnerhöhungen, weil ein noch stärkerer Preisauftrieb zu befürchten war; und als dann 1939 die Steuern den deutschen Sätzen angeglichen wurden, hatten die Österreicher die mißliche Lage augenscheinlich vor sich.

Die Folge waren spontane Streiks; sie fingen mit kurzen Arbeitsniederlegungen in der Wiener Ankerbrotfabrik an. Es war keine organisierte Bewegung, es kam kein Anstoß von außen, aber die Gestapo und die Parteifunktionäre sahen sich einer Stimmung gegenüber, die sie im Reich seit 1934 nicht mehr erlebt hatten.

Die Streikführer wurden verhaftet; da und dort wurden Lohnerhöhungen bewilligt, um die Unruhe einzudämmen. Der Anschlußfrühling jedoch war vorbei. Aus dieser Zeit blieb ein Stimmungsbericht erhalten, den ein hoher österreichischer SA-Führer an eine deutsche Zentralstelle mit Datum vom 1. Februar 1939 abfaßte:

„Ich glaube, in meinem Urteil nicht fehlzugehen, wenn ich behaupte, daß, wenn heute eine Abstimmung gemacht würde, das Resultat ganz anders aussehen würde als im Vorjahr."[8]

Die veränderte Stimmung ließ sich aus den Strafakten der „Besonderen Senate" ablesen. In Wien begannen sie am 20. Juni 1938 ihre Tätigkeit. Bis 1945 wurden 17.000 Verfahren abgehandelt. In diesen Jahren starben allein im Straflandesgericht Wien 659 Häftlinge unter dem Fallbeil.[9]

Das Gesetz, das am häufigsten Anwendung fand, war das sogenannte Heimtückegesetz: „Wer öffentlich hetzerische, gehässige oder von niedriger Gesinnung zeugende Äußerungen über leitende Persönlichkeiten des Staates oder der NSDAP, über ihre Anordnungen oder die von ihnen geschaffenen Einrichtungen macht, die geeignet sind, das Vertrauen des Volkes zur politischen Führung zu untergraben, wird mit Gefängnis bestraft."

Tausende Akten blieben aus der Zeit erhalten, in der dieses Heimtückegesetz galt. Ein Fall mag hier für alle erwähnt werden. In eine Wiener Tabaktrafik kam ein Arbeiter, bat um einen Lappen und sagte dabei: „Es kann auch eine Hitler-Zeitung sein."

Die Gestapo übernahm die Angelegenheit. In ihrem Bericht stand dann: „Das Verhalten des K. hatte bei den zur Tatzeit im Geschäft anwesenden Kunden – etwa zehn bis zwölf Personen – ein Schmunzeln und bei der Zeugin Pg. Hilde F. ein Ärgernis erregt." Die Parteigenossin Hilde F., deren Ärgernis erregt worden war, erstattete die Anzeige; der Arbeiter K. wurde verurteilt.

In einem anderen Falle wurde eine Fabriksarbeiterin wegen einiger Witze verhaftet, die sie erzählt hatte. Anzeigerin war die Block-Frauenwalterin. Der Akt des Sondergerichtes vermerkte: „Demgegenüber gaben sechs Arbeiter, die nach Aussage der A. Zeugen der zitierten Äußerungen gewesen sein sollen, an, daß sie diese Äußerungen nicht gehört hätten."

Man hielt zusammen. Der Boden für den Untergrund war vorbereitet.

Die etablierte Führerschaft der früheren Parteien gab es nicht. Entweder waren sie ins Ausland entkommen – die Linke schon 1934, die bürgerliche Rechte 1938 – oder sie saßen in den Konzentrationslagern. Die Gestapo hatte dafür gesorgt, daß jeder, der als Sammelpunkt einer Untergrundbewegung gelten konnte, aus dem Verkehr gezogen wurde.

Eine neue Führerschaft mußte sich erst herausbilden.

Einer der ersten, der an Widerstand dachte, war ein katholischer Priester; der Klosterneuburger Augustiner Karl Roman Scholz.

Scholz kam Anfang der dreißiger Jahre aus dem Sudetenland nach Klosterneuburg. Den Ordensoberen fiel er durch seine ausgesprochen nationalsozialistische Gesinnung unangenehm auf. Er fuhr sogar nach Nürnberg zum Parteitag – und kam als fanatischer Gegner Hitlers zurück. Das Klosterneuburger Chorherrenstift schickte den damals 26jährigen Theologen, dessen wissenschaftliche Begabung frappant war, 1937 nach London, um Englisch zu lernen. Scholz benützte die Gelegenheit, um Kontakt mit Beamten des britischen Foreign Office herzustellen. Von Anschluß war noch keine Rede; daher auch nicht von Widerstand. Die britische Beamten betrachteten den jungen Priester als eine von zahllosen Informationspersonen.

Scholz kam gerade rechtzeitig zum Anschluß nach Österreich zurück. Er begann von Klosterneuburg aus mit der Organisation einer Untergrundbewegung, deren Ziele zunächst einmal die Sammlung von Antifaschisten und deren Schulung für den Ernstfall waren. Bald umfaßte seine Gruppe etwa 400 Mann. Mit Kriegsbeginn bekam die theoretische Widerstandsarbeit ein reales Ziel: Jetzt konnte man hoffen, daß die Alliierten Hitler besiegen und Österreich befreien würden. Und man konnte einen Beitrag leisten. Durch Sabotage.

Scholz ging daran, in größerem Rahmen zu denken. Er versuchte, die Verbindung nach London zu reaktivieren. Einer seiner Leute, der Student Artur Preuß, ging im Oktober 1938 in die Tschechoslowakei, um dort mit tschechischen Untergrundorganisationen Kontakt zu finden. Ein in Wien lebender Ungar, Rudolf Strasser, knüpfte über Budapest Beziehungen zur französischen Gesandtschaft an und später über Preßburg zu amerikanischen und sowjetischen Verbindungsleuten. Scholz nannte seine Gruppe „Österreichische Freiheitsbewegung".

Ein anderer Mann, der zunächst von der Existenz des Augustiners Karl Roman Scholz keine Ahnung hatte, gründete bald nach dem März 1938 ebenfalls eine Untergrundbewegung und nannte sie zufällig ebenfalls „Österreichische Freiheitsbewegung". Das war der Wiener Finanzbeamte Dr. Karl Lederer, ein katholischer Liberaler. Auch er dachte an Kontakte mit dem Westen, auch er dachte nach Kriegsbeginn an Sabotage. Und beide, Scholz wie Lederer, hatten keine Ahnung, daß es noch eine dritte Gruppe gab.

Diese Gruppe war zunächst aus einer Hietzinger Kaffeehausrunde rund um den Wiener Rechtsanwalt Dr. Jakob Kastelic entstanden, und sie nannte sich sogar „Großösterreichische Freiheitsbewegung". In dem Hietzinger Kaffeehaus träumte man vom katholischen Süddeutschland.

Dr. Kastelic kannte einen alten Sozialdemokraten, den ehemaligen niederösterreichischen Landeshauptmann Albert Sever. Für einen Katholiken wie Kastelic mußte Sever im buchstäblichen Sinne des Wortes das „rote Tuch" sein – Sever hatte nach 1918 durch eine für sein Bundesland gültige Sonderverordnung Ausnahmebestimmungen zu den katholischen Ehevorschriften erlassen. Und Sever hätte den Dr. Kastelic eigentlich hassen müssen: Im Ottakringer Arbeiterheim war Severs Frau, Ida, bei den Kämpfen des Februar 1934 ums Leben gekommen – nach vierzig Jahren glücklicher Ehe. Sever konnte es nicht verwinden; noch im März 1938 lehnte er jedes Gespräch mit den Vaterländischen ab.

Zwei Jahre später hatte Sever den Februar 1934 überwunden, und Kastelic dachte nicht mehr an Severs „Dispens-Ehen". Der einst verbitterte alte Mann war bereit, Verbindungen mit katholischen Gruppen herzustellen, und der ehemalige Freund Schuschniggs, Dr. Kastelic, war durchaus erpicht darauf, Bundesgenossen bei der einst so fanatisch bekämpften Linken zu finden. Während sich die Emigranten in den Kaffeehäusern von Paris, London und New York noch immer befehdeten und den Krieg von 1938 weiterführten, hatten sich die Österreicher längst über alle Parteischranken hinweg zusammengetan.

Da die konservativen Kräfte der drei Untergrundbewegungen aus derselben Wiener Gesellschaftsschicht kamen, war es auf die Dauer unausbleiblich, daß einzelne ihrer Exponenten durch gemeinsame Freunde auf die Spuren der anderen Gruppen stießen.

Im April 1940 wurden die Gruppen Scholz, Lederer und Kastelic zusammengeschlossen. Die Bewegung verfügte jetzt bereits über mehr als 1000 Mann. Sie beschäftigte sich nicht mit ideologischen Fragen. Sie diskutierte über die Möglichkeit aktiven Widerstandes. Die ersten Aktionen sollten starten, sobald die Kontakte mit den Alliierten und den Untergrundbewegungen in der Tschechoslowakei hergestellt waren.

Ein Mann namens Otto Hartmann kam dazwischen.

Otto Hartmann war Schauspieler am Wiener Burgtheater. Kein prominenter, sondern ein Chargendarsteller, der jedesmal fürchten mußte, daß sein Vertrag nicht verlängert würde. Auf der Bühne war er der Typ des schüchternen Liebhabers. Im Leben verstand er es, sich zu arrangieren. Er war Mitglied der Ostmärkischen Sturmscharen, später sogar Angehöriger von Schuschniggs bewaffnetem „Schutzkorps". Einem solchen Mann wurde der Vertrag trotz aller künstlerischen Bedenken eben doch verlängert!

Am 12. März 1938 sahen die drei Mitglieder des Burgtheater-NS-Komitees – Fred Hennings, Georg Reimers und Eduard Volters – den Schutzkorpsmann Otto Hartmann zu ihrer Verblüffung mit Hakenkreuzarmbinde vor der Provisorischen Gauleitung Am Hof. Sie waren entsetzt. Mit einem solchen Menschen wollten sie nichts zu tun haben.

Wenn der Gauleiter Bürckel den österreichischen Illegalen nicht über den Weg trauen wollte, so bewiesen ihm die drei Burgtheatermimen jedenfalls, wie recht er hatte – aus nationalsozialistischer Sicht.

Da saßen die drei Illegalen Hennings, Reimers und Volters zusammen und berieten, wie man zunächst einmal den Kollegen Fritz Lehmann, einen Schuschnigg-Anhänger, vor der Gestapo retten könnte, weil er eben ein Kollege und anderseits ein anständiger Mensch war, und wie man gleichzeitig den SA-Mann Otto Hartmann loswerden könnte, weil er offensichtlich ein Schuft war![10]

Man konnte in der Folge zwar den Fritz Lehmann retten, aber den Otto Hartmann wurde man nicht los. An einem Mann wie Otto Hartmann mußte das NS-System größtes Interesse haben, vor allem innerhalb des Burgtheaterensembles.

Im März 1938 hatte der Kulturreferent der illegalen Landesleitung, Stuppäck, verbittert festgestellt, daß die erste Bühne des deutschen Sprachraums durch und durch verjudet sei. Damit hatte er recht: Es gab nicht nur eine Menge jüdischer Schauspieler, es wurden ebenso die Stücke jüdischer Autoren gespielt – auch von den Illegalen mit größtmöglichem Bemühen. Auch der als kommissarischer Direktor eingesetzte Schriftsteller Dr. Mirko Jelusich erwies sich als Versager. Statt radikal auszumisten, hielt er die Juden, solange er konnte, die Heroine Else Wohlgemuth beispielsweise, und wenn er sie nicht mehr halten konnte, so versuchte er wenigstens, ihnen den Abgang so schmerzlos wie möglich zu gestalten. Und das NS-Komitee Hennings-Reimers-Volters tat alles, um ihm den Rücken zu stärken. Der ungekrönte König des Hauses am Ring, Raoul Aslan, war ein strenggläubiger Katholik und machte aus seiner Abneigung gegen die neuen Herren kein Hehl. Bei der Anschlußfeier saß er in der ersten Reihe und sagte, für alle Nachbarn deutlich vernehmbar: „Als Österreich seiner alten Kultur müde wurde, kamen die Deutschen."[11]

Die Gestapo jedenfalls war angesichts dieser Atmosphäre an einem verläßlichen Mann interessiert. Otto Hartmann schien dieser Mann. Später sagte der Wiener Gestapo-Mann Dr. Hubert zu einigen Burgschauspielern: „Hättet ihr ihn den Karl Moor spielen lassen, wäre er nie auf solche Gedanken gekommen."

Sie ließen ihn nicht den Karl Moor spielen, weil er ein recht mangelhafter Darsteller war. Sein Talent reichte nur für den großen Bösewicht auf der Bühne des Lebens. 1939 wurde er Mitglied der Scholz-Gruppe. Ein Jahr später, im April 1940, berichtete er in seiner Garderobe im Burgtheater einem Kriminalkommissar der Gestapo, was er über die Österreichische Freiheitsbewegung wußte. Und Hartmann wußte fast alles. Die Gestapo hatte damit die erste Spur einer ernst zu nehmenden Untergrundorganisation gefunden. Der tüchtigste Mann des Morzinplatzes, wo die Gestapo im ehemaligen Hotel Metropol amtierte, der Kriminalrat Johann Sanitzer, übernahm den Fall.

Als Sanitzer nach 1945 selbst vor dem Volksgericht stand, bot dieser brutale, energische, mit echtem kriminalistischem Spürsinn behaftete Mann in der allgemeinen Atmosphäre von Feigheit, Lüge, Ausreden und Scheinheiligkeit eine Ausnahme. Er versuchte nicht wie fast alle seiner Kollegen, den Kopf aus der Schlinge zu ziehen; was er getan hatte, das hatte er getan, und das gab er auch zu.

Unter anderem hatte er den Otto Hartmann dazu veranlaßt, weiter in der Scholz-Gruppe zu bleiben und regelmäßig Informationen zu liefern. Und Hartmann lieferte so prompt und so umfassend, daß der rücksichtslose Gestapo-Mann Johann Sanitzer allmählich Ekel vor dem Verräter bekam. Sobald der Burgtheaterdenunziant auftauchte, sagte Sanitzer nur noch: „Das Schwein Hartmann ist schon wieder da!"

Als ein Aktionstrupp der Scholz-Gruppe im Juni 1940 im Verlaufe eines Wienerwaldspaziergangs ein Munitionsdepot auskundschaftete, sah Sanitzer den Moment zum Gegenschlag gekommen. Der Plan sah vor, das Munitionsdepot auszuplündern und den Leopoldauer Gasometer in die Luft zu sprengen. Scholz war gegen den Plan, weil er um Menschenleben bangte. Hartmann war für den Plan. Und dann verriet er ihn an die Gestapo. Am 22. Juli begann die Verhaftungswelle.

240 Mitglieder der Österreichischen Freiheitsbewegung wurden in den kommenden Jahren vor Gericht gestellt. Elf Todesurteile wurden gefällt. Der Scharfrichter ging erst vier Jahre später ans Werk. Am 10. Mai 1944 wurden Scholz und Lederer hingerichtet. Als letztes Opfer folgte am 5. Dezember 1944 der Theologiestudent Hans Georg Heintschel-Heinegg. Da man dem katholischen Theologen katholischen Beistand versagt hatte, begleitete ihn der protestantische Gefängnispfarrer Rieger auf seinem letzten Weg. So hatten es Pastor und Pfarrer miteinander ausgemacht: Der Verurteilte beichtete dem evangelischen Geistlichen, und der katholische Pfarrer, der abseits stehen mußte, flüsterte im entscheidenden Moment leise: Absolvo te!

Der Schauspieler Otto Hartmann konnte sich seines Verrats nicht freuen. 1941 verlängerte der neue Burgtheaterdirektor Lothar Müthel seinen Vertrag nicht mehr. „Dieses Schwein darf das Haus nicht mehr betreten", dekretierte er. In einem Brief an die Gauleitung bezeichnete Müthel den Schauspieler Hartmann als „Nichtskönner und widerlichen Spion". Der Gauleiter war einverstanden.

Der Gauleiter hieß Baldur von Schirach.

Was in Österreich vor sich ging, nach Kriegsbeginn vor allem, blieb den Berliner Zentralstellen nicht verborgen. Bürckels Marsch-1-Tour hatte eben doch nicht den erwünschten Erfolg. Vielleicht hätte Hitler anders reagiert, wäre der Krieg nicht gekommen. So aber war man an Ruhe im Lande interessiert, um die Kriegsproduktion nicht zu beeinträchtigen. Der passende Augenblick, den Gauleiter auszuwechseln, kam mit dem Sieg in Frankreich; der Pfälzer Josef Bürckel schien der geeignete Mann, Elsaß-Lothringen „rückzugliedern". In Paris ernannte Hitler spontan, ohne vorherige Beratung mit seiner Umgebung, den ehemaligen Reichsjugendführer Baldur von Schirach zum Gauleiter und Reichsstatthalter in Wien.

Der erste Schirach, der mit Wien zu tun gehabt hatte, war von Maria Theresia für ein Historienbuch über Kaiser Karl VI. geadelt worden. Der Mann, der jetzt Gauleiter wurde, hatte sich in sechs Wochen Frankreichfeldzug vom Schützen zum Leutnant emporgedient; einschließlich EK II und Infanteriesturmabzeichen, nachträglich auf eine bis heute undurchsichtige Weise erworben. 1940 war er 33 Jahre alt. Er hatte Hitlers „Mein Kampf" zur „Bibel der deutschen Jugend" erklärt und schrieb selbst hymnische Gedichte an seinen Führer. Sein Vater war einst Theaterintendant gewesen. Dieser Baldur von Schirach, Freund und Gönner von Schauspielern, Malern, Musikern und Dichtern, schien Hitler der geeignete Gauleiter für die Musik- und Kulturstadt Wien.

Als er ankam, war er nicht unpopulär. Am 7. Juli 1940 übernahm er im Gemeinderatssitzungssaal des Wiener Rathauses sein neues Amt. Er übernahm es mit einem demonstrativen Umzug, um die Bedeutung des Personalwechsels auch nach außen hin zu zeigen. Bürckel hatte im Parlament auf dem Ring residiert und es zum Gauhaus umbenannt. Schirach übersiedelte auf den Ballhausplatz, in das Palais des Fürsten Kaunitz, in dem seit Maria Theresias Zeiten die Großmachtpolitik des Hauses Österreich gelenkt worden war. Er ließ sich den Schreibtisch des Fürsten Metternich aufstellen.

In Wien stieß er sofort auf innerparteiliche Ablehnung. Den Wiener Bürgermeister Hermann Neubacher, der versucht hatte, den reichsdeutschen Kurs zu bremsen, konnte Schirach schnell hinausekeln. Ein zweiter Gegner war nicht so leicht zu erledigen; das war der Vizebürgermeister Ing. Hanns Blaschke. Blaschke, ein hoher SS-Führer, war auf seine Art so etwas wie ein Wiener Lokalpatriot; einer von denen, die die Abholzung der Wiener

Ringstraße hintertrieben hatten. Und Blaschke, der sich von dem „Zuagrasten" nichts dreinreden lassen wollte, benützte seinen direkten Draht zum Reichsführer SS Heinrich Himmler, um Schirach Schwierigkeiten zu machen, wo immer es ging.

Schwierigkeiten hatte Schirach schon bald genug. Vor allem mit Joseph Goebbels; die Kulturpolitik des neuen Gauleiters paßte keineswegs ins gesamtdeutsche Konzept des Reichspropagandaministeriums. Statt die Wiener ihre österreichische Vergangenheit vergessen zu machen, weckte Schirach geradezu die von Bürckel vorübergehend eingeschläferten Traditionen.

Als Schirach Wiens kulturelles Erbe neu beleben wollte, ging sein Ehrgeiz über den Rahmen der Stadt weit hinaus. Die Residenz, die er auf dem Ballhausplatz bezogen hatte, konnte als Symbol für die Träume des jungen Mannes gelten, Südostminister zu werden. Als Hitlers Vizekönig wollte er von Wien aus den von deutschen Truppen besetzten, von Marionettenregierungen verwalteten Balkan als eine Art neue Donaumonarchie beherrschen.[12]

Mit dem Exterieur eines jungen Potentaten gab sich Schirach in Wien als Kunstmäzen. Er veranstaltete eine Ausstellung junger österreichischer Maler, die Goebbels zur Weißglut brachte; was da in Wien zu bewundern war, grenzte mitunter hart an das, was Goebbels in Berlin als „entartete Kunst" verdammt hatte.

Doch hinter der Fassade einer neuen kulturellen Sendung für den Donauraum arbeiteten die Judenreferate des Endlösers Eichmann mit seiner Zustimmung. 70.000 Wiener Juden wurden zu Schirachs Zeiten in die Vernichtungslager geschickt, und in einer Ansprache anläßlich eines europäischen Jugendtreffens rühmte er sich öffentlich dieser Maßnahme.[13]

Trotzdem wurde Schirach von den Berliner Parteispitzen schon bald auf die Abschußliste gesetzt.

Eine handschriftliche Notiz über ein Gespräch mit Goebbels enthielt unter dem Datum des 30. November 1943 die Frage: „Was könnten wir mit Schirach und Rust beginnen?"

Da man offensichtlich nichts mit Schirach beginnen konnte, blieb er. Die Wiener standen vom Herbst 1944 an oft und später, Anfang 1945, dann nahezu täglich Spalier für ihn. Unfreiwillig, entlang der Thaliastraße, die den Spottnamen „Endsiegallee" bekam: Durch die Thaliastraße brauste nämlich vor jedem Luftangriff der Konvoi des Reichsstatthalters zum „Heldenbunker", dem Gaubefehlsstand auf dem Gallitzinberg. Dort war auch das Studio des Luftschutzsenders eingerichtet; und sobald Schirachs Wagen mit anschließendem Gefolge sichtbar wurde, wußten die Wiener entlang der Anfahrtstraßen, daß jetzt schon sehr bald der Kuckuck rufen würde.

Jenseits der Fronten konnten sich die österreichischen Emigranten von links und rechts noch immer nicht einig werden. Nach Kriegsbeginn hatten in Paris zwei Männer versucht, eine Exilregierung zu bilden. Der eine war Dr. Otto Habsburg-Lothringen, der andere war Dr. Julius Deutsch. Zum Unterschied von den meisten seiner alten Freunde hatte Deutsch die Vergangenheit überwunden, soweit sie die Anschlußideologie zwecks gesamtdeutscher Revolution betraf. Den Habsburgerkomplex aber wurde der alte Sozialdemokrat auch jetzt nicht los. Über Otto Habsburg hatte das bürgerliche Lager, mit den ehemaligen Staatssekretären Hans Rott und Guido Zernatto an der Spitze, den besseren Draht zum französischen Außenminister als Julius Deutsch. Die Franzosen wollten 1940 eine Exilregierung aller österreichischen Gruppen einschließlich Otto Habsburgs oder überhaupt keine. So scheiterte auch dieser Versuch.[14]

In Österreich selbst aber hatten sich längst neue Bewegungen zusammengefunden. Die ersten KZ-Insassen kehrten zurück. Der aus Wien stammende Rechtsanwalt Dr. Felix Hurdes, 1938 zuletzt Kärntner Landesrat, und der ehemalige christlichsoziale Gewerkschafter Lois Weinberger sammelten die früheren Christlichsozialen. Monatelang hielten sie Ausschau nach einem alten Sozialdemokraten, mit dem sie Kontakt aufnehmen konnten. Die Einheitsfront aller Österreicher, die in der Emigration nicht zustande kam, war für sie eine Selbstverständlichkeit, und sie nahmen an, daß die Linke nicht anders dachte; trotz 1934. Hurdes und Weinberger fanden schließlich einen Mann, von dem es hieß, daß bei ihm die Faden zu den einzelnen sozialdemokratischen Gruppen zusammenliefen. Der Mann war der Rechtsanwalt Dr. Adolf Schärf.[15]

Winter 1942/43. Mit Hitlers Niederlage bei Stalingrad wurde die Zeit reif. Die Alliierten sahen sich dem Sieg nahe. Die Frage wurde aktuell, was sie mit diesem Sieg anfangen sollten.

Die Moskauer Deklaration über die Wiederherstellung eines unabhängigen Staates Österreich rückte ins Blickfeld der großen Nachkriegspolitik.

ANMERKUNGEN
UND
QUELLENHINWEISE

KAPITEL 1

1. Abgebildet bei Corti-Sokol, „Der alte Kaiser", Graz 1955.
2. Im tschechoslowakischen „Nationalstaat" gab es laut Volkszählung von 1921 bei 13,6 Millionen Einwohnern 3,2 Millionen Deutsche, 760.000 Ungarn und 477.000 Ruthenen. Von den 16 Millionen rumänischer Staatsbürger waren laut Volkszählung 1920 fast 1,5 Millionen Ungarn, über 700.000 Deutsche. Die rumänische Bevölkerung machte nur knappe zwei Drittel aus. Zu Jugoslawien kamen nach 1918 über eine halbe Million deutschsprachiger Österreicher und fast eine halbe Million Ungarn.
3. Dr. Viktor Adler hatte als Staatssekretär für Auswärtige Angelegenheiten in den letzten Oktobertagen vor allem mit den Tschechen ebenso intensiv wie vergeblich verhandelt.
4. Egon Erwin Kisch, der später berühmt gewordene „Rasende Reporter", berichtete darüber selbst in zahlreichen Reportagen. Er verschwieg auch nicht, daß er sich bei Versammlungen immer wieder die Offiziersdistinktionen von der Uniform gerissen hatte, sie nachher wieder annähen ließ, um sie bei der nächsten Versammlung erneut demonstrativ zu entfernen. Kisch wurde 1919 zu drei Monaten Arrest verurteilt und dann aus Österreich ausgewiesen.
5. Am 14. November 1918 gab es eine Schießerei mit heimkehrenden tschechoslowakischen Soldaten auf dem Bahnhof Stadlau sowie mit Ungarn auf dem Bahnhof Klein-Schwechat. Am 15. November 1918 kam es auf dem Wiener Ostbahnhof zu einem Maschinengewehrduell zwischen Volkswehr und ungarischen Heimkehrern.
6. Ausführlich berichtet darüber Hans Hautmann in einer Seminararbeit „Geschichte der Roten Garde", Institut für Zeitgeschichte, Wien.
7. Julius Deutsch berichtet darüber ausführlich in seinem Buch „Aus Österreichs Revolution", Wien 1920.
8. Über Friedrich Adler und die Gründung der Kommunistischen Partei in Österreich siehe Band 2, Kapitel 15.
9. In der Sitzung der Nationalversammlung vom 21. Oktober 1918 verlas Dr. Viktor Adler namens der Sozialdemokraten eine Erklärung, in der es u. a. hieß: „Wir deutschen Sozialdemokraten nehmen an den

329

Arbeiten dieser Versammlung teil, weil sie im gegenwärtigen Augenblick das einzige mögliche Parlament Deutsch-Österreichs ist. Wir wollen mit Ihnen, unseren Klassengegnern, keine Parteigemeinschaft bilden, kein Bündnis, keinen Burgfrieden schließen... An dem Neubau des deutsch-österreichischen Staates wollen wir mit redlichem Willen und fleißiger Hand mitarbeiten; aber bei dieser Arbeit, die uns mit Ihnen vereint, wollen wir dafür sorgen, daß der deutsch-österreichische Staat ein demokratischer Staat, ein Volksstaat werde..." (Ludwig Brügel, „Geschichte der österreichischen Sozialdemokratie", Wien 1925.)

10. Die kommunistische Selbsterkenntnis der verfehlten Gründungspolitik in einem Aufsatz von Friedl Fürnberg in „Weg und Ziel", 14. Jg., Nr. 12, Wien 1956.

11. Über die Kontakte zwischen der noch existenten kaiserlichen Regierung des Prof. Lammasch und dem deutsch-österreichischen Staatsrat siehe Band 2, Kapitel 15.

KAPITEL 2

1. Die letzten Tage der Monarchie und Karls Bemühungen, die Krone zu retten, sind ausführlich geschildert in Band 2, Kapitel 14 und 15.

2. Peter Waller, „Bei der Wiener Roten Garde", Wien 1923. Waller, damals Oberleutnant bei der Volkswehr, erklärte in einem Brief vom 27. Dezember 1967 an den Autor: „Eine offizielle und richtige ‚Rote Garde' hatte es in den Umbruchjahren in Wien nur am 11. und 12. November 1918 gegeben. Diese war durch rote Armbinden besonders gekennzeichnet und hatte sich nicht dem Staat Deutsch-Österreich unterstellt, sondern dem Hamburger Arbeiterführer und Weltrevolutionär Karl Steinhardt, der unbedingt gegen die Wiederaufrichtung Österreich-Ungarns war, dafür aber den Anschluß des deutschen Restösterreich an eine deutsche Sowjetrepublik und mit dieser den Anschluß an die russische Sowjetrepublik verlangte."

3. Waller behauptet in seinem Brief an den Autor, er habe Seitz im Parlament die „Niederschlagung des Putsches" gemeldet; Seitz habe darauf geantwortet: „Herr Oberleutnant Waller, Sie haben Wien und ganz Deutsch-Österreich vor einem grenzenlosen Blutbad bewahrt." Der christlichsoziale Staatssekretär Dr. Heinrich Mataja habe sich ihm zur „Bildung einer neuen Regierung" zur Verfügung gestellt. Rothziegel jedoch habe ihn angeschrien: „Waller, Wodosch, du hast die Macht! Gib sie doch nicht mehr aus der Hand! Laß dich doch von diesen Schweinen nicht blöde machen! Die werden dir nie im Leben verzeihen, daß du sie vor dir zittern gesehen hast. Waller, ich bitte dich, ich flehe dich an, sei gescheit, gib Befehl und wir hängen sie der Reihe nach auf den Bäumen der Ringstraße auf." Waller behauptet in seinem Brief

weiter, er habe den Oberbefehlshaber der Volkswehr, Feldmarschall-
leutnant von Boog, telephonisch zu erreichen versucht, um ihn zu
bitten, eventuell selbst die Militärdiktatur zu proklamieren, habe ihn
aber nicht erreicht, da Dr. Deutsch die Telephone blockiert habe.
Daraufhin habe er sich mit seinem Bataillon in die Stiftskaserne
zurückgezogen.

4. Wie diese Waffenbeschaffung vor sich ging, ergibt sich aus einer
   Information des ehemaligen Wiener Neustädter Schutzbundführers
   und Vizebürgermeisters Josef Püchler an den Autor. Am 3. November
   1918 bildete Püchler mit 30 Mann eine „Stadtwehr", versah sie mit
   roten Armbinden, zog zur Artilleriekaserne in der Fischauergasse und
   versorgte seine Leute dort mit Gewehren und Munition. Das Offizierskorps leistete keinen Widerstand, und auch die Bevölkerung war an
   einer bewaffneten Macht interessiert, da sich im Raum um Wiener
   Neustadt Tausende italienische und russische Kriegsgefangene befanden, von deren Seite man Plünderungen befürchtete.

5. Gerhard Botz, „Beiträge zur Geschichte der politischen Gewalttaten in
   Österreich von 1918 bis 1933". Dissertation, Wien 1966.

6. Daß sich die Siegermächte in Paris schließlich zu einer Volksabstimmung in Kärnten bequemten, ist nicht zuletzt auf die Berichte des
   US-Oberstleutnants Sherman Miles zurückzuführen, der im Januar
   1919 das Land bereiste und sich von dessen österreichischem Charakter
   selbst überzeugte.

7. Der Geheimvertrag vom 26. April 1915 zwischen Großbritannien,
   Frankreich und Rußland einerseits und Italien anderseits versprach den
   Italienern für ihren Kriegseintritt Südtirol bis zum Brenner, Triest
   sowie Gebietszuwachs in Friaul, Krain und an der südslawischen
   Adriaküste.

8. Die später gültige Zahl von 165 Abgeordneten des Nationalrates wurde
   erst im Bundesgesetz vom 11. Juli 1923 über die Wahlordnung für den
   Nationalrat, BGBl. Nr. 367, festgelegt. Die Konstituierende Nationalversammlung von 1919 sollte aus 255 Abgeordneten bestehen (Gesetz
   vom 18. Dezember 1918), doch konnten die Wahlen in Südtirol,
   Südkärnten und der Südsteiermark sowie im Sudetenland nicht durchgeführt werden, so daß die Abgeordneten für diese Gebiete „einberufen" wurden. Die Wahlen von 1920 wurden nach dem Gesetz vom
   20. Juli 1920 durchgeführt; der Nationalrat bestand aus 183 Abgeordneten einschließlich der 8 später gewählten Mandatare für das Burgenland. Die Zahl von 183 Abgeordneten wurde dann erst in der Zweiten
   Republik bei der Wahlreform von 1970 wiederhergestellt.

9. Im Herbst 1938, nach dem Münchner Abkommen, durch das Hitler das
   Sudetenland bekam, erklärte Lord Mottistone im britischen Oberhaus:
   „Meine Lords, ich erhebe mich für einen Augenblick, weil mir gesagt
   wird, ich sei der einzige überlebende Minister der Krone, der der
   Unterzeichnung der Friedensverträge beigewohnt hat. Ich mag in der

Lage sein, die wahren Gründe bekanntzugeben, warum die Grenzen der Tschechoslowakei, die wir nun ändern werden, so gezogen wurden . . . Ich hatte in dieser Periode viele Beratungen mit Marschall Foch, der damals, wie erinnerlich, der militärische Hauptratgeber der Alliierten war . . . Foch überzeugte uns, daß es für Europa als Ganzes gut war (die Grenzen so zu ziehen), obwohl es ein Unrecht schien, 3,5 Millionen Sudetendeutsche unter die Herrschaft ihrer Widersacher zu bringen. Ich kann ihn heute noch sehen, wie er die Karte gezeichnet hat. Er (Foch) sagte: ‚Sehen Sie, hier ist eine große Bastion. Sie wollen mir nicht erlauben, die Grenze an den Rhein vorzuschieben; doch lassen Sie mir wenigstens diese Bastion.'" (Wenzel Jaksch, „Europas Weg nach Potsdam", Stuttgart 1958.)

10. Der kommunistische Parteitag vom 9. Februar 1919, der im Hinterzimmer eines Gasthauses in der Wiener Wattgasse tagte, hatte unter Leo Rothziegels Führung und gegen die sowjetrussischen Ratschläge den Boykott der Wahlen beschlossen. Die Parteizeitung „Der Weckruf" wurde durch „Die soziale Revolution" ersetzt. Die Komintern allerdings hatte für die dort veröffentlichten Enunziationen nur die abfällige Bemerkung: „Ein Konglomerat von in Delirien geschriebenen Artikeln." Nachdem Lenin einen Brief an die österreichischen Genossen geschrieben hatte, beteiligten sich die Kommunisten an den Wahlen von 1920. Sie erhielten 27.000 Stimmen.

11. Das Gesetz vom 3. April 1919 sieht die Landesverweisung aller Angehörigen des Erzhauses sowie den Vermögensverfall mit Ausnahme nachweisbar freien persönlichen Privatvermögens vor. Von der Landesverweisung sollten nur jene Personen ausgenommen sein, die ihren Austritt aus dem Hause und ihre Loyalität der Republik gegenüber erklärten. Ob die Erklärung ausreicht, hat nach dem heute noch geltenden Gesetz die Bundesregierung im Einvernehmen mit dem Hauptausschuß des Nationalrates zu entscheiden.

KAPITEL 3

1. Die Grenznutzenlehre wurde von einer besonders in Österreich vertretenen volkswirtschaftlichen Schule propagiert. Sie betrachtete den Preis einer Ware nicht als Resultat des Produktionswertes, sondern nach dem Wert, die die Ware für den Konsumenten besitzt. Nach der Grenznutzenlehre kommt es also bei der Preisgestaltung darauf an, wie dringend der Konsument eine Ware benötigt, wieviel Geld er für sie auszugeben bereit ist.

2. Funder schildert die Vorgänge selbst ausführlich in seinem Erinnerungswerk „Vom Gestern ins Heute", Wien 1952. Sein Buch ist eine der wichtigsten Quellen für die Geschichte der Ersten Republik überhaupt.

3. Die Kampagne der „Reichspost" gegen Dr. Otto Bauer trug zusammen mit dem französischen Druck wesentlich zum Rücktritt Bauers vom Staatsamt für Äußeres bei.
4. Die „Deutsche Geschichte" von Ottokar Lorenz erschien erstmals 1863.
5. Ludwig Jedlicka, „Vom alten zum neuen Österreich", St. Pölten 1975.
6. Renner machte seine Ausführungen in leidlich gutem Französisch, dadurch machte er in Paris immerhin einen wesentlich besseren Eindruck als die Mitglieder der deutschen Friedensdelegation, die demonstrativ deutsch sprachen.

KAPITEL 4

1. Über die ideologische Auseinandersetzung innerhalb der Sozialdemokratie informiert ausführlich Norbert Leser, „Zwischen Reformismus und Bolschewismus", Wien 1968. Leser gibt vor allem eine eindrucksvolle Darstellung des permanenten Konflikts zwischen Dr. Karl Renner und Dr. Otto Bauer.
2. Polnische Truppen drangen damals in die Ukraine ein und nahmen am 6. Mai 1920 Kiew. Nördlich der Krim operierte der weißrussische General Wrangel mit einer 70.000 Mann starken Armee.
3. Lajos Kerekes, „Abenddämmerung einer Demokratie", Wien 1967. Kerekes veröffentlichte erstmals Dokumente aus dem ungarischen Außenministerium und dem Honvédministerium, die die Verbindung der österreichischen Heimwehren zu Ungarn und Italien in ihrer ganzen Bedeutung enthüllten, in „Acta Historica Hungarica XI", 1965.
4. General Lehár war der Bruder des Operettenkomponisten Franz Lehár.
5. Über die Wehrverbände informieren u. a.: Wolfgang Neugebauer, „Die Organisation des Republikanischen Schutzbundes", Seminararbeit; Institut für Zeitgeschichte, Wien 1966; „Heimatschutz in Österreich", herausgegeben unter Aufsicht des Österreichischen Heimatschutzes, Amt des Bundesführers, Wien 1934; Barbara Berger, „Ernst Rüdiger Fürst Starhemberg", Dissertation, Wien 1967; Peter Scheiner, „Die Entstehung der Frontkämpfervereinigung und ihre politischen Ziele", Seminararbeit, Institut für Zeitgeschichte, Wien 1961.
6. Jedlicka, a. a. O.
7. Siehe Band 1, Kapitel 6.
8. Der Cartellverband (CV) vereinigte seit 1856 die farbtragenden, das Duell und die Mensur jedoch ablehnenden katholischen deutschen Studentenverbindungen in Deutschland, Österreich und nach 1918 auch in der Tschechoslowakei. 1933, bei der Trennung der deutschen und österreichischen Gruppen, bestanden 126 Verbindungen mit etwa 9900 Studenten und über 17.000 „Alten Herren". Der deutsche CV löste sich 1935 unter Druck auf. Die österreichischen CV-Satzungen

von 1935 bejahten ausdrücklich „die geistige und kulturelle Verbundenheit im deutschen Sprachraum". Dieser Passus wurde erst im Mai 1968 beim XI. Cartellverbandstag in Wiener Neustadt durch ein Bekenntnis zum „souveränen Österreich" ersetzt. Die ursprüngliche Formulierung „souveräne Republik Österreich" drang nicht durch. („Wochenpresse", 29. Mai 1968.)

9. Wolfgang Rosar, „Deutsche Gemeinschaft", Wien 1971.

10. Information des ehemaligen Finanzministers Dr. Otto Juch an den Autor, Wien 1963. Nach Juch empörte sich Schober beispielsweise sehr darüber, daß der Landbundminister Ing. Franz Winkler, ein Junggeselle, nachts oft in Damenbegleitung heimkam.

11. Im Programm der Christlichsozialen Partei von 1926 hieß es: „Als national gesinnte Partei fordert die christlichsoziale Partei die Pflege deutscher Art und bekämpft die Übermacht des zersetzenden jüdischen Einflusses auf geistigem und wirtschaftlichem Gebiete." Im „Salzburger Programm" der Großdeutschen Volkspartei von 1920, das der Judenfrage einen mehrere Seiten langen Abschnitt widmete, wurde erklärt: „So stehen der Gedanke der Volksgemeinschaft und der jüdische Geist als zwei unversöhnliche Gegner einander gegenüber." Die „Politischen Leitsätze" des Landbundes für Österreich, 1923, stellten für den Landbund fest: „Die jüdische Rasse bekämpft er als volkszersetzendes Element." (Klaus Berchtold, „Österreichische Parteiprogramme 1868–1966", Wien 1967.) Ein unterschwelliger Antisemitismus war auch bei den Sozialisten spürbar. So galt es als ungeschriebene Regel, daß die Mehrheit des Parteivorstandes der Sozialdemokraten aus Nichtjuden bestand. In der Führungsspitze vor 1934 waren Seitz und Renner Nichtjuden. Ein gewisser Antisemitismus innerhalb des sozialistischen Lagers wurde noch einmal, 1964 während der Olah-Krise, spürbar. Auch der ansonsten hochangesehene langjährige Innenminister Oskar Helmer machte aus seiner Abneigung gegen einzelne jüdische Parteifreunde kein Hehl. (So bezeichnete er beispielsweise einmal in einem Gespräch mit dem Autor den Chefredakteur der „Arbeiter-Zeitung", Dr. Oskar Pollak, als „polnischen Binkeljuden". Pollak seinerseits nannte Helmer einen „arrivierten Proleten".)

12. Karl Werkmann, „Der Tote auf Madeira", München 1923, berichtet ausführlich über die Vorgänge im Schweizer Exil. Gordon Brook-Shepherds Darstellung, „Um Krone und Reich", Wien 1968, schildert die Vorgänge aus der Sicht der Kaiserin und Königin Zita. Für sie war Horthy der Bösewicht, der durch seinen „Verrat" das Gelingen der Aktion verhindert hatte.

1. Karl Bachinger/Herbert Matis, „Der österreichische Schilling", Graz 1974. Der Autor dankt außerdem den Autoren für die Erlaubnis zur Einsichtnahme in unveröffentlichtes Manuskriptmaterial.

2. Das noch aus der Monarchie stammende, auf katholischen Grundsätzen fußende österreichische Ehegesetz kannte nur die Scheidung von Tisch und Bett, aber keine Ehetrennung dem Bande nach. Geschiedene Eheleute konnten also nicht wieder heiraten. Nach 1918 erließ der sozialdemokratische niederösterreichische Landeshauptmann Albert Sever für sein Bundesland, zu dem bis 1922 auch Wien gehörte, Dispensvorschriften. Die auf Grund dieser Dispens geschlossenen Zivilehen geschiedener Eheleute wurden „Sever-Ehen" genannt und von den Christlichsozialen erbittert bekämpft.

3. So bezeichnet von Imre Bekessys Sohn, Hans Habe, in dessen Buch „Ich stelle mich", München 1955. In dieser Selbstbiographie berichtet Habe ausführlich über die Wiener Atmosphäre der Inflationsjahre.

4. Rothstock wurde am 5. Oktober 1925 mit 6 : 6 Stimmen als unzurechnungsfähig von einem Wiener Geschworenengericht auf Grund eines psychiatrischen Gutachtens von Prof. Wagner-Jauregg freigesprochen, nach Steinhof überstellt und 1927 als geheilt entlassen. (Botz, a. a. O.)

5. Wirtschaftliche Angaben in diesem Buch sind, wenn nicht anders angegeben, den periodisch erscheinenden Monatsberichten des Österreichischen Instituts für Konjunkturforschung (jetzt Institut für Wirtschaftsforschung) entnommen. Sie enthalten statistische Übersichten, die sich jeweils auf einem Zeitraum von mehreren Jahren erstrecken.

6. Wegen seiner Novelle „Leutnant Gustl", 1900 in der „Neuen Freien Presse" erschienen, wurde Schnitzler der Offiziersrang aberkannt. Die Zeitung wurde konfisziert. Noch nach 1945 protestierte die legitimistische Zeitschrift „Tradition" gegen die offizielle Würdigung Schnitzlers an dessen fünfundzwanzigstem Todestag.

7. „Zu groß für Österreich" ist auch der Titel eines Buches von Viktor Reimann, Wien 1968.

8. Seipel-Brief vom 17. Dezember 1918: „. . . Die große Zukunftsaufgabe ist die Neuformierung der deutschen Seele. Unser Volk muß unter unserer Führung entgiftet werden . . ." (Reimann, a. a. O.)

9. Im Dezember 1922 schlossen sich mehrere unabhängige Bauernbünde mit den großdeutschen Bauernbünden zusammen. Da Einigungsverhandlungen mit dem Christlichsozialen Bauernbund scheiterten, kandidierte der Landbund 1923 erstmals als eigene Partei. Die Mandatsverhältnisse machten ihn trotz seiner zahlenmäßigen Bedeutungslosigkeit zu einem wichtigen Koalitionspartner. Er stellte den bürgerlichen Regierungen im Laufe der Jahre mit Karl Hartleb, Ing. Franz Winkler und Vinzenz Schumy drei Vizekanzler. Nach 1945 gingen seine Überreste in der ÖVP auf, Schumy wurde dann Staatssekretär in der

Renner-Regierung. Hartleb ging 1949 zum VdU; er war eine Legislaturperiode lang dritter Präsident des Nationalrates.

10. „Ausgesteuerte" waren Arbeitslose, die nach einer gewissen Zeit der Arbeitslosigkeit keine Unterstützung aus der Arbeitslosenversicherung mehr bekamen, sondern eine Notstandsunterstützung bezogen.

11. Bachinger/Matis, a. a. O.

KAPITEL 6

1. „Der Doktor Lueger hat mir einmal die Hand gereicht"; Lied aus dem Volksstück „Essig und Öl" mit einer berühmten Rolle für Hans Moser.

2. R. v. Eitelberger und Heinrich Ferstel, „Das bürgerliche Wohnhaus und das Wiener Zinshaus", Wien 1860.

3. Seipel bei einer Wahlrede in Wiener Neustadt 1923: „Sicherlich können wir nicht von den Mietern plötzlich einen aufgewerteten Zins verlangen, das heißt, sie zwingen, in Goldkronen soviel wie im Frieden zu bezahlen, denn sie sind einfach nicht imstande, das zu tun." („Reichspost", 25. Juli 1923.)

4. Die Hypothekarschulden auf Realitätenbesitz in den statistisch erfaßten Wiener Gemeindebezirken 1 bis 10 und 20 stiegen von 1908 bis 1912 von 1,5 auf 1,9 Milliarden Goldkronen an. (Statistische Jahrbücher der Stadt Wien.) Angesichts der Entwertung der Krone auf ein Fünfzehntausendstel ihres ursprünglichen Wertes läßt sich verstehen, wie leicht solche Schulden in der Inflationszeit zu begleichen waren.

5. Felix Czeike, „Wirtschafts- und Sozialpolitik der Gemeinde Wien", Wien 1959.

6. 1930 wurden allein in Wien 4500 Vorträge in sozialistisch geleiteten Organisationen und Volkshochschulen gehalten. Es gab 151 halbjährige wissenschaftliche Kurse. 1932 verliehen die Wiener Arbeiterbibliotheken 2,8 Millionen Bände, darunter 300.000 wissenschaftliche Werke. Die ausführlichsten Angaben über die sozialdemokratische Kommunal- und Bildungspolitik finden sich immer noch in dem 1948 in den USA erschienenen sechsbändigen Werk von Charles A. Gulick, „Österreich von Habsburg zu Hitler", dessen Informationswert trotz einseitig politischer Stellungnahme für die Sozialdemokratie unbestritten ist.

7. Dr. Ahrer wanderte später aus persönlichen Gründen nach Kuba aus. Bosel kam 1938 auf dem Transport in ein KZ ums Leben.

8. Über Volkswehr und Bundesheer in der Ersten Republik informiert umfassend Ludwig Jedlickas Arbeit „Ein Heer im Schatten der Parteien", Wien 1955. Informativ auch die Erinnerungen von Julius Deutsch, „Fin weiter Weg", Wien 1960.

9. Jedlicka, „Vom alten zum neuen Österreich", a. a. O.

10. Information des ehemaligen Wiener Neustädter Schutzbundführers Josef Püchler an den Autor, Wien 1967.

KAPITEL 7

1. Außer auf dem im Schattendorfer Prozeß vorgelegten Beweismaterial beruht die Schilderung der Ereignisse auf Nachforschungen, die der Autor 1967 anläßlich der Zusammenstellung einer Fernsehdokumentation zusammen mit Walter Davy und Georg Madeja bei überlebenden Augenzeugen anstellte. Auch Hieronymus Tscharmann konnte damals vor der Fernsehkamera interviewt werden.

2. Pertinax, „Österreich 1934", Zürich 1935. (Hinter dem Pseudonym Pertinax stand der sozialdemokratische Wiener Journalist Dr. Otto Leichter.)

3. Jedlicka, „Ein Heer im Schatten der Parteien", a. a. O.

4. Tonbandaufzeichnung mit Karl Hartleb im Institut für Zeitgeschichte, Wien.

5. Karl Renner, „Österreich von der Ersten zur Zweiten Republik", Wien 1952. Renners ausführliche Lebensgeschichte bei Jacques Hannak, „Karl Renner und seine Zeit", Wien 1965, außerdem Leser, a. a. O.

6. Felix Kreissler in einem Diskussionsbeitrag beim Symposium „Österreich 1927 bis 1938", Wien 1972.

7. Dem Schattendorfer Prozeß unmittelbar vorausgegangen war der Mordprozeß gegen Nelly Grosavescu, die am 15. Februar 1927 ihren Mann, den Opernsänger Trajan Grosavescu, erschossen hatte. Nelly Grosavescu wurde nach einem dreitägigen Sensationsprozeß, der ungewöhnliches Aufsehen erregte, am 25. Juni 1927 von den Geschworenen von der Mordanklage freigesprochen, obwohl sie die Tat selbst nicht bestritten hatte.

8. Deutsch, „Ein weiter Weg", a. a. O. Symposium „Österreich 1927 bis 1938", a. a. O. Der Autor erhielt außerdem zahlreiche Informationen zum gegenständlichen Themenkreis bei mehreren ausführlichen Gesprächen, die er 1967 mit Dr. Julius Deutsch führen konnte.

9. Symposium „Österreich 1927 bis 1938", a. a. O.

10. Gerhard Botz beim Symposium „Österreich 1927 bis 1938", a. a. O.

11. „Weißbuch" der Polizeidirektion Wien, 1927. In einer im „Weißbuch" veröffentlichten Aussage des damaligen Oberkommissars Dr. Heinrich Hüttl, nach 1945 Polizeivizepräsident von Wien, hieß es: „. . , mußten wir um zirka 2 Uhr oder 1/43 Uhr nachmittags wegen Erschöpfung als so ziemlich die letzten das brennende Gebäude verlassen."

12. Information des Gesandten Eduard Ludwig, langjähriger Pressechef des Bundeskanzleramtes, an den Autor, Wien 1959.

KAPITEL 8

1. Bachinger/Matis, a. a. O.
2. „Rerum novarum" wurde 1891 von Leo XIII. erlassen. „Quadragesimo anno", 1931 von Pius XI. verkündet, ging eine Auseinandersetzung zwischen österreichischen und deutschen Bischöfen über sozialpolitische Fragen voran; der Papst näherte sich in der Enzyklika dann der österreichischen, mehr „links" stehenden Auffassung.
3. Ungedruckte Aufzeichnungen Starhembergs aus dem Exil, in zwei Fassungen im Institut für Zeitgeschichte, Wien. Später als „Starhemberg-Memoiren" in einer Zusammenfassung publiziert. Schon bald nach 1938 hatte Starhemberg im englischen Exil Erinnerungen unter dem Titel „Between Hitler and Mussolini" veröffentlicht. Interessant auch Jacques Hannak, „Der Fürst, der sein Land verkaufte", Wien 1949.
4. Das italienische Geld floß über Ungarn den österreichischen Heimwehren zu, und zwar nach einer Unterredung des ungarischen Ministerpräsidenten Bethlen mit Mussolini im April 1928. Am 1. August 1928 unterschrieb Dr. Steidle eine Erklärung, daß die Heimwehren nach der Machtergreifung das Südtirolproblem nicht mehr als bestehend betrachten würden. Daraufhin erfolgten die ersten Zahlungen. Bis 1930 wurden fast eineinhalb Millionen Schilling überwiesen; die Heimwehrbuchhaltung wurde am 14. Januar 1931 vom ungarischen Beauftragten Gabor Apor in Innsbruck überprüft. 1928 hatte Steidle außerdem 18.000 Gewehre mit je 300 Schuß Munition und 190 Maschinengewehre gefordert. Am 9. Juni 1932 bat Starhemberg bei einer Unterredung mit Mussolini um 15.000 Gewehre und 200 bis 250 Maschinengewehre.
5. Die Alpine Montan wies damals die stärkste Beteiligung deutschen Kapitals von allen österreichischen Industrieunternehmungen auf. Die steirischen Heimwehren waren zu einem beträchtlichen Teil großdeutsch ausgerichtet. Rintelen und Pfrimer gingen später ganz zum Nationalsozialismus über.
6. 1927 wurde der „Deutsche Verband" in Südtirol von den italienischen Behörden aufgelöst und damit praktisch jede organisierte politische Betätigung unterbunden. Nach einer scharfen Südtiroldebatte im Nationalrat vom 22. Februar 1928 berief Mussolini den italienischen Gesandten in Wien ab und erklärte am 3. März 1928: „Es ist das letzte Mal, daß ich über dieses Thema spreche. Das nächste Mal werden Taten sprechen." Außerdem drohte der Duce mit Entlassung oder Versetzung der noch verbliebenen 700 Südtiroler Beamten. Ende Juni 1928 sah Seipel sich zu der Erklärung gezwungen, Südtirol sei eine innere Angelegenheit Italiens. (Karl Heinz Ritschel, „Diplomatie um Südtirol", Stuttgart 1966.)
7. Karl Ausch, „Als die Banken fielen", Wien 1968, informiert ausführlich über die Finanz- und Bankenpolitik in der Ersten Republik.

8. Information Dr. Gustav A. Canaval an den Autor, Wien 1954.
9. Von Appold stammt der in der Ersten Republik immer wieder benützte Ausdruck der Rechten, daß Österreich ein „Dreckstaat" sei.
10. Die Wiener Heimwehrgruppe des Majors Emil Fey hatte schon vor den Wahlen ein Bündnis mit den Christlichsozialen geschlossen, im Gegensatz zu Starhemberg. Starhembergs Anhang anderseits hatte am 9. Oktober 1930 in Traunstein mit Hitler über ein Wahlbündnis zwischen Heimwehren und Nationalsozialisten verhandelt. Die Gespräche wurden zwischen Starhemberg, dem Gauleiter Alfred E. Frauenfeld und dem SA-Führer Reschny in Wien fortgesetzt, scheiterten aber, weil sich die Nationalsozialisten Starhemberg nicht unterstellen wollten. (Eduard Ludwig, „Österreichs Sendung im Donauraum", Wien 1954.)
11. Ludwig, a. a. O., behauptet, Vaugoin habe geschwankt, aber Seipel habe gegen die gewaltsame Lösung entschieden. Vaugoin seinerseits hatte dem christlichsozialen Journalisten Hermann Wolf von der „Reichspost", der ihn nach den Möglichkeiten eines Putsches befragte, mit einer Handbewegung zu seiner Telephonanlage, die ihn direkt mit den militärischen Kommandostellen verband, einmal gesagt: „Der einzige, der putschen kann, bin ich." (Information Hermann Wolfs an den Autor, Wien 1949.)
12. Paul Schmidt, „Statist auf diplomatischer Bühne", Wien 1950.
13. Information Juch, a. a. O.

KAPITEL 9

1. Bei den Gemeinderatswahlen am 24. April gewannen die Sozialdemokraten ein Mandat und hatten nun 66 Gemeinderäte. Die Christlichsozialen verloren von ihren 33 Mandaten 14; die Großdeutschen brachten überhaupt keinen Abgeordneten mehr ins Wiener Rathaus. Ähnliche Verschiebungen ergaben sich bei den am selben Tag durchgeführten Landtagswahlen in mehreren Bundesländern.
2. Dollfuß bei einer Rede in Graz, 15. April 1934. (Irmgard Bärnthaler, „Geschichte und Organisation der Vaterländischen Front", Dissertation Wien 1964.)
3. Karl Ausch beim Symposium „Österreich 1927 bis 1938", a. a. O., Bachinger/Matis, a. a. O.
4. Nach Information Püchler, a. a. O., habe Dr. Adolf Schärf bei einer sozialdemokratischen Vertrauensmännerbesprechung 1933 erklärt, die Sozialdemokraten hätten die Aufnahme des Kriegswirtschaftlichen Ermächtigungsgesetzes in die Verfassung von 1920 geduldet, weil sie dieses Gesetz unter Umständen selbst einmal anwenden wollten.
5. Peter Huemer, „Sektionschef Dr. Robert Hecht und die Entstehung der ständisch-autoritären Verfassung in Österreich", Diss. Wien 1968.

6. Der Dank blieb aus. Hecht wurde 1936 Leiter des Postsparkassenamtes, erhielt jedoch als Jude nicht den Titel „Gouverneur".

7. Der Streikbeschluß war auch von den nichtsozialistischen Gewerkschaften gefaßt worden.

8. Adolf Schärf, „Erinnerungen aus meinem Leben", Wien 1963.

9. Daß das Ausscheiden der drei Nationalratspräsidenten das Haus nicht funktionsunfähig hätte machen müssen, zeigte ein Vorfall vom 28. Juli 1922. Damals waren bei einer Sitzung des Hauptausschusses alle drei Präsidenten verhindert, und der deutschnationale Abgeordnete Dr. Ursin übernahm als ältestes Mitglied unangefochten den Vorsitz. Diese Funktion des „Alterspräsidenten" wurde nach 1945 in die Geschäftsordnung des Nationalrates aufgenommen, um Vorgänge wie 1933 unmöglich zu machen. Schon die erste Sitzung des ersten Nationalrates der Zweiten Republik im Dezember 1945 hatte Karl Seitz als ältester Abgeordneter geleitet.

10. Information Helmer, a. a. O.

11. Anton Staudinger beim Symposium „Österreich 1927 bis 1938", a. a. O.

12. Schuschnigg als Zeuge im Guido-Schmidt-Prozeß: „Die italienische Freundschaft war nicht auf den Faschismus, sondern auf den fortlaufenden Holzexport nach Italien begründet, soweit es auf Österreich und dessen vorwiegende gefühlsmäßige Stellung ankam." („Der Hochverratsprozeß gegen Dr. Guido Schmidt vor dem Wiener Volksgericht", Wien 1947. Dieser Prozeß lief vom 26. Februar bis 12. Juni 1947 und endete mit dem Freispruch des Angeklagten. Die Zeugenaussagen und das vorgelegte Beweismaterial ermöglichten zum ersten Male nach 1945 eine einigermaßen verläßliche Wertung der österreichischen Innen- und Außenpolitik unter Dollfuß und Schuschnigg. Der Autor hat diesen vom späteren Präsidenten des Obersten Gerichtshofes Dr. Paul Mironovici mit größter Gewissenhaftigkeit geführten Prozeß vom ersten bis zum letzten Verhandlungstag als Berichterstatter der Zeitung „Neues Österreich" mitgemacht und in zahlreichen persönlichen Gesprächen mit den Zeugen eine Fülle zusätzlicher, in diesem Buch verwendeter Informationen gesammelt.)

13. Unmittelbar vor seinem Ausscheiden, im September 1933, hatte dagegen Carl Vaugoin in Salzburg noch eine Besprechung mit Schutzbundführern unter Julius Deutsch. Offiziell war der Schutzbund zwar schon aufgelöst, tatsächlich existierte er jedoch nach wie vor. Vaugoin wollte sich die militärische Unterstützung des Schutzbundes sichern, falls die Österreichische Legion über die deutsche Grenze einen Einfall wagen sollte. Im Raum Salzburg waren damals nur drei Bundesheerbataillone verfügbar. Außer Deutsch selbst waren Renner und Koref für ein solches Zusammengehen. Es kam aber nicht mehr dazu, da Vaugoin bald darauf abgelöst wurde. (Information Deutsch, a. a. O.)

1. Schuschnigg erklärte im Sommer 1961 bei einem katholischen Bildungsseminar in Dornbirn, an dem der Autor teilnahm, die Ender-Verfassung sei auch in ihrer revidierten Form nie wirklich durchgeführt worden; zu den freien Wahlen in die Berufsvertretungen sei es nicht mehr gekommen. Einige derartige Berufsvertretungswahlen fanden allerdings in Vorarlberg statt.

2. Der Bundespräsident sollte nach den Vorstellungen der Verfassungsmacher von 1933 und 1934 von einer Versammlung sämtlicher österreichischer Bürgermeister gewählt werden. Dieses System wurde später als Versuch gewertet, bei günstiger Gelegenheit den Thronprätendenten Otto von Habsburg-Lothringen zum Bundespräsidenten wählen zu lassen.

3. Als „Staatsnotar" bezeichnete Miklas selbst seine Position im Ständestaat, als er 1947 als Zeuge im Prozeß gegen Guido Schmidt aussagte.

4. Jedlicka, „Vom alten zum neuen Österreich", a. a. O. Jedlicka hat das Konzept schon 1964 erstmals publiziert („Neue Forschungsergebnisse zum 12. Februar 1934"), er fand allerdings keinen unumstößlichen Beweis dafür, daß dieser Miklas-Brief wirklich an Dollfuß abgeschickt worden ist.

5. Viktor Reimann, „Innitzer – Kardinal zwischen Hitler und Rom", Wien 1967.

6. Schuschnigg in Dornbirn, a. a. O.

7. Information von Prof. Dr. Hugo Hantsch bei der Historikertagung 1961 in Reichenau, zitiert in „Österreichische Zeitgeschichte im Geschichtsunterricht", Wien 1961.

8. Jedlicka, „Vom alten zum neuen Österreich", a. a. O.

9. Information Helmer, a. a. O.

10. Funder behauptet in seinem Buch „Als Österreich den Sturm bestand", Wien 1957, der Text der Fey-Rede sei sinnstörend gekürzt worden, und Feys Ankündigung sei nicht als Gewaltandrohung zu verstehen gewesen, sondern als Hinweis für die Fortsetzung der Bemühungen, den Heimwehren die Länderverwaltungen zu öffnen.

11. Ilona Duczynska, „Theodor Körner und der 12. Februar" beim Symposium „Österreich 1927 bis 1938", a. a. O.

12. Duczynska, a. a. O.

13. Die Sozialdemokraten erhoben später gegen Püchler den Vorwurf, er habe einen Zusammenstoß in einem Gasthaus absichtlich provoziert, um sich verhaften zu lassen, weil er einer bewaffneten Auseinandersetzung aus dem Weg gehen wollte.

14. Über die Tätigkeit der illegalen Organisationen berichtet Otto Leichter, „Freie Gewerkschaften im Untergrund", Wien 1963, und „Zwischen zwei Diktaturen – Österreichs Revolutionäre Sozialisten 1934 bis 1938", Wien 1968.

15. Die sogenannten „Römischen Protokolle" sehen zwar keine ausdrückliche militärische Hilfe an die Vertragspartner expressis verbis vor, sind
aber nicht anders zu verstehen.

KAPITEL 11

1. Die Darstellung der in diesem Kapitel geschilderten Vorgänge beruht
zunächst auf den Angaben des österreichischen „Braunbuchs", die
amtliche Publikation der Bundesregierung 1934, sowie auf die von
Ludwig Jedlicka edierten und kommentierten Akten der Historischen
Kommission des Reichsführers SS. Diese Kommission versuchte die
Begleitumstände des Putschversuchs vom 25. Juli 1934 mit einer
stellenweise überraschenden Objektivität zu klären. Zahlreiche Informationen sammelte der Autor selbst bei überlebenden Beteiligten und
Augenzeugen. Eine umfassende Darstellung verdankt der Autor Feys
ehemaligem Adjutanten Wrabel, der zuletzt im Bundesheer der Zweiten Republik Oberst und Leiter des militärischen Nachrichtendienstes
war.
2. Information Carl Karwinsky an den Autor, 1954. Um die Rolle des
Majors Fey am 25. Juli 1934 entstand 1954 eine heftige Diskussion, die
durch einen Fey sehr abfällig beurteilenden Artikel von Carl Karwinsky in der „Furche" vom 24. Juli ausgelöst wurde. Einige Freunde
des im März 1938 durch Selbstmord geendeten Heimwehrführers
verfaßten als Erwiderung auf die Karwinsky-Darstellung ein Protokoll,
das vorwiegend auf den Aussagen des Amtsdieners Hedvicek fußte und
vom Autor 1954 in der Wiener Zeitung „Bild-Telegraf" veröffentlicht
wurde.
3. Information des Sektionschefs a. D. Doktor Krisch an den Autor, Juni
1964.
4. Neue Forschungsergebnisse zur Geschichte des 25. Juli lieferte Gerhard Jagschitz in seinem Buch „Der Juliputsch", Wien 1976, sowie in
zahlreichen weiteren Aufsätzen.
5. Edgar Tibor Rados, Inseratenakquisiteur der „Reichspost", ein großer,
kräftiger Mann, begleitete Funder auf diesem Weg. Als Rinteln Miene
machte, zu kneifen, packte Rados ihn einfach beim Kragen und schob
ihn vor sich her zu dem vor dem Hotel wartenden Auto. (Information
Rados' an den Autor während eines Prozesses, in dem Rados nach 1945
wegen Amtsmißbrauch angeklagt war.)
6. Information des Kriminalchefinspektors Rudolf Peternell im Juni 1964
an den Autor. Der Kriminalbeamte Peternell hatte Holzweber, mit dem
er seinerzeit beim Bundesheer Dienst leistete, zuerst auf dem Balkon
des Ballhausplatzes erkannt. Er verhandelte dann auch mit Holzweber
in der Marokkanerkaserne, daß sich der Schütze melden sollte, um die
anderen Putschisten vor Repressalien zu bewahren. So ist wohl auch

Planettas Abschiedsbrief an seine Eltern zu verstehen: „Liebe Eltern! Lebt wohl, ich gehe, um das Leben meiner Kameraden zu retten. Otto."

7. Angaben von Dr. Guido Schmidt in dessen Prozeß vor dem Volksgericht, 1947. 8. Information Dr. Otto Habsburg-Lothringen an den Autor, Pöcking 1960.

9. Ein Ehrengerichtsverfahren führte zwar zum Freispruch Feys, und das „Braunbuch" mußte bei der Darstellung seines Verhaltens auf die Empfindlichkeit seines Anhanges Rücksicht nehmen, für die meisten Funktionäre des Regimes jedoch war Fey nach dem Juli 1934 so gut wie erledigt. Der Major wurde nach seinem endgültigen Ausscheiden aus der Regierung Präsident der Donaudampfschiffahrts-Gesellschaft. 1938 beging er, wie erwähnt, zusammen mit seinem Sohn, einem Zögling der Wiener Neustädter Militärakademie, Selbstmord. Wie unsinnig das Gerücht ist, Fey sei der wahre Dollfuß-Mörder, wird auch durch die Tatsache unterstrichen, daß der SS-Bericht diese Version nicht in Erwägung zog.

KAPITEL 12

1. Wie für den gesamten Bereich der Ersten Republik, so verdankt auch die Erforschung der österreichisch-italienischen Beziehungen dem Wiener Ordinarius für Zeitgeschichte, Prof. Dr. Ludwig Jedlicka, die grundlegenden Erkenntnisse. Jüngste Arbeiten Jedlickas, der auch die Berichte des österreichischen Militärattachés in Rom, Oberst Dr. Emil von Liebitzky, auswertete, erschienen in „Vom alten zum neuen Österreich", a. a. O.

2. Sektionschef Dr. Richard Schüller, ein in ganz Europa hochangesehener österreichischer Wirtschaftsfachmann, erfreute sich Mussolinis besonderer Wertschätzung. Da Schüller jüdischer Abkunft war, trat er wenig in den Vordergrund, um dem latenten Antisemitismus im nationalen Lager keine zusätzliche Nahrung zu geben.

3. Papen selbst berichtet zahlreiche Details, allerdings oft recht einseitig verfärbt, in seinem Erinnerungsbuch „Der Wahrheit eine Gasse", München 1952.

4. Starhemberg-Aufzeichnungen, a. a. O.

5. Nach dem Juliabkommen rückten Glaise-Horstenau und Seyß-Inquart zu offiziellen Positionen auf. Dr. Hermann Neubacher, nach 1938 NS-Bürgermeister von Wien, stammte übrigens ebenso wie Schuschniggs letzter Finanzminister Dr. Rudolf Neumayer, den auch Seyß-Inquart in sein Anschlußkabinett übernahm, aus der sozialdemokratischen Wiener Gemeindeverwaltung; sie waren beide durch die Schule des Finanzstadtrates Hugo Breitner gegangen.

6. Schuschnigg benützte den Ausdruck „Koalition" in Dornbirn, a. a. O.

7. Irmgard Bärnthaler, a. a. O.
8. Stepan meinte einmal, Schuschnigg habe alle Eigenschaften für einen Präsidenten der Akademie der Wissenschaften, aber nicht für einen Politiker. Schuschnigg dürfte über Richard Schmitz von dieser Äußerung erfahren haben. (Bärnthaler, a. a. O.)
9. Kurt Schuschnigg, „Dreimal Österreich", Wien 1937.
10. Hellmut Andics, „Der Fall Otto Habsburg", Wien 1965. Die Arbeit des Autors über Dr. Otto Habsburg-Lothringen beruht zu einem großen Teil auf Informationen und dokumentarischen Unterlagen, die Dr. Otto Habsburg-Lothringen zur Verfügung stellte.
11. Der Wandel der italienischen Politik im Gefolge des Abessinienkrieges, der Österreich vom italienischen auf den deutschen Weg abdrängte, wurde von zahlreichen Zeugen aus der hohen Diplomatie der Ersten Republik im Guido-Schmidt-Prozeß (a. a. O.) ausführlich dargestellt.
12. Schmidt-Prozeß, a. a. O. Der Bericht erwähnt auch den antisemitischen Trend unter der Studentenschaft, die der jüdischen studierenden Jugend die besseren Zukunftschancen neidete. Der österreichische Gesandte Hornbostel, der derartige Berichte mit Randbemerkungen zu versehen pflegte, notierte hiezu: „Weil sie nicht singt, sondern arbeitet."

KAPITEL 13

1. Ludwig Jedlicka, „Die Ära Schuschnigg", Symposium „Österreich 1927 bis 1938", a. a. O.
2. Unmittelbar vor dem Abschluß des Juliabkommens beispielsweise hatte die „Reichspost" eine massive Kampagne gegen die Wiener Volkshochschulen begonnen, die sie als „Stützpunkte der illegalen kommunistischen und sozialistischen Propaganda" bezeichnete. („Reichspost", 28. Juni 1936.) Unmittelbar vor dem Juliabkommen ereignete sich auch der spektakuläre Mord an dem Wiener Universitätsprofessor Dr. Moritz Schlick, der am 22. Juni 1936 auf der Stiege zur philosophischen Fakultät der Wiener Universität von Dr. Hans Nelböck erschossen wurde. Hinter der Bluttat steckte eine Eifersuchtsaffäre um die Hochschülerin Sylvia Borowicka; die Affäre zog sich schon seit 1928 hin, als Nelböck noch bei Schlick studierte. Nelböck befand sich mehrfach in der Nervenheilanstalt Am Steinhof. Nach der Tat behauptete er, Schlick habe seine Anstellung an der Wiener Volkshochschule Ottakring verhindert, und zwar wegen Nelböcks negativistischer philosophischer Einstellung. Schlick seinerseits war einer der Begründer des sogenannten „Wiener Kreises" des logischen Positivismus und des extremen Empirismus, paßte also mit seiner Philosophie keineswegs zur Ideologie des christlichen Ständestaates. Außerdem war

er Jude. Die unmittelbar auf den Schlick-Mord folgenden Angriffe der „Reichspost" gegen die Volkshochschule Ottakring, die Nelböck als Lehrer abgelehnt hatte, lassen unschwer Zusammenhänge erkennen.

3. Aussage Matejka im Schmidt-Prozeß, a. a. O. Aussage Dr. Hans Bekker im Schmidt-Prozeß, a. a. O.

4. Die SAG hieß zunächst „Arbeiter-Aktionskomitee", was wesentlich wirkungsvoller und aktivistischer als das spätere „Soziale Arbeitsgemeinschaft" klang. Maßgeblicher Mann war ursprünglich der Privatgelehrte Dr. Ernst Karl Winter, ein Kriegskamerad von Dollfuß, aus dem Kreis um Anton Orel stammend, der während der Richtungskämpfe im CV in den zwanziger Jahren auf der großösterreichisch-legitimistischen Seite stand. Winter war einer der Gründer des „Bundes der religiösen Sozialisten", die eine rote Fahne mit schwarzem Kreuz führten. Sein Motto: „Rechts stehen – links denken." Dollfuß berief diesen Mann, den man im heutigen Sprachgebrauch einen Linkskatholiken nennen würde, zum dritten Vizebürgermeister von Wien, Schuschnigg stellte ihn nach dem Juli 1934 allmählich kalt. Winter gab mit Kunschak, Prof. Dr. Lugmayr und Dr. Matejka die Zeitschrift „Die Aktion" heraus, die unter Schuschnigg dann sogar beschlagnahmt wurde. (Bärnthaler, a. a. O.)

5. Jedlicka, „Die außen- und militärpolitische Vorgeschichte des 13. März 1938", in der „Österreichischen Militärischen Zeitschrift", März/April 1968. Ferner: „Der Prozeß gegen die Hauptkriegsverbrecher vor dem internationalen Militärgerichtshof", Nürnberg 1948.

6. Oberst Friedrich Hoßbach, Hitlers Wehrmachtadjutant, fertigte über die Besprechung vom 5. November 1937 ein handschriftliches Protokoll an, das später ebenfalls im Nürnberger Prozeß als Beweismaterial der Anklage vorgelegt wurde. (Über Entstehen und Schicksal dieses Protokolls siehe Friedrich Hoßbach, „Zwischen Wehrmacht und Hitler", Göttingen 1965.)

7. Information von General a. D. Karl Bornemann an den Autor, Januar 1968, sowie Information von Feldmarschalleutnant Alfred Jansa an den Autor, Wien 1954. (Bornemann war 1938 Infanterieführer der Wiener Garnison.)

8. Schuschnigg in Dornbirn, a. a. O. Der Autor hatte außerdem mit Schuschnigg auf dessen Alterssitz in Mutters, Tirol, im Herbst 1968 ein mehrstündiges Gespräch, dem er zahlreiche Informationen verdankt. Von Schuschnigg erschien bald nach dem Zweiten Weltkrieg das Werk „Ein Requiem in Rot-weiß-rot", das Schuschniggs Antagonist Eduard Ludwig als „historisches Feuilleton" abwertete, sowie 1969 das Buch „Im Kampf gegen Hitler". Schuschnigg-Erklärungen wurden auch im Guido-Schmidt-Prozeß, a. a. O., verlesen.

9. Schuschnigg in Dornbirn, a. a. O.

10. Der Brief Dr. Otto Habsburg-Lothringens und der Antwortbrief Schuschniggs sind abgedruckt bei Andics, a. a. O.

11. Information von Friedrich Hillegeist an den Autor, Wien, Januar 1968. Weitere Hinweise bei Otto Leichter, „Österreichs Freie Gewerkschaften im Untergrund", a. a. O.

KAPITEL 14

1. Die Darstellung des Ablaufes dieses 11. März stützt sich hauptsächlich auf die im Verlauf des Schmidt-Prozesses erstatteten Zeugenaussagen sowie auf die Nürnberger Prozeßmaterialien zum Fall Österreich, und hierunter vor allem auf die Telephongespräche Görings an diesem Tag. Eine minutiöse Schilderung der Ereignisse gibt, auf Grund zahlreicher persönlicher Gespräche mit Beteiligten, auch Ulrich Eichstädt, „Von Dollfuß zu Hitler", Wiesbaden 1955. Eine journalistische Darstellung, die viele Einzelheiten am Rande des Geschehens aufzeichnet, lieferten D. Wagner – G. Tomkowitz, „Ein Volk, ein Reich, ein Führer", München 1968.
2. Wolfgang Foerster, „Generaloberst Ludwig Beck", München 1953.
3. „Der Einsatz der 8. Armee im März 1938 zur Wiedervereinigung Österreichs mit dem Deutschen Reich", der Geheimbericht des Heeresgruppenkommandos III vom 18. Juli 1938, Bundesarchiv Koblenz.
4. Papen, a. a. O.
5. Im Nürnberger Prozeß erwähnte der ehemalige Gauleiter Dr. Rainer einen anderen Ausspruch Seyß-Inquarts: „Der Ausdruck, den Dr. Seyß wiederholt verwendete, war der, er sei kein trojanischer Pferdeführer."
6. Aussage Papens im Schmidt-Prozeß, a. a. O.
7. Aussage Hornbostel im Schmidt-Prozeß, a. a. O.
8. Aussage Ender im Schmidt-Prozeß, a. a. O.
9. Denkschrift Seyß-Inquarts für den Nürnberger Prozeß, bei Gustav Steinbauer, „Ich war Verteidiger in Nürnberger", Klagenfurt 1950.
10. In einer eidesstattlichen Erklärung für den Nürnberger Prozeß (Steinbauer, a. a. O.) bestätigte Keppler zwar Seyß-Inquarts Haltung, behauptete aber fälschlich, er habe sie an Dietrich weitergegeben. Die Aufzeichnung der Telephongespräche bestätigt jedoch, daß er Seyß-Inquarts Einverständnis meldete.
11. Papen, a. a. O.

KAPITEL 15

1. Eichstädt, a. a. O.
2. „Akten zur Auswärtigen deutschen Politik", mit Aufzeichnungen von Clodius, Baden-Baden 1950.
3. Was sich bei dieser Ministerratssitzung tatsächlich abgespielt hat, ist bis heute umstritten. Es scheint, daß keineswegs alle Regierungsmitglieder

tatsächlich anwesend waren, um dem Anschlußgesetz ihre Zustimmung zu geben. Im Volksgerichtsprozeß gegen Ing. Anton Reinthaller gab der Protokollführer des Bundeskanzleramtes, Ministerialrat Dr. Troll, zu, daß das Protokoll über die Sitzung vom 13. März 1938 erst nachträglich, am 21. April 1938, abgefaßt worden sei. Seyß-Inquart selbst hatte ein ausgesprochen schlechtes Gewissen angesichts der höchst zweifelhaften Legitimität des Vorganges. So ist auch eine seiner späteren Erklärungen zu verstehen, daß der Anschluß durch die Volksabstimmung am 10. April 1938 im Sinne der Verfassung von 1927 legalisiert worden sei. (Ludwig Jedlicka, „Verfassungs- und Verwaltungsprobleme 1938–1955", in „Die Entwicklung der Verfassung Österreichs vom Mittelalter bis zur Gegenwart", Graz 1963.)

4. Helmut Sündermann, „Die Grenzen fallen", München 1939.
5. Der Autor hat einige dieser Tafeln selbst gesehen.
6. Karl Hendrich, „Die wirtschaftliche Durchdringung Österreichs durch Deutschland und deren betriebswirtschaftliche Folgen", Dissertation, Wien 1948.
7. Bachinger/Matis, a. a. O.
8. Der Autor verbrachte diese Tage in Wien und berichtet aus eigener Erinnerung.
9. Die erste Verhaftungswelle in den Märztagen 1938 umfaßte mehr als 70.000 Österreicher. (Rot-weiß-rot-Buch, Wien 1946.)
10. Papen, a. a. O.
11. Reimann, „Innitzer", a. a. O.
12. Reimann, „Innitzer", a. a. O.
13. Helmer-Information, a. a. O., sowie Oskar Helmer, „50 Jahre erlebte Geschichte", Wien 1957.
14. Dr. Alfons Gorbach beispielsweise berichtete dem Autor in einer Rundfunkdiskussion, für den Bayrischen Rundfunk aufgenommen im Februar 1968, daß seine Frau, obwohl er selbst bereits im KZ saß, unter dem Druck der Verhältnisse mit „Ja" gestimmt habe.

KAPITEL 16

1. Andics, a. a. O.
2. Information Peter Smolka an den Autor, Wien 1946. Smolka war einer der jungen, in London lebenden Sozialisten, die sich damals an Franckenstein wendeten.
3. Julius Braunthal, „Need Germany survive?", London 1943.
4. Information von Dr. Bruno Kreisky an den Autor, Wien 1962.
5. Informationen an den Autor aus den Kreisen ehemaliger alter Kämpfer, Wien 1954.
6. Aussage Dr. Franz Tavs in dem gegen ihn geführten Volksgerichtsprozeß im Oktober 1948 in Wien. Tavs erhielt 15 Jahre schweren Kerker.

7. Ostmarkgesetz vom 14. April 1939.
8. Zahlreiche derartige Berichte sind im Archiv des Instituts für Zeitgeschichte, Wien, sowie im Dokumentationsarchiv des Österreichischen
   Widerstandes gesammelt.
9. Maria Szecsi, Karl Stadler, „Die NS-Justiz in Österreich und ihre
   Opfer", Wien 1962.
10. Die Darstellung dieses Abschnittes stützt sich auf das Aktenmaterial
    des Volksgerichtsprozesses gegen Otto Hartmann in Wien im Novem-
    ber 1947, den der Autor als Berichterstatter miterlebte, sowie auf
    zusätzliche Informationen von Kammerschauspieler Prof. Fred Hen-
    nings.
11. Information von Raoul Aslan an den Autor, Wien 1947.
12. Der Autor verdankt diese Deutung der Schirach-Politik den For-
    schungsergebnissen von Prof. Dr. Ludwig Jedlicka, die dieser anläßlich
    einer Fernsehdokumentation 1966 zur Verfügung stellte.
13. „Völkischer Beobachter", 15. September 1942.
14. Deutsch, „Ein weiter Weg", a. a. O.
15. Information von Dr. Felix Hurdes an den Autor, Wien 1968.

Lebensmittelpreise seit 1925 (S je kg)

	Brot	Semmel (Stk.)	Mehl	Rindfleisch (Hinteres m. Zuwaage)	Schweine-fleisch (Schopf-braten)
1925	0,63	0,07	0,90	3,30	4,00
1930	0,58	0,07	0,63	3,60	4,80
1937	0,62	0,07	0,68	2,78	3,40
1950	2,03	0,20	2,11	14,35	21,25
1955	3,50	0,40	4,30	24,—	29,25
1960	3,60	0,45	4,30	28,20	29,90
1965	4,70	0,61	5,11	38,—	36,70
1970	6,10	0,65	5,84	46,—	47,10
1974	7,60	0,80	6,80	55,70	59,60
1975	7,60	0,80	6,80	55,50	60,60

	Schmalz	Butter	Milch (l)	Ei (Stk.)	Zucker	Kartoffel
1925	3,55	6,80	0,52	0,19	0,85	0,24
1930	3,20	6,10	0,54	0,16	1,02	0,19
1937	2,63	4,53	0,45	0,13	1,26	0,15
1950	14,—	21,30	1,40	1,05	4,67	0,83
1955	16,—	34,20	2,12	1,22	5,92	1,31
1960	17,80	35,20	2,20	1,14	6,10	1,58
1965	16,70	39,—	2,93	1,24	7,11	2,63
1970	15,80	42,—	4,20	1,28	7,29	2,61
1974	18,60	52,58	5,75	1,78	8,08	3,26
1975	19,—	53,60	5,95	1,87	8,58	3,14

Wieviel das durchschnittliche Brutto-Monatseinkommen des Arbeitneh-
mers wirklich wert ist, läßt sich auch am Semmelpreis als einem Beispiel für
die Preisentwicklung ermessen. Hier zeigt sich die Steigerung des Reallohns
in den 50 Jahren der Schilling-Währung.

Jahr	Brutto-Monats-Einkommen in S	Semmelpreis	Semmeln pro Einkommen	Reallohn (1937=100)
1925	182,—	—,07	2.600	99
1930	220,—	—,07	3.143	110
1935	186,—	—,07	2.657	100
1937	186,—	—,07	2.657	100
1950	857,—	—,20	4.285	104
1955	1.693,—	—,40	4.233	141
1960	2.349,—	—,45	5.220	176
1965	3.614,—	—,61	5.924	225
1970	5.387,—	—,65	8.287	286
1974	8.600,—	—,80	10.750	372

Finanzschulden des Bundes in Prozenten des Bruttonationalproduktes

100,0% ───

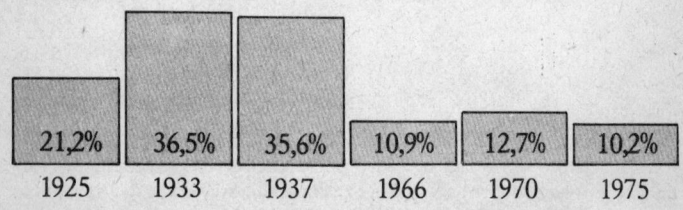

| 21,2% | 36,5% | 35,6% | 10,9% | 12,7% | 10,2% |
| 1925 | 1933 | 1937 | 1966 | 1970 | 1975 |

Finanzschulden des Bundes in Prozenten der Gesamtausgaben des Staates

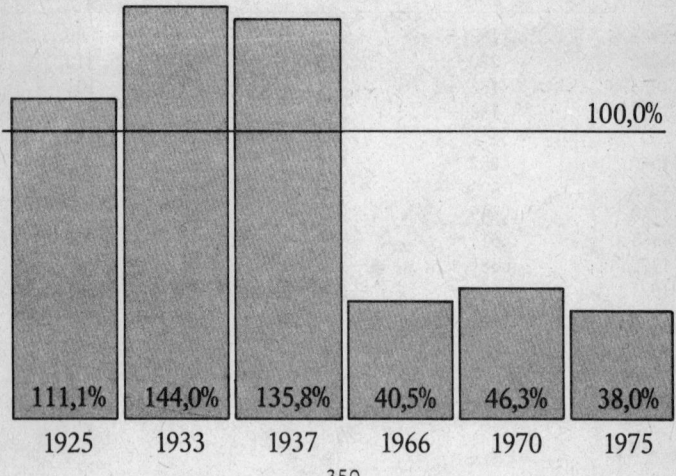

100,0%

| 111,1% | 144,0% | 135,8% | 40,5% | 46,3% | 38,0% |
| 1925 | 1933 | 1937 | 1966 | 1970 | 1975 |

NAMENREGISTER

DIE GROSSEN ERFOLGSBÜCHER
DES MOLDEN-TASCHENBUCH-VERLAGES

Mario Puzo
DIE DUNKLE ARENA
Roman. 240 Seiten
Band 1 / DM 5,80

Susan Howatch
DAS SCHLOSS AM MEER
Kriminalroman. 160 Seiten
Band 2 / DM 4,80

Pierre Rey
DER GRIECHE
Roman. 624 Seiten
Band 3 / DM 8,80

Jörg Mauthe
DIE GROSSE HITZE oder
Die Errettung Österreichs durch
den Legationsrat Dr. Tuzzi
Roman. 256 Seiten
Band 4 / DM 5,80

L. Collins/D. Lapierre
ODER DU WIRST
TRAUER TRAGEN
Das phantastische Leben
des El Cordobés
368 Seiten
Band 5 / DM 7,80

Milovan Djilas
DIE NEUE KLASSE
Eine Analyse
des kommunistischen Systems
208 Seiten
Band 6 / DM 6,80

Stephanie Faber
DAS REZEPTBUCH
FÜR NATURKOSMETIK
318 Rezepte zum Selbermachen
272 Seiten
Band 7 / DM 5,80

Peter Farb
DIE INDIANER
Entwicklung und Vernichtung
eines Volkes
304 Seiten
Band 8 / DM 7,80

Amos Elon
DIE ISRAELIS
Gründer und Söhne
384 Seiten
Band 9 / DM 7,80

Dorothy Gies McGuigan
FAMILIE HABSBURG
1273 bis 1918
464 Seiten
Band 10 / DM 9,80

Otto Friedländer
LETZTER GLANZ
DER MÄRCHENSTADT
Das war Wien um 1900
256 Seiten
Band 12 / DM 6,80

Band II:
DER UNTERGANG DER
DONAUMONARCHIE
*Österreich-Ungarn von der
Jahrhundertwende bis zum
November 1918*
352 Seiten / 32 SW-Bildseiten
Band 22 / DM 9,80

Band III:
DER STAAT, DEN KEINER
WOLLTE
*Österreich von der Gründung
der Republik bis zur Moskauer
Deklaration*
ca. 368 Seiten / 32 SW-
Bildseiten
Band 23 / DM 9,80

Band IV:
DIE INSEL DER SELIGEN
*Österreich von der Moskauer
Deklaration bis zur Gegenwart*
ca. 352 Seiten / 32 SW-
Bildseiten
Band 24 / DM 9,80

Gordon Brook-Shepherd
KARL I., DES REICHES
LETZTER KAISER
*Glanz und Elend des letzten
österreichischen Herrscherpaares*
400 Seiten
Band 25 / DM 6,80

Hansheinz Reinprecht
VERDAMMT ZUM LEBEN
*Das Abenteuer einer Idee:
Hermann Gmeiner und seine
SOS-Kinderdörfer*
320 Seiten / 16 SW-Bildseiten
Band 27 / DM 5,80

Hans Huber
OLYMPISCHE SOMMER-
SPIELE MONTREAL '76
Daten, Fakten, Bilder, Berichte
288 Seiten / 68 SW-Bildseiten
Band 28 / DM 6,80

Gwyn Griffin
DER LETZTE ZEUGE
*Der erschütternde Roman der
deutschen U-Boote im Zweiten
Weltkrieg*
528 Seiten
Band 29 / DM 8,80

Susan Howatch
TÖDLICHER SAND
Kriminalroman. 160 Seiten
Band 30 / DM 4,80

Elisabeth Orth
MÄRCHEN IHRES LEBENS
*Meine Eltern Paula Wessely
und Attila Hörbiger*
320 Seiten
Band 32 / DM 5,80

Peter Baumann/Helmut Uhlig
KEIN PLATZ FÜR
„WILDE" MENSCHEN
*Das Schicksal der letzten
Naturvölker*
304 Seiten / 16 Farbbildseiten
Band 33 / DM 7,80

Kuno Knöbl
TAI KI
*Die Reise zum Ort ohne
Wiederkehr*
272 Seiten / 16 Farbbildseiten
Band 34 / DM 7,80

Didier Mességué
DIE KRÄUTER MEINES
VATERS
*Neue Rezepte des berühmten
Naturarztes*
320 Seiten
Band 35 / DM 5,80

Ernst Trost
DIE DONAU
Lebenslauf eines Stromes
496 Seiten
Band 36 / DM 9,80

Klaus Luserke
UNSER ALLER RENTE
176 Seiten
Band 40 / DM 5,80

Klaus Luserke
MEIN RENTENBESCHEID
160 Seiten
Band 41 / DM 5,80

Arthur Horn
MEINE EINKOMMEN-
STEUER
208 Seiten
Band 42 / DM 5,80

Alexander Fischer/Rudolf Auer
MEINE LOHNSTEUER
144 Seiten
Band 43 / DM 5,80

MOLDEN
TASCHENBUCH
VERLAG

Preise Stand Dezember 1976. Änderung vorbehalten.